ARCHIVES CURIEUSES

DE

L'HISTOIRE DE FRANCE.

PARIS. — IMPRIMERIE DE E. DUVERGER,
RUE DE VERNEUIL, N° 4.

ARCHIVES CURIEUSES

DE

L'HISTOIRE DE FRANCE

DEPUIS LOUIS XI JUSQU'A LOUIS XVIII,

OU

COLLECTION DE PIÈCES RARES ET INTÉRESSANTES, TELLES QUE
CHRONIQUES, MÉMOIRES, PAMPHLETS, LETTRES, VIES,
PROCÈS, TESTAMENS, EXÉCUTIONS, SIÉGES,
BATAILLES, MASSACRES, ENTREVUES,
FÊTES, CÉRÉMONIES FUNÈBRES,
ETC., ETC., ETC.,

PUBLIÉES D'APRÈS LES TEXTES CONSERVÉS A LA BIBLIOTHÈQUE ROYALE,
ET ACCOMPAGNÉES DE NOTICES ET D'ÉCLAIRCISSEMENS;

Ouvrage destiné à servir de complément aux collections Guizot, Buchon,
Petitot et Leber;

Par L. CIMBER

ET

F. DANJOU,

EMPLOYÉ AUXILIAIRE A LA BIBLIOTHÈQUE ROYALE,
MEMBRE DE L'INSTITUT HISTORIQUE.

Ire SÉRIE. — TOME 5e.

PARIS.

BEAUVAIS, MEMBRE DE L'INSTITUT HISTORIQUE,
Rue Saint-Thomas-du-Louvre, n° 26.

1835

BRIEF DISCOURS

DE LA

BATAILLE DE SAINT-GILLES

ADVENUE LE 27 SEPTEMBRE 1562.

BRIEF ET VÉRITABLE DISCOURS

DE LA

DEFFAITE DES PROVENÇAUX

APPELÉE

LA BATAILLE DE SAINCT-GILLES (1),

ADVENUE L'AN 1562, PRÈS LA VILLE DE SAINCT-GILLES, EN LANGUEDOC, SITUÉE PRÈS LE BRAS DU RHOSNE QUI SÉPARE LE LANGUEDOC DE LA CARMAGNE, ANCIENNEMENT DIT CAMPUS MARIUS, DISTANT QUATRE LIEUES DE LA VILLE DE NISMES.

Chacun sçait comme l'entreprinse du triumvirat sur l'estat de France a peu à peu prins pié, ceste faction ayant esté mise en avant par trois personnages, dont l'un (2) et principal autheur d'icelle ne s'estoit rien moins proposé que de s'investir de la coronne de France, à quoy il avoit failly et assez lourdement (ainsi comme peuvent juger les hommes), possédant de tout en tout le Roy François, second de ce nom (mari de sa niepce), ensemble les estats

---

(1) Ce discours a été composé par un huguenot; il avait été faussement attribué par le P. Lelong à Raymond de Pavie, sieur de Forquevaulx, officier de l'armée catholique. Les derniers éditeurs de la *Bibliothèque historique de France*, n° 38,072, ont relevé cette erreur.

(2) Le duc de Guise.

de France, finances, parlemens. Bref, il n'y avoit rien qui ne branslast et tremblast sous le nom de Guise. Mais Dieu, seul autheur de paix et repos, brisa tellement les desseins de ceste affamée famille, qu'il monstra sur le chef d'icelle un merveilleux exemple de son juste jugement. Le second (1) de ceste conspiration (homme addonné à toute impudicité, vilainie, meschanceté, larcins et excez) fut un gentilhomme de médiocre maison ; néantmoins, pour les causes que dessus, avancé aux plus grands honneurs de France, lequel se voyant en défaveur par la mort du Roy Henry, son bon maistre, ne sceut moins faire, pour entretenir son estat et grandeur, que d'adhérer aux mauvais conseils, entreprises et conjurations du premier. Le tiers (2), sur la teste duquel y avoit un glaive pendu, qui pouvoit tomber sur icelle à la volonté du premier, désirant semblablement estre entretenu et maintenu en ses estats, honneurs et biens (combien qu'aucuns d'iceux soyent assez mal acquis), fut attiré à ceste ligue, lesquels ayans ensemble conspiré, se proposèrent esmouvoir plustost le ciel et la terre que de ne venir en fin de leurs entreprises.

Le Roy de Navarre qui, comme le plus proche prince du sang, et pour ceste cause le plus habile d'estre employé au gouvernement du royaume, sous un Roy mineur d'aage, suivant les loix du pays, manyoit avec la Royne-mère les affaires de France, laquelle avoit esté donnée par les estats pour compaigne au Roy de Navarre, fut aisément et tost tiré à la cordelle et parti du triumvirat, et ce par les menées et prattiques du sieur d'Escar, de l'évesque de Poitiers son frère (3), et de l'évesque d'Auxerre,

(1) Le maréchal de Saint-André.
(2) Le connétable de Montmorency.
(3) Il se nommait Charles de Peirusse d'Escars. On ne trouve dans la *Gall.*

de la maison de Lenoncourt, chacun de ces trois espérant recevoir honneste salaire et bonne récompense de la trahison qu'ils feroyent au Roy de Navarre leur maistre; dont l'un en peu de jours fut fait comte, chevalier de l'ordre, conseiller du conseil privé et gouverneur de quelque particularité de Guyenne; les deux autres, cardinaux par fantasie (1).

Ledit seigneur Roy de Navarre apprint en ceste escolle à mespriser la Roine sa femme, haïr monseigneur le prince de Condé son frère, pourchasser mal à tous ses amis et serviteurs, desquels il avoit grand nombre à cause de la religion chrestienne et réformée qu'il sembloit avoir embrassée; de sorte que, incontinent estant rengé du costé du triumvirat, fait ou bien souffre faire en son nom et authorité une infinité de violences qui tendoyent non seulement à la rupture de l'édit de janvier, mais aussi à la subversion et totale ruyne de la couronne et estat de France.

Possédans lesdicts conspirateurs le Roy de Navarre, et le ménant selon leurs effrenées volontez, s'efforcent tant qu'en eux feust de diminuer l'authorité de la Roine et se prévaloir du nom et authorité du Roy, duquel nud et sans armes s'estoyent emparez avec armes et forces.

Cependant les chefs de ceste conspiration n'oublient

Christ., 2ᵉ édit., t. II, col. 1204, n° xciii, ni la date de la mort du prédécesseur de Charles d'Escars, ni le temps auquel celui-ci fut fait évêque. Il y est dit seulement qu'il siégeait en 1564. Ce passage prouve qu'il était déjà évêque de Poitiers en 1562.

L'évêque d'Auxerre se nommait Philippe de Lenoncourt; il fut depuis archevêque de Reims.

(1) C'est-à-dire cardinaux en imagination, en espérance. L'évêque d'Auxerre fut fait dans la suite cardinal, mais celui de Poitiers ne l'a point été.

rien pour mettre de point en point en exécution leurs mauvaises affections, pour parvenir au but de leurs entreprises, ayant par pratiques et menées amené à leur faction presque tous les gouverneurs et lieutenans de Roy, en tous les païs de la France.

La Champagne et Bourgongne, à Wassy et à Sens, se sont ressentis de ceste vilaine entreprise. La Picardie n'en a esté exempte, car à Abevile, M. de Haulcourt, gouverneur dudit lieu, y fut tué, avec quelques autres, par les habitans mesmes. Amiens et Beauvais, et autres villes de ce gouvernement là, ont essayé pareille cruauté. Qu'a-on oublié d'inhumanité dans la ville de Paris, depuis leur conspiration jurée? L'air, le feu, l'eau et la terre rendront suffisant tesmoignage des massacres inhumains et barbares qui y ont esté faicts; et ce, soubs deux mareschaux de France, assavoir, de Termes et Brissac, gouverneurs dudict Paris et Isle de France; le premier desquels ne peut demeurer long-temps audict gouvernement, à cause qu'il estoit trop doux et moins carnacier.

Touraine, qui est sous le gouvernement d'un prince du sang (1), avec le Maine et Anjou, ont couru la mesme carrière. Poictou et toute la Guyenne n'ont pas eu meilleure condition. Le Daulphiné, la Provence et le Languedoc ont aussi bien senti les verges de Dieu. Mais où on a veu plus faire d'iniquité, ç'a esté aux gouvernemens où commandoit le triumvirat, comme en Daulphiné, gouvernement du duc de Guyse; en Lyonnois, Forest, Bourbonnois, etc., où estoit gouverneur lieutenant de Roy le mareschal de Sainct-André; en Languedoc, où commandoit pour lors le connestable.

Cependant M. le prince de Condé se voyant en la

---

(1) Le duc de Montpensier.

male grace du Roy de Navarre son frère, nommément pour le faict de la religion, à la poursuite du triumvirat; cognoissant aussi la facilité dudit Roy son frère et comment il se laissoit mener par ceux qui peu auparavant l'avoyent mis au danger de son honneur et vie; prévoyant aussi qu'ils ne tendoyent à autre fin qu'à un changement d'estat, en advertit le Roy de Navarre son frère, lequel, rejettant bien loin ses admonitions et remonstrances, luy dit qu'il ne se devoit tant formalizer pour l'évangile et que les ministres estoyent faiseurs de menées ; ce que mondit sieur le prince print tellement quellement, pour l'honneur, amitié, révérence et obéissance que tousjours il avoit portée audit Roy de Navarre son frère. Cependant divers bruits se sèment par la France du massacre qu'on devoit faire de ceux de la religion réformée, et que les estrangers qui sont contraires à icelle donneroyent secours audit duc de Guise. Brief, on ne parloit plus du Roy ni de la Royne ; l'authorité du Roy de Navarre estoit amortie par la tyrannie du triumvirat, l'estat de la Royne n'estoit pas asseuré. Les bons trembloyent, les meschans s'en orgueillissoyent, les factieux grandissoyent en courage, et, en un mot, n'y avoit plus de seureté en France pour les gens de bien.

La Royne (qui regardoit plus loin par sa prévoyance accoustumée) conceut quelque jalousie de ce gouvernement, s'y voyant mesprisée et que seulement on y empruntoit le nom du Roy pour s'en servir à mal faire, trouva moyen de parler à monsieur le prince de Condé, qui avoit semblable occasion de mescontentement ; et ayant conféré ensemble, commanda audict sieur prince de s'opposer aux entreprises dudict triumvirat ; ce qu'il feit autant vertueusement que bien, ayant eu de ladicte dame tant commandement verbal que sept paires de lettres, la pluspart escrites et toutes signées de sa main, tendant à ces fins.

Pour ce faire, ledit seigneur prince sollicita de tous costez ceux qu'il sçavoit bien affectionnez à la cause de l'évangile, service du Roy, entretenement de ses volontez et édicts, bien du royaulme et repos du public, ce que (graces à Dieu) il feit bien et dextrement que, combien que ceux de la religion réformée fussent espars en diverses contrées, et en fort petit nombre, au regard de leurs ennemis, défavorisez des villes et plat païs, néantmoins Dieu print tellement leur cause en main, que en petit nombre et mal armez, ils ont combatu et deffaict de grandes compagnies, comme on pourra aisément voir en ce discours qui s'ensuit.

Le sieur de Joyeuse, lieutenant pour le Roy au pays de Languedoc en l'absence de M. le connestable, et le sieur de Fourquevaux (1), gouverneur de Narbonne, estans venus près de Montpellier avec un camp de six mil hommes de pied, sept à huict cens chevaux, six canons et deux colevrines, asseirent leur camp à Lattes, village distant de Montpellier environ demie lieue, néantmoins à la veue de laditte ville, et se logèrent tant dedans ledict village, qu'au lieu appelé Eusivade, lieu tout environné de la rivière du Lez, qui tombe aux estangs de la mer, auprès dudit Lattes.

Estans en ce lieu, ceux de la religion réformée de Montpellier (dont les chefs estoyent messire Jaques de Crussol, seigneur de Beaudisné, et le capitaine Grilhe, seigneur des Baux, capitaines bien exercez à la faction de la guerre, accompagnez de huict cornetes d'argollets, de cent à six vingts hommes pour cornette, desquels estoit chef le-

---

(1) Raymond de Pavie.

dict sieur de Beaudisné, les sieurs de Barre, Herbaut, Bouillargues, Gremian, Gresmont, La Grange et Paige, avec quatorze compagnies d'infanterie, ausquels commandoyent Ayssé, Sieriam, Le Roux, Le Long, Gremianle-Jeune, Rapin, Sangla, Sainct-Veraut, L'Argentier, Rascalon, Tryras, une compagnie de Suisses et deux compagnies de la ville de Montpellier, chascune d'icelles compagnies de deux cens hommes) feirent une saillie le lendemain, pour recongnoistre l'ennemy, de deux compagnies d'argolets et cinq cens harquebouziers, et l'allèrent trouver bien près de son camp, duquel presque sortirent tous, voyant si petit nombre de ceux de la religion réformée. Ce que voyans ceux de ladite religion, se retirent peu à peu, et furent toutesfois suyvis de quelques gens de cheval papistes, qui furent si bien soustenus et chargez par ceste petite troupe qu'il en demeura sur le champ quatre-vingts et deux; et n'en mourut de ceux de la religion que trois; dont le reste fut si bien poursuyvi, qu'ils furent repoussez en batant jusques dedans leur camp, duquel ils tirèrent quatre coups de canon et deux de coulevrine contre ceux de ladite religion, qui ne feirent aucun mal. Le chef de ceste escarmouche estoit le capitaine Ayssé, qui ramena bravement ses gens en la ville, avec les armes et despouilles des morts, où estans entrez, s'en allèrent de ce pas au temple de Tables, rendre graces à Dieu comme à l'autheur de ceste victoire.

Pour oster toute opinion d'intelligence de trahison de ladite ville, le lendemain fut crié de par le Roy que tous estrangiers eussent à vuider de la ville dans vingt-quatre heures, et que ceux de ladite ville pouvans porter armes eussent à se trouver avec leurs armes, à sçavoir : ceux de cheval, à la pierre devant le logis du sieur de Beaudisné, et ceux de pied, au lieu appelé la Loge.

Item. Que tous maistres eussent à porter le nom de leurs serviteurs et de quelles armes ils les pourroyent armer ; et pourcé qu'à l'arrivée du camp des papistes, ceux de la religion réformée du plat païs s'estoyent retirez avec leurs familles en ladicte ville, on les accommoda en icelle le mieux qu'il fust possible ; et d'entre eux ceux qui pouvoyent porter armes servirent à la défence de la ville, la cause leur estant commune.

Le ve, vi^e, viie et viij^e jour dudict moys on fut en repos de guerre ; pendant lequel temps on démolit les fauxbours et temples d'iceux, qui commandoyent à la ville, jusques au nombre de vingt-cinq ; c'est à sçavoir : les Cordeliers, Sainct-Eloy, Sainct-Denis, la belle Dame de Bonnes-Nouvelles, le Sainct-Esprit, Sainct-Marcal, Sainct-Michel, Sainct-Mors, les Augustins, Sainct-Anthoine, les Carmes, Sainct-Jaques, Saincte-Eulalie, les Jacopins, Sainct-Guillem, N. Valmanne, Nostre-Dame du Paradis, Sainct-Thomas, Sainct-Sauveur, le grand Sainct-Jean, Saincte-Claire, Sainct-Barthelemy, Sainct-Claude, la Magdaleine, Sainct-Mort de Preuve Le ixe dudit moys, ceux de la ville feirent une sortie de quatre compagnies d'argoulets et de cinq à six cens harquebouziers, et donnèrent jusques à une métairie appelée Ennalat, distant du camp des papistes cinq à six cens pas, et là feirent alte l'espace d'une bonne heure, sans que personne de la compagnie s'esbranslast ; ains ce voyant, feirent assurer leur artillerie, laquelle ils avoyent mise sur le bort de leurs tranchées, pour davantage endommager ceux de ladite religion, puis après sortirent de leurdict camp. Ce que voyant ceux de la religion, commencèrent à se retirer le petit pas, droit aux vignes, où ils avoyent laissé une bonne embuscade, pour attirer l'ennemy là, lequel vint seulement jusques au lieu duquel estoyent partis ceux de ladicte religion et feirent alte quelque temps. Alors ceux de la religion commencèrent à marcher vers eux, ce que voyant, reculèrent du costé où estoit leur artillerie braquée, qui fut cause que ceux de la religion feirent derechef alte sans les suivre. Et lors estoit presque jour failly, parquoy lesdicts papistes se retirèrent en leur camp et les autres en la ville.

Le jour suivant, ceux de la ville sortirent après les prières faictes (ce qui ce faict ordinairement avant aucunes entreprises), avec délibération d'aller trouver l'ennemy jusques aux tranchées de son camp; et cheminant droit vers iceluy jusques à la portée du canon de la ville, feirent alte, et envoyèrent recongnoistre l'ennemy. Lors la sentinelle qui estoit au clocher du temple de Tables (duquel lieu aisément on voyoit tous ceux qui entroyent et sortoyent dudict camp) descouvrit une trouppe de cavallerie qui en sortoit, s'encheminant vers le village de Payrots; ce que ladicte sentinelle donna à entendre par un signal, ayant advancé une banderolle du costé par lequel ils estoyent sortis de leur camp, ce qui fut tost apperceu de ceux de ladicte ville, lesquels estoyent conduicts par M. de Beaudisné; parquoy prindrent leur chemin droict audit Payrots, et passèrent la rivière du Lez à gué, au Pont-Trinçat, et vinrent jusques en une métairie appartenant aux croisez de Malthe, appellée Soulièche, où trouvèrent des fourrageurs du camp de l'ennemy, qui emménoyent quattres charretes chargées de vin et ustenciles de mesnage, qu'ils avoyent pillez ès métairies et maisons prochaines; et estans lesdits fourrageurs en bonne délibération de disner et leur disner prest; mais on ne leur en donna le loisir, car ils furent tous tuez. Il faut icy noter que quand ces bons catholiques papistes allans aux fourrages trouvoyent du linge commun et un peu gros, tant en linceux, chemises, nappes, serviettes, etc., ils n'en faisoyent compte ; et quand quelcun d'entre eux s'en chargeoit, l'autre luy disoit : Que veux-tu faire de ces borrasses, c'est-à-dire gros linge ? Avant qu'il soit trois jours nous entrerons à Montpellier, et aurons tout ce beau linge fin de ces meschans huguenots. Aussi, pour ces mesmes fins, Guillaume Pellisier, évesque des papistes dudict Montpellier, estoit venu de Provence, d'une abbaye qu'il y a, nommée Sainct-Honnoré, laquelle est sur la mer, et avoit vendu à quelques mariniers dudict Sainct-Honnoré le pillage qu'il espéroit avoir dudict Montpellier, et en avoit touché argent ; qui fut cause que les povres sots estoyent venus avec luy, amenans leurs batteaux, pensans s'enrichir à jamais, comme cest apostat leur avoit promis, tant luy et les autres s'estoyent persuadez de ruyner ceste povre ville. Or, estans ceux de la ville audict Soulièche (comme dit est), où avoyent destourné de disner les susdits fourrageurs, ceux du camp sortirent à la file et feirent alte à la campaigne, au-dessoubs dudict Soulièche, et envoyèrent de-là pour descouvrir, vers un petit bois qui est au-dessous d'une métairie appartenant à un nommé Videry. Or le cappitaine Herbaut, partant de la trouppe de ceux de la ville, les alla recongnoistre avec une partie de sa compagnie et les rencontra près de ladicte métairie, montans le vallon. Lors ledit Herbaut les chargea tellement qu'à la veue de l'ennemy luy et ses gens entrèrent vingt-cinq ou trente, sans que leurs gens feissent aucun semblant de les venir sécourir ; dont l'on amena plusieurs chevaux de ceux qui estoyent demourez sur le champ, dedans la ville ; dequoy se resjouyrent ceux de ladicte ville, louans Dieu de ce que personne d'entre eux n'avoit esté blessé ni avoit receu aucun dommage. Et les papistes se retirèrent à leur camp, bien faschez et en grand crainte. La nuict du xe jour venue, les ennemis papistes feirent amener trois pièces d'artillerie, lesquelles trois jours auparavant ils avoyent faict desmonter et embarquer à Magguelonne, isle de la mer ou de l'estang d'icelle, où y a un fort, lequel souloit estre le chef de l'évesché(1), et duquel ceux de la religion s'estoyent saisis, et la posèrent près d'un moulin à vent rompu qui estoit en ladite isle, et la braquèrent contre ledit fort du costé de la grande chapelle. Or, ayant les sieurs de Crussol et Grilhe advertissement par un espion, le soir mesme, que au camp des ennemis y avoit débat entre les capitaines, car les uns estoyent d'oppinion de s'en aller, les autres de demeurer, mesmes qu'ils n'avoyent point de vivres, aussi qu'ils estoyent espouvantez de ce qui estoit advenu le jour auparavant, à sçavoir, de leurs gens qui avoyent esté tuez à leur veue, ensemble qu'ils avoyent chargé ladicte artillerie, ne sceurent autre chose conjecturer lesdits sieurs sinon que les papistes vouloyent lever leur camp, pour s'en retourner d'où estoyent venus. Parquoy délibérèrent leur aller coupper chemin; et pour ce faire, qu'il estoit de besoing, sur la diane (2), aller assiéger le chasteau du Terrail, loing de Montpellier de trois carts de lieue, appartenant à l'évesque, et duquel l'ennemy s'estoit emparé à cause qu'il est sur le grand chemin d'où venoyent les vivres à leur camp; et y avoyent laissé le cappitaine Combas, avec cent hommes, un des plus malings et meschans de tout leur camp. Mais estans en ce propos lesdits de Beaudisné et Grilhe résolus, et ayant faict apprester et accommoder ceux ausquels pour ce faire avoyent donné charge, du grand matin, avant la diane,

---

(1) Le siége épiscopal de Montpellier était anciennement à Maguelonne.
(2) Au point du jour.

les sentinelles, tant des murailles de ladicte ville que du clochier du temple de Tables, entendirent et virent comme l'artillerie susdite battoit ledit fort de Maguelonne; ce qui fut cause de faire changer l'entreprise que lesdits de Beaudisné et de Grilhe avoyent délibéré exécuter le soir devant. Alors commandèrent faire sur la tour du temple du feu et de la fumée, pour faire signe à ceux qui estoyent dans le fort de Maguelonne, afin de leur donner courage; car ils n'estoyent que vingt soldats là dedans, et estoit impossible à ceux de la religion les secourir, d'autant qu'ils n'avoyent point de batteau pour passer l'eau, qui duroit un quart de lieu. Teoutesfois ils s'asseüroyent que ceux qui estoyent dans ledit fort tiendroyent bon, ayans assez de munitions, avec ce que le lieu estoit fort pour soustenir la batterie qui s'y faisoit. Or ledit fort de Maguelonne fut battu depuis six heures du matin jusqu'à neuf et demie; et tirèrent neuf volées de leurs trois pièces, qui font vingt-sept coups. Le capitaine qui estoit au susdit chasteau de Terrail eut advertissement, et de bon matin (car ils n'avoyent que trop d'espions dedans la ville), que ceux de ladite ville le vouloyent venir assiéger; ce que sachant à la vérité, vuida de bonne heure avec ses soldats, plus viste que le pas, et se retira au camp des papistes. Or, pendant que l'on battoit Maguelonne, ceux de la ville estoyent à adviser comme ils la pourroyent secourir; et comme ils estoyent en ceste délibération en leur conseil, la sentinelle de la tour du temple de Tables leur vint dire qu'il y avoit deux heures que l'artillerie n'avoit tiré contre Maguelonne, mesme qu'il y avoit sept voiles qui estoyent partis dudit Maguelonne et prenoyent leur chemin droit à Lattes, où estoit le camp des papistes; parquoy ils ne sceurent que penser, assavoir si ceux de Maguelonne s'estoyent rendus ou si l'ennemi les avoit délaissez, car ils ne pouvoyent croire (comme il n'estoit à croire) qu'ils y fussent entrez par force en si peu de temps. Parquoy délibérèrent (en attendant certaines nouvelles de ce que en estoit) de sortir de la ville et s'en aller camper au plus près du camp des papistes qu'ils pourroyent, ce qui fut fait. Et sortirent environ les onze heures du matin, les dessusdites compagnies d'argolets, avec quatorze compagnies d'infanterie, ménans avec eux deux canons et deux pièces de campagne, et quatre petits fauconneaux que ceux de la ville avoyent fait faire, portans le boulet gros comme une grosse pomme d'orange, et allèrent du costé de Sainct-Martin de Preuve, vers le Mas de Ennalat ; estant là, toute la troupe fit alte. Cependant quelques argolets allèrent voltiger vers l'ennemi, à la portée d'une harquebuzade, dont leur fut tiré du camp des ennemis un coup de canon ; et ce néantmoins, furent attendans et voltigeans plus de deux heures, sans que personne dudit camp sortist ; qui causa que ceux de la ville délibérèrent de camper, s'approchans de l'ennemi et tirans à gauche dudit Mas de Ennalat, où il y a une grande olivète (1) et force vignes, et de grans chemins traversans qui leur servoyent de tranchées ; et assirent leur artillerie au bout de ladite olivette, n'ayans autre lieu plus commode, d'autant que le pays est fort descouvert et sont toutes terres labourables, jusques au camp de l'ennemi, qui estoit fort à couvert d'arbres qui sont en une isle environnée de grans fossez remplis de l'eau de la rivière du Lez, comme dit est. Donc les papistes, voyans leurs ennemis si près d'eux, leur tirèrent force canonnades, ne pensans point qu'ils se deussent là camper. Or, pendant que ceux de la religion asseoyent leur

---

(1) Lieu planté d'oliviers.

artillerie, les sieurs de Joyeuse et Fourquevaux et plusieurs capitaines, et entre autres un brigand espagnol nommé messer Peyrot Louppia, lequel avoit tenu le bandol (1) plus de vingt ans ès frontières d'Espagne et lequel Joyeuse avoit appellé à son secours (2). Iceluy Peyrot avoit amené avec luy cinq cents hommes des plus brigans de leur camp; et comme tous les susdits soupoyent en une salle de la mettairie appelée Eusivade, laquelle est au bord du fossé où estoit leur camp, lesquels en souppant faisant le partage du butin de la ville, tant des biens que des femmes et filles. Entre autres y en eut un qui dit au sieur Joyeuse qu'il luy pleust luy donner la maison d'un chirurgien nommé M. M. H. pour la sauver (car ledit M. H. avoit fait beaucoup de services audit suppliant et lui estoit encores serviteur), lequel lui respondit en blasphémant Dieu qu'il l'a feroit garder, et s'il pouvoit tenir vif ledit M. H., qu'il le feroit passer par les picques; et de fait commanda à trois soldats, qui estoyent là présens, qu'incontinent qu'ils seroyent entrez audit Montpellier s'allassent saisir de ladite maison, de la femme et des enfans dudit M. H., et singulièrement de sa personne, s'ils pouvoyent l'avoir vif, et qu'il en feroit faire chair en pastez. *Item.* Un autre gentilhomme nommé N. Teinturier, seigneur de Montmaus, vray franc archier de Baignolet (3), demanda audit Joyeuse la maison

---

(1) On appelait dans ce temps-là bandouliers des Espagnols qui exerçaient des brigandages dans les montagnes des Pyrénées.

(2) Peyrot Loppian était regardé par les catholiques comme un des plus braves capitaines de leur armée, et rien ne prouve, comme le dit ici l'écrivain huguenot, qu'il eût été voleur de grand chemin.

(3) On peut entendre par un franc archer de Bagnolet un homme qui friponne les autres par des tours d'adresse et de subtilité; un espiègle, pour nous servir de l'expression de Le Duchat, dont on peut consulter la note 52 sur le chap. 7 du second livre de Rabelais, t. II, p. 65, édit. d'Amsterdam.

et boutique d'un marchant de draps de soye, nommé sire Jean Hebreard, luy disant ces paroles : Monsieur, par le corps, etc., je ne demande point de femmes ny de filles ; mais donnez-moy la maison de Hebreard, pour avoir du velours à me faire des chausses, car les miennes sont deschirées. Tels et autres infâmes propos tenoit ceste meschante compagnie, lorsque cependant ceux du camp de la religion tirèrent un coup de canon qui rencontra la couverture de ladicte métairie, au droit du sommier (1), et à l'endroit où estoit la table mise des dessusdits, qui leur fit tomber des tuilles, bois et poudre en telle abondance sur leur viande qu'elle fut espicée de telle sorte qu'il n'en voulurent plus manger, et leur fit bien changer de propos, pensans estre morts. Alors le susdit Louppia dit audit Joyeuse, en son langage : Joyeuse, myre (2) las claves que te porte Montpellier; voulant dire que c'estoit coups de canon. Ledit Joyeuse avoit dit audit Louppia que ceux de Montpellier luy devoyent apporter les clefs. Tout ce jour se passa en tirant canonnades d'un camp à l'autre; et entre autres, du camp des papistes, fut tiré un coup de coulevrine contre les tranchées où estoit l'artillerie de ceux de la ville, où estoyent les sieurs Beaudisné et de Grilbe, avec autres capitaines et soldats, dont la balle toucha presque au chappeau dudit sieur Beaudisné. Le 12 dudit mois, on sceust de vray que l'ennemy avoit quitté le chasteau de Terrail; dont en fut crié de par le Roy que un chascun ayant bestail de char-

---

(1) Le sommier est une poutre qui, portée sur deux massifs de maçonnerie, sert de linteau à une porte.

(2) Regarde les clefs, etc. Dans les mémoires sur les guerres de Languedoc, publiés par d'Aubais, ce mot de Peyrot Loppian est ainsi rapporté : *A senor dé Joyosa, agora a Montpellier tienen mia vida, et nos non tenemos las cleves.*

roy eust à aller quérir du bled qui estoit demeuré en ce lieu, tant des rentiers, comme de celuy que l'ennemy y avoit fait charier, pensant le faire transporter; ce qui fut fait. Cependant les deux camps, tout ce jour-là, ne feirent que canonner l'un contre l'autre. Ceux de la religion alloyent escarmoucher jusques aux pieds des foussez où estoit le camp des papistes, duquel ne sortoit personne. Ne faut obmettre icy la diligence des femmes de Montpellier, lesquelles, de tous estats, tant artisans, marchandes, bourgeoises et damoiselles, alloyent à leur camp, portans pain, vins et eau fresche, tant à leurs maris que aux soldats, estans par trouppes, délibérées et asseurées sur les promesses de Dieu, qui garde et conserve ses enfans (du nombre desquels elles se asseuroyent estre), que, si elles eussent trouvé les ennemis, avec leur courage, par les chemins, les eussent combattu à coups de pierres et se fussent plustost laissées tuer que se rendre. Le 13 dudit mois, environ les trois heures après midi, vint à la maison de la ville un gentilhomme de la part de M. le baron des Adrets, lequel avoit laissé ledit baron à une ville distante de Montpellier de quatre lieues; lequel advertit les consuls et ceux qui commandoyent en ladite ville que ledit baron leur mandoit qu'il trouvast dans deux ou trois heures quinze cents chemises prestes, sans en faire bruit, ce qui fut trouvé de ceux de la ville fort estrange, entendant bien que ledit baron vouloit donner une camisade, d'autant qu'il ne cognoissoit le lieu où estoit campé l'ennemy; mesme que l'on ne pourroit avoir si soudain tel nombre de chemises que cela ne fust divulgué partout et que l'ennemy aussi n'en fust adverty dans une heure (car il n'y avoit faute d'espions dedans la ville, comme dit est); ce que fust remonstré audit gentilhomme. Lequel respondit qu'on le laissast faire, et qu'il avoit prins six papistes qui venoyent du camp, par lesquels il avoit sceu la disposition du lieu où estoit le camp, davantage comme ils avoyent enterré la pluspart de leur artillerie, ayans entendu la venue dudit baron, délibérans de s'enfuir, à quoy ceux de la ville n'adjoustèrent grand foy. Toutesfois en advertirent les sieurs de Beaudisné et de Grilhe, qui estoyent au camp. Cependant recouvrèrent des habitans dix-huit cents chemises en moins de deux heures. Sur le soir dudit jour, environ les huit heures, arriva ledit baron, accompagné de huit cents argolets, et n'entra en la ville; ains alla trouver les sieurs de Beaudisné et Grilhe au camp, et envoya sa compagnie à la ville; et demeura ledit baron celle nuict là au camp, et recogneut celuy de l'ennemy du costé de la rivière qui est vers la ville, puis visita celuy de ceux de la religion. Il faut noter que ledit baron estoit venu avec ses gens, en deux jours, du pont Sainct-Esprit, distant de dix-huict grandes lieues de Montpellier. Le lendemain, qui estoit le lundi, ledit baron se vinst rafraîchir dedans la ville, environ les cinq heures du matin. Après disner il feit sortir toute la cavallerie qu'il avoit amenée, ayant chacun une chemise endossée (chose qui fit cognoistre que en son cerveau y avoit de la quinte, de vouloir donner une camisade en plein jour), avec quelque peu d'infanterie de ceux de la ville, qui estoyent demeurez sans aller au camp, pour la garde de ladite ville; et se fit conduire de l'autre part de la rivière, pour aller recognoistre l'ennemy d'icelle part, laquelle il n'avoit sceu recognoistre le soir précédent, à cause qu'il n'y avoit lieu là où on eust peu passer la rivière; et fut conduit par Anthoine Verchaut, lieutenant de la compagnie de M. de Sainct-Raux, dudit Montpellier, et par le capitaine Mugerlan, lesquels le menèrent passer la rivière du Lez au lieu appelé le Pont-Trincart, et prindrent leur chemin à

Soulièche et au Mas de Fangose. De là descendirent vers l'estang, tournoyant par ce moyen le camp de l'ennemy, l'assiète duquel ils pouvoyent aysément voir, d'autant qu'ils estoyent haut et ledit camp en pleine, guerre loin de luy. Estans dessendus vers ledit estang, trouvèrent en la prairie joignant iceluy quatre cens moutons des pourvoyeurs du camp des papistes, lesquels ils faisoyent paistre, et tuèrent une partie de ceux qui les gardoyent; les autres, se plongeans jusques aux oreilles dans ledit estang, se noyèrent. Les moutons furent emmenez en la ville. Ledit baron, avec toute la trouppe, alla droit au camp des papistes, et, en recognoissant ledit camp, donna jusques au moulin du village de Lattes, qui est tout contre les murailles, séparé seullement de la rivière à trente pas du chasteau, duquel ils s'estoyent saisis le premier jour qu'ils vindrent camper là; auquel, le jour de devant, ceux de la ville avoyent mis douze soldats, lesquels, n'ayans vivres ni autres munitions, s'estoyent rendus après avoir enduré trente coups de canon; et combien que les papistes eussent receu lesdits soldats avec condition qu'ils sortiroyent vie et bagues sauves, ce nonobstant, s'estans rendus, furent mis au fil de l'espée. Or, ceux dudit chasteau tirèrent plus d'une heure coups de harquebouzades et canonnades de leur camp contre nos gens qui avoyent gaigné ledit moulin et estoyent entrez dans le village; entre lesquels il y eut un soldat nommé Anthoine Valou, masson de Montpellier, qui monta sur la trenchée de l'ennemy, là où il demeura quelque temps, de sorte que s'il eust esté suyvy tous les papistes eussent esté deffaits, tant estoyent effrayez; mais ledit soldat, se voyant presque seul, se retira. A ceste fois n'y eust que quatre soldats blessez; et ceux de la religion demeurèrent là jusques à la nuict, et après se retirèrent dans la ville entre huict et neuf heures du soir. Le quinzième jour fut délibéré qu'on feroit un pont de bois sur la Roubine de Lattes, qui est un bras de la rivière du Lez, qui s'en va desgorger dedans l'estang, et par lequel les batteaux viennent de la mer audit Lattes, et par lequel les vivres venoyent au camp des papistes, tant de Provence que du costé de Narbonne, et que, ledit pont fait, on mettroit le siége en trois endroits contre les papistes; c'est assavoir que le camp de ceux de la religion jà campé se diviseroit en deux, dont l'une partie seroit conduitte par le capitaine Bouillargues et iroit en bas vers ladite Roubine, où se feroit ledit pont, passant à gué l'autre bras de la rivière qui estoit entre ladite Roubine et ledit camp, avec une pièce de campagne, et que le baron des Adrets iroit de l'autre costé de la rivière, où il avoit le jour précédent recogneu ledit camp, avec une autre pièce de campagne et quatre autres de celles qu'on avoit fondues à Montpellier, avec quelques compagnies d'infanterie que l'on luy bailleroit, ensemble les compaignies qu'il avoit amenées, et le reste du camp demeureroit où il estoit campé. Par ainsi le passage tant des vivres que du secours, et espérance d'eschapper, estoit osté aux papistes, et tous les trois camps de ceux de la religion se pouvoyent secourir l'un l'autre au bésoing. Ce que fut fait; car de bon matin du 15 le pont fut fait et les susdits camps assis, et tout le jour fut si bien assailly le camp des papistes qu'ils estoyent hors d'espoir de se pouvoir sauver. Bouillargues les battant, tirant droit au port, faisoit que nul batteau pouvoit arriver ne demeurer en seureté audit port. De l'autre costé, le baron des Adrets, du premier coup qu'il feit tirer de la pièce de campagne qu'il avoit, alla si à point contre le moulin qui leur mouloit le bled, estant contre les murailles, qu'il perça la muraille dudit moulin et rompit les roues, de sorte qu'il leur demeura inutile; et vindrent en tel estat qu'ils demeurèrent en armes toute la nuict, estans délibérez sur la diane de leur donner une alarme et eschapper qui pourroit, leur artillerie enterrée. Il advint que quelque mouche piqua ledit baron des Adrets, lequel, environ la minuict, manda à Bouillargues qu'il se retirast, et qu'il luy estoyent venues nouvelles de Lyon qu'il faut qu'en toute diligence il s'en aille; et de faict, en ce mesme instant fait rousser bagage et se retire à Montpellier, et ledit Bouillargues se va remettre au camp de ceux de Montpellier. Ledit baron demeura tout le jour, 16 dudit mois, dedans la ville, où il contraignit les habitans de payer la gendarmerie qu'il avoit amenée, laquelle n'avoit receu argent avoit trois mois; ce qui fut fait; car il remonstroit avec menaces comment il estoit venu à grands frais, et à la requeste de ceux de ladicte ville, lesquels, craignans un saccagement de leur ville, payèrent audit baron des Adrets, pour sadite gendarmerie, la somme de quinze mille livres; et pour ce faire, feirent soudain un emprunt général sur tous les habitans; laquelle somme de quinze mille livres receue, ledit baron s'en alla là part d'où il estoit venu, qui fut une grande joye aux papistes de se voir délivrez d'un si grand péril auquel ils s'estoyent trouvez le jour et la nuit précédente; et le camp de ceux de Montpellier demeura là où il estoit auparavant campé. Le 17 ceux de ladite religion eurent nouvelle comment les sieurs de Sommerive et de Suze estoyent après pour faire un pont à la branche du Rosne qui se divise à la ville de Arles, et du costé de Fourques, séparant la Provence d'avec le Languedoc, et là passer leur camp pour se venir joindre avec celuy dudit sieur de Joyeuse, qui estoit audit Lattes, devant Montpellier, pour en après, avec quatre mil hommes qui se devoyent venir joindre audit lieu, lesquels le grand-prieur d'Auvergne amenoit du costé de la montaigne, vers les Seveines, pour venir délivrer ledit de Joyeuse du lieu où il estoit enfermé et après assiéger la ville de plus près ; qui fut cause que le dix-huictième jour ledit camp de ceux de la religion se retira dedans la ville, entre trois et quatre heures. Le 19 fut advisé par le conseil que les capitaines Grilhe, de Bar, iroient en Provence ; le cappitaine Bouillargues et autres, jusques au nombre de six compagnies d'argolets et trois compagnies d'infanterie, iroyent à Nismes, pour entendre le chemin que vouloyent tenir les Provençaux papistes conduits par les susdits Sommerive et de Suze ; le reste de leursdits camps demeureroit dans Montpellier, avec ledit sieur de Beaudisné ; ce que fut fait. Et partirent les susdits de Grilhe et de Bar le vingtième jour, à la diane, prenant leur chemin droit à Nisme, où arrivèrent le 20 ; de quoy estans advertis les papistes, eurent opinion, mesme le bruit courut par tout leur camp, que les sieurs de Beaudisné et Grilhe avoyent laissé la ville et emportoyent grande somme de deniers. Ledit jour sortirent quelques compaignies d'argolets et de harquebouziers de la ville, et allèrent vers Lattes, au lieu appellé Gramenet, lieu bien près du camp des papistes ; lesquels estans descouverts par l'ennemy, leur cavalerie sortit toute en bataille, faisant deux rengs à esles à cinq cens harquebouziers de leur infanterie ; et y eut une escarmouche qui dura près d'une heure, dont furent tuez des papistes douze et de ceux de la religion un. Entre autres choses, le capitaine Herbaut (lequel estoit de la religion) osta la lance à un papiste et avec icelle luy tua son cheval, et, le voulant mener prisonnier, fut secouru des siens. Le susdit fut recogneu estre un des fils du baron de Castelnau, près Pesenas, lequel, du temps que l'on faisoit les assemblées secrètes audit Pesenas, gardoit la porte. Le 22 ledit Grilhe et ceux qui estoyent avec luy, estant à Nismes, envoyèrent espions vers le costé d'Arles pour sçavoir que faisoit l'ennemy, et eut advertissement comme en toute diligence ils faisoyent le pont au droit de Fourques, pour venir assiéger Sainct-Gilles, et de là venir droit pour se joindre avec le camp des papistes, qui estoit audit Lattes-lez-Montpellier, et que ledit pont estoit presque parachevé; dont fut dépesché le capitaine Bouillargues, pour aller audit Sainct-Gilles pour visiter si la place estoit de deffence, et quelles gens y estoyent, et quel nombre de gens de guerre y avoit. Le vendredy 24 ledit Bouillargues partit, et, sans trouver aucune rencontre, entra audit Sainct-Gilles, et s'enquist si l'ennemy avoit esté découvert; et luy fut respondu que la trompette de l'ennemy les estoit venu sommer le soir auparavant de se rendre, autrement qu'ils seroyent tous mis au fil de l'espée, jusques aux chiens et chats, et qu'ils avoyent respondu se vouloir rendre s'ils n'avoyent secours dans vingt-quatre heures. Sur ce, ledit Bouillargues recogneut les murailles et trouva que ledict Sainct-Gilles estoit de deffence; et commanda de remparer quelques cartiers et endroits de la muraille, visita les soldats, et n'en trouva que quinze, avec autant d'habitans, qui fussent de faction. Pendant cela arriva une trompette de l'ennemy, qui les vint de rechef sommer. Ledit Bouillargues fit entrer ce trompette et l'interrogua de par qui il venoit, lequel luy fit response que c'estoit de la part desdits sieurs de Sommerive et de Suze; et voyant ledit Bouillargues que ledit trompette portoit, tant en sa casaque qu'au banderol de sa trompette, les armes du pape, le fit mettre en prison. (Faut noter que ledit trompette estoit trompette des compaignies de cheval italiennes, qui estoyent avec lesdits de Sommerive et de Suze, qui estoyent environ huit cens Italiens que le seigneur Fabrice, nepveu du pape, se tenant en Avignon, leur avoit baillées.) Pendant ce furent descouverts environ cinquante chevaux des papistes, qui venoyent du costé du Rhosne; quoy voyant ledit Bouillargues, sortit avec sa trouppe; et si tost que les papistes l'aperceurent, ils gaignèrent la gueritte. Mais craignant ledit Bouillargues qu'il n'y eust embuscade et que par ce il perdist l'occasion de secourir ledit Sainct-Gilles, ne voulut poursuyvre lesdits cinquante chevaux, ains retourna audit Sainct-Gilles, où commanda faire certaines tranchées; leur laissa vingt hommes de sa compagnie, les asseurant qu'il les secoureroit quand il y devroit venir tout seul. Les laissant avec ceste bonne espérance, retourna à Nismes, là où il séjourna avec ledit sieur de Grilhe et autres, disant qu'il falloit mettre deux cens harquebouziers dans ledit Sainct-Gilles. De ce faire la charge en fut donnée audit Bouillargues, et promis qu'il seroit suyvi par ledit Grilhe, de Bar et avec toute la troupe. Le samedy 25 les susdits de Sommerive et Suze partirent d'Arles et passèrent le pont qu'ils avoyent fait, et vindrent assiéger ledict Sainct-Gilles, estans vingt-deux enseignes d'infanterie, faisant nombre de cinq mille et six cens chevaux, amenans trois pièces d'artillerie; et environ les sept heures du soir vindrent faire semblant vouloir bailler l'escalade, crians: Estable! estable! et tirèrent quelques coups de canons, disans à ceux de la ville telles parolles (1): Dy à ton Dieu: Revenge moy, prend la quérelle, et qu'il vous garde que demain nous n'entrions dedans la

---

(1) C'est apparemment un vers de la traduction des psaumes de David, par Marot.

ville, et autres plusieurs blasphèmes ; mais ils furent bien repoussez du tout de la muraille, à coups de harquebouzades, par si peu de gens qui estoyent là ; lesquels incontinent envoyèrent un homme à Nismes pour advertir ledit Grilhe, qui soudain feit marcher toute la nuict sa trouppe. Le capitaine Bouillargues alloit devant avec sa compaignie, et arrivèrent au lieu de Estaigel, distant dudit Sainct-Gilles d'une lieue. Ledit Sainct-Gilles est situé à la fin d'une plaine haute, venant du costé de Nismes, où ladite plaine se termine en une descente où recommence une autre plaine qui est large de mil cinq cens pas ou environ, se terminant au Rhosne ; laquelle plaine continue jusques à Fourques, chasteau vis-à-vis d'Arles, distant de Sainct-Gilles trois grandes lieues, tout au long des chaucées du Rhosne ; ayant de l'autre costé du Rhosne une isle appellée Camargues, ainsi appellée par un vocable corrompu, anciennement nommée Campus Marius, pour ce que Caïus Marius, Romain, se campa en icelle et y passa l'hyver ; isle fort grande et féconde en bleds. Or, estant le cappitaine Bouillargues arrivé audit lieu de Estaigel à la diane du 26 du mois, qui estoit le dimenche, luy et ses gens trouvèrent audit lieu dix hommes à cheval des ennemis, qui estoyent venus courir, et en prindrent huict ; les deux autres se sauvèrent à leur camp, auquel baillèrent l'alarme. Et eux estans en armes, leur cavallerie marcha pour recognoistre ledit Bouillargues, lequel s'estoit mis en un valon près dudit Estaigel, pour n'estre veu ; et luy adverti par une sentinelle que la cavallerie des papistes marchoit droit à luy en pleine campaigne, craignant, que s'il estoit recogneu estre si petite troupe, que l'ennemy ne le chargeast, et pour donner crainte ausdits papistes, il se descouvre du tout au-dessus du valon, vis-à-vis de l'ennemy, lequel, si tost qu'il apperceut que ledit Bouillargues estoit descouvert, craignant qu'il n'y eust quelque grande trouppe audit valon, estimant que si petite trouppe qu'estoit celle dudit Bouillargues ne se fust hazardée se descouvrir si près d'eux, si elle ne s'asseuroit estre secourue, qui fut cause que toute la susdite cavallerie des papistes fit alte et demeura là tout quoy en armes, et peu après se retira en son camp. Cependant ledit Bouillargues envoye audit Grilhe qu'il se hastast, et estans tous assemblez en nombre de six cens argolets et six cens harquebouziers, marchèrent en bataille jusques auprès de Sainct-Gilles, où demeurèrent depuis huict heures du matin jusques à deux heures après midi, attendans si l'ennemy bougeroit; ce qu'il ne feit. Parquoy délibérèrent mettre en exécution leur entreprinse, qui estoit de mettre deux cens harquebousiers dedans ledit Sainct-Gilles, puis se retirer. Parquoy ledict Bouillargues s'approcha dudit Sainct-Gilles, et, passant outre du costé du siége, veit que le camp des papistes se retiroit vers le Rhosne, et feit alte, faisant entendre audit Grilhe et de Bar qu'ils s'advançassent (car l'ennemy bransloit), et qu'il alloit donner dedans. Quelques-uns des soldats dudit Bouillargues commencèrent à faire les rétifs; ce qu'ayant apperceu leur remonstra en peu de paroles (car il n'est guères bon orateur), disant : Qu'est-cecy, messieurs? Vous voulez vous perdre et me faire perdre aussi. Ne voyez-vous pas l'ennemy qui s'enfuit? S'il congnoist que nous ayons crainte, il prendra vigueur et nous viendra accabler et mettre en pièces. Est-ce la promesse que vous avez faite à Dieu, au Roy et à moy? Ne m'avez-vous pas promis exposer vos vies pour l'honneur de Dieu et pour le service de nostre Roy? Pourrions-nous avoir meilleure quérelle que ceste-cy? Et quant il plairoit à Dieu nous appeler icy, ne vaut-il pas mieux mourir en deffendant une si juste cause que mourir en fuyant, à nostre grande honte et joye de nos ennemis? Et iceluy, leur monstrant les ennemis qui deslogoyent, dit : Ne voyez-vous pas comme Dieu chasse nos ennemis devant nous? Parquoy, puisqu'il plaist à Dieu les mettre en nos mains, ne perdons point si bonne occasion. Cela anima si bien les soldats que soudain marchèrent contre l'ennemy, et estans près d'eux environ trois cens pas, commencèrent à faire alte. L'ennemy, les voyant si près, mit sa cavallerie autour de leur artillerie qu'ils amenoyent avec leur infanterie, et se mirent en bataille près le bord du Rhosne. Alors ledit Bouillargues dist à ses gens : Voicy l'heure ; qui m'aimera si me suyve. Et donnèrent sur la cavallerie des papistes, de sorte que eux, quittans leur artillerie, gaignèrent au pié tout au long de la chaussée du Rhosne, tirant le chemin de Fourques à qui mieux pourroit courir et qui estoit mieux monté. Leur infanterie fut toute mise en pièce par la troupe que menoit M. de Grilhe, sauf ceux qui sceurent passer le Rhosne à la nage ; dont une bonne partie, se cuidant sauver en nageant, fut noyée et portée à la mer, et estendus sur le bord ; et ont esté trouvez de corps morts sur le plaige jusques en Agde, distant du lieu où le Rhosne entre en la mer de onze grandes lieues. Lesdits de Suze et Sommerive estans arrivez au pont qu'ils avoyent faict faire, et iceluy passé, craignans que pesle mesle ceux de la religion ne le passassent, le feirent coupper ; et des papistes ne s'en sauva pas plus de trois à quatre cens, que tous ne feussent tuez ou noyez. Et entre le pillage furent pris les coffres du sieur de Suze et Sommerive, dedans lesquels furent trouvées plusieurs lettres de conspiration contre ceux de la religion, entre autres unes de Fourquevaux au seigneur de Sommerive, dont la teneur s'ensuit :

Monsieur,

Suivant ce que m'avez accordé, je suis venu à Montpellier, et en vous attendant me suis campé au lieu de Lattes, assez près de la ville, et pensant assiéger les huguenots, me suis trouvé deceu; car ils m'ont tellement assiégé que ne puis bouger un pas que ne soye frotté. Mesmes ces jours passés, cuydant estre du tout perdu, fus contraint d'enterrer mon artillerie, ayant délibéré sur la minuit donner une fausse alarme et me sauver avec ma cavalerie au mieux que j'eusse peu. Parquoy vous prie au plustost qu'il vous sera possible vous en venir avec le plus de forces que pourrez amener, vous asseurant, si ne me secourez bientost, que je recevray la plus grand'honte que jamais povre gentilhomme receut, outre le dangier où nous sommes; vous asseurant que ne fus onques en telle destresse; qui sera l'endroit, monsieur, auquel vous prieray de rechef me vouloir secourir en ceste mienne grande et urgente nécessité, d'aussi bon cœur que je me recommande à vostre bonne grace.

De Lattes, en mon camp, ce quatorzième jour du mois de septembre 1562.

Vostre entier amy, *de Fourquevaux.*

Et au-dessus y a : *A Monsieur Monsieur de Sommerive, lieutenant pour le Roy en Provence, la part où il sera.*

Cependant que ce que dit est se faisoit audit Sainct-Gilles, le sieur de Beaudisné, lequel estoit demeuré audit Montpellier avec le reste des gens de guerre, faisoit tous les jours travailler aux réparations de la ville, espérant que, si l'ennemi se renforçoit et s'approchast plus près de la ville, de la bien défendre. Le 27, ceux du camp de Lattes vindrent à un moulin nommé le Moulin de l'Evesque, distant des murs de Montpellier de six à sept cens pas, où ceux dudit Montpellier alloyent meudre leur bled; et là ils avoyent mis vingt harquebousiers dans une tour. Ils avoyent délibéré rompre ledit moulin, ce qui advint autrement; car ils en furent si bien chassez que oncques depuis n'y retournèrent. Mais le susdit Peyrot Louppia, capitaine des bandolliers susdits, y fut tué d'un coup de mousquet qui le print à l'œil droit et sortit par derrière l'aureille gauche; de la mort duquel tout le camp des papistes fut en grande fascherie et deuil, et le firent enterrer en grande solennité au temple de Lattes, à leur mode papale. Le mardy 28 dudit mois, le sieur de Beaudisné receut nouvelle de la deffaite des papistes à Sainct-Gilles par un soldat que le sieur de Grilhe luy envoya, et qu'il s'acheminoit pour retourner à Montpellier; dequoy graces furent rendues, au temple de Tables, au Seigneur, d'avoir obtenu une telle victoire contre ses ennemis, estant véritablement œuvre de luy et non des hommes. Le mercredy vingt-neufvième jour fut faict un cri que, la nuict close, on eust à faire des feux au haut des tours des maisons (il faut noter que Montpellier est tout basti de pierre et la plus part des maisons ont au-dessus des plattes-formes où l'on se promeine); ce qui fut fait, et ce pour deux raisons, dont l'une à celle fin que l'ennemi, qui voyoit le feu de son camp, pensast que le capitaine Grilhe rentroit dedans la ville, lequel devoit venir le lendemain; l'autre, afin que ledit ennemi sceust que l'on se resjouissoit à la ville de la victoire que Dieu leur avoit donnée. Or, furent faits une infinité de feux au haut des maisons, environ les neuf heures du soir, de sorte que ceux qui estoyent dehors rapportèrent que on eust dit que le feu estoit par toute la ville. En mesme heure toute l'artillerie de la ville fut tirée.

Le lendemain jeudy, qui estoit le dernier jour du mois de septembre, le capitaine Grilhe revenant de Sainct-Gilles à Montpellier, sans advertir le sieur de Beaudisné de son arrivé, comme il luy avoit envoyé dire qu'il luy feroit entendre, à celle fin qu'il se tinst prest pour le secourir si l'ennemi le venoit trouver au chemin. Or, partant ledit Grilhe de Lunel, l'ennemi en fut adverti, lequel partit de son camp, y laissant bien peu de gens, et print le chemin de Malguie, petite ville près Montpellier, laquelle s'est bien deffendue de toutes les incursions lesquelles luy ont esté faites durant ces dernières guerres. Donc ceux de Montpellier, leur voyant prendre ce chemin, ne pensoyent rien moins qu'ils allassent droit audit Malguie, car ils n'attendoyent que Grilhe vinst sans qu'ils fussent advertis de sa venue. Mais quand l'ennemy fut hors de la veue de ceux de Montpellier, et à couvert d'un bois qui est à une métairie appellée le Bousquet, il laisse le chemin dudit Malguie et print droit au grand chemin de Lunel, passant par Motauberon et fut de rechef aperceu de ceux de la ville, lesquels incontinent descouvrirent son entreprinse, se doutans bien de ce qui advint. Donc soudain sortirent en armes, allans le droit chemin de Lunel, et estans passez le pont de Chasteauneuf, trouvèrent que le capitaine Grilhe estoit en route; car les papistes l'estoyent venu rencontrer au lieu dit les Renases, qui est un chemin plein de sable, et l'ayant trouvé en désordre l'avoit chargé, de sorte que si ceux de la ville ne fussent venus, il y eust eu grande boucherie de ceux de la religion; mais les papistes, voyant venir tant de gens et en si grande diligence vers eux, se retirèrent de là. Le sieur de Beaudisné estant arrivé au susdit pont, et ayant passé un chemin bien estroit et autres qu'il falloit passer avant que trouver le lieu où l'ennemy estoit, trouva au bout du chemin un gentilhomme papiste, sieur de Bizanet, près Narbonne, bien armé et monté avec un grand rondache, qui crioit : Les Adrets! où est les Adrets? Et le sieur de Beaudisné lui respondant : Le voici! le voici! luy tira la pistolade si à point qu'il n'y eust corps de cuirasses qui ne fust percé et le corps navré; dont ledit Bizanet en se retirant crioit si fort qu'il estonnoit tous ceux qu'il reucontroit. Les papistes, voyans que ceux de la ville estoyent tous frais et leur donnoient à dos, se retirèrent subittement le long de la rivière; mais ceux de la ville, craignans qu'ils ne voulsissent passer un gué qui estoit près de là où estoit ledit ennemi, pour après leur donner sur la queue ou bien s'acheminer vers la ville, gaignèrent vistement ledit gué et là firent alte, attendans pour voir que voudroit faire l'ennemy, lequel reprint le haut des vignes et s'en retourna à son camp. Mais en passant près du moulin susdit, ceux qui estoyent là en tuèrent plus de vingt. Ladite route fut le dernier jour du mois susdit, environ trois ou quatre heures après midy. Le vendredy suyvant, premier jour d'octobre, de grand matin, furent recogneus les morts, et en fut trouvé deux cens cinquante-sept, tant d'un costé que d'autre, entre lesquels fut trouvé le sieur de Merle, homme de bien et vaillant; le susdit Bisanet fut emporté à leur camp, et du camp à Narbonne, sus une charrette, où tost après mourut. Le samedy deuxième jour d'octobre, le capitaine Grilhe parlamenta avec l'évesque d'Alet, lequel estoit venu avec le sieur de Joyeuse au camp. Le dimanche troisième jour, ledit Joyeuse partit pour s'en retourner avec son camp, ayant un pié de nez. Ce jour allèrent à Florence, qui appartient au sieur de Crussol, duc d'Euzès(1),

---

(1) D'Uzès.

où les soldats se mutinèrent contre ledit Joyeuse et le pensèrent tuer, pour ce qu'ils n'avoyent esté payez et que le pillage de Montpellier leur avoit esté promis; qui fut cause que ledit Joyeuse leur permit de saccager ledit Florence; ce qu'ils firent; puis se retirèrent à Villeneufve-la-Crenade. De là, quelques jours après, allèrent assiéger la ville d'Agde, laquelle estoit gardée par le capitaine Sengla, qui avoit une compaignie de ceux de Montpellier. Le soir d'après que ledit Agde fut assiégé, ceux de Béziers y envoyèrent cent harquebouziers, toute la nuict; lesquels passèrent la rivière et entrèrent dedans. Les papistes firent deux bresches, dont la plus grande estoit de quarante pas de large, et tellement raisonnable que l'on y pouvoit entrer à cheval, et donnèrent trois assauts; et furent tellement les papistes repoussez qu'il y en demeura quatre cens, dont y avoit vingt-huict capitaines. Cependant ceux de la religion venoyent en toute diligence au secours, et fut baillée l'alarme par le capitaine Gremian de Montpellier, environ la minuict, tellement qu'ils deslogèrent, et à grande peine eurent-ils passé la rivière de Eraut, qui passe audit Agde, que ceux de la religion estoyent à leur queue. A la fin ils se sauvèrent à Narbonne, d'où depuis ne bougèrent. Le capitaine Bouillargues, en revenant de la chasse dudit camp papiste, print son chemin vers la montagne, pensant bien que quelque compaignie de l'ennemi se seroit escartée, où il en trouva deux, les deffit, et amena leurs deux enseignes et leur bagaige à Montpellier. Par ce petit discours nous pouvons facilement cognoistre de quelles forces le Seigneur arme les siens, avec asseurance que jamais ne les délaissera, moyennant qu'ils cheminent droit devant luy; au contraire, comment il fait trébuscher ceux qui n'ont espérance qu'en la force de leurs mains.

HISTOIRE

MEMORABLE ET TRES-VERITABLE, CONTENANT

le vain effort des Huguenots au Prieuré de S. Philbert en Normandie, et comme ils en furent miraculeusement repoulsez.

A PARIS,
De l'Imprimerie de Iulien Noyan, ruë des Anglois, pres la place Maubert.
1587.

AVERTISSEMENT.

Le siége du prieuré de Saint-Philibert se rapporte au mouvement insurrectionnel des huguenots dans la Normandie, en 1562. La relation suivante ne présente pas, il est vrai, de date précise, mais la nature des faits, la désignation des lieux et le nom des personnes établissent suffisamment cette date. Nous ne voyons pas qu'aucun auteur ait ni connu la pièce dont il s'agit ni mentionné l'événement dont elle s'occupe. Cependant il est curieux de voir comment deux ou trois individus parviennent à se défendre contre l'attaque d'un corps d'armée.

Cette pièce, écrite en latin, était demeurée inédite. L'imprimeur Jul. Noyau en a donné la traduction suivante en 1587.

HISTOIRE

CONTENANT LE VAIN EFFORT DES HUGUENOTS

ASSIÉGEANS

LE PRIEURÉ DE SAINCT-PHILBERT

EN NORMANDIE,

ET COMME MIRACULEUSEMENT ILS EN FURENT REPOULSEZ.

Afin qu'on puisse clairement entendre le discours de ceste histoire, et que rien ne soit obmis de ce qui appartient à la vérité d'icelle, il nous a semblé convenable d'escrire le lieu, le temps et finablement le chef de tout ce que déduirons cy après.

Il y a en la my-Normandie un certain prieuré nommé Sainct-Philbert, sur la rivière de Ville, fort voisin d'une bourgade nommée Montfort, et distant de la ville de Rouen environ neuf lieues, de la ville de Lisieux de pareille distance. Pour lors que ces choses sont advenues, y avoit audit lieu de Sainct-Philbert un prieur, homme notable et de noble race, nommé Nicolas du Bosc, natif du diocèse de Rouen, de l'excellence duquel s'il me falloit parler, je ne sçay bonnement par quelle de ses vertus et louanges je doive commencer. Car s'il est question de répéter l'ancienneté de sa noblesse, il est extraict d'ayeuls et bisayeuls par dessus nostre mémoire insignement nobles, jusque là qu'un de ceste race et famille, ayeul de Guillaume du Bosc, fut baillé en ostage en Angleterre par le Roy Jean, duquel Roy il receut grands honneurs et ornemens de noblesse, ainsi qu'il se voit encore pour le jourd'huy, par vieux enseignemens et escriptures de ce temps là. Mesmes ledit Guillaume du Bosc s'estant porté très vaillamment en une guerre qui fut pour lors faicte en Flandre, pour perpétuelle mémoire de son nom le Roy luy donna son ordre en 1407, et furent mis des trophéés en son honneur aux lieux plus éminens des villes principales d'iceluy pays, ce qui se voit encore pour le jourd'huy. Ce seroit chose longue, et par aventure ennuyeuse, réciter par ordre combien d'icelle race, de père en fils et d'aage en aage, ont esté excellens et renommez, joint que on me pourroit objecter ce que dit le poëte Ovide : la race et les ayeuls, et ce que n'avons fait, point nostre je n'appelle et n'est d'aucun effect; mais ce que nous-mesmes avons fait, ce qu'avons par nostre industrie acquis, finablement les vertus et perfections lesquelles avec long usage et labeur avons aprises, cela vrayement est nostre.

Or, s'il y a encor en ce pays quelques ecclésiastiques durant ce temps que l'église de Dieu est affligée et assaillie de toutes parts, c'est celuy duquel est parlé par ceste histoire, lequel est d'une intégrité de foy et de saincteté de mœurs, d'une insigne libéralité envers les pauvres, et d'une modestie de courage, et d'un hault sçavoir, et finablement qui en prudence, douceur, constance, et autres semblables vertus et dons de Dieu, se trouve reluire et exceller. Je puis dire, avec le témoignage de ceux qui le cognoissent et observent sa bonne conversation et saincteté de vie, qu'il est des premiers et des plus signalez. Mais il est saison de nous acheminer au subjet de nostre histoire.

Un chacun sçait, et au grand regret de toute la France,

combien de villes et pays ont été désolés et affligez par les incursions, ruines et saccagemens qu'ont fait les huguenots en diverses contrées et provinces, et entre autres villes combien en a paty l'une des plus florissantes et opulentes dudit royaume, sçavoir est la ville de Rouen, capitale de toute la Normandie, de laquelle cautement s'emparèrent lesdicts huguenots, avec un tel détriment, perte et ruine de ladicte ville, que jamais ny les ornemens des églises, ny les richesses et opulences d'icelle ville ne se pourront réparer, sinon avec laps de temps et longues années, ny finablement ladicte ville estre en sa fleur et pristine splendeur. Les chefs d'icelle entreprinse en icelle ville estoient plusieurs (comme un chacun a entendu), sçavoir est Marlorat, Soquence, Cotton, et autres, ausquels ne pouvoient moins que porter faveur et ayde tous ceux lesquels estoient facteurs de telle secte et religion. De laquelle mesmes estoit le frère propre du bon prieur, nommé Jean du Bosc, pour lors président en la cour des aydes, dont le bon prieur avoit un extreme regret; lequel prieur par diverses fois feit voyage à Rouen, logeant chaque fois à la seigneurie Dementreville; laquelle terre faict partie des fauxbourgs de Rouen et de toute ancienneté appartient à la famille et race des Bosc; et ce, afin que là estant il peust communiquer avec sondit frère, presque jà prins dedans les laqs et nasses de ceste pernicieuse hérésie. En quoy ledict prieur luy feit offre non seulement d'un bon frère, mais voire d'un excellent prédicateur, luy remonstrant combien cest erreur d'hérésie estoit vaine et damnable, avec une telle efficace et doctrine que sondit frère (nonobstant qu'il fust de grand sçavoir et prompt à respondre) toutefois l'avoit persuadé, et comblé de quitter ladite hérésie et se départir de la ville de Rouen pour s'en aller avec lui. Mais venant sur ces entrefaictes Marlorat, un des principaux chefs et plus entendu d'icelle secte, et ayant ledit président passé une nuict entière en discours avec ledit Marlorat, luy feit changer tout de nouveau de volonté. Quoy voyant le dévot prieur, et que toute ladite ville s'en alloit en proie des huguenots, délibéra se retirer en son prieuré.

Et combien qu'à l'exemple de ladicte ville de Rouen toute la province de Normandie fust en semblable trouble et désastre, et tous les huguenots dudit pays eussent pris les armes en main, ce néantmoins ce bon prieur, orné d'une asseurance divine et se resouvenant de ce qui est escrit dedans sainct Paul, que Dieu estant des nostres il n'y a rien contre nous, ne doubta se retirer en sa maison; maison, dis-je, en laquelle il n'y a ny muraille, ny fossé, ny défense quelconque, non plus qu'en une simple maison de village, construite et bastie seulement de boys. Et pour ce peut-on estimer de quelle foy et courage estoit muny ce sainct homme, sachant bien que tout le pays estoit en armes et que tout frémissoit de huguenots, comme un camp de sauterelles; poursuyvans, comme l'on dit, à cor et à cry, voire et tout genre de cruauté et supplice, les gens d'église, moynes, religieux et autres telles personnes. Et néantmoins voylà ce bon prieur, lequel en quelque endroit qu'il fust entre les huguenots, fust à Rouen, fust à son prieuré, ou en autre contrée dudit pays de Normandie, tousjours estoit vestu de son habit de religieux, parlant librement, réfutant et confondant chaque fois les hérétiques en dispute, jusques à les voir passionnez d'ire et courroux contre luy, accompagnez de menaces desquelles il ne faisoit aucun compte, imitant en ce les apostres, lesquels, enquis des prestres et juges de la loy comme ils osoient parler de Jésus-Christ et prescher publiquement son évangile, avec défenses et comminations de ne prescher pour l'advenir, respondirent avec une asseurance qu'il valoit mieux obéir à Dieu que aux hommes. Brief, par toute la contrée de Montfort et prieuré de Sainct-Philbert, ne se trouvoit quasi plus endroit où librement on fist exercice de religion chrestienne et catholique, sinon au lieu où estoit le bon prieur. En quoy il usoit de telle constance, qu'estant allé voir une sienne nièce mariée en une fort illustre maison près Sainct-Lo, et voyant que la religion chrestienne y estoit du tout intermise, feit, avec admiration grande et exultation de tous les catholiques, célébrer la saincte messe, chose qui de long-temps n'avoit esté veuë en ce lieu là. Or ne faut-il douter que tels actes d'un excellent religieux n'animast grandement la rage et fureur des ennemis huguenots; ce qu'ils monstrèrent bien par expérience et se pourra cognoistre du discours cy après. Or, voyant le discret prieur que, nonobstant sa bonne volonté, il n'estoit suffisant pour debeller un monde de méchans et que à luy seroit une témérité de se précipiter au danger de la mort sans profiter davantage à la république chrestienne, enfin se retira en sondit prieuré, ne délaissant jamais son habit ny ne fortifiant aucunement son prieuré. Bien vray est que, pour secourir le bourgade de Montfort et autres lieux circonvoisins spécialement dépendans dudit prieuré, ausquels tous les jours les ennemis courroient sus, ruinant et pillant les églises; afin, dis-je, de réfréner la fureur de ces malheureux et secourir ses voisins selon sa petitesse, il print avec luy assez bon nombre de gentilshommes et gens de pied, qu'il souldoya et nourrist par plusieurs jours, y employant plus que ses moyens ne pouvoient porter, afin qu'en toute manières il se peust dire avoir apporté aux pieds des apostres tout ce qu'il avoit pour le bien commun de la chrestienté et église catholique. Cependant que ces choses se passent, les habitans de Montfort et autres circonvoisins advertirent ledict sieur prieur qu'ils n'attendoient autre chose sinon que les ennemis les vinssent surprendre, de quoy ils estoient menacez. Et ayans les huguenots, quelque temps devant, rompu la plus grande part des images de l'église dudit Montfort et quasi pillé tout ce qui estoit dedans, non contens de ce, les menaçoient de venir au reste. Sur quoy ledit sieur prieur et un sien frère, nommé Martin du Bosc, sieur d'Amentreuille, les enhorte de prendre bon courage, leur promettant de leur donner ayde et secours au premier son du tocsin.

Or, le propre jour de la feste de Pentecouste, il y eut un jubilé octroyé de nostre Sainct Père le pape, pour lequel gaigner peu de personnes osèrent faire leur pasque, pour raison des ennemis qui estoient proches. Nonobstant lesquels toutesfois, le prieur advertit ses domestiques et subjects qu'ils eussent à jeusner, leur confesser et finablement vacquer à toutes œuvres de piété, tout ainsi que s'il n'y eust point eu d'ennemis, faisant faire exhortations et remonstrances que ce malheureux temps requeroit telle chose et que Dieu, qui est le maistre des exercites, peut en un moment dissiper un nombre infiny d'ennemis, estant par prières, jeusnes et autres sainctes œuvres appaisé.

Cependant, le mesme jour de Pentecouste, environ les deux heures de nuict, ceux de Montfort furent assaillis des huguenots comme en manière d'escarmouche; lesquels incontinent, jouxte l'advertissement dudict sieur, sonnèrent le tocsin, demandant ayde et secours. Lors une bonne partie de ceux qui estoient en la maison dudit sieur prieur, en grande diligence les vont secourir, et marchent d'un tel zèle et courage que facilement ils chassent lesdits huguenots, tellement que la pluspart, effrayez d'une extreme peur, s'enfuirent çà et là, sans aucun ordre; les autres passoient la rivière. Icy ne faut-il passer souz silence une chose fort remarquable ; c'est qu'un des principaux d'entre eux, voulant passer l'eau, fut noyé au mesme lieu où la vierge avoit esté jettée par contumelie. Laquelle chose entendue, tant de ceux qui estoient présens que des autres hérétiques, leur apporta un scandale et une crainte bien grande ; car le mesme qui avoit commis un tel malheureux acte, luy-mesme et au mesme lieu fut noyé. Peu de jours après, les mesmes calvinistes ou huguenots s'amassent au nombre de six vingts ou environ et retournent audict Monfort de grand matin, en espérance aussi de surprendre le prieuré, lequel ils voyoient leur estre fort préjudiciable. Leur venue fut bien tost sceuë, se tenant le prieur sur ses gardes et leur mandant qu'ils eussent à se retirer dudict Monfort et cesser leurs ruines et saccagemens, autrement qu'ils s'en pourroient trouver mal. Ceux-cy, doubtans de leurs forces et redoubtant l'authorité et excellence d'un tel homme, et sachant bien que faisant sonner le tocsin il les eust faict tailler en pièces, demandèrent à parlementer et conférer avec lui, quatre ou cinq en nombre seulement. Le prieur, de ce importuné par diverses fois, enfin leur octroye que trois d'entre eux, et non plus, l'allassent trouver ; ce qu'ils firent. Au commencement de leur conférence ou discours ils se pleignent du bon prieur, allégans (Dieu sçait avec quelle apparence ou probabilité) que son dessein estoit de piller ceux de la religion réformée. Lequel propos, nonobstant qu'il fust évidemment faux et calomnieux, et qu'il ne fust besoin au prieur le réfuter, ce néanmoins, avec une modestie accoustumée, leur respond que jamais n'avoit pensé à telle chose, et qu'ils parloient contre leur propre conscience; de sa part, qu'il ne mettoit son estude à autre chose sinon à louer et prier Dieu de tout son cœur, et qu'au reste ce qu'il en avoit fait estoit pour la défense et tuition de son prieuré et bien public, protestant de l'heure que jamais, luy vivant, il n'abandonneroit sondit prieuré, non mesmes au danger éminent de sa vie. Ayans conféré de tels et autres plusieurs propos, et congnoissans qu'ils ne profitoient rien, se départans parlèrent au prieur de ceste façon : Vous ne trouverez mauvais si nos gens de pied demeurent icy près encores pour ce jour. Demain matin nostre cavalerie les viendra joindre, qui ne sera sans vous saluer en passant. Ce qu'ils firent; car passant le lendemain tous en trouppe, tirèrent grand nombre de canonnades. Environ le mesme temps, ceux de Sainct-Estienne de Lallier, voysins et deppendans dudit prieuré, envoyent supplier ledict sieur prieur, de tout leur courage, que ce fust son plaisir les secourir en cest extreme danger, et que les huguenots les menaçoient de saccager et ruiner leur temple; à quoy desjà ils s'acheminoient. Sur l'heure le bon prieur dépesche quelque bon nombre d'hommes, lesquels il envoye pour résister aux efforts et incursions de ces malheureux huguenots; chose qui succéda si heureusement qu'en un moment ils furent délivrez, non seulement desdicts huguenots, mais, qui est bien davantage, les conduirent. Toutesfois y en demeura un seulement, et un autre y fut griefvement blessé. De ceste heure là les huguenots conceurent une extreme haine, ou plustost une rage contre ledit prieur, se voyant chaque fois si lourdement et brusquement repoulsez, voire le plus souvent battus. Toutesfois, congnoissans leurs forces petites, ils se délibérèrent temporiser quelque peu et en attendre d'autres, prévoyant aussi que la pluspart de la noblesse et soldats qui estoient avec le prieur, estoient des trouppes du prince d'Aumale, lieutenant du Roy et chef d'armée au siége de Rouen ; qui fut l'occasion que véritablement lesdicts gentilshommes et soldats furent contraincts de laisser ledit prieur et s'en aller au camp. Au moyen de quoy ne demeura avec ledict prieur, pour toutes personnes de défence, sinon trois, sçavoir est : sondict frère Martin du Bosc, sieur Dementreuille, lors homme d'armes de la compaignie de M. de Brissac (lequel, nonobstant les grandes affaires qu'il avoit, pour cause des troubles et guerres ne voulut laisser le bon prieur son frère), et deux autres assez entendus au faict des armes. Tous les autres domestiques dudit prieur estoient du tout inutiles pour les armes, et portant plustost nuysance que proffit ou ayde. Voyans doncques lesdits huguenots ce bon prieur estre desnué de toutes ses forces, ils amassent telles puissances et si grandes qu'ils s'estimoient assez forts pour faire lever le siége de Rouen. Et lors iceux huguenots, spécialement ceux du Ponteaudemer, pactisent avec certain capitaine de leurs troupes, nommé Aneaux, à ce qu'il eust à conduire ses compagnons par la vicocque Sainct-Philbert (ainsi parloient-ils), et que là ils disneroient, de là iroient disner à Montfort et soupper à l'abbaye du Bec. Pour cest effet, ils promettent cent escuz audit capitaine Aneaux.

Iceluy donques leur en ayant fait promesse, au lieu de dresser son chemin vers la ville de Rouen, comme estoit leur premier dessin et advis, arreste de marcher droict à Sainct-Philbert, accompagné de douze cens hommes, trois cens de cheval et le reste d'infanterie, tous bien en conches et entendus au faict de la guerre ; lesquelles trouppes il avoit levées de Bretaigne, de Sainct-Lo, Caën, Lisieux, Honfleur, Ponteaudemer, Pontlévesque et autres lieux circonvoisins, avec bien cinquante Rouennoys qui estoient partis de Rouen pour aller au devant d'eux.

Ledict capitaine, avant que mettre ses gens aux champs, envoye un espion en la maison dudict prieur pour recognoistre le prieuré et sçavoir au vray quelles gens et nombre d'hommes ledict prieur pouvoit avoir avecques luy. L'espion, usant de diligence, rapporte ce qu'il avoit veu, disant qu'il n'avoit trouvé là que quelques calobriers, rustiques et villageois; en un mot, que il n'avoit veu aucun en ladicte maison qui peust hardiment ou dextrement desgainer une espée. Quoy entendu par ledict capitaine Aneaux, eut grande asseurance de facilement exécuter sa délibération et promesse. Pour ce, sans tarder davantage, ledict capitaine, dès le lendemain, qui estoit le quatriesme de juillet, part dudict Ponteaudemer avec toutes ses trouppes, menant trois pièces de canon fournies de toutes munitions de guerre nécessaires; mesmes n'oublia mener avec lui quelques chirurgiens, lesquels (comme entendrez cy-après) luy furent plus à propos qu'il ne pensoit. Voilà donc le capitaine Aneaux qui part les enseignes déployées, les trompettes et tabours sonnans, comme près de marcher en bataille, tirant droict à Sainct-Philbert, distant dudict Ponteaudemer environ trois lieues françoises. Approchant du prieuré (non toutesfois qu'ils fussent à la portée de la harquebuse), suyvant la coustume de ceux qui assiégent quelques villes ou autre lieu, ils envoyent le tabour sonnant vers ceux du prieuré, de leur rendre et leur donner libre entrée, et ce, de par le Roy. Le prieur fut grandement estonné de la subite armée de l'ennemy, et n'estoit moins fasché que toute commodité et occasion luy estoit ostée de pouvoir implorer quelque ayde et secours; car il est certain que s'il eust peu prévoir telle chose, promptement il eust adverti le sieur d'Aumalle, lequel incontinent luy eust envoyé du secours. Ce néantmoins il ne laisse de retenir la mesme constance de courage que devant, ne redoubtant non plus ces huguenots que faisoit le prophète Elie les soldats du roy Ochosias, qui venoient pour le prendre. Pour respondre à ce tabourin, ledict sieur prieur envoye un nommé de Preaux, Breton de nation, homme aagé et fort entendu à la marine. Lequel de Preaux, faisant le commandement de son maistre, demanda audit tabourin qu'il eust à monstrer leur commission, autrement qu'ils n'y entreroient sinon par main forte. Le tabour respond qu'ils avoient commission du Roy, jurant certes et en vérité, comme estoit la manière des huguenots, et que estans entrez ils les monstreroient. De Preaux retourne vers ledit prieur, lequel fut à l'instant renvoyé dire qu'ils eussent à exhiber leur commission, autrement qu'ils n'y entreroient point. Eux au contraire commencent à s'addresser audict de Preaux, particulièrement allégans qu'il faisoit plus que commandement et qu'il advançoit tels propos. Pour la troisiesme fois ledict de Preaux retourne vers ledict sieur prieur, luy référer tous ces propos. Auquel ledict sieur prieur fist response qu'ils eussent à départir en diligence, autrement qu'ils les tireroient; que s'ils vouloient passer outre et parfaire leur chemin, que la voye publicque ou grand chemin estoit là près, si d'adventure ils en estoient ignorans. Pendant ces parlemens, sondit frère, sieur Dementreuille, distribue les balles et pouldres à ce petit nombre qu'avons dict cydevant estre demeurez avec eux; et à l'heure mesme le vénérable prieur et son frère se retirent au temple, ne trouvans lieu plus seur en toute la maison; et montant par un escalier gaignent jusques aux voultes dudit temple, où autrefois estoit un clocher. Le tout estant de poinct en poinct récité au capitaine Aneaux, et attendu quelle estoit la volonté dudit prieur, commença à faire sonner l'alarme, et commença le conflict sur les dix heures du matin. Du premier coup, l'un de ceux qui estoient avec le prieur attaint d'un capitaine huguenot par la teste, son morion ou casquet estant faulsé du coup ; lequel, se sentant navré, crioit à haulte voix qu'il estoit mort ; à raison de quoy les autres commencèrent à s'intimider et refroidir, n'approchans si librement qu'ils faisoient auparavant. Ce capitaine ne fust plustost arrivé au Ponteaudemer pour se faire penser qu'il rendit l'esprit entre les mains des chirurgiens, dont lesdits huguenots furent esprins d'un extreme courroux et cupidité incrédible de s'en venger. Pour ce, comme d'un nouvel assault, environnent les murs du prieuré, et par le moyen des pionniers font brèches en divers lieux et plantent leurs enseignes sur le reste des murailles. De là ils courent au temple, cassant et dégastant toutes les vitres ; et sembloit qu'il ne restoit qu'entrer dedans. Mais alors Martin du Bosc, frère dudit prieur, tire, et d'un seul coup de harquebuze en mect deux sur la place. On peut conjecturer combien de plus en plus furent irritez lesdits huguenots ; a l'occasion de quoy ils placent tout incontinent une pièce de canon et la bracquent devant la porte dudit temple, afin d'avoir plus libre entrée ; ce qui fut facile à faire, tirans plusieurs coups de canon tant contre l'église que contre un corps de logis où estoit un nommé Deshaulles. Ce Deshaulles (pour dire en un mot) estoit un certain huguenot renié, lequel peu de jours auparavant s'estoit rendu au prieur, renonçant à sa religion réformée et se donnant du tout audit prieur ; auquel toutesfois le prieur ne se fia plus qu'il appartenoit, craignant que dedans et dehors il eust des ennemis, et pour ceste raison ne voulut qu'il fust avec luy en l'église. Quoy voyant ledict Deshaulles, se retire en un certain corps de logis, promettant qu'il combattroit vaillamment et qu'il garderoit que l'ennemy n'y entrast. Cestuy, toutesfois, oyant le tonnere du canon, estimant que la maison deust tomber, fut grandement effrayé, se retirant au hault de la montée comme au lieu plus seur et plus secret à son jugement, ne faisant doute que si les ennemis entroient en ce corps de logis, c'estoit faict de luy, ayant peu de jours auparavant quitté le party desdits huguenots. Afin doncques (en cas qu'il fust prins) de faire croire à ces huguenots qu'il avoit esté prins prisonnier, il s'enferma en telle sorte qu'il n'eust peu sortir sans ayde qui ne luy eust ouvert. Pour reprendre nostre discours, la porte de l'église estant bas, ne se trouva personne qui osast entrer par icelle, chacun craignant sa peau et se donnant de garde, appris par l'exemple de ceux qui avoient esté tuez ; combien (ce qu'il ne fault obmettre) que plusieurs, avant ceste porte estre ruinée, perdirent la vie près d'icelle. Pour ce, afin d'estre là plus long-temps et seurement, ils commencent à se retrancher et gabionner, et quant et quant braquent deux autres pièces de canon vers l'église. Durant lequel temps ceux du prieuré tiroient incessamment et vous faisoient tel carnage de ces huguenots que c'estoit chose incroyable, dont les uns morts, les autres ne vallant guères mieux, estoient incontinent enlevez. Et alors fut le plus furieux combat, ces pièces de canon commençant à mieux jouer, toute l'infanterie faisant escopterie incredible, crians et menaçans les assiégés de feu, de sang, de la mort, et si quelque chose de plus cruel se peut dire ; de sorte que de ce bruit et tonnerre toutes les montaignes et pays d'alentour, plus de cinq à six lieues en rond, frémissoient et en retentissoient. Ce combat ainsi furieux continua jusques à six heures du soir, auquel demeura si

TOME V. 4

grand nombre de ces huguenots, que le spectacle ressembloit vrayement l'assaut et carnage qui se fait quand il convient entrer en la brèche de quelque grande et forte ville, occupée d'un fort et puissant ennemy. Et alors le capitaine Aneaux cogneut par l'expérience combien sagement et providemment il avoit mené des chirurgiens avec luy. Enfin toutesfois ces huguenots font tant qu'ils entrent au temple, lequel, comme pouvez penser, ils pillent promptement les ornemens et ce qui estoit en iceluy; et lors cherchent de toutes parts quelque voye pour monter sur la voute; enfin trouvent un escalier de pierre par lequel, s'ils eussent peu monter sans danger, ils se voyoient victorieux et tous leurs souhaits accomplis. Pour ce, les plus signalez d'entre eux, armez en blanc, commencent à monter par ledict escalier le plus tranquillement et avec le moindre bruit qu'ils peurent, et ce un à un, tant que en ladite vis ou escalier chacune marche ou degré avoit son homme. Mais lors survint le vénérable prieur fort à propos, lequel du haut de la vis descouvrant ces hommes armez (comme si par volonté et permission divine le comble de la victoire lui eust esté réservé), il jette une grande et lourde pierre sur la teste du premier, lequel onques puis n'en parla, rendant l'esprit sur la place; chose qui tellement effroya les autres que, fuyant et se précipitant l'un sur l'autre, se tuoient à qui sortiroit le premier.

Ceux-cy de mesme intimident et effrayent tellement les autres qu'ils ne sçavoient tous que faire ou que devenir. Pour ce considérans que, sans perte insigne de leurs gens, ils ne gaigneroient jamais la voute dudict temple, mesmes considérant le grand carnage qui en avoit esté faict, et que s'ils continuoient guères plus longuement le combat il ne falloit autre tombeau à tant qu'ils estoient que le prieuré, mourans de despit et détestans mille fois l'autheur et premier moteur d'une telle entreprinse, commencèrent à se desbender et mettre en désordre, se retirans et fuyans pesle mesle, sans aucun ordre ou discipline militaire, les uns blessez, les autres à demy-morts, que l'on portoit, les autres déplorans leur condition honteuse et pleine de vergogne; n'oublians au départir faire du pire qu'ils peurent au village, et, n'ayans peu rien faire ny faire la guerre aux hommes, firent la guerre aux maisons et aux granges, y mettant le feu malheurcusement. C'estoit chose pitoyable de voir les chemins de Ponteaudemer tous semez de ces malheureux, lesquels se pensoient ou faisoient penser sur lesdicts chemins. Leur compagnie principale estant départie, et craignans le reste qu'on fist sortie sur eux et qu'on les mist en pièces, furent si hastez qu'ils laissèrent une pièce de leur canon, laquelle, comme ils passoient, jettèrent dedans l'eau, laquelle encore depuis n'a peu estre retirée ny recouverte. Le capitaine Aneaux, ayant receu une telle estorce, revient au Ponteaudemer, demandant les cent escuz qui luy avoient esté promis, dont se meut grande contention entre eux, peu s'en fallut qu'ils ne vinssent aux mains. Enfin toutesfois ceux de ladicte ville, quoyque ce fust à leur grand regret, payèrent lesdicts cent escuz, et par ce moyen les uns et les autres demeurèrent très mal contens. Et ne faut doubter que s'ils eussent peu rencontrer l'espion qu'ils avoient envoyé descouvrir quelles personnes et forces estoient en la maison dudict prieur, combien griefvement et cruellement ils l'eussent traicté, d'autant qu'ils pensoient véritablement avoir esté trahis par iceluy, pour ce qu'ils ne se pouvoient persuader ny croire aucunement qu'il n'y eust eu audict prieuré pour le moins de sept à huict cens harquebusiers, combien qu'à la vérité ils n'estoient que le nombre cy-devant dict. Plusieurs, à la vérité, s'estoient devant ce temps là offers audict sieur prieur, luy promettant ayde et secours à toutes heures qu'il seroit assailly; mais comme il advient ordinairement que chacun se retire des coups le plus qu'il peut, aussi pour vray, lors du danger, personne ne luy assista, et n'eut secours d'ailleurs sinon de la bonté de Dieu, de laquelle estant appuyé il s'estimoit estre plus seurement que s'il eust eu dix légions de gens armez. Ces choses ainsi passées et les forces des huguenots de telle sorte affoiblies, ils furent contraints, selon le temps, prendre tout nouveau conseil; car comme ainsi fust que auparavant ils espéroient pouvoir conquester la mer, la terre et (comme l'on dit) la moitié de tout le monde, maintenant tous humiliez ils s'en retournent avec leur courte honte au Ponteaudemer. Et lors ne parlent plus de faire lever le siége de Rouen; ains la pluspart se retire chacun chez soy, quelques-uns renonçans jamais porter les armes contre le Roy, et voire aucuns retournans au giron de l'église catholique, apostolique et romaine, en laquelle ont depuis passé heureusement le reste de leurs jours. Le lendemain, les nouvelles de ce conflict et combat allèrent jusques au seigneur d'Aumalle, lequel se mist en devoir d'envoyer secours au prieur; mais jà, Dieu mercy, n'en estoit-il plus de besoing. Le prieur, peu de jours après, s'en alla jusqu'au camp trouver ledit sieur d'Aumalle, duquel et de sa compaignie fut receu fort humainement, avec grande resjouyssance et congratulation.

A quelque temps de là, sçavoir est quelque dix ou douze jours, se mist en chemin pour aller reprendre Lisieux, Honfleur, le Ponteaudemer et autres villes voisines occupez par les huguenots; qui luy fut une occasion bien désirée de passer par Montfort et prieuré de Sainct-Philbert, ne se trouvant aucunement satisfait de tout ce qu'on lui en avoit récité, jusques à tant que de ses propres yeux il eust considéré le lieu et la maison, et monstré le tout comme il s'estoit porté; chose qui luy sembla non-seulement admirable et difficile, mais voire prodigieuse et incrédible, si la vérité et le tesmoignage de mille personnes ne luy eussent asseuré. Qui plus est, fut curieux jusques là de vouloir voir la pierre que le prieur avoit jettée et dont il avoit obtenu la victoire, commandant qu'elle fust serrée comme une remarque d'un faict si notable et constance pleine d'admiration.

Je n'obmettrai icy trois choses remarquables, car il est advenu que audict jour, quatriesme de juillet, auquel l'église faict mémoire de la feste et translation de sainct Martin; et sembloit que lesdits huguenots voussissent transférer de ce monde terrien l'ame dudict Martin du Bosc; mais au contraire, par son moyen, ont esté tranférez les ames desdits huguenots ès parties infernales. Le second est que, combien qu'ils tirassent avecques leur artillerie de telle impétuosité qu'il sembloit tonner les diables, aussi tonnèrent une fois seulement pendant ledict conflict ès partie de l'air, et sembloit qu'il deust pleuvoir; toutesfois les escopteries, canons et tonnerres n'ont eu aucune puissance sur lesdicts du Bosc. Le troisiesme que, dès neuf heures du matin, on vouloit mettre le pain au four, ce qui fust empesché à cause dudict assault, et ne peust estre mis au four qu'il ne fust plus de dix heures au soir. Nonobstant ledict long temps et grande chaleur de l'esté qui assurit et altère tost un levain, néantmoins ne se trouva trop levé, et ne mangea l'on onques pain plus savoureux ny plus délicieux au goust; de quoy un chacun estoit esmerveillé.

Voylà le vray et fidèle discours de ceste histoire, lequel, pour éviter toute prolixité et n'attédier le lecteur, j'ay tranché le plus court qu'il m'a esté possible. Pour la fin j'adjousterai ce mot que l'on peut dire à bon droict de ce sainct religieux, comme disoit Cicéron de Jules-César, que, *Nulla unquam ætas de illius memoria conticescet*, et qu'il ne sera jamais qu'on ne parle de luy ; et que, s'il vivoit encores à présent, il pourroit bien dire de cestuy-cy ce qu'il escripvoit au nom et en faveur de Scipion : *Hiis qui patriam defenderunt, adjuverint, auxerint, certum ac definitum in cœlo locum esse, ubi beati sempiterno fruuntur ævo;* c'est-à-dire que à ceux qui ont deffendu, secouru et amplifié la patrie, il y a au ciel un certain lieu dédié où les bienheureux à jamais jouissent de la félicité. Que si les payens ont eu icelle congnoissance, combien nous, à plus forte raison, pourrons-nous dire davantage de ce sainct religieux, qui non seulement a conservé sa patrie, mais davantage ses voysins et tous ceux qui ont requis son ayde, ne craignant exposer sa vie et espandre son sang, s'il eust esté besoin, pour la deffense et tuition de l'église catholique et de sa patrie. Que si un tel acte eust esté faict du temps des anciens Romains, pour un tel subject, il est certain qu'on luy eust érigé un trophée en perpétuelle mémoire de son excellence et vertu ; laquelle chose n'estant en usage entre les chrestiens, pour le moins, en perpétuel monument d'un si généreux acte et d'une si ferme foy, à bon droict comparable à celle du centenier et autres recommandez en l'évangile, j'ay bien voulu laisser ce petit discours à la postérité, afin qu'à l'imitation de ce très généreux et pacifique religieux, un chacun chrestien, et spécialement les prélats et potentats de l'église, soient enflammez et incitez à la protection et manutention de la vraye et unique religion apostolique, catholique et romaine, sans que jamais aucune chose nous puisse intimider, estans armez et remparez comme cest illustre religieux d'une ferme foy et espérance à la bonté et clémence divine, nous remémorant de ce qu'escrit le prophète royal David au psalme trentiesme : *Viriliter agite et confortetur cor vestrum, omnes qui speratis in Domino.* Vous tous qui espérez au Seigneur, tenez bon, et vostre cœur soit généreux.

FIN.

LE MÉMOIRE

ENVOYÉ

PAR LE SIEUR DE MATIGNON (1).

28 SEPTEMBRE 1562.

Qu'il plaise au Roy me mander s'il aura agréable que je prenne de l'argent sur les villes et villages et particuliers qui ne veulent bailler de leur bonne volonté, pour soldoyer les gens de guerre qu'il faut tenir dans les places de ce pays.

> *Le peuple est si foullé et oprimé qu'il fauldroyt voir, avant que accorder la levée desdicts deniers, s'il l'a agréable et y veult fournir de sa bonne volonté.*

Et parce qu'il sera besoing de mettre des vivres aux places où l'on mect garnison, sy Sa Majesté trouvera bon que l'on face batre les granches et prendre les bleds et autres

---

(1) L'original existe à la Bibl. royale, *M. de Béthune*, n° 8699, fol. 115. Jacques Goyon de Matignon, maréchal de France, d'une illustre famille de Bretagne, homme courageux et prudent, fut chargé, comme lieutenant-général de la Basse-Normandie, de surveiller les démarches des protestants, dont le nombre augmentait chaque jour. Il s'acquitta de cette mission avec un succès dû à son exacte justice. La pièce suivante est curieuse comme faisant connaître les précautions sages que le roi recommandait à ses agents.

munitions des huguenots et séditieux qui s'en sont fuiz, pour les apporter dans lesdictes places; et de tout ce que dessus qu'il luy plaise commander que j'en aye la dépesche en lettres scellées du sceau de la chancellerye.

Le Roy ne trouve mauvais le contenu en cest article, pourveu que l'on établisse un tel ordre à la prinse desdicts bleds et grains qu'il ne s'en perde ny esgare rien au préjudice et dommage de ceulx à qui ils se trouveront cy-après appartenir et devoir estre restituez.

Pour pourvoir à la ville de Caën, là où tous les rebelles et séditieux se sont retirez, et pour estre M. de Bouillon dans le chasteau, M. d'Estampes n'y veut rien entreprendre, et aussy tost qu'il sera esloigné avec ses forces, ceulx qui seront audict lieu de Caën ne failleront à se remettre sus, et Montgommery, qui est au Havre, à se joindre avec eulx, et commetteront de plus grandes cruaultés qu'ilz n'ont point encores faict.

L'on a mandé M. de Bouillon, et, luy arrivé, y sera pourveu.

Aussy qu'il plaise à sa majesté faire pourvoir aux officiers de sa justice, qui sont ceulx qui ont soûstenu le peuple à estre rebelle et séditieux et qui leur ont monstré le chemin.

Fault revoir les charges et informations faictes contre lesdicts officiers, pour estre procédé à l'encontre d'eulx, ainsy que de raison.

Faict au conseil privé du Roy, tenu à Gaillon, le xxxviij[e] jour de septembre 1562.

CHARLES.

BOURDIN.

LETTRE
DE M. DE RABODANGES
A M. DE MATIGNON (1).

22 SEPTEMBRE 1562.

Monsieur,

Pour continuer de vous advertir de l'estat des affaires de par de çà, je ne veux faillir de vous dire comme j'ay fait cesser les presches et envoyé les ministres, qui estoit le point que je connois qui eust plustost meu sédition en ceste ville ; mais ils se sont, en cela comme en toutes aultres choses, monstrés obéissans, combien que ce n'ait esté sans grand regret et sans avoir bien respandu des larmes, et soubz une certaine espérance qu'ils ont d'obtenir du Roy et de la Royne, leur duchesse, permission de s'assembler sans l'assistance d'aucun ministre, pour faire leurs prières accoustumées, comme ils disent en semblable avoir esté permis à ceulx de la ville de Meaulx. Ce que ne pouvant obtenir, se délibèrent se conformer en tout ce qu'il plaira auxdicts seigneurs et dame, et se confient tant de vostre bonté et humanité, et des promesses que vous leur avez faict, qu'ilz ne seront en rien recher-

---

(1) Bibliothèque royale, *Man. de Béthune*, n° 8699, fol. 125.

ché pour le faict du passé et de ce qui dépend de leurs consciences, puisque d'ailleurs ils désirent demeurer, comme ils ont tousjours esté, bons, fidelles et affectionnez subjects et serviteurs du Roy. Et fault que vous dye cy en droict que la chose qui m'a autant esbahy par deçà, c'est que, encores qu'il y ait bon nombre de catholiques, touteffoys ils vivent avec ceulx de la nouvelle religion en si grande amitié et patience que je n'en ay ouy une toute seule plainte, et puis dire que voicy l'une des villes de ce royaume la plus paisible, tellement que je n'y vois aucune apparence de sédition, sy ce n'est par le moyen des compaignies de Villermoye et Lormoye, lesquelz, pour n'estre point payez, et leurs compaignies composées de mauvais et mal conditionnez souldars, au lieu d'estre establis pour la garde des subjects du Roy, se sont tellement desbordez en toute espèce de canailles, et à voller le bœuf et la vache et toute autre sorte de meubles, que le peuple ne peut plus comporter telles indignitez et oppressions, estant jà réduict à un commencement de famine, avec apparence de plus grande. Sy, aujourd'huy qu'il fault ensemencer les terres, l'on en oste le moyen à ce pauvre peuple, pour la cause de leurs bœufs et autre bestial, comme il se faict par chacun jour, qui est par conséquent leur oster l'espérance de leur vye et fruicts de leurs labeurs, et la faulte de pouvoir payer le Roy de ses tailles et subsides; dont adviendra que, par désespérance, ce pauvre peuple ainsi misérablement affligé, se voyant destitué de toute ayde et secours de justice, aura enfin recours aux armes, suivant une permission que monseigneur de Bouillon a faict publier par deçà, que je vous envoye. Et Dieu sçait si, une fois ils les ont prinses, si sera bien aisé à les leur arracher des mains, et ce qu'il en adviendra, comme je vois les choses préparez, si, par la bonté de Dieu et par vous, n'y est promptement pourveu, en retirant à vous lesdictes compaignies. Car combien que l'intention du Roy, selon qu'il est contenu par ses lettres à moy adressantes, soit de maintenir ses subjects qui se voudront recognoistre en toute seurté et patience; et que en pareil, pour les arretz de la court pour pourvoir aux animosités et haynes particulières, est deffendu telles pilleries et saccagemens, avec deffence de n'attempter aux personnes et biens, sinon qu'ils soyent trouvés en flagrant délit de rébellion et sédition, saccagemens de temples ou de maisons particulières, auquel cas l'on pertine les captures de telz coupables, pour estre représentez au magistratz et par luy prendre congnoissance de cause, sans qu'il soit permis aux souldars de tuer et saccaiger et piller tout le monde comme ils font; en quoy les dessusdictes compaignies desdicts Villermoye et Lormoye, et encores plus ledict Villermoye, se comporte si insolentement envers toutes personnes, usant d'une si desbordée licence de mal faire, que mesmes les habitans d'Argenthan, qui se sont tousjours sagement conduicts en l'obéissance du Roy, ont esté contraintz prendre les armes contre luy, luy blesser son lieutenant et aultres de sa compaignie, luy tuer son enseigne, et luy se retirer en son logis. Seulement, si ce n'eust esté pour le respect et la révérence qu'ilz vous portent et à moy, il en fust bien advenu plus grande follie. Voilà comme telles gens, au lieu de nourrir la paix, excitent la guerre; qui me fait vous dire que ceulx aussi de ceste ville d'Allençon, qui font tous actes de bons serviteurs du Roy, ne faisantz que venir de payer deux mille francs qu'on a levés sur eux, demandent comme telz entrer en la protection du Roy, et ce faisant estre préservez des incursions et pilleries que lesdicts Villermoye et Lormoye font en les mestairies circonvoisines de ceste ville d'Alençon. Et quand je leur dis que je n'ai pas la force pour repousser telles violences, ils me demandent estre authorisez se deffendre, suivant ladicte permission de mondict seigneur de Bouillon. En quoy je me trouve sy empesché que j'ay esté contrainct de vous envoyer le porteur, exprès pour vous faire entendre ce que dessus, et aussy pour vous dire que depuis naguères ai receu lettres de monseigneur d'Aumalle, par lesquelles il m'a mandé que je face advance ou que je trouve argent pour le payement de ma compaignie, en attendant cinquante mil escuz qui luy doivent venir de Flandres. Vous sçavez comme je suis aujourd'huy aisé, après avoir marié ma fille, de faire telle advance, et encores aussy peu de trouver deniers par prest, d'autant que l'argent est si court en ce pays qu'ils ne cuidront jamais faire en ceste ville ladicte somme de deux mille livres; aussi qu'il m'est deu pour mes estatz plus de douze mille livres dont j'ay advancé la plus grande partie. L'ordre et rieglement que vous avez laissé par deçà a tousjours esté suyvie, tant pour la garde de la ville que du chasteau, où je me tiens de présent, et n'ay besoin de forces pour faire obéir le Roy, soit icy, soit partout mon baillage, car j'entreprendrois bien de le faire obéir partout sans armes, et ne demande ma compaignie que pour conserver les subjects du Roy en leurs biens et les garder des incurtions des volleurs, sinon ce que m'a dict M. de Cré feust véritable, qui est qu'il vient grande quantité d'estrangiers en ce royaume, tant pour le Roy que pour ceux d'Orléans ; auquelz cas, si cognoissez tel bruit estre véritable, et s'il feust besoing que j'eusse gens particulièrement pour garder ce chasteau, qui n'est toutesfois desfensable que de bataille, du moins vous en adviserez, s'il vous plaist, avec monseigneur d'Estampes, pour se pourvoir d'argent et de munitions. J'en ay austant escript à monseigneur d'Aumalle ; mais surtout je vous prie, Monsieur, nous oster lesdictes compaignies qui pourront troubler la patience de ce pays, lequel sans cela je vous puis assurer estre très paisible.

Monsieur, je prieray nostre Seigneur vous garder en santé heureuse et longue vie.

Du chasteau d'Allençon, le xxij septembre 1562.

Vostre obéissant et entier cousin et amy,

Loys de Rabodanges.

RELATION

DE LA

MORT DU ROI DE NAVARRE

ARRIVÉE LE 17 NOVEMBRE 1562.

AVERTISSEMENT.

L'armée catholique s'étant mise en marche, sous le commandement du roi de Navarre, pour faire le siége de Rouen, vint camper à la vue de cette ville. Après plusieurs escarmouches on se disposait à un assaut en règle, quand le roi de Navarre, qui visitait la tranchée et se disposait à attaquer la brèche en personne, reçut une arquebusade qui lui fracassa l'épaule. La plaie fut jugée mortelle par les chirurgiens; et, en effet, après le siége, s'étant fait mettre sur la rivière pour être transporté à Saint-Maur auprès de Paris, on fut obligé de le remettre à terre à Andeli, à quelques lieues de Rouen.

RELATION

DE LA

MORT DU ROI DE NAVARRE (1).

17 novembre 1562.

Despuis, persuadé par M. de Mande (2) de faire son testament, après avoir invoqué le nom de Dieu et avoir disposé pour le salut de son ame, laissa par testament, entre autres, au sieur de Hasancourt dix mille livres et sa guarde-robe, six mil à son chirurgien, et autres legz à plusieurs autres ; et mesmement de ses chevaux à MM. de Guise. Et d'autant que la court estoit partie et qu'il es-

(1) *Man. de Dupuy*, vol. 500, et *Mém. de Condé*.

Le commencement de cette relation manque dans le manuscrit. Elle est assez confuse, et les faits n'y sont pas toujours rangés dans leur ordre naturel.

Th. de Bèze, qui, dans son *Histoire ecclésiastique* (tome II, p. 649 et suiv.), a rapporté avec assez d'étendue les circonstances de la mort du roi de Navarre, paraît avoir vu cette relation ; mais il ne rapporte pas tous les faits dans le même ordre, et je crois qu'en ce point sa narration doit être préférée à cette relation. Il s'y trouve néanmoins plusieurs choses dont Bèze n'a point parlé.

Cette relation, dans laquelle il est souvent fait mention du sieur de La Mézières, médecin du roi de Navarre, pourrait être de lui. Elle est certainement d'un huguenot.

(2) Nicolas Dangu, évêque de Mende. Il était chancelier du roi de Navarre.

toit quelque bruit que les Anglois viendroit (1) audict Rouen, et aussi que l'air y estoit fort mauvais, et tel que peu de ceux qu'y estoient blessés réchapoit, il se résolut, contre l'opinion de touz ses médecins, de s'embarquer et se faire porter sur ung bateau qu'il avoit faict faire, espérant guaigner Sainct-Mor des Fossés. Et estant dans le bateau, M. de Losse le vingt veoir sur le soir, auquel il dict : « Contre l'oppinion de toutz mes médecins je me suis « faict porter en ce bateau où je me trouve mieux. » Mais cela ne dura guières ; car le paroixisme le reprenant, il entra en ung extrême rigueur et sueurs qui ne l'abandonnèrent de toute la nuict, mais aveques inquiétudes, délires et revasseries. Et sur le matin de nuit, en rêvant, dist : Je veux envoier Raphaël (2) à Genéve pour estre ministre ; faites-le venir, qu'il face les prières. Lequel aproché fist les prières, se metant à genoulx M. le prince de la Roche-sur-Yon, et tout le reste qui estoit au bateau, fors M. le cardinal de Bourbon, M. le prince de Manthoue (3) et M. de Losse, qui demeurèrent debout, leurs bonetz sur leurs testes, en ung coing. Et les prières achepvées, mondict sieur le cardinal dict tout bas : Ce sont prières et oraisons ; ilx ne sont pas telx que je cuydois ; ilx croient l'église catholique comme nous. Et de là en avant ledict de la Mesière lisoit toutjours, l'exortant par intervale, qu'il prenoit de fort bone part et non d'aucun autre. Toutesfois, quatre ou cinq heures avant que de mourir, aiant presque perdu la parolle, M. le cardinal fist venir un Jacopin en habit transvestit, qu'on di-

(1) Dans toute cette relation presque tous les verbes qui devraient être au pluriel sont au singulier.

(2) Il est dit un peu plus bas que le roi de Navarre nommait ainsi le sieur de La Mézières qui était son médecin.

(3) Ludovic de Gonzague, depuis duc de Nevers.

soit avoir reprins l'habit despuis la prinse de Rohan (1), qui l'avoit auparavant laissé, qui n'avoit pas faulte de connoissence de la parole de Dieu ; qui commença par ses mots : Sire, aiez sovenance que le livre (2) qu'il avoit faict et intitulé : *du Péché contre Sainct Esperit,* avoit esté mis en lumière pour luy, parce que par ce livre-là il taschoit à prover que le péché contre Sainct Esperit est une universelle apostasie, par laquelle l'home, d'un propos délibéré, tasche d'esteindre, subvertir, impugner contre sa propre conscience, la vérité congnue ; mais que ceux qui s'opposent à la vérité mesmes, par quelque ambition ou avarice, ne péchoit point, et qu'il y avoit lieu de pénitence. A quoy ledict feu sieur Roy ne respondit aucune chose, ains demeura tout pensif. Sur le soir la Roine (3) mère du Roy, qui avoit esté advertie par ledict sieur de la Mésière, et autres médecins qui le traitoit, qu'il estoit temps qu'il pensast à sa conscience, et qu'il n'en pouvoit eschaper, le ving veoir, et l'aiant mis en propos, luy dit : Mon frère, à quoy passés-vous le temps ; vous deussiés faire lire. Lors il respondit : Madame, toutz mes serviteurs, ou la plus grand part de ceux qui sont autour de moy, sont huguenots. A quoy ladicte dame respondit : Ilx n'en sont pas moingx vos serviteurs. Et après qu'elle fust partie, s'estant faict metre en ung petit lict bas, près la cheminée, où il se fesoit transporter quelquefois, quant l'impasience de ses maulx le contraignoit sortir de son

---

(1) Rouen.

(2) Cette phrase, qui est mal construite, signifie, sans doute, que c'était le jacobin qui avait fait le livre *Du péché contre Saint-Esprit.* Il est dit dans l'*Hist. ecclésiastique* de Bèze (tome II, p. 665), que Mézières parla bien avant au roi de Navarre de ce péché.

(3) Suivant l'*Hist. ecclésiastique* de Bèze (tome II, p. 665) cette conversation se passa dans Rouen, avant que le roi de Navarre en fût parti.

lict, ledict sieur Roy apela ledict sieur de la Mésières, son médecin, l'apelant par son nom, comme il avoit accoustumé, Raphaël, qui estoit le seigneur de la Mezière : Prenés la Bible et me lisés l'histoire de Job, ce qu'il oioit patiémant, aprochant les deux mains ensemble, les ellevoit le plus hault qu'il pouvoit au ciel et y ellevoit ses yeux. Lors ledict sieur de la Mésière, délaissant la lecture de Job, luy commence à proposer ses péchés devant les yeux; combien estoit grande la multitude d'iceux, qui justement avoit provoqué l'ire de Dieu sur luy, et que l'enfer estoit prest pour l'englotir, sy Dieu par sa saincte grace et miséricorde ne l'an retiroit; mais qu'il estoit véritable en ses promesses et miséricordieux à toutz ceux qui, d'ung cœur non feint et sans hipocrisie, se retiroit à luy pour obtenir de luy pardon et rémission de leurs péchés, par le mérite de la mort et passion de son Fis Jésu-Christ, par le moien duquel seul Dieu ne nous imputoit nous faultes. Ha! Raphaël, je vois bien que je suis mort! il y a vingt et sept ans que vous me servés, et maintenant vous voiés les jours déplorables de ma vie (il falloit (1) au nombre des années). Et ce faict, il commence, les larmes aux yeux, demander pardon à Dieu et luy faire confession de sa foy, selon la fasson de l'église réformée, protestant que si Dieu luy fesoit la grace de guérir, qu'il feroit prescher purement l'évangile par tout le reaume de France; mais qu'il vouloit tenir la confession d'Auguste (2). La nuit enssuivant, il se trova quelque peu mieuz que les autres nuitz; et penssant estre eschapé, le landemain dict à ceux qui estoit autour de luy : Acoustés; je sçay bien que vous dirés par tout : le Roy de Navarre

---

(1) *Il falloit*, il se trompoit. Il y a *vingt ans* dans Bèze.
(2) D'Ausbourg.

s'est recongneu; il s'est déclaré huguenot. Ne vous sociés point qui je soye; je veulx vivre et mourir en l'oppinion d'Auguste. Le reste du jour il se trouva fort mal, fesant toutesfois la pluspart du temps lire la Bible audict Raphaël; tellement que sur le soir il luy print une fort grande foiblesse, et demeura esvanoy plus de deux heures, pendant lesquelles ledict de la Mésière luy fist pareilles remonstrances. Et l'interrogeant par plusieurs et diverses fois s'il ne le croioit pas ainsy, et s'il ne s'apuioit du tout en la miséricorde de Dieu, qu'il espéroit obtenir par le bénéfice de Jesus-Christ, remuant la teste et haussant les mains, fessoit démonstration qu'oy. De-là il ala toutjours de pis en pis, aiant toutz les jours quatre accessions (1) aveques paroxismes subintrants, qui commençoit par rigueur et finissoit par seuur. Et pour ce qu'il avoit heu une parelle maladie à Hortès en Béarn, en laquelle ledict sieur de la Mésière l'avoit secouru, il avoit tousjours Raphaël en la bouche, disant : Vous m'avez guary d'une pareille maladie à Hortés, ne vous estonés pas. Mais il ne considéroit pas la blesseure, le flux de ventre qui luy survint, l'apostume du bras, et encores une autre qui luy survint en ung genouil. Perseveroit néanmoings toutjours à faire lire la Saincte Escripture, nuict et jour, que ledict de la Mésière commançoit toutjours par l'oraison de Manassé. Et ung soir, entre les autres, lisant le passaige de sainct Pol où il y avoit : Fames, obéissés à vous maris; il dit : Raphaël, vous voiés come Dieu veult que les fames obéissent à leurs maris. Il est vray, respondit-il lors; mais l'Escripture dict aussy : Maris, aymés vous fames. Il avoit quelque regret que la Royne sa fame ne s'estoit acheminéc pour le venir veoir..... Jésus-Christ est mort pour

(1) Accès.

vous. Lors voiant que là n'estoit plus ledict Raphaël qui avoit accoustumé de parler à luy, luy dict : Qui estes-vous qui parlés à moy ; je suis chrestien et préparé. Lors ledict Raphaël luy dict : Sire, escoutés-le ; il est homme de bien et crestien. Et de là en avant, ledict Jacopin l'admonesta fort crestienement et sans capharder. Trois heures avant que de mourir il dict tout bas audict de la Mésière : Raphaël, donés-moy quelque chose ; j'ay bon cur, je vous promés. Et prenant ung vallet de chambre italien par la barbe, luy dict : Servés bien mon fis, et qu'il serve bien le Roy. De là ne dict plus mot, sinon *amen*, à la fin des propos dudict Jacopin. Et sur les trois heures, lorsque le paroxisme avoit accoustumé de le reprendre, rendit l'ame à Dieu (1).

(1) Il mourut le 17 de novembre 1562, en arrivant à Andely, n'ayant pas encore atteint la quarante-quatrième année de son âge. Il eut de Jeanne d'Albret cinq enfants dont trois moururent au berceau; Henri IV et Catherine de Bourbon, duchesse de Bar, furent les seuls qui lui survécurent. Il laissa aussi de Louise de Rouet de la Béraudière Charles de Bourbon, évêque de Lectoure, et ensuite archevêque de Rouen, qui mourut, en 1610, de regret et de douleur de la mort funeste de son frère Henri IV.

BATAILLE DE DREUX.

19 DÉCEMBRE 1562.

BRIEF DISCOURS

DE CE QUI EST ADVENU

EN LA BATAILLE

DONNÉE

PRÈS LA VILLE DE DREUX

LE SAMEDY DIX-NEUFIESME DE CE MOIS DE DÉCEMBRE MIL CINQ CENS SOIXANTE-DEUX.

Extrait d'une lettre missive (1).

Monseigneur le prince, après avoir présenté aux ennemis de Dieu et du Roy tous honnestes moyens, et convenables au lieu et degré qu'il tient en ce royaume, pour faire une bonne et saincte paix, ou bien pour définir tous ces troubles par l'issue d'une bataille, en laquelle il a toujours espéré que Dieu luy aideroit pour une si juste querelle; finalement, ce jourd'huy, voyant que nos enne-

---

(1) Celui qui a écrit cette lettre y dit qu'ayant été chargé par le prince de Condé de commander l'armée en son absence, il rallia les troupes après la fin du combat. Cette lettre est donc de l'amiral de Coligny; car Bèze, dans son *Histoire ecclésiastique*, dit que ce fut cet amiral qui rallia les troupes à la fin de la bataille.

Cette relation est imprimée dans les *Mémoires de Condé*.

mis avec toutes leurs forces estoyent campez à deux petites lieues françoises près de lui, à fin de l'empescher de se joindre aux Anglois, se résolut de les assaillir et combattre, combien qu'ils fussent de beaucoup les plus forts d'infanterie recueillie d'Allemaigne, de Suysse, d'Espagne et de divers lieux de ce royaume, avec trente pièces d'artillerie, et qu'ils eussent pour leur prochaine retraicte la ville de Dreux et le village de Tryon, avec une rivière à leur dos et un bois en flanc pour leur défense.

Ainsi donques, sur ceste délibération, estant parti de son camp environ les huit heures du matin, après avoir choisi ses ennemis le mieux à propos que le lieu le permettoit, donna dedans si courageusement que, de la première charge, gaigna six pièces d'artillerie, rompit leur infanterie et cavallerie, et print prisonnier monsieur le connestable, après avoir tué une grande partie des Suysses.

La deuxiesme charge ne fut moins furieuse; et est certain que si l'infanterie françoise et allemande eust aussi bien fait son devoir, comme elle s'y porta laschement, et si les reïstres eussent peu mieux entendre ce qu'on ne leur pouvoit dire que par truchement (qui ne se présentoit tousjours à la nécessité), l'entière victoire estoit entre les mains dudit seigneur prince. Mais au lieu d'un si grand bien, la volonté de Dieu (qui dispose de toutes choses selon sa sagesse incompréhensible) fut telle que ledit seigneur prince, très vaillant et très magnanime, ne peut estre secouru d'un cheval frais, au lieu du sien blessé en une espaule d'une harquebouzade, et par ce moyen tomba entre les mains des ennemis qui le prindrent captif, sain et sauf au demeurant, graces à Dieu, hors mis un petit coup d'espée sur le visage.

Cela estoit bien pour non seulement empescher le cours

de la victoire, mais aussi pour la tourner en une pitoyable desconfiture (comme de faict l'armée en fut esbranlée, qui fut cause que l'artillerie conquise ne se peut garder); mais ce nonobstant, par une singulière grace de Dieu, suyvant la charge que ledit seigneur prince m'a donnée de commander en ceste armée en son absence, je ralliay soubdain tant de cavallerie françoise et allemande que, voyant approcher pour la troisiesme charge trois gros bastaillons que ledit sieur connestable avoit dès le commencement réservez expressément pour le dernier effort de ceste bataille, je leur allay au-devant de telle sorte qu'après avoir longuement combattu les ennemis furent rechassez bien avant; et là (avec plusieurs autres gentilshommes) fut tué et puis despouillé le mareschal Sainct-André, l'un des chefs du triumvirat, et M. de Mombrun (1), fils dudit sieur connestable, pareillement occis, à ce qu'on nous a affermé; davantage le sieur de Guyse, fort blessé en deux endroits, qu'aucuns le tiennent pour mort, dont toutesfois je ne suis encores asseuré. Outre cela, le sieur d'Aumale, son frère, y a eu le bras rompu d'un coup de pistolle, et M. de Nevers la cuisse rompue d'un pareil coup au-dessus du genouil, lesquels on tient estre en danger de leurs personnes. Le grand prieur, aussi frère dudit sieur de Guyse, le comte de Charny et le prieur de Piennes y sont ou morts ou bien blessez.

Les sieurs de Beauvais et de Rochefort, chevaliers de l'ordre, avec plusieurs autres chefs, lieutenans et hommes d'armes, jusques au nombre de cent ou environ, prisonniers; de sorte que, pour vérité, il leur estoit malaisé de souffrir une plus grande perte, si leur armée n'eust esté entièrement ruynée.

(1) Montberon.

De nostre costé, la captivité dudit seigneur prince nous est un grand meschef, combien qu'il soit en la puissance de Dieu, comme nous espérons, d'en tirer occasion de quelque grand bien, estans maintenant les autheurs de ces troubles ou morts, ou autrement esloignez de Sa Majesté.

Outre cela, nous avons perdu quelques capitaines d'infanterie et quelques gentilshommes, mais en petit nombre, Dieu mercy, et de soldats, sans comparaison, beaucoup moins que nos ennemis; et nul de nos principaux chefs n'a esté seulement navré, hors mis le sieur de Mouy, que nous pensons estre mort ou prins.

Sur cela, estant la nuict presque close, nous nous contentasmes de ce que dessus, et par ce moyen nous retirasmes à leur veue et en bataille, au son de la trompette, avec trois canons que nous y avions amenez. Par ainsi leur est demeuré le camp (auquel nous les allasmes assaillir), comme aussi à nous le nostre, duquel nous estions partis; et s'ils ont prins nostre principal chef d'armes, aussi tenons-nous le leur prisonnier.

Il y a davantage ce seul poinct pour eux, que nous leur avons laissé (à cause de la nuict et par faute de chevaux) quatre pièces d'artillerie de campagne; mais nous estimons cela trop bien récompensé par la perte qu'ils ont faite de tant de grands seigneurs et capitaines; de sorte qu'il faut confesser que le Seigneur a gouverné l'issue de ceste bataille, ainsi comme toutes autres choses, avec une équalité et proportion très admirable, afin que ce royaume ne soit du tout ruyné par soy-mesme.

Voylà le discours de ceste journée. Depuis, c'est assavoir le vingtiesme dudit présent moys de décembre, nous sommes départis pour tirer vers Orléans, voyans la saison de l'hyver fort advancée et le passage de la Normandie rendu beaucoup plus difficile. Et combien que soyons partis en bataille devant leurs yeux, avec délibération de les combattre s'ils s'approchoyent, si n'ont-ils trouvé bon de faire seulement semblant de nous charger jusques à présent; et là nous espérons, moyennant la grace de Dieu et le secours des princes fidelles et vrais alliez de la coronne de France, non-seulement ne perdre courage, mais aussi nous conduire tellement qu'en brief ces troubles prendront quelque heureuse fin, à la ruine des ennemis de Dieu et soulagement de tout l'estat de ce royaume.

LETTRES
DU ROY(1)

PAR LESQUELLES IL CHARGE LE MARÉCHAL DE DAMPVILLE DE LA GARDE DU PRINCE DE CONDÉ, FAIT PRISONNIER A LA BATAILLE DE DREUX.

Charles, par la grace de Dieu Roy de France, à tous ceulx qui ces présentes lettres verront, salut. Comme en la dernière bataille donnée prez de Dreux, nostre très cher et très amé cousin Loys de Bourbon, prince de Condé, ayt esté faict et arresté prisonnier, au moyen de quoy soit beisoing, pour l'importance de sa personne, establir à la garde d'iceluy quelque bon, digne et grand personnaige, sur lequel nous puissions nous en asseurer et reposer, sçavoir faisons que nous, congnoissans les sens, vertu et fidélité de nostre cher et amé cousin Henry de Montmorency, seigneur de Dampville, admiral de France, et l'affection et vraye dévotion qu'il nous porte, et à tout ce qui deppend du bien de nostre service et affaires; considérant aussy que nostredit cousin le prince de Condé a par luy esté pris et arresté en ladite bataille; pour ces causes, et aultres bonnes, grandes et raisonnables considérations à ce nous mouvans; après avoir sur

---

(1) Copié sur l'original en parchemin qui est dans le vol. 8705 des *Man. de Béthune*, fol. 1.

ce pris l'advis de nostre très honorée dame et mère, la Royne, des princes de nostre sang, gens de nostre conseil privé, et de plusieurs notables personnaiges et chevaliers estans auprès de nous, avons à icelluy sieur de Dampville donné, et donnons par ces présentes, la charge et garde de la personne de nostredit cousin le prince de Condé; luy commandans et ordonnans très expressément par ces dites présentes qu'il ayt à le garder si soigneusement et seurement, avec ceulx qui luy seront par nous baillez pour ladite garde, qu'il n'en advienne aulcun inconvénient; faisant par luy, en ce que dessus et ce qui en deppend, tout ce qu'il verra et congnoistra estre requis et nécessaire, selon la parfaicte et entière fiance que nous avons en luy, encores qu'il y eut chose qui requist mandement plus espécial qu'il n'est contenu par ces présentes; par lesquelles donnons en mandement à tous gentilzhommes et aultres estans auprès de nostredict cousin le prince de Condé, ordonnez pour la garde de sa personne, et aultres noz officiers et subjectz qu'il appartiendra, que ès choses dessus dictes et deppendances d'icelles ilz obéissent et entendent audict sieur de Dampville tout ainsi que à nostre propre personne; car tel est nostre plaisir. En tesmoing de ce, nous avons signé ces présentes de nostre main, et à icelles faict mectre nostre scel. Donné à Paris, le vingt-unième jour de décembre, l'an de grace mil cinq cens soixante et deux, et de nostre règne le troisiesme. CHARLES.

Est écrit sur le replis : Par le Roy; la Royne sa mère, messieurs les cardinal de Bourbon, duc de Montpensier, cardinal de Guyse, duc d'Estempes (1), grant escuyer, estans présens. De l'Aubespine.

(1) Suppléez *le*. Il se nommait Claude Gouffier.

C'EST LA FORME

QUI A ÉTÉ OBSERVÉE

POUR LE TRAITEMENT

DE M. LE PRINCE (DE CONDÉ) (1).

Le Roy veult et entend que les compagnies d'hommes d'armes de monsieur le connestable, de monsieur l'amyral de Dampville et du sieur de Thoré, ensemble celles de gens de pied du cappitaine Nancey et cappitaine Goard, seront establies pour la garde dudict sieur prince.

Que la garde ce fera, tant jour que nuict, en sa chambre, d'un des membres desdictes compagnies de gens d'armes, d'ung cappitaine de gens de pied ou son lieutenant, de deux hommes d'armes et quelquefois quatre, selon la nécessité des lieux.

Qu'il couchera en la chambre dudit sieur prince, deux de ses valletz de chambre, ausquelz, avec le reste de ses gens, il pourra communicquer et parler en l'oreille.

Que ledit seigneur prince pourra aller en sa garderobbe sans qu'aucun desdits gardes y entrent.

Que la garde se fera devant le logis des domesticques dudit sieur prince seullement, sans qu'ils puissent estre

---

(1) Copié sur l'original qui est dans le vol. 8703 des *Man. de Béthune.*

veuz en leur chambre ne en leur cuisine, ausquelz gardes seront baillée, quant, allant et venant, ilz seront employez pour le service dudit sieur prince.

Faisant au reste si bonne garde tout autour le logis dudit sieur prince qu'il n'en puisse arriver aucun inconvéniant.

CHARLES.

CATERINE.

LETTRES
DE DEUX ESPAGNOLS

CONTENANS DES RELATIONS

DE LA BATAILLE DE DREUX (1).

Lettres du capitaine Juan de Ayala à dom Francisco de Cisnero, écrites du camp auprès de Dreux, où se donna la bataille.

Du 22 décembre 1562.

Les obligations que j'ay à vostre seigneurie et mon attachement pour elle ne m'ont pas permis de manquer de luy rendre compte du succez que nous avons eu dans la dernière bataille, sur tout en estant aussy bien instruits que nous le sommes, moy et Pedro de Ayala, qui avons essuyé toutes les peines et toutes les fatigues imaginables, parce que nous estions chargez de la troupe la plus mutine et la plus difficile à conduire qui soit jamais sortie d'Espagne. Le sergent-major va en rendre compte à sa majesté; et c'est luy en particulier qui a beaucoup contribué à la victoire que nous avons remportée, comme vous le verrez par ce qui suit.

Nous entrasmes en France le 25 de septembre; nous

(1) *Mémoires de Condé.*

la trouvasmes tellement ruinées et nous y vismes si peu de gens amis de Dieu et du Roy que nous en fumes espouvantez. Par tous les lieux où nous passions, nous faisions rentrer dans l'obéissance du Roy ceux qui en estoient sortis, et qui faisoient le plus grand nombre; nous y laissions des garnisons; et nous marchasmes ainsy pendant cent cinquante lieues qu'il y avoit jusques à Paris. Estant à vingt lieues de cette ville, nous apprismes que le prince de Condé la tenoit assiégée et que toutes les troupes du Roy estoient renfermées dedans, au nombre de six mil Suisses, quatre mil Allemands, deux mil François et quinze cens chevaux, auxquels le connestable et M. de Guyse, qui sont ceux qui gouvernent pour le Roy très-chrestien, ne se fioient pas beaucoup (1), et avec raison, parce que la plus grande partie sont luthériens. Ils nous dépeschèrent promptement un chevalier de l'ordre de Sainct-Michel, nommé M. de Sansac, pour nous faire avancer avec diligence, disant que nous estions sa délivrance. Comme l'ennemy occupoit les passages, il fallut faire un détour de seize lieues, ce qui nous obligeoit à une marche de trente-six lieues, que nous fismes en quatre jours, malgré le mauvais temps et la fatigue des marches précédentes. Nous arrivasmes à Paris le 15 (2) de décembre, à quatre heures de la nuict; et le lendemain nous nous campasmes hors de Paris, à la veue des ennemis, à peu près à la même distance qu'il y a de l'église de Nostre-Dame de Atocha à la maison de vostre seigneurie. Cette mesme nuit l'ennemy descampa et leva le siége; et nous, avec les troupes de nostre party cy-dessus nommées, et de plus deux mil Gascons, braves soldatz, sor-

(1) Cela ne doit s'entendre que des Suisses et des Allemands.
(2) Il y a à la marge du manuscrit: *Nota errorem, quia fuit septima decembris, et hostes moverunt castra nona decembris.*

tismes de Paris, marchant sur les traces des ennemis. Ils marchoient vers la Normandie, dans le dessein de se joindre avec dix mil Anglois, envoyez de cette isle à leur secours. Nous marchasmes trois jours et une nuit, et nous arrivasmes à une heure du 19 de ce mois à une lieue du lieu où estoient campez les ennemis. Nous disposasmes nos troupes de cette sorte : nos Espagnols avoient l'avant-garde, et à l'aisle droite, à costé de nous, estoient les cinq cens chevaux ; ce qui se fit contre l'usage ordinaire, mais parce qu'ils estoient en petit nombre et qu'on se fioit peu à eux. Au-delà de ceux-cy on plaça les deux mil Gascons ; au-delà un autre corps de quatre mil Allemands, bien armez ; ensuite les six mil Suisses (1) ; et enfin environ mil chevaux ; car toute nostre cavalerie ne montoit qu'à quinze cens hommes. Lorsque les ennemis nous apperceurent, ils sortirent de leur camp et desrangèrent leurs troupes ; ils les partagèrent en trois corps d'infanterie, qui estoient environ de dix mil hommes ; mais aucun d'eux n'avoit envie de se battre contre les Espagnols. Nous estions seulement au nombre de deux mil cent, parce que nous avions laissé à Paris beaucoup de malades, et les poltrons que la peur y avoit fait rester. Les ennemis nous croyoient au nombre de plus de quatre mil ; ainsy ils disposèrent contre nous un corps de quatre mil fantassins et un autre de deux mil cinq cens cavaliers allemands (2), qui sont très estimez en ce pays-cy. Ils avoient outre cela trois mil homme de cavalerie placez pour combattre le reste de nostre cavalerie. Pedro de Ayala et moy rangeasmes nostre bataillon sur trente-six picquiers de rang, garnissant chaque costé de ce rang de

(1) Il y a vers cet endroit-là dans le manusc., sans marque de renvoi : *Errat*.
(2) L'auteur les nomme *herreruelos Alemanes*. Ce sont sans doute les reitres qu'il désigne par ce nom.

onze arquebuziers; en sorte que le front du bataillon estoit de cinquante-huit hommes. Nous plaçasmes une manche d'arquebusiers au-devant de nostre bataillon, à trente pas de l'un des costez. Nous avions placé nos meilleurs hommes dans les premiers rangs, comme l'on fait ordinairement, et en cet ordre nous marchasmes aux ennemis, qui s'avancèrent aussy vers nous. Nostre artillerie, qui estoit plus forte que la leur, les endommagea plus considérablement. Leur corps de deux mil cinq cens chevaux s'avança avec beaucoup de hardiesse assez loin de leur infanterie et s'approcha jusques à un jet de pierre de nostre manche d'arquebusiers, qui estoient au nombre de quatre cens. Après que ces deux corps eurent fait leur descharge, les deux mil cinq cens chevaux, voyant le bon ordre dans lequel nous estions, ne creurent pas devoir nous charger et retournèrent du costé par où ils estoient venus, dans le dessein de combattre premièrement les autres nations, espérant qu'après les avoir rompues ils auroient meilleur marché de nous. Dans ce dessein ils tournèrent vers les six mil Suisses, et malgré toute la résistance de ce bataillon ils le rompirent et tuèrent près de quatre cens hommes. Les mil chevaux qui estoient à portée, et à la teste desquels estoit le connestable, marchèrent au secours des Suisses; mais à peine ces cavaliers furent-ils à la veue des ennemis qu'ils prirent la fuite, en sorte que un fils du connestable y fut tué, luy-mesme pris prisonnier. Nous perdismes en cet endroit un grand nombre de gens de considération. Cependant les ennemis s'approchoient de nous par la gauche et n'en estoient qu'à une demie-lieue. Les François de nostre party vinrent à nous, disant que, si nous ne marchions de ce costé-là, nous estions tous perdus les uns et les autres. Voyans cette nécessité, nous résolusmes d'aller à leur rencontre.

Nous marchasmes à grands pas et nous avançasmes au-delà de tous nos bataillons. Les ennemis nous attendirent en faisant bonne contenance ; mais après que les deux descharges eurent esté faites, à la distance de cinquante pas, voyant que nous baissions les picques pour les charger, ils s'effrayèrent, de façon que, sans avoir perdu plus de six hommes, nous les rompismes et en tuasmes trois mille. Après cet avantage les cinq cens chevaux qui estoient auprès de nous chargèrent un escadron où estoit le prince de Condé, qu'ils prirent prisonnier. Tout le reste prit la fuite. Nous les poursuivismes pendant une lieue et demie. On leur tua près de quatre cens hommes, et on fit beaucoup de prisonniers ; mais parce qu'il ne restoit plus qu'un quart-d'heure de jour, nous fismes cesser la poursuite des ennemis, qui, ayant marché toute la nuit, se trouvèrent le matin à cinq lieues de nous, sur le chemin d'Orléans. Cette victoire est capable de restablir le Roy dans son royaume ; mais ce royaume est dans un tel désordre, quant aux choses de la religion, que Dieu seul y peut rémédier, etc. Du camp de Dreux, où se donna la bataille. Le 22 décembre 1562.

Lettres de Hernando do Campo, soldat espagnol, à Antonio Prieto.

De Joinville, le 23 décembre 1562.

Je n'ay point encore rendu compte à vostre seigneurie de ce qui s'est passé par deçà, jusqu'à présent, parce que j'attendois une occasion ; et maintenant, quoique je n'aye ny le temps ny les commoditez, j'informeray vostre seigneurie de certaines choses. Peut-estre vous feront-elles peu de plaisir, parce qu'elles concernent les François ; mais je le fais pour remplir mon devoir. Après avoir marché dans une partie de la France et fait plusieurs tours différents d'un costé à l'autre de la Gascogne, en ruinant divers endroits, comme nous estions absolument nécessaires à Paris, on nous fit prendre le droit chemin pour nous y rendre. Nous y arrivasmes le 10. Nous fusmes bien venus, mais mal logez, parce que nous y entrasmes de nuit. Nous traversasmes cette ville depuis le fauxbourg Sainct-Denys jusques aux fauxbourg Sainct-Jacques. Avant que d'entrer nous trouvasmes sur le chemin le connestable et son fils, qui estoient venus nous recevoir. M. de Guyse estoit à la porte de Paris, qui embrassa les capitaines et les soldatz, en leur donnant la bien-venue. Le lendemain matin on conduisit aux retranchements les trois compagnies de dom Gonçalo, de Biamonte et de dom Pero Velez. Nous y restasmes jusques au lendemain au soir. Cette mesme nuit M. de Guyse sortit avec huit cens chevaux et trois cens Espagnols, pour escarmoucher avec les ennemis qui estoient à une portée de canon de la ville ; il leur tua deux ou trois sentinelles et se retira. Les ennemis prirent les armes, et, décampant ce matin mesme, ils prirent la route de Chartres, pour passer une rivière qui estoit sur le chemin de Normandie, afin de se joindre avec huit mil fantassins anglois et cinq cens chevaux, qui estoient au Havre-de-Grace, avec cent mil ducats que la reine envoyoit au prince de Condé, lequel luy avoit promis de la faire duchesse de Normandie. Nous sortismes de Paris, marchant après eux, mais fort tristes, parce que l'on nous disoit que la paix estoit fort avancée. Voicy quelles estoient, à ce que l'on disoit, les conditions de cette paix.

Le prince de Condé demandoit d'estre fait gouverneur du royaume ; que l'on permist de prescher la religion de Luther par tout le royaume, pourveu que ce ne fust pas dans les lieux publics ; que M. de Guyse sortist de France, moyennant quoy on luy laisseroit la jouissance de tous ses biens et de ceux de ses frères ; que pour seureté on donneroit en ostage un fils de M. de Guyse et un de ceux du connestable, pour estre gardez en Angleterre ; que l'on restituast de part et d'autre tout ce qui avoit esté pris. Le prince de Condé demandoit de plus que ses troupes fussent payées. Ce fut sur l'exécution de cet article que la négociation se rompit et que le prince prit les chemins de la Normandie. Nous marchions à la suite des ennemis, comme je l'ay dit ; nous nous trouvasmes un jour à une lieue et demie de leur camp, séparez par une rivière. Nous descampasmes sans bruit à minuit et passasmes la rivière, le 19 du mois, et allasmes nous poster auprès de Dreux, où nous fismes alte, examinant la contenance de l'ennemy. Nos troupes estoient composées de six mil Suisses, trois mil Allemands, deux mil Gascons, mil François et trois mil Espagnols, avec deux mil chevaux. Nos Espagnols ne faisoient guères que dix-neuf cens effectifs, encore avions-nous deux cens malades. Estant dans cet ordre, nous vismes avancer deux escadrons de cavalerie. Nostre artillerie, ayant tiré sur eux, les mit un peu en désordre, parce que nous avions vingt-cinq pièces de campagne. Un escadron de nostre cavalerie s'avança pour escarmoucher avec eux ; mais après les avoir chargez il se retira, voyant marcher toute l'armée ennemie, au nombre de six mil chevaux de bonnes troupes et de douze mil fantassins. Nous marchasmes aussy à eux, dans la plus belle plaine du monde, qui est entre Dreux et Chartres. Nous marchions très serrez et en très bon ordre. Les Espagnols estoient à la droite de la ligne, avec leur manche de cinq cens arquebusiers ; M. de Guyse estoit à nostre gauche avec un escadron, ensuite les Gascons, au-delà le connestable avec un autre escadron, plus loin les Suisses, ensuite le mareschal de Sainct-André avec un autre escadron, et enfin les Allemans avec une manche de Gascons au devant d'eux. C'est ainsy que nos gens partagèrent leur cavalerie et qu'ils marchèrent aux ennemis. Ceux-cy firent avancer contre nous un fort gros escadron de cavalerie ; mais nous ayant trouvez un peu durs, ils se retirèrent, marchèrent contre le connestable, rompirent sa troupe et le prirent prisonnier. Le reste de l'armée ennemie chargea les Suisses et les Allemands, qui tinrent teste quelque temps; mais ils se rompirent, et une partie des Suisses prit la fuite. Alors, nous joignant avec le reste, nous chargeasmes les ennemis; nous les rompismes et leur infanterie prit la fuite. Nous les poursuivismes et en fismes un grand carnage, les tuant comme s'ils eussent esté des moutons. On dit que les ennemis ont perdu plus de quatre mil hommes et que nous n'en avons perdu que mil. Cependant les ennemis, au nombre d'environ deux mil chevaux, se postèrent auprès d'un bois et revinrent à la charge, dans laquelle ils tuèrent le mareschal de Sainct-André et un fils du connestable. Ils rompirent les Gascons et par ce moyen ils furent en estat de faire retraite en traversant nostre camp. Les deux mil chevaux estoient des reistres (1). Les nostres ont fait prisonnier le prince de Condé et ont perdu quatre chevaliers de l'ordre du Roy. Les ennemis se sont retirez à trois lieues d'icy. Nous avons fait plusieurs prisonniers. J'ay pour ma part un cavalier allemand, qui servoit sous le prince de Condé, avec six reistres. Il m'a promis cinq cens ducats lorsque je l'ay arresté. Il est un peu blessé...

Malgré cela nous avons perdu plus que les ennemis,

---

(1) Il y a dans le texte *herreruelos*, comme dans la lettre précédente.

parce que les Allemands et six cens cavaliers ont pris la fuite en voyant que le connestable estoit pris; et ayant esté se jetter dans nos bagages, qui estoient placez dans des vignes, à la veue du camp, ont répandu que tout estoit perdu et que nous avions esté passez au fil de l'espée, en sorte que ceux qui gardoient nos bagages ont pris la fuite avec ce qu'ils ont pu emmener... On dit qu'il y a eu des hommes d'armes qui sont entrez cette nuit dans Paris en disant que tout estoit perdu... Les reistres ont escrit à M. de Guyse qu'ils tiennent le connestable prisonnier, qu'il ait à leur envoyer sa rançon, et qu'ils viendront se mettre à son service, ou bien qu'il leur donne un passe-port pour s'en retourner. Les choses estant ainsy, il me paroist que cette guerre est preste de finir... De Joinville, ce 23 décembre 1562.

LETTRE
DE M. DE CHAULNES
SUR LA BATAILLE DE DREUX.
DU 25 DE DÉCEMBRE 1562 (1).

Monsieur,

J'ay receu présentement lettre de la court, et m'escrit-on que nous avons gangné la bataille, dont y a esté tué beaucoup de gens de bien, sçavoir : le mareschal de Sainct-André, M. de Monbron, le seigneur de Beauvais, de Givery, de la Brosse, Desbordes, nepveu de M. de Bourdillon, le viconte du Mont-Nostre-Dame, Sainct-Tran. M. de Nevers, une arquebuzade à la cuysse, qui luy romp l'otz, et le plainct-on fort; M. d'Aumalle, une espaulle rompue; et si grand nombre de lieutenans et enseignes y sont demeurez, et ne s'en dict encores les noms. Du costé de monsieur le prince, M. de Grandmont a esté recongneu mort, M. d'Arpajon, et doute-on fort de M. de Duratz; tous leurs gens de pied ont esté taillez en pièces, et ont perdu plus de quatre mil chevaulx. Monsieur l'amiral et d'Andelot sont saulvez à Orléans, et près de deux mil chevaulx avec eulx. Monsieur le connestable

---

(1) Copié sur l'original qui est dans le vol. 8696 des *Man. de Béthune*, fol. 36, et imprimé dans les *Mémoires de Condé*.

L'adresse de cette lettre ne s'est point conservée.

y a esté mené à Orléans avec vingt chevaulx, et a esté recoux (1) par deux fois, et à la fin a esté mené prisonnier. On a faict les processions génerallcs par tout Paris, où le Roy et la Royne ont esté. Monsieur le prince est prisonnier. Mesmement on a desjà commancé de pourveoir aux places des mortz : M. de Brion, cinquante hommes d'armes; M. de Losse, cinquante; M. de Vefville (2), la mareschaulcée de monsieur le mareschal de Sainct-André; M. de Mompencier, creue cinquante hommes d'armes; M. de Buyron (3), cinquante hommes d'armes; Monsieur le grand prieur (4), cinquante hommes d'armes. M. de Mouy-Sainct-Falle, prisonnier, et le sieur de la Curée; et parle-on de leur faire leur procès, et en parle-on très mal. Voilà toutes les nouvelles qu'on m'a escriptes; s'il m'en survient d'autres, je vous en advertirai. Me recommandant bien humblement à vostre bonne grace, suppliant nostre Seigneur, Monsieur, vous donner bonne et longue vye. A Chaulne, ce 25 décembre au soir, 1562.

Vostre obéissant compagnon, parfet amy et serviteur,
CHAULNE.

M. de Thoré a eu les gendarmes de M. de Monbron, son frère.

Monsieur mon compagnon, il y a encore beaucoup de cappitaine en chef blesez.

Cant vous yriez à la court pour vous ramentevoir (5), y me samble que vous feriez fort bien, le temps estant à pourpotz.

(1) Repris par ceux de son parti.
(2) De la Vieuville.
(3) Biron, depuis maréchal de France.
(4) Frère puiné de François, duc de Guise.
(5) Pour y faire ressouvenir de vous.

DISCOVRS
DE LA BATAILLE
de Dreux, dicté par feu Monseigneur François de Lorraine Duc de Guyse.

A PARIS,
Pour la veufue Vincens Sertenas et Vincent Norment en leurs boutiques en la gallerie par où on va à la Chancellerie.
1576.

AU ROY.

Sire, si onc vostre royaume fut heureux et fécond en personnages accomplis en toute discipline et vertu, ç'a esté du règne du Roy François premier, vostre ayeul, et Henry second, vostre père; entre lesquels, par commun jugement de toute la chrestienté et confession de ses propres ennemis, feu monseigneur le duc de Guyse tint le premier rang et degré, les perfections duquel dépeintes au vray sembleroient comptes et fables à la postérité. Par quoy je me contenteray de prier ceux qui n'ont eu l'heur de le cognoistre comme moy de croyre qu'il faut bien que ç'ait esté un parangon et chef-d'œuvre de nature, pour, en siècle si poly et tant heureux en personnages comblez de tous biens du ciel, avoir, par confession et concession de tous, emporté le prix d'honneur, non seulement entre les princes et seigneurs françois, mais par dessus tous les personnages illustres de son aage, quelque part de la terre qu'ils ayent fleury; aussi toutes les conditions requises en un parfaict et souverain capitaine se représentoyent en luy assemblées et rapportées en un corps : la grandeur de la maison, la générosité de courage, la vigilance infatigable, l'éloquence et faculté de bien dire, la science au pourjetter, l'expérience au juger, l'heur et la hardiesse à l'exécution de ses desseins; ce qui fut occasion, comme testifioit feu M. d'Egmond à la nouvelle de sa mort, qu'il battit et vainquit tousjours et en tous lieux tous ses ennemys, et ne receut onc dommage d'eux. Que diray-je de la prestance de sa personne, de l'honneste gravité en son maintien, de la sévérité du regard, addoucie par la vivacité naturelle de l'œil, de la façon martialle, de la force et disposition du corps, de l'addresse et sçavoir en tous exercices de guerre, de la courtoisie, de la magnanimité, de la constance, de la libéralité, de la vérité en ses parolles, de la persévérance immuable en ses promesses, de la rondeur et syncérité en ses négoces, de l'amour au bien public, de l'ardeur et devoir à l'honneur et service de son Dieu, de son Roy et de sa patrie? Lesquelles perfections, par bonheur de sa naissance, empraintes au naturel de son ame, et alliées à la proportion du corps, accreues par discipline dommestique, furent vuidées, polyes, et comme prirent leur fil par l'éducation et nourriture prise près les personnes de ces deux grands Roys, en la guerre, aux affaires, au conseil; ce qui luy ruza la solidité du jugement, de façon qu'en diversité d'advis et opinions il sçavoit promptement résoudre et choysir la plus expédiente et meilleure. Mais la briefveté de ceste préface ne me permet eslargir dadvantage en ses louanges. Seulement je diray, bien que les François n'aient laissé en arrière aucune espèce d'honneur pour recognoistre sa vertu et décorer sa mémoire, si n'ont-ils peu et ne pourroient tant faire qu'il ne semble avoir mérité trop plus; en quoy il est parveu au comble de son désir; car, en blasmant ceux qui soubhaittoient les honneurs et ne s'efforçoient de les mériter, il monstra que ses soubhaits estoient attachez au mérite et non au loyer. Ce prince, Sire, à l'exemple de Cæsar, de Xénophon et autres grands capitaines anciens, après la bataille de Dreux, dicta le présent discours à un de ses serviteurs, discours à la vérité digne de l'éloquence et de la prudence d'un si grand chef. A la retraicte du mareschal de Hesse, un gentilhomme allemand, à Saverne, me communiqua un quaterne (1) de mesme subjet. L'odeur et sentiment du stile me feit juger de prime face que la plume de monsieur l'amiral de Chastillon y avoit besogné (2). Je me fermay en ceste opinion quand, au milieu de ce discours, je leu que monsieur le prince de Condé l'avoit faict son lieutenant et luy avoit recommandé l'armée, s'il advenoit inconvénient de sa personne. Mais ce caïer fut, ou publié pour couvrir l'apparence de la perte, ou transcript sur le récit d'autruy; car, outre ce qu'il parle peu de l'intention des armées, de la résolution des chefs, de l'exécution de leurs desseings, des ordonnances des batailles, des accidens, des escarmouches, attaques et rencontres, des variétez et fortunes du combat, il s'est tout employé aux diminutions de ses pertes, par exaggéra-

---

(1) Cahier.
(2) Cette relation est ci-dessus, p. 78.

tion des dommaiges d'autruy, racomptant mesmes entre les morts seigneurs qui n'y furent onc blessez et vivent encor'aujourd'huy. Toutesfois, si je l'eusse en main, il serviroit de feuille et de contreclustre au présent traicté, lequel, Sire, je supplie très humblement Vostre Majesté recevoir avec la douceur et bonté accoustumée, dont vostre œil accepte les services de ceux qui despendent journellement leurs biens, hazardent leurs personnes et sacrifient leurs vies pour vostre honneur, vostre bien et vostre estat.

DISCOURS

DE LA

BATAILLE DE DREUX

DICTÉ PAR

FEU Mgr FRANÇOIS DE LORRAYNE,

DUC DE GUYSE.

Estant monsieur le prince de Condé sorty d'Orléans avec ce qu'il avoit de gens de guerre, pour aller recueillir les reïstres et Lansquenets que le sieur d'Andelot amenoit d'Allemaigne, après qu'il se fut joint à eux, s'estimant assez fort de pouvoir tenir la campaigne, il s'achemina avec son armée vers Paris. De quoy la Royne advertie, qui estoit encores en la ville de Rouen, naguères prinse et réduitte par force, délibéra de s'aller jetter, elle et le Roy son fils, dedans ceste grande et principalle ville, pour la conserver; et feit advancer M. de Guyse et monsieur le connestable, pour y aller dresser un camp fortifié aux fauxbourg Sainct-Jaques, afin d'y pouvoir loger l'armée, et, en asseurant et gardant d'effray le peuple de ceste ville, arrester par mesme moyen, sans mettre rien en hazard, les entreprinses du prince; lequel, ayant cependant prins en passant Pluviers et Estampes, estoit venu avec toutes ses forces pour prendre aussi Corbeil, afin de se prévaloir de la commodité de ce lieu et du pont et passage qu'il y a sur la rivière de Seine; ce qu'ayant esté auparavant bien préveu, monsieur le mareschal de Sainct-André avoit esté de bonne heure envoyé dedans, avec d'autres si bonnes forces qu'il leur feit bien tost cognoistre qu'ils ne feroyent aucunement là leurs besoignes. Donc, laissans ceste entreprinse, marchèrent droit à Paris, se venans loger à Ville-Juifve, qui n'en est qu'à une petite lieue loing, et de là marchèrent encores plus avant, 28 de décembre (1), pour venir prendre logis plus près, vis-à-vis des trenchées de nostre camp; ce qui ne fut sans grosse escarmouche et sans que l'artillerie qu'on avoit mise sur les deux plateformes, que de long temps le feu Roy François premier avoit en cest endroit fait dresser, leur fit beaucoup de dommage. Mais se présentant de leur costé de trois à quatre mil chevaux en campaigne, ilz donnèrent occasion à ceux qui estoient sortis en trop moindre nombre de nostre tranchée de se retirer, et de laisser loger, sans plus grand empeschement, leurs gens de pied quasi à la portée du canon, sur le grand chemin du Bourg-la-Royne, servant le pavé de rue au milieu de leur camp, et leurs gens de cheval à Mont-Rouge, Gentilly-soubz-Bicestre et autres villages d'alentour, d'où se firent chacun jour divers combats et escarmouches, qui donnèrent apparence d'y debvoir avoir bien tost une bataille. Mais envoyant monsieur le prince supplier la Royne qu'il eust ce bien de la voir et qu'il feroit toutes choses à luy possibles pour la contenter, ladite dame, considérant le péril où s'alloit exposer le Roy son fils et son estat par le hazard d'une bataille, par l'advis de tous les saiges seigneurs

---

(1) Il faut corriger novembre.

qui estoient auprès d'elle, accorda de le voir; et estant accompagné de messieurs le cardinal de Bourbon, prince de la Roche-sur-Yon et connestable, se trouva avec luy en une maison entre les deux armées, où, sur la pacification des choses, furent mis en avant plusieurs partis, desquels, encores que les aucuns semblassent durs, furent-ils néantmoins approuvez et conseillez desdits seigneurs, avec l'universel consentement de tous les gens de bien qui estoyent lors en ceste ville de Paris, qui, pour parvenir à un plus grand bien, jugèrent estre grandement besoing de céder à la présente nécessité du temps. Et comme l'on fut sur le point de conclure là-dessus un accord, par le moyen duquel l'entière obéïssance des villes et subjets du Roy estoit recouverte et les armes générallement ostées à tous, horsmis à ceux que le Roy et la Royne l'ordonnèrent, et le faict de la religion aucunement accommodé, demeurant toutes autres choses paisibles dedans le royaume, l'on vint enfin sur les seuretez, en demandant monsieur le prince aucunes que la Royne estima ne pouvoir ny devoir bailler, et luy en proposant elle, avec l'honneur et advantage du Roy son fils, d'autres qu'on jugeoit bien raisonnables. La chose se prolongea par plusieurs allées et venues, en bonne espérance, néantmoins tousjours d'accord jusques au septiesme jour, que, demourant le tout interrompu et non accepté de la part de monsieur le prince, il se leva avec son armée de devant Paris, le huictiesme ensuyvant, y ayant assez mal faict ses besongnes, mesme que le jour précédant, estant les trefves faillies et les Espagnols desjà arrivez en nostre camp, l'on estoit allé assaillir ses gens de cheval jusques dedans leurs logis. Et s'entendant qu'il s'acheminoit vers un quartier d'où il pouvoit choisir son chemin, ou à Orléans ou à Chartres, ou bien en Normandie, la Royne, avec infiny regret de voir ainsi continuer ceste guerre, ne voulant toutesfois luy laisser exécuter ses entreprinses, dépescha incontinent MM. de Guise, connestable, et mareschal de Sainct-André, avec tout ce qui estoit lors de gens de guerre assemblez à Paris, pour le suivre; ayant premièrement remonstré à ces seigneurs que, pour la conduite des grands et importans affaires qui se présentoient, elle ne pensoit pouvoir faire aucune meilleure ny plus certaine élection que d'eux, lesquels le feu Roy Henry, son mary, avoit tousjours tant approuvez, et lesquelz elle cognoissoit prudentz et de grande expérience, et au demeurant bien affectionnez et autant fidèles à ceste couronne, comme ilz y avoyent d'obligation; en confiance de quoy elle ne faisoit aucune difficulté de mettre franchement toutes les forces du Roy son fils, et tout le pouvoir et moyen qu'elle avoit de soustenir maintenant son estat, entre leurs mains, pour poursuivre et parachever diligemment ceste guerre, comme il estoit très nécessaire que, par un bout ou par un autre, elle se terminast bientost, estant certain que, tant plus on l'iroit prolongeant, plus en verroit-on de jour en jour sortir de nouvelles et très dommageables incommoditez à la totalle ruine du royaume; ce qui luy feroit continuer de sa part encores tous les jours de pourchasser la paix pour y mettre fin; que, à ce mesme effect, eux de leur costé exécutassent et employassent les armes, sans laisser passer l'occasion de combattre et de donner la bataille, quand le temps et le lieu le requerroient, se reposant tant sur l'accoustumée prudence et vertu, qu'ilz ne hazarderoyent rien que bien à propos, et que, s'ilz en venoyent là, qu'ilz en rapporteroient une certaine victoire. Ce qu'ayant ces seigneurs accepté et donné toute bonne espérance du succès de l'entreprinse, ilz pourveurent diligemment à toutes choses qu'ils estimèrent leur estre pour ce nécessaire; et ainsi partirent de Paris le neufiesme du mois, avec leur armée, qui se trouva d'environ seize mil homme de pied et deux mil chevaux seulement. Et ayans advis que monsieur le prince de Condé prenoit le chemin de Normandie, pour se joindre à un bon nombre d'Anglois qui luy venoyent de renfort de ce costé-là, ils délibérèrent de l'empescher; et s'estans bien asseurez du chemin qu'il leur falloit tenir pour luy aller au-devant et pour couvrir la Normandie, afin qu'il n'y peust entrer, ils arrivèrent le dix-huictiesme du mois au lieu de Mézières, sur la rivière de Dure (1), et se trouvèrent avoir devancé monsieur le prince, lequel, pour s'estre amusé quelques jours à sommer la ville de Chartres, ou pour autre empeschement, n'estoit venu que le mesme jour loger à Néron, trois lieues en derrière de nostre camp, en lieu toutesfois assez commode pour pouvoir le lendemain gaigner le devant, si, laissant à main droicte la ville de Dreux, il s'acheminoit à gauche vers Chasteauneuf; ce que considérans ces seigneurs, voulurent, dès le soir mesme, passer la rivière, pour luy estre encore mieux au-devant. Mais d'autant que l'on avoit desjà cheminé trois lieues et qu'il eust esté trop tard avant que toute l'armée eust esté de l'autre part, par deux petits et estroits passages qu'il y avoit seulement en cest endroict sur ceste rivière, aussi que monsieur le connestable se trouvoit pressé de la colique, il fut advisé qu'on logeroit là pour ce soir; mais incontinent après minuict l'on commença de passer sans aucun trouble et sans faire bruict de tabourins ny de trompettes, afin que les ennemis n'en sentissent rien, avec tant de diligence que mesmes l'artillerie fut au-delà de l'eau avant

(1) D'Eure.

le jour. Et fut incontinent gaigné le dessus du cousteau, non guères loing de Dreux, qui se trouva un lieu plein de vignes par le costé droict, et par le devant y avoit une plaine unie et bien espacieuse, qui s'estendoit en baissant un bien fort peu vers la venue de monsieur le prince; et là fut prins place de bataille et logis, en attendant le bagage. Mais ainsi que sur une heure du jour du 19 dudit mois les tabourins de l'armée du prince commancèrent s'ouyr, comme par les champs les coureurs rapportèrent bien tost après qu'elle marchoit, qui fut cause que ces seigneurs entrèrent en délibération de ce qu'ils avoient affaire. De quoy s'estans bien tost résoluz, et ayans commandé à chacun capitaine l'ordre qu'ils avoient à tenir, ils marchèrent aussi par la plaine campaigne vers l'armée dudit prince; de laquelle pour avoir plus certaine notice et estre bien advertis de l'estat d'icelle, envoyèrent le sieur de Biron la recognoistre du plus prest qu'il luy seroit possible; lequel ne tarda guères à mander qu'il l'avoit trouvé tenant le chemin de Normandie, droict à Chasteauneuf; dont jugeans ces seigneurs, si le prince gaignoit l'advantage de deux heures de chemin, qu'il leur seroit fort mal aisé, d'autant qu'il estoit plus fort de gens de cheval qu'eux, de luy pouvoir de là en avant empescher plus l'entrée dudit pays, et que, y entrant et se joignant aux Anglois, son armée demoureroit par après supérieure à la leur, aussi bien de gens de pied comme elle l'estoit desjà de gens de cheval, et s'accommoderoit davantage de deniers qu'on disoit que la Royne d'Angleterre luy envoyoit, qui estoient toutes choses grandement importantes au faict de ceste guerre, ils se résolurent en toutes façons de les empescher; et à ceste cause marchèrent plus avant vers le prince; lequel, sentant alors une telle force en campaigne, et si voisine de luy qu'il ne pourroit tant diligenter de luy gaigner le devant qu'elle ne luy fust sur la queue en danger de le rompre, il délibéra de s'arrester et commença de faire toute autre contenance que de vouloir faire chemin ; dont ledit sieur de Biron advertit incontinent ces seigneurs, que si monsieur le prince ne logeoit sur le lieu où il estoit, à quoy il ne voyoit grande apparence, que dedans une heure ils auroyent la bataille. Sur quoy ordonnans promptement, selon la grande expérience, toutes choses pour le combat, ils meirent les trouppes de l'advantgarde et de la bataille de mesme front, aussi advancées vers les ennemis les uns que les autres, et la gendarmerie, pour n'estre en grand nombre, entremeslée par régiment avec les bataillons de gens de pied, estendans les uns et les autres depuis un village qui les flanquoit par main droicte jusques à un autre village qui les flanquoit par main gauche. Et furent les bandes espagnoles au bout de la main droicte, lesquelles se joignent aux murailles du village qui leur estoit prochain, pour n'avoir gens de cheval qui les couvrist. De ce costé ilz meirent quelque nombre de charettes devant eux ; puis tout joignant, à leur gauche, furent les régiments de gendarmerie de M. de Guyse et du sieur de la Brosse ; après estoyent les bandes des François Gascons, puis le régiment de M. le mareschal de Sainct-André, après le bataillon des lansquenets, et après autres deux régiments que M. d'Aumalle et M. Damville conduisoyent ; où s'achevoyent les trouppes de l'avant-garde. Et tout joignant furent les Suisses, qui estoyent la première trouppe de la bataille ; puis monsieur le connestable avec son régiment de gendarmerie, et le seigneur de Beauvois avec une autre ; après un bataillon de François qu'on appelloit Bretons, et après le sieur de Sanssac avec autre régiment de gendarmerie, qui faisoit le bout de la bataille; et la fin des trouppes joignant le village de main gauche, avec deux bandes d'artillerie, l'une devant l'avant-garde et l'autre devant la bataille. Et en cest estat attendoient leurs ennemis, lesquelz faisans du commencement marcher bien ferme leurs trouppes de gens de cheval, et suivre après leurs gens de pied, sembloit qu'ils estimassent pouvoir surprendre nostre camp à demy passé la rivière; car autrement l'on ne pense qu'ils eussent rien hazardé avant s'estre renforcez des Anglois, ausquels ils estoient si près de se joindre. Mais trouvans les nostres en bon ordre et en lieu advantageux, ils tindrent bon, se délibérans néantmoins de combatre; dont ayans réparty leurs trouppes en deux bataillons de gens de pied, l'un de François et l'autre d'Allemans, tous bien armez, et faict trois principaux escadrons de cavallerie, chacun de douze à quinze cens chevaux, tant de reïstres que de François, avec pistolletz ou lances, ils en feirent advancer un autre moindre par le costé droict des nostres, pour les recognoistre, auquel fut incontinent tiré quelques volées de nostre artillerie. Et se représenta lors, tant d'un costé que d'autre, qu'il y avoit journée entre ces deux armées, estans désormais si près l'une de l'autre qu'elles ne se pourroient plus départir sans un général combat. Dont ne voulans aussi ces seigneurs en laisser aucunement passer l'occasion, à cause de l'importance des Anglois, ils commencèrent de donner cueur et d'animer par leurs parolles et par leur présence et vertu toutes leurs trouppes, et les confimer si bien que toutes, d'un cry et d'une voix, demandèrent bataille; dont faisant deux et trois fois crocheter plus en avant leur artillerie, pour tirer de plus près aux ennemis, ils se contraignirent se haster davantage de venir aux mains. Et de faict, marchans lors leurs trois principaux escadrons de cavalerie vers nostre avant-garde, passèrent sans s'y arrester, droit à la bataille, se débandans environ soixante chevaux des leurs, qui vindrent premier de grande résolution donner dedans les Suisses, si avant qu'ils allèrent jusques aux enseignes. Ce que voyant monsieur le connestable, et que tout leur fort de cavallerie le venoit charger, il s'advancea avec grande hardiesse et asseurance de les recevoir et soustenir; mais la charge fut si grosse et furieuse, et de si grand nombre de chevaux passans et rapassans, à coups de pistolet, de lance et d'espée, dedans ses trouppes, que, nonobstant le grand debvoir de capitaine et vaillant chef de guerre qu'il y feit, son cheval luy fut tué entre ses jambes, luy blessé et finablement prins, ensemble le sieur de Bauvais avec luy; et le sieur de Montberon, son quatriesme fils, et le sieur de Givry tuez; M. d'Aumalle porté par terre et fort froissé, avec plusieurs autres prins et morts, son artillerie saisie, et toutes ses trouppes de la bataille, tant de cheval que de pied, et les deux régimens de M. d'Aumalle et de M. Damville, qui estoient de l'advant-garde, rompus, hors-mis le bataillon des Suisses, qui estoit d'environ cinq mille hommes, lequel se raillia promptement; et eux, avec cest heureux commancement, outrepassèrent nos trouppes, dont les aucuns furent poursuivans ce qui estoit rompu et qui s'en alloit devant eux, jusques au premier lieu de bataille et logis que les nostres avoient prins le matin, et y pillèrent plusieurs bagages, mesmes celuy de M. de Guyse et sa vaisselle d'argent. Mais s'estans leur plus grand nombre rallié et remis en ordre, feirent semblant de vouloir venir par derrière charger nostre avant-garde; ce que appercevant M. de Guyse et M. le mareschal de Sainct-André, commandèrent au sieur de Biron, lequel ils avoient ordonné derrière eux avec trois guidons, pour les soustenir, qu'il leur feist quelque teste, mettans eux au reste bonne peine de leur faire veoir un si bon ordre en toute les trouppes de l'advant-garde qu'ilz cogneurent n'y pouvoir rien gaigner de les attaquer; dont laissant ceste entreprinse, s'en retournèrent charger les Suisses, lesquels estoyent desjà en bataillon, et qui, encores que de rechef ils fussent en grande partie deux et trois fois portez par terre et leurs rengs traversez, si refeirent-ilz néantmoins tousjours; de façon qu'ayant soustenu l'effort de leurs gens de cheval, ilz s'advancèrent encores de faire si bonne teste à leur bataillon de gens de pied allemands, lesquelz les venoit affronter, qu'ils l'esbranlèrent bien fort. Lors M. de Guyse et M. le mareschal de Sainct-André, qui encores en ce temps ne s'estoyent bougez nullement, mais pour garder d'estonnement leurs lansquenets, jusques ausquels la furie de la première charge estoit arrivée, avoyent jetté le régiment de gend'armerie de monsieur le mareschal d'entre les Gascons et eux, et faict des deux un seul bataillon pour en monstrer une plus grand'teste, voyans ceste charge que leurs ennemis avoient faicte aux Suisses, et que leur bataillon de François, qui estoit de plus de quatre mil hommes, s'estoit approché jusques au devant d'eux et leurs lansquenets encores assez entiers, commencèrent de marcher avec toute leur avant-garde, s'adressant premièrement à leur bataillon de François, auquel congnoissans que noz gens de pied n'y pourroient advenir sans quelque perte de temps, leur feirent la charge avec la gend'armerie, où ne leur fut faict grande résistance; et de-là donnans dans leurs lansquenets les meirent aussi en routte, suivans les aucuns de noz gens de pied françois et les Espagnols ceste exécution avec grand meurtre et boucherie des ennemis. Et de ce pas s'addressa M. de Guyse et M. le mareschal, ensemble M. Danville, qui s'estoit rallié avec eux, droit à leurs gens de cheval, tant à ceux qui n'avoient encores combattu qu'à ceux qui avoient fait les susdites charges, lesquels commencèrent à se retirer, et monsieur le prince, de qui le cheval se trouva lors blessé en la jambe, demoura prins. La victoire fut cependant poursuivie sur leurs gens de pied et sur quelques trouppes de leurs gens de cheval escartées, et principalement sur sept enseignes de leurs lansquenets, d'environ deux mille hommes, qui s'estoient retirez en une court fermée de muraille, joignant le village de main gauche; lesquels se sentans enfin forcer se rendirent à M. de Guyse, qui les print à mercy; en quoy alla tant de temps que les gens de cheval ennemis eurent quelque loisir de se rassembler et de recharger encores leurs pistollets, dedans un vallon couvert d'un petit bois taillis qui estoit auprès, et fut dit à M. de Guyse qu'ils pouvoient estre environ de quatre cens chevaux seulement; lesquels, avec ce peu de trouppe qu'il avoit près de luy, de laquelle estoit M. le mareschal Sainct-André, qui avoit laissé son régiment avec les autres bataillons, il délibéra aller rompre, afin qu'incontinent après il peust envoyer suivre ceux qui admenoient monsieur le connestable, pour le leur recourre. Mais comme ils marchoient vers ledit vallon, il en veit sortir beaucoup plus grand nombre d'ennemis qu'on ne luy avoit dit, environ quinze ou seize cens chevaux en deux trouppes; au rencontre desquels, qui furent vivement soustenus, luy et les siens furent tous couverts de feu et fumée des pistollets. Mais s'estans lors noz harquebusiers françois advancez, ils arrivèrent tout à temps pour le recueillir; et fut tué en ceste furieuse charge beaucoup de leurs gens, mesmes aucuns capitaines de reïstres. Nous y perdismes des nostres M. le mareschal de Sainct-André, qui y fut prins et depuis tué, le sieur de la Brosse et autres des nostres, aussi morts et plusieurs blessez. Et, peu auparavant M. de Nevers avoit receu un coup de pistollet dans la cuisse par l'inadvertance (comme l'on dit) de quelqu'un des nostres. L'obstination du combat avoit duré par diverses charges et recharges, avec variable et doubteux événement, depuis midy jusques à ceste heure là fort prochaine de la nuict, quand les ennemis, quittans du tout la campaigne, avec la perte de leur chef et de leur artillerie, et laissans plus de huict mille des leurs morts, prins ou blessez sur la place, ceux qui estoient de reste se retirèrent à deux lieuës de-là, ne permettant l'obscurité que M. de Guyse les peust poursuivre du tout pour achever de les rompre. Et fut rapporté que M. l'admiral de Chastillon avoit le lendemain matin mis en avant de retourner au combat, mais que les reïstres se sentans du travail du jour précédant et recongnoissans leur perte encores plus grande qu'ils n'avoient pensé, tant de morts, de prisonniers que blessez, et la pluspart de leurs chevaux déferrez, et leurs armes et fournimens rompus, luy remonstrèrent qu'ils n'estoient en estat pour ce faire; dont prenant leur chemin vers Orléans, abandonnoient deux canons qu'ils avoient encores de reste, lesquels ils n'avoient conduit à la bataille, qui furent depuis amenez en nostre camp.

FIN.

ADVERTIS-
SEMENTS

Sur la reformation de l'Vni-
uersité de Paris,

AV ROY.

1 5 6 2.

AVERTISSEMENT.

Pierre la Ramée, désigné sous le nom latin de *Ramus*, berger chez son père et domestique au collége de Navarre, y acquit, presque sans maître, des connaissances qui lui permirent de briller comme rhéteur, mathématicien et philosophe. Ramus porta dans les sciences qu'il étudia et les opinions qu'il embrassa un esprit novateur poussé à l'excès. Nommé professeur, il manifesta d'autres principes que ses collègues, et, devenu protestant, d'autres opinions que ses coreligionnaires. Tout en admirant l'indépendance de son esprit, la sagacité de sa critique et la justesse de sa prévoyance, on lui reprochera d'avoir souvent oublié la résistance de son siècle, soit en partant trop tôt, soit en allant trop loin. Il périt victime de la Saint-Barthélemy. La pièce suivante fait connaître son génie pour les réformes. Les Etats du royaume avaient demandé et obtenu celle de l'Université; Ramus en trace lui-même le plan d'après ses vues, et signale les abus de l'administration ainsi que les vices de l'enseignement.

ADVERTISSEMENTS

SUR LA

RÉFORMATION DE L'UNIVERSITÉ

DE PARIS.

Sire, à l'instance et requeste des trois estatz de vostre royaume, par l'advis de vostre conseil privé, il vous a pleu d'ordoner que l'Université de vostre ville de Paris feust réformée au naïf patron d'une forme et manière légitime, qui est que certains docteurs régentz, esleuz en chasque discipline aux gages du public, facent leur devoir en toute fidèle diligence d'enseigner et faire exercice ès artz et sciences dont ils auront la charge et feront profession, selon ce qui leur sera prescrit, tant pour l'ordre qu'ilz auront à tenir que pour le temps. Et s'il y a quelcun qui vueille juger qu'en tout cecy l'Université de Paris mérite les plus grandes et plus entières louanges que l'on sache donner, je le prye bien fort de surseoyr son jugement, cependant que l'on poisera en brief et en particulier l'importance de chascune d'icelles; car encores que l'on puisse dire véritable que ceste escole soit la plus excellente de toutes celles qu'il est mémoire avoir fleuri depuis que les hommes sont hommes, toutefois on pourroit bien aussi véritablement asseurer qu'elle seroit de beaucoup plus excellente si elle pouvoit avoir en tout son corps celle forme et manière de toutz pointz parfaictement acomplye. Or donques, que les disciplines, estudes et professions de l'Université de Paris se soubmettent à l'enqueste de ce dont est question. Tout premièrement les escoles de la grammaire et rhétorique, comme elles ont esté par les loix anciennes presques mesprisées, ainsi elles ont esté les premières qui se sont bravement remises en honneur, pour avoir la plus grande part de la louange. Paravant que le feu Roy François, vostre grand-père, eust réveillé l'estude de l'humanité, une barbarie de tous artz et sciences régnoit en l'Université; et combien qu'on ne leust que des autheurs telz quelz, toutesfois on avoit opinion que, par une manière de dispute continuelle, l'on se faisoit sçavant en tous artz et sciences. Et par ainsi, les grammairiens et rhétoriciens, n'ayans que des barbares Alexandres de la Ville-Dieu (1), Grécismes, Théodoletz, et de telle manière de docteurs, perdoyent les heures ordinaires, celles de dix de matin et de cinq de relevée, à des disputes de nul proufit, qu'ilz apeloyent questions; mesmes ilz mettoyent le plus grand advancement des estudes des escoliers au combat des classes contre classes, voire des colléges contre colléges. Ainsi les philosophes, médecins, juriconsultes, théologiens, dédiez aux questionaires, controuveurs et machinateurs de débatz et disputes, y empeschoient toutes les escoles. Les grammairiens et rhétoriciens furent les premiers qui descouvrirent la tromperie et l'abus, et qui cognerent l'exercice et la pratique des œuvres de grammaire et de rhétorique estre de beaucoup plus de conséquence; et

---

(1) Alexandre de Ville-Dieu, moine qui vivait vers 1240. Il est l'auteur du *Doctrinale puerorum*.

par ce, ayans chassé des escoles la sotte barbarie de telle manière de gens, et recevans les poëtes, historiens et orateurs, ilz ont apris qu'il n'y avoit meilleur maistre de bien dire que le stile mesme qui s'aquiert par la lecture et imitation des autheurs de marque, et finalement par l'escriture continuelle ; et s'il pouvoit revenir quelque proufit de la dispute, qu'il se retiroit beaucoup mieux quand le régent, au milieu de sa leçon, faisoit des demandes de chasque chose en particulier à son disciple. C'est pourquoy ces deux heures-là ont esté assignées à la composition, et que, de huict heures ordinaires de l'estude, l'on en a donné une seule pour congnoistre les reigles et préceptes et les examiner avecque le régent ; toutes les autres s'employent à congnoistre, aprendre et imiter les poëtes, historiens et orateurs, et finalement à les sçavoir mettre en usage. Donques les escoles des grammairiens et rhétoriciens se sont bravement remises sus, de sorte qu'il semble que rien de plus parfait ne s'y peut désirer, sinon que la mesme et commune façon d'enseigner, qui se suit en d'aucuns colléges plus soigneusement, se gardast en tous par l'authorité roiale, et que les fraiz que les escoliers feroyent envers leur docteur régent fussent de moyenne dépence et de leur gré, et que le régent feist soigneusement son devoir d'enseigner ses escoliers. Mais, bon Dieu, combien il y a de différence entre ceste forme de profession et celle que l'on suit en l'estude des plus hautes sciences! Car, au lieu d'un certain nombre de docteurs esleuz pour enseigner, une infinité d'hommes s'est eslevée, lesquels, moyennant qu'ilz ayent acquis le nom et degré de maistre en la faculté dont ilz font profession, sans aucun chois, tant les ignorans que les sçavans, ont entreprins de faire mestier d'enseigner en la philosophie, médecine, jurisprudence ou théologie. D'icy est party le premier orage qui a gasté tous nos champs. Le nombre des maistres est multiplié et celuy des estudians est demeuré mesme. Et pour ce il a falu rançonner les escoliers de plus grande somme d'argent, pour faire qu'en ce grand nombre de docteurs chascun eust autant pour homme comme il en eust eu s'ilz eussent esté en petit nombre. Donques, ceste infinité de maistres a chargé les escoliers d'infinitz fraitz, de sorte qu'à peine pourroit-on croire combien les estudes honnestes sont foulées. Il faut parler particulièrement de chasque faculté, pour autant que la cause de toutes n'est mesme; toutesfois, ce n'est chose qui soit cachée, mais elle est aux yeux d'un chascun, et dans les esprits de plusieurs avecques leur grand et juste regret. Qu'on en demande aux estudians de chascune profession, ils raconteront par article la somme de l'argent qu'il leur a fallu payer. Par l'ordonnance et statut, la despence de l'estude de philosophie estoit limitée à quatre escus couronne, ou six pour le plus.

Toi donques qui estudies en la philosophie, dy à ton Roy, duquel tu attends et soulagement et ornement, dy quelle est la somme de la despence, et combien que ce soit en parolles barbares, aux mesmes toutesfois desquelles l'on use en l'exaction, affin que la question du fait soit toute claire et notoire, voire à celuy qui voudroit la nier, si d'avanture il s'en trouvoit quelcun. Il dira que la despence se fait au quadruple de celle qui est ordonnée par la loi.

La première année, pour les chandelles du régent, 50 soulz; pour la figure, 5 livres; aux déterminance, pour le serment que l'on fait au recteur (1), 9 s. 4 deniers; pour le seau du recteur, 3 d.; pour le seau du procureur, 15 d.;

---

(1) Le recteur était le chef de l'Université. Son pouvoir était autrefois si

pour le banquet des régentz en salle, 30 s. ; à la bachelerie, pour les seaux, 5 s. ; pour les bourses, 25 s. ; pour les messes, 4 s. et 2 d. ; pour le droit du receveur (1), 15 d. ; pour l'examen, 15 s. ; à la licence, pour les bourses (2), 25 s. ; pour le receveur des bourses, 15 d. ; pour les seaux, 2 s. 6 d. ; pour le procureur, 15 d. ; pour les examinateurs et pour le feurre (3) du chancellier, 25 s. ; au bedeau, pour la bachelerie, pour les responses, pour la licence, 15 s. ; pour les gantz, 50 s. ; pour les bonnets, 50 s. ; pour le seing du principal, 5 liv. ; pour le miton fourré du bedeau, 5 s. ; pour le banquet des régentz en salle, 20 s. ; pour les piles, 5 s. ; au régent, pour tout le cours, 25 liv. ; quelquefois moins et plus souvent davantage ; à la doctorie, pour le procureur, 15 d. ; pour les bourses, 25 s. ; pour le receveur des bourses, 15 d. ; pour la chappe du recteur, 10 s. ; pour le droit du recteur, 4 s. 2 d. ; pour le bedeau, 31 s. ; pour le scribe de l'Université, 3 s. ; pour le seau des lettres de maistrise, 6 s. ; pour le banquet des régentz, 10 s. Somme, 56 liv. 13 s. ; laquelle est moindre quelquefois, mais le plus souvent est plus grande. En icelle toutesfois n'est point conté le pris d'estre nommé au premier lieu de la licence, qui se met à tel prix et se vent aussi cher, à chasque disciple de philosophie,

---

grand qu'en 1490, le chancelier Guill. de Rochefort ayant voulu lui ôter ses priviléges, le roi fut obligé de les rétablir, parce que Jean Cave, alors recteur, avait interdit aux professeurs de donner leurs leçons, aux médecins de visiter les malades, et aux prédicateurs de monter en chaire.

(1) Le receveur était l'un des trois principaux officiers de l'Université.

(2) Les bourses faisaient partie des taxes imposées par l'Université à tous ceux qui se présentaient pour acquérir des degrés. Chaque aspirant payait ordinairement cinq bourses, savoir : pour le recteur, pour le luminaire, pour la célébration des fêtes de la Vierge, pour les bedeaux, pour le loyer des écoles.

(3) *Feurre*, vieux mot qui signifie paille.

que la volonté et l'ambition est grande d'estre nommé le premier, et d'emporter la victoire sur ses compaignons.

Et possible quelcun s'esmerveillera de telle dépence en l'estude de philosophie, quand il aura entendu que celuy qui enseigne la philosophie tire plus de trente livres de son disciple. A quoy servent tant de seings et de seaulx de recteur, de procureur, receveur, principal? Et quel argument suffisant ont les gantz, les bonnetz, les banquetz, pour prouver la diligence et suffisance du disciple, et combien il a proufitté en philosophie? Où vont tant de bourses et en quel usage sont-elles converties? Ces bourses, comme aussi quelques rentes et revenus des quatre nations de ceste faculté, sont parties et divisées aux régentz honoraires, lesquelz ne retiennent que le nom et le tiltre de profession seulement, ayant régenté quelquefois en leur vie et acquis le nom de professeur honoraire moyennant le pris de deux testons. Elles sont distribuées aussi aux procureurs, receveurs, chantres et prestres qui disent messes et vespres solennelles; mesme une bonne partie de cest argent s'employe en cierges pour le jour de la Purification. Bref, l'argent et la recepte du degré de philosophie est administré de façon que ceux qui portent moins de proufit à ceux qui estudient en philosophie sont ceux mesmes qui en pillent la meilleure part.

Et pourtant, Sire, ayez le soing, charge très digne de vostre vertu, que par une ordonnance ceste trouppe infinie de régentz soit abolie, qu'on élise hommes dignes et suffisans lecteurs ordinaires en philosophie, qu'on oste la dépence et les fraiz non seulement extraordinaires, mais aussi ceux qu'on souloit faire anciennement de quatre ou six escus; car c'est chose fort indigne que le chemin pour venir à la congnoissance de la philosophie soit clos et deffendu à la povreté, encores qu'elle feust docte et bien aprise, ce qui ne pourroit autrement estre fait, pour la dépence et pour les fraiz qu'il y faut faire nécessairement. Sire, donnez leur gages. Tans de couvens de moines et tant de colléges de chanoines de vostre ville de Paris s'estimeront bien heureux et fort honorez de faire ceste dépence, et facilement et promptement y fourniront, si seulement vous leur commandez, Sire.

Que la seule et légitime dépence que face l'escolier soit d'avoir vescu, de s'estre entretenu d'acoustremens, d'avoir acheté livres, d'avoir travaillé, veillé et passé les nuicts entières, d'avoir employé la meilleure partie de sa vie aux lettres. Faites-donques, Sire, que les sciences libérales, premièrement introduittes en vostre Université de Paris par Charles-le-Grand, qui fut le tige et la source très illustre de vostre race, et depuis successivement entretenues par les Roys vos ayeux, et sur tous par le Roy François, reprennent de vous non seulement la vie, mais aussi leur dignité. Et encores que ceste permission et authorité de piller et de rençonner semble, comme vrayement elle est, dure et fascheuse, toutesfois, si elle est parangonnée et conférée aux autres larcins et dépences extraordinaires des degrez et facultez plus grandes, elle semblera estre louable et facile à excuser. Quoy donques? Quel pris estimons-nous avoir esté anciennement légitime pour l'estudiant en médecine, en droit, en théologie? Quel à ceste heure pensons-nous estre illégitime? L'ordre et le degré des jurisconsultes, purgé et nettoyé de ceste tache d'infamie par arrest de la court, qui fut donné l'an mil cinq cens trente-quatre, le treziesme jour de juin, remit sus l'ordonnance du payement ordinaire, ensemble le vray patron de toute la discipline ancienne. Six lecteurs ordinaires furent esleus en publique examen; les livres, les heures, les leçons, les disputes, tout cela fut reiglé. Tout le salaire que peut devoir le disciple à son régent, depuis le commencement jusques à la fin du cours de son estude, fut taxé à la somme de vingt-huict escus : cinq pour estre bachelier, huict pour la licence et quinze pour se faire docteur. Outre fut deffendu à toute rigueur par le mesme arrest, sur peine de privation de la lectorie et de tous et chascuns priviléges donnez aux lecteurs, de ne prendre ne exiger autre chose, encores que volontairement on leur présentast. Par ceste même authorité de la court, toutes les autres facultez et degrez de l'Université tomboyent en pareille réformation, n'eust esté que les théologiens vindrent au-devant, car l'autheur et solliciteur de ceste louable réformation fut accusé par eux de crime d'hérésie. Bref, la malice de ces temps-là, ou bien des hommes, ne sceut porter une semblable réformation ès autres facultez, de sorte que le parachèvement d'une si louable entreprise est encores en suspend et demeuré au croc, nonobstant que par ce mesme arrest, et à l'exemple d'iceluy, on deust réformer la médecine et la théologie. Mais quoi! les médecins et les théologiens, suivant l'ordonnance et la contrainte de la loy et l'authorité de la court, se contentent-ilz de vingt-huict escus? Cela sembleroit inique, et que les philosophes eussent si richement augmenté leurs gages, et que les théologiens fussent réduitz à ceste povreté; car la proportion arithmétique n'estant suffisante pour la recognoissance et distribution de leur loyer, la géométrique a semblé plus juste et plus raisonnable pour le respect de la dignité des personnes. De quel accroissement donques ont esté multipliez les fraiz en ces deux facultez de médecine et de théologie? Leurs escoliers interrogez le raconteront, et mesme quelques uns des leurs, qui sont encores grandement obligez aux patissiers et aux cabaretiers, à leur grand regret, le racontent tous les jours. Mais qu'ilz soient interrogez. Que celuy donques qui fait son cours en médecine face librement et en vérité sa plainte au Roy très chrestien, luy descouvrant le tout comme à son advocat ou à son tuteur ; qu'il die hardiment la somme de la dépence, usant des mesmes motz et des mesmes termes qui sont pratiquez à l'exaction et pillerie de ces derniers; la barbarie des motz n'amoindrira pas la grandeur de l'injure. Il dira : Il me couste huict cens livres pour messieurs nos maistres. Et à celle fin que l'on ne pense que je vueille impudemment accuser ou calomnier les docteurs, je ferai conte de la dépence par articles et en leurs propres termes. Les fraiz et mises de la première année sont telz qu'il s'ensuit.

Pour l'entrée de l'escole, 2 livres 10 soulz; quand on supplie pour estre bachelier, 12 s.; pour l'audition des quatre ans, 10 liv. 10 s. ; pour les lecteurs des escoles, 2 liv. 10 s. ; pour les examinateurs, 15 liv.; pour le feu et pour la dragée de l'examen, 2 liv. 10 s. ; pour les bourses du principe, 10 liv. 10 s.; pour les bedeaux, 6 liv. 6 s. ; pour le banquet du principe, 2 liv. 10 s. ; pour le banquet des herbes, 10 liv. ; pour la tapisserie de Sainct-Luc, 2 liv. 20 s. ; pour la tapisserie et pour la paille de la quotlibetaire (1), 30 s. ; pour le disner du président, 5 liv.; pour les estuves, 3 liv. 10 s. ; pour le registre, 6 s. ; à la cardinale, pour le président, 6 liv. ; pour la tapisserie et pour la paille, 30 s. Or, voilà la dépence de la première année qui se monte à 82 liv. 14 s. S'ensuit la dépence de la seconde année, grandement dissemblable de celle de

(1) On appelait quotlibetaire un examen public où le répondant était interrogé sur telle matière qu'il plaisait à l'agresseur de choisir.

la première. Pour les estuves et pour le registre, 3 livres 16 soulz ; pour la feste de Sainct-Luc, 2 liv. 10 s. ; pour les bourses de la licence, 35 liv.; pour les bedeaux, 7 liv. 10 s. ; pour les amandes communes, 15 liv. ; pour les seaux du chancelier, 25 liv.; pour le jour du paranymphe (1), 10 liv. ; pour les amandes du doien, 10 liv. ; pour la tapisserie de la salle de l'évesque de Paris, 12 s.; pour la vesperie (2), 5 liv.; pour le président, 5 liv.; pour la tapisserie, 25 s.; à la doctorie, pour les bourses de la doctorie, 7 liv.; pour le succre de nos maistres, 30 liv.; pour les bonnetz de nos maistres, pour lesquelz chascun d'eux prend vingt soulz, somme 78 liv.; pour les bonnetz du recteur, chancelier, grand bedeau, 3 liv. ; pour les bonnetz des amys, qui seront dix pour le moins, 10 liv. ; le jour que le licentié convie et semond, pour le traictement de ses compaignons qui luy aydent à faire les semonses, des six bedeaux et bacheliers, 25 liv. ; pour les bedeaux de la nation, 2 liv. 10 s.; pour le président, 2 liv. 10 s. ; pour les bedeaux de la médecine, 10 liv. 12 s.; pour les bedeaux des philosophes et théologiens, 3 liv.; pour le grand banquet, 250 liv. ; pour les gantz, 30 liv.; pour la pastillaire, 35 liv.; pour les deux docteurs qui proposent, 2 liv. 10 s. ; pour le banquet du nouveau président, 75 liv.; pour la collation du nouveau docteur, qui est deuë au licentié et à ses compaignons qui font les se-

---

(1) On prononçait à certaines époques un discours solennel, dans lequel on invitait les bacheliers qui avaient terminé leurs cours à se rendre à la salle de l'évêché pour y recevoir le pouvoir d'enseigner. L'orateur parlait en cette occasion au nom du chancelier de Notre-Dame et était appelé *paranymphe*. On fut obligé dans la suite d'abolir cette cérémonie à cause des désordres qui s'y étaient glissés.

(2) *Vesperie*. C'était le nom d'une thèse soutenue par un licencié avant de recevoir le bonnet.

monces, 5 liv. La somme de la dépence, pour la seconde année, 772 liv. 5 s.; des deux ans ensemble, 881 liv. 5 s.

En laquelle somme je ne comprens point le banquet du premier lieu, qui est deu à tous les docteurs, ny fais mention des disners extraordinaires qu'on a coustume de faire aux docteurs et aux compaignons, en espérance d'avoir le lieu le plus honorable. Et s'il y a quelcun des escoliers qui soit quelque peu ambitieux, il faut qu'il face la largesse d'autant plus grande qu'il souhaitera plus grande louange de son sçavoir. Et là se fait une dépence incroyable. J'ai l'opinion que les gens de bien s'espouvanteront (comme il est vraisemblable) quand celuy qui estudie en médecine leur aura raconté tout cecy particulièrement, et quand ilz entendront que ceste trop prodigue dépence, non pas soubs quelque nom infame et souillé de vilenie, mais soubs prétexte et couleur de discipline et vertu, est venue à ce poinct que, pour vingt-huict escus, on en tire près de quatre cens. Et qu'on ne pense pas que moindres pris ayent esté prescritz aux jurisconsultes ou canonistes (comme on les appelle maintenant) qu'aux médecins. Les canonistes ont heu le pape, avec la volonté et l'authorité du Roy de France, pour dispensateur de ces deniers; et n'est pas vraisemblable qu'un si bon capitaine ayt mesprisé et laissé en arrière les soldatz de son empire sans leur porter quelque bonne faveur ; personne ne le pensera. Outre plus y a encores, pour tousjours augmenter le magazin de la médecine, quelques présens honorables que leur font les apoticaires, barbiers, lesquelz sont tous disciples d'aucuns docteurs en médecine. Et encores que ce revenu soit petit, si est-ce toutesfois qu'ilz ont quelques rentes de leur patrimoine. Mais possible quelqu'un voudra savoir, après avoir entendu le reste qu'il y aura, tous fraiz faictz et banquetz déduictz, en quoy il s'employe. On luy respondra : Cest argent se distribue tous les ans à messieurs nos maistres et aux docteurs également. Ainsi peu à peu chascun d'eux, d'autant plus qu'il vit, se rembourse et recouvre les deniers qu'il avoit employez à la dépence qu'il avoit faicte pour semblable occasion. Pourtant, Sire, regardez ceste autre partie de vostre Université griefvement oppressée ; commandez qu'on choisisse des lecteurs ordinaires d'un si grand nombre d'hommes doctes, desquelz ceste faculté entre les autres abonde merveilleusement, et qui sont aigrement marris de voir les choses en l'estat où elles sont et désirent de tout leur cœur ceste réformation, et que non seulement ceste dépence, indigne d'une si gentille et si noble science, soit diminuée, mais entièrement abolye, le loyer soit reiglé par ordonnance du Roy. Que leurs gages soyent, par commandement de Vostre Magesté, constituez et assignez sur les monastères et chapistres des moines et chanoines ; que la dépence de l'escolier soit estimée de sa diligence et de son labeur, et que la vertu qu'on peut facilement acquerre ne soit mesurée d'autre plus grand pris que de sueur et de travail. Mais venons des médecins aux jureconsultes et théologiens. La faculté des jureconsultes est en son entier, comme desjà nous avons dict ; elle a six lecteurs ordinaires qui sont esleus et choisiz, la suffisance desquelz est esprouvée par plusieurs jours et par examen continuel et disputes publiques. Pour tout payement ilz se contentent des vingt-huict escus et ne sont enrichiz d'autre héritage que de celuy-là. Pourtant, Sire, vostre libéralité royale deschargera, si luy plaist, ceux qui estudient en droit de ceste dépence, donnant certains gages aux lecteurs ordinaires, affin que l'équité du droit, qui première ordonna les loix d'honnesteté au genre humain, recueille premièrement le fruict de cest honneur. Mais la révérence et la saincteté du nom de théologie criera que tout ce que nous dirons icy contre ceste loy dépencière n'est ny vray ny croiable. C'est vergongne et plustost horreur de souspeçonner une tant saincte et tant divine profession estre si prodigue en banquetz et si avare en rapine et exaction. Mais que l'on face venir, puisqu'il est ainsi délibéré, l'estudiant en théologie, et qu'on luy commande, toute crainte ostée, faire conte de la dépence en son escole, sans se travailler s'il parle barbarement d'une chose barbare. Il dira qu'aux moindres fraiz que l'on sçauroit faire il coustera plus de mille livres, et les contera par noms et par articles, depuis le commencement du cours, comme s'ensuit.

Pour les bourses du premier principe, 14 livres; pour le banquet de salle, 5 liv.; pour les bourses du second principe, 14 liv.; pour le banquet de salle, 2 liv.; pour les bourses du troisième principe, 22 liv.; pour le banquet de salle, 2 liv.; pour le quatriesme principe, 2 liv.; pour le banquet de salle, 6 liv.; pour la tentative, 25 liv.; pour le soupper du président, 5 liv.; pour porter les positions pour tout le cours, 20 s.; pour le président, 10 liv.; pour la petite ordinaire, 25 liv.; pour le soupper du président, 5 liv.; pour le prieur en l'acte de Sorbonne, 15 liv.; pour porter les tiltres, 3 liv.; pour la grande ordinaire, 50 liv.; pour le président, 25 liv.; pour les bourses de la licence, 50 liv.; pour les bonnetz de messieurs nos maistre, 100 liv.; pour le banquet de la doctorie, 400 liv.; pour le crastine, 50 liv.; pour les antéprédicamentz et les post prédicamentz de chasque acte, 30 s., revenant à la somme de 12 liv.; pour les amandes à la fin du cours, 8 liv.; pour le banquet du maistre des sentences (1), 4 liv.; pour le banquet

---

(1) La Faculté de Théologie célébrait chaque année l'anniversaire de la

du prieur de Sorbonne, 2 liv.; pour le succre, 60 liv.; pour le banquet des compaignons durant le cours, 150 liv. Somme toute, mille deux livres, qui sont tirées du povre estudiant en théologie, sans y comprendre toutesfois ceste friande amorce de briguer après le premier lieu, ny le pris de ceste gloire, cher vendue.

J'ayme mieux, comme dict quelcun, me taire de Carthage que d'en dire peu. Le rhétoricien a trouvé icy un gentil artifice de Timantes; et pour ce, vous qui oyez cecy, je vous prie de couvrir de quelque voille ceste matière presque incroyable; pardonnez à l'ordre et degré de ceste faculté, et en laissez le jugement à ceux qui en ont la congnoissance. Mais rien ne se peut trouver si lourd et si hors de raison et de jugement, qui ne soit approuvé et loué par ceux qui y sont une fois accoustumez. On dit que cest ordre des lieux et ceste estime de l'advancement, quel et combien chascun en aura fait, est un grand esperon à la congnoissance de la théologie. L'espace de six ans entiers ne suffisoit-il pas pour donner à congnoistre et faire juger la suffisance d'un estudiant en théologie, sans que les si précieuses et si cher vendues louanges des espritz fussent publiées par le cry d'un bedeau, non pour autre occasion que pour avoir eu le premier lieu? Sainct Basile, Chrisostome, Nazianzen, Tertullian, Jérosme, Augustin, et brief tous les vieux théologiens tant grecz que latins, se sont bien passez de cest esperon. Et qui voudroit en juger, à la vérité on trouveroit fort estrange qu'à des hommes desjà venans sur l'age, comme sont les estudians en théologie, l'ambition de ceste petite gloire puérile et digne de risée peust estre un

---

mort de Pierre Lombard, surnommé le *maistre des sentences*, et auteur en effet d'un livre long-temps en vogue dans les écoles sous le titre de *Sententiæ*.

vray esperon à la doctrine qui enseigne le mespris de toute folle et vaine gloire. Ceux qui estudient en droit se sont bien passez et se passent encores de cest esperon ; toutesfois, les récompenses plus grandes des offices publiques sont proposées pour pris à ceux qui excellent au sçavoir du droit. Nos théologiens aussi, quand ilz auront apris d'obéir aux lois de l'Université, se passeront bien d'un si rebouché esperon. Et n'y aura plus de débat pour le premier lieu en la théologie qu'en l'estude du droit ; mesme il n'y aura aucun qui vueille passer docteur, si ce n'est celuy qui, s'assurant, peut estre, d'exceller en sçavoir de théologie, s'aprestera d'en faire profession publique. Et c'est pourquoy l'infinité des docteurs qui n'enseignent rien a engendré ceste profusion et dépence. Nous avons dict devant les petitz patrimoines des autres facultez ; mais le mesnage de ceste-cy a mérité beaucoup plus de louange, car la bourse commune est bien mieux garnie, tous fraiz faitz pour la dépence des banquetz, et la distribution (si quelcun le veut sçavoir) s'en fait esgalement entre nos maistres, principalement au jour de la feste de Saincte-Euphémie. C'est l'occasion pour laquelle en ce temps se fait une très grande assemblée de messieurs nos maistres en la ville de Paris, lesquelz y acourent presques de tous les païs du royaume ; et pour la profession qu'ilz font ce jour-là, ilz sont tous déclairez docteurs ordinaires. Et de là vient que communément ceux qui s'en veulent gaudir ont surnommez messieurs nos maistres docteurs euphémiens. Donques, Sire, pour la Saincte-Euphémie (c'est-à-dire bonne renommée), pour l'honneur et louange de la sacrée faculté, devant toutes choses entendez à cecy ; car il est icy question non de la philosophie de Platon, médecine d'Hippocrat, jurisprudence de Justinien, mais de la sapience de l'Éternel et très grand Dieu. Ordonnez et commandez qu'on eslise des lecteurs ordinaires en théologie. Il y en aura assez qui vous seront présentez et qui rendront à jamais graces à Dieu et à vous d'un si grand bienfaict que leur faculté aura receu de Vostre Majesté : car la pluspart, et tous les gentz de bien, aux prières qu'ilz font tous les jours, souhettent et demandent la réformation d'une si grande indignité. Que, par vostre authorité, gages propres, selon le mérite de si grande profession, soyent fournies et prinses des moines et chanoines; mesmes que deux prébendes de Nostre-Dame, qui n'a pas long-temps ont esté ostées, soyent remises et reprinses pour les lecteurs ordinaires en théologie. Ce sera un divin bienfaict, à des hommes opulentz et vivans en oisiveté, d'ayder et entretenir des docteurs faisans profession de religion et saincteté. Que l'estudiant venant à la profession de théologie aporte un esprit exercité en grande estude et labeur de plusieurs années et délibéré d'en prendre davantage, et que seulement il pense de faire preuve de son sçavoir aux lecteurs ordinaires et non pas de leur conter argent. Que l'audition de quatre ans et la méditation de six ans, en l'exercice de son estude, selon la loy, luy soit escripte et ordonnée pour tous fraiz ; outre lesquelz, si le docteur ordinaire prend chose qui luy soit offerte ou endure que l'on face davantage de fraiz alentour de luy, qu'il soit déclairé indigne de la profession et soit privé des priviléges concédez à la faculté de théologie. Or, jusques icy l'Université de Paris a senti la première souillure de sa naïve forme et manière, et le premier rabaissement de sa dignité, pour la desbordée multitude des lecteurs que, sans aucun jugement, sans aucune différence, sans aucun choys, l'on a receus aux escoles, laquelle sembleroit se pouvoir suporter, si elle estoit seule ; mais elle a de soy mesme engendré une beaucoup plus griefve et plus sale vilenie. Il n'y eust eu que perte de l'argent sans la perte de la discipline, car l'on eust peu faire une exaction en toute avarice et rudesse, et toutesfois cependant la profession et la discipline feust demeurée en son entier; mais depuis qu'une fois l'on a donné occasion et entrée à la meschanceté, soudain, par une seule faute et délict, une infinité de maulz viendra naistre et sortir; car de ceste infinité de docteurs, non seulement se sont engendrez des fraiz infinis, mais encores un infini mespris et contemnement de la discipline; ce qu'il faut déclarer par le menu en chasque profession des philosophes, médecins, jureconsultes et théologiens, pour autant que la cause est icy dissemblable. Qu'y a-il donques que les infinis professeurs de la philosophie ont depuis commis contre les statutz et ordonnances de l'Université? La profession de la philosophie n'est pas du tout abandonnée, mais en lieu de celle qui se faisoit publiquement et ordinairement aux escoles publiques, elle se fait aujourd'huy en privé par chascuns colléges, y estant introduitte contre les statuz tant généraulx de l'Université que particuliers de chasque collége; car la loy qui a esté, il y a huict cens ans, ordonnée par les Roys de France, après la fondation de l'Université, et qui depuis a esté remise sus par l'usage continuel d'icelle et par la continuelle authorité des Roys, commande que les leçons de la philosophie se facent publiquement. Et c'est ainsi que le cardinal de Touteville, dernier réformateur de l'Université par l'authorité des Roys, confirme l'ancienne loy et coustume concernant cecy.

Item nous advertissons les susdictz régentz que, se conformans aux anciens statuz et louables coustumes de la faculté des artz, qui sont à garder, s'il n'y avoit quelque légitime empeschement, aux jours et heures à ce dédiez ilz ayent à se transporter à la rue du Feurre(1), pour y lire, à la forme et manière que dessus, selon la reigle et l'ordre, sans qu'ilz se puissent réserver plusieurs textes pour les lire tous à la foix, mais qu'en suivant les statutz ilz lisent des livres pour proufiter aux auditeurs, selon la reigle et l'ordre, comme nous avons mis icy devant.

C'est icy la loy royale, laquelle confirme les loix et coustumes anciennes (affin qu'aucun n'estime la loy avoir esté sans la coustume ou la coustume sans la loy), en laquelle la rue du Feurre signifie les escoles publiques de philosophie, lesquelles sont encores en celle mesme rue. Depuis, les colléges, en ceste nouvelle Université de trois cens ans, ont chascun à par soy un ou deux maistres pour avoir esgard sur la jeunesse, lesquelz sont fondez par certains establissementz particuliers, non pour monstrer la philosophie, mais pour contenir en office et exercice leurs boursiers, après qu'ilz auroyent ouy la leçon publique; par ainsi, la profession publique de la philosophie a esté ordonnée, tant par les statutz généraulx de l'Université que par les particuliers de chasque collége. Et n'a pas long-temps qu'un décéda qui a esté le dernier lecteur public en philosophie et a faict profession publiquement; tellement qu'en toutes sortes l'on voit clairement que les leçons de philosophie se faisoyent en public, et que, contre toutes les ordonnances, elles se sont depuis faictes en privé. Mais toutesfois, regardons icy le proufit qui revient de la profession de la philosophie qui se faict ou publiquement en une mesme escole, ou particulièrement

(1) *La rue du Feurre*, ou Fouarre, ainsi nommée d'un vieux mot qui signifiait paille, à cause de la consommation qu'en faisaient les écoliers. En effet, ils n'étaient assis que sur de la paille, dans les écoles que l'Université y tenait des deux côtés de la rue.

en plusieurs escoles séparées ; et finalement celle-là soit tenue pour la plus excellente, laquelle raporte plus de fruict ; donques, parangonnons l'une à l'autre. Il n'y a qu'un mesme maistre, en celle qui se fait en particulier, qui lit à mesmes escoliers, par l'espace entier de trois ans, six mois en toutes les parties de la philosophie. Et pour autant que le cours de ces estudes se continue tousjours, l'on a fait en chasque collége quatre maistres ordinaires : le someliste, le logicien, le physicien et l'intrant, comme on les apelle vulgairement ; parquoy, s'il y a vingt et cinq colléges ausquelz la philosophie se lise en ceste manière, il faut qu'il y ait cent régentz en philosophie. Mais s'il y avoit certains lecteurs ordinaires du Roy qui feussent esleuz en chasque partie de la philosophie (comme icy pourroyent estre huict), ceux-cy seulz auroyent la charge de lire aux escoles publiques. Et beaucoup plus aisément huict lecteurs d'excellente doctrine se trouveront que cent ; et beaucoup plus commodément et proufitablement ces huict lecteurs icy fourniront chascun à chasque partie de la philosophie que non pas un seul, et mesme à toutes ensemble. Et affin que personne ne l'estime bien fort malaisé, la libéralité des Roys en a ouvert le moyen à l'Université de Paris ; car il y a des lecteurs en toute sorte des artz libéraulz, qui sont aux gages du Roy. Que ceux de la philosophie les demandent pour eux, aisément ilz l'obtiendront ; et ces lecteurs du Roy prendront grand plaisir d'avoir certains auditeurs, desquelz ilz soient ouys plus ententivement et suivis avec plus grande affection ; parquoy, sans aucune doutte, il y aura plus de moyen de doctrine en la lecture publique. Mais il n'y aura tant de proufit (ce dira quelcun), car les maistres seront bien plus excellentz, mais non pas les escoliers, à raison de la desmesurée liberté qu'ilz auront aux escoles publiques. Ce n'est pas mal dit. Qu'on demande à Platon pourquoy c'est qu'il a dict : Quelz sont les princes en une république, telz sont les autres citoyens. Or, l'on requiert que les princes de la philosophie facent non seulement la lecture, mais plustost exercice de la doctrine, et l'on redemande que la profession se face publiquement, non pour l'oisiveté, mais pour la diligence et l'exercice. L'émulation aussi (qui est le principal esperon à l'estude) sera d'autant plus grande aux lectures publiques que la louange ou le blasphème de la diligence ou négligence seront plus notables. Et quand les escoles publiques auront estées confirmées et establies selon la rigueur et authorité des lois anciennes, lors seront réformées les meurs de la jeunesse, pour lesquelles on faict ceste plainte, et celle liberté débridée sera retenue d'une bride plus forte; car de mille, voire de beaucoup plus d'escoliers, qui tous les jours sortent des collèges pour aller aux leçons publiques des artz libéraulx que font les lecteurs du Roy, à grand peine en demeurerera-il deux cents aux escoles publiques, qui soyent bons grammairiens, rhétoriciens, logiciens, et qui soyent d'age, et qui seront plus estroictement liez qu'ilz ne sont aux escoles particulières ; et toute l'autre multitude se renvoira aux collèges particuliers. Celle ordonnance royale, touchant la leçon qui se doit faire publiquement, a esté gardée par l'espace de sept cents cinquante ans, et nul ne s'est trouvé par tout ce temps-là qu'à l'occasion de la trop téméraire liberté ayt requis que la lecture publique feust ostée. Il y a tousjours quelques vices qui ont grande affinité avecques toutes vertus ; toutesfois, pour cela ne faut condamner les vertus, mais amender les vices. Qu'on abolisse donques les leçons publiques des lecteurs du Roy et qu'on désiste d'appeler les Roys de France instaurateurs et faulteurs des bonnes lettres; ou bien que les escoles publiques du Roy soyent ouvertes à tous escoliers idoines et suffisans, et que tousjours les Roys de France, au grand plaisir et contentement de toutes nations, soyent louez et honorez, non seulement comme autheurs, mais patrons et conservateurs d'un si grand bien. C'est ce qu'ay voulu dire touchant la profession et le proufit de la leçon publique en philosophie. Mais on pourra dire, ce que d'aucuns des supérieures facultez vont disant, que des escoles privées, ainsi que du cheval de Troie, sortent innombrables princes de philosophie. Leur raison est que principalement la congnoissance d'icelle s'aquiert en l'enseignant et en l'exerçant, et qu'en charpentant le charpentier se fait. Or, il seroit bon de considérer quelz princes de philosophie, quelz Platons et Aristotes sortent tous les jours des escoles privées. Nous avons dict auparavant que les grammairiens et rhétoriciens avoyent délivré les escoles d'entre les mains des maistres barbares. Les lecteurs en philosophie, au commencement, ne faisant quasi point de conte de la grammaire ny rhétorique, ont retenu bien long-temps les questionnaires; toutesfois, à la parfin, s'estant faitz plus lettrez et polis, ilz ont rejetté toute ceste racaille barbare et ont receu les plus graves et purs autheurs de la philosophie; mais pour ce ilz n'ont encores tous ensemble prins une meilleure et plus proufitable façon d'exercice, et du tout ceux qui font profession de philosophie (osté peu de colléges) aux escoles privées n'ensuivent comme point la manière d'exercer et pratiquer l'art de logique qu'Aristote suivoit, en déclamant sur les propos des choses de proufit, mais débattent seulement sur les reigles de l'art; de sorte qu'en beaucoup de colléges, pour l'usage de la logique, il n'y auroit grand intérest qu'ilz eussent des questionnaires ou Aristote, puisqu'ilz ne essaioyent retirer plus de proufit de luy que des autres. Les artz mathématiques n'ont encores point eu de lieu ny d'honneur par les loix et statutz publiques concernans l'estude de philosophie; de sorte qu'un du tout ignorant d'icelles, toutesfois par les statutz de l'Université de Paris, ne laisse d'obtenir le degré en la philosophie. Donques à grand peine l'on touche du bout des lèvres, ou plus tost on ne touche point du tout à ces artz mathématiques, qui sont les premiers des libéraulx, voire (s'ilz sont bien nommez) qui sont uniquement et principalement par sus tous à congnoistre, pour raison de l'honneste fruict qui en revient, et sans lesquelz toute l'autre philosophie est aveuglée, parce que sans eux on ne sçait la symmétrie et proportion des choses qui viennent de l'arithmétique, ny la figure et conformation des corps qu'on aprend par la géometrie. Or, ces artz principaulx sont ainsi mesprisez aux escoles privées; mesme il y a seulement de la dispute telle quelle sur la partie de la philosophie naturelle, mais il n'y a nul usage ni expérience des choses. Brief, toute la philosophie, en la plus part des colléges, est encore altercatoire et questionnaire. Il reste donques à respondre à ce mot, qu'en charpentant le charpentier se faict. Et dirons avec Cicéron qui dit : En parlant mal, les hommes aisément aprennent à mal parler. Ainsi, en bien charpentant se fait le bon charpentier, en mal charpentant le mauvais. Et n'y a pas un qui face doute que les escoliers ne sortent telz des escoles, comme la discipline et l'exercice y seront; parquoy c'est chose toute claire que, si l'Université de Paris a des hommes excellentz en philosophie, comme certes elle en a plusieurs, ce n'a esté pour pratiquer les leçons ou telle manière d'exercice qui se font aux escoles privées qu'ilz se sont faitz telz, mais parce que d'une certaine industrie singulière ilz ont aymé les choses grandes, ou plustost parce qu'ilz ont proufité aux leçons publiques des lecteurs du Roy, desquelles, estant dressées selon la gravité et la sévérité d'une discipline bien fondée et droictement ordonnée, il est à croire qu'aucun escolier ne sortira, qui ne soit bien instruict en toutes les parties de philosophie et qui aisément ne face preuve à tous ceux des supérieures facultez qu'il n'a pas seulement le trait légier et l'ombre de la sophisterie, mais qu'il est peint au vif des vrayes couleurs de la philosophie. En outre, ceux qui auront esté promeus aux honneurs de philosophie, de quelle affection devront-ilz estudier pour avoir plus grande congnoissance d'icelle science, s'ilz sont une fois excitez de l'espoir de parvenir à estre lecteurs du Roy? Parquoy ceux des supérieures facultez n'auront point de crainte qu'ilz demeurent seulz, mais ilz seront à mesme pour en choisir et prendre en pleine compaignie. Donques, après avoir faict comparaison en l'estude de philosophie des lectures privées avec les publiques et de leur importance, il ne reste nulle doubte que la discipline ne doive estre meilleure à faire la profession en public. Or donques, Sire, réveillez la bonne nature de vostre généreux esprit en ceste faculté qui est la première de l'Université de Paris; commandez que les escoles de philosophie soyent publiques et assises au lieu plus à propos de toute l'Université; ordonnez la lecture royale et publique d'une légitime philosophie, et qui soit reiglée au proufit et commodité de la vie humaine. Soyent, si semble bon, les trois artz premiers et communs, la grammaire, rhétorique et logique, aux collèges privez, et permis aux précepteurs de la première jeunesse, lesquelz jour et nuict battent une mesme enclume estant après une besongne, et qu'ainsi que font les nourrices, comme l'on dit, ilz le mettent tout masché en la bouche des petits enfantz. Puis après, mettez au premier honneur et degré de l'estude publique les artz mathématiques, qui anciennement n'appartenoyent qu'aux roys et nobles seigneurs. De ceste sçavante escrime vous ferez naistre et sortir d'autres Archites, d'autres Archimèdes, du labeur et industrie desquelz (estant nez et instruitz en vostre royaume) pourrez user à vostre honneur et proufit, soit en temps de paix, soit en temps de guerre. Ordonnez une autre année pour la physique et pour les ethiques. Mais tout ainsi que l'ordre des philosophes a esté fort petit exacteur, ainsi il a esté grand reteneur et grand observateur de sa discipline; il s'est esloigné de la profession publique, cette chose est reprinse aux philosophes, mais il ne s'est pas esloigné du labeur de sa profession. Mais c'est chose estrange combien les supérieures facultez se sont esgarées du devoir de leur profession et combien loing elles ont passé les bornes de leur cours. Certains autheurs estoyent ordonnez à tous pour lire et pour enseigner, le temps et la manière des lectures, les disputes et les examens reiglez. Les médecins, jureconsultes et théologiens n'ont pas changé leurs escoles, comme les philosophes, mais ilz ont rejeté entièrement toute la charge qui leur avoit esté enjointe par les loix et statutz et tout le labeur de la lecture et de la profession ordinaire, persuadant à leurs disciples qu'ilz se servissent eux-mesmes de maistres et professeurs en leur estude privée. Les disciples l'ont accordé ; par ainsi les lectures et les professions légitimes et ordinaires de la médecine, jurisprudence et théologie, sont devenues muettes. Quelques actes seulement, c'est-à-dire quelques examens par disputes contentieuses, sont demeurez, affin qu'à certains temps de l'année, dedens les escoles publiques, les escoliers rendissent conte devant leurs maistres combien d'eux mesmes ilz auroyent proufité et aprins par leur diligence privée, de façon que les maistres et précepteurs sont faictz auditeurs de leurs disciples, sans toutesfois qu'ilz ayent rien diminué de la dépence ordinaire. O temps, o meurs! Y a-il escole en ce monde en laquelle y ayt docteurs et professeurs qui jouissent du gain et du mérite de docteurs et professeurs sans qu'ilz montrent et enseignent en icelle? en laquelle on appelle les disciples et auditeurs ceux qui n'aprennent et n'escoutent rien? Ceux qui n'ont veu cecy et qui n'ont assisté à telles affaires penseront que ce soyent fables. Les médecins, premier que les jureconsultes et théologiens, pensant à ce faict, eurent remors de conscience, et assignèrent, l'an 1505, douze livres pour gages par chascun an à deux bacheliers qui liroyent, au lieu de messieurs les docteurs. Il y a fort long temps que les jureconsultes s'estoyent deschargez de la profession du droit civil par le décret d'un pape, *Super specula,* encores qu'elle feust fondée dans l'Université de Paris par authorité des loix anciennes, et avoyent retins seulement l'interprétation du droit canon; mais affin qu'ilz jouissent de la mesme liberté que les médecins et théologiens, ilz la délaissèrent aussi. Finalement, ilz furent reiglez suivant l'équité de l'arrest donné l'an 1534, et reduictz à la lecture ordinaire du droit, mais du canon seulement. Ceste partie du droit civil, plus noble et plus antique, est demeurée en arrière; furent aussi reduictz à la légitime et louable méditation ouvrière du jureconsulte et de l'orateur plaidant. Les jureconsultes ont aussi des actes et disputes, mais conjointes avec l'usage et la vérité; ilz disputent des positions de droit et presque d'un fil d'oraison suivy et continué, et enrichy d'une infinité d'argumentz et d'ornementz de disputer et de bien dire, comme l'on a acoustumé de plaider et de discerner le faict de chasque cause dedens les cours des parlementz. Donques ceste façon de disputer en la jurisprudence est louable. Mais ceste plus noble et plus ancienne partie de droit civil n'est pas encores recouverte; et pourtant, Sire, il est de nécessité que vostre vertu apparoisse en cecy. L'Université de Paris, par la permission des Roys voz prédécesseurs, s'estoit mise en possession du droit civil, très utile et très fructueuse, mais elle se plaint maintenant qu'injustement et à grand tort on luy a ravie. Et pourtant, devant vous qui estes son juge, elle demande ce qui luy apartient, et selon le droit et l'équité elle appelle en jugement celuy qui l'a jectée hors de sa possession. Mais quoy? les théologiens ont-ilz fait comme les jureconsultes? Non; mais, pour la forme de leur profession ordinaire, ilz ont mieux aymé imiter les médecins, substituant en leur lieu certains vicaires pour le regard de la lecture et de la profession, entre lesquelz le thrésor et le magazin de la faculté n'a pas esté desployé, mais en a tiré quelques petis gages tous les ans, pour contenter ces povres lecteurs, ny plus ny moins qu'on fait en la faculté de médecine. Encores, en ce misérable et malheureux banissement de médecine et théologie hors de leurs escoles, domiciles, et lieux a elles dédiez, le commandement des médecins envers leurs disciples a esté plus équitable que celuy des théologiens. Les médecins persuadèrent à leurs escoliers de lire Hippocras et Galien, avec jugement, et en tant qu'ilz verroyent leur dire se rapporter mieux à l'expérience et à la vérité. Mais les théologiens n'ont pas commandé qu'on leust et qu'on estudiast le vieil ou le nouveau Testament, mais bien je ne scay quelles ordures et vilenies de questionnaires tirées d'une barbarie par cy devant incongneuë, et plus ont commandé qu'on en disputast en leurs escoles, de façon qu'au lieu de saincte et divine science que Dieu a donnée aux hommes pour la congnoissance et observation de la vraye religion, ilz en ont introduicte une en leurs escoles de théologie tellement brouillée et meslée qu'elle ne se peut démesler ny dévider. Et encores que ceste discipline soit telle, si est-ce pourtant qu'elle est suportée aux escoles de médecine et théologie, soustenue et deffenduc, voire par ceux qu'on penseroit le moins entre tous les hommes en estre défenseurs. M'est-il donc permis de dire ce qu'il avint à un philosophe (1) en la court du Roy Henry vostre père, à Sainct-Germain? Il estoit en dispute avec quelques courtisans de ces bienheureux professeurs de médecine et théologie. De fortune un médecin (2) survient qui, sans simulation aucune, ains presque de cholère, print la cause en main pour ses compaignons. Les livres de médecine (dict-il) se lisent plus commodément en estude privée et s'entendent mieux que si on les oyoit en escoles publiques, d'un lecteur ordinaire, parce que l'auditeur perdroit beaucoup de bonnes heures à hanter les escoles, comme pour y aller, ou pour ouyr la leçon, ou pour en retourner. Outre, il y a plusieurs et différens actes ausquelz nous autres docteurs présidons, disputons et jugeons de la diligence et de l'estude des escoliers. Brief, en ces actes, nostre profession est beaucoup mieux employée qu'en nulle autre lecture. Alors le philosophe print la parolle et dict : Attendu que nous avons esté tous deux instituez et nourris en mesme Université, ne pourrions-nous tant soit peu nous garder de ceste cholère familière, en nos disputes et contentions, et disputer politiquement de la manière de bien gouverner et bien entretenir les escoles? Le médecin fut de son advis et luy accorda. Si vous pensez, dit le philosophe, que je

---

(1) C'était P. de la Ramée, auteur de ce discours.
(2) C'était Fernel, médecin du roi Henri II.

parle en cecy de vous ou pour vostre regard, je dy et confesse que vous estes singulier médecin, et que si jamais médecin fut proufitable à la république, que vous estes celuy-là. Or, il n'est pas question icy de vostre sçavoir, mais de la profession de médecine, et me semble que vous pourmenant icy avec moy, en ceste court royale si fort esloignée de vostre escole, que vous ne la pourriez aisément soustenir. — Quand mon temps est venu je préside à mes actes (dit le médecin); ce jourd'huy l'un de mes compaignons préside, puis, quand le tour de ceux qui président sera retourné à mon ranc, je présideray encores. — Vrayment, dit le philosophe, vous respondez fort bien et à propos; je disputeray avec vous, non par argument subtil, mais par exemple domestique et familière. L'Université de Paris a plusieurs colléges, comme vous sçavez; les principaux ont des lecteurs et des régentz ès artz libéraux, qui tiennent subjetz à leur authorité, et auxquels ils ordonnent les heures et les conditions de leurs leçons et de leurs disputes, qui se font de jour en jour. Pour ceste occasion, ilz sont logez et nourris, et plus ont quelques présens honnestes de leurs disciples. Et quoy! si quelcun de ces régentz n'entroit en sa classe qu'à dix heures du matin ou à cinq heures du soir, et estant en chaire il se monstrast à ses disciples seulement pour les ouyr, comme vous faites, et pour estre juge de leurs querelles et de leurs disputes, penseriez-vous qu'il feust raisonnable que le principal les nourrist et les logeast, et que les escoliers luy donnassent? — Non vrayment (ce dict le médecin); mais vous comparez mal une supérieure faculté à l'inférieure. — Bien (ce dit le philosophe); mais encores ce précepteur grammairien se monstroit deux fois tous les jours à ses disciples, mais à peine vostre tour revient-il à chascun de vous de dix ans en dix ans, sans laisser toutesfois de rendre cher et précieux à vos disciples cest acte répété la dixiesme année. Alors le médecin se prend à soubrire, et frappant l'espaule du philosophe s'en alla. Ainsi se mocque l'on des choses desquelles on se deveroit le moins mocquer. On payra de mesme défence celuy qui s'enquestera de la théologie; on luy remonstrera l'excellence recommandable de la privée et domestique congnoissance, la sévère et soigneuse diligence des examens et des actes. Et si celuy ne sera seul autheur de telle défence, mais il s'en trouvera beaucoup plus d'autres que l'honneur et la dignité ne requerroit. Il faut donques diligemment et attentivement examiner l'une et l'autre; premièrement que la lecture privée des autheurs médecins et théologiens soit plus utile et proufitable au disciple que d'ouyr en public un bon professeur, quelque docte qu'il soit. Et vrayement, l'opinion de nos Roys a esté bien autre aux loix publiques et statutz de l'Université, lesquelles ne permettent aucunes vacations au lecteur ordinaire en médecine, et à celuy de théologie permettent seulement vacation de quinze jours. Ces loix commandent que celuy qui estudie en médecine soit trente-six moys auditeur des leçons ordinaires, et en théologie quatre ans entiers, et veulent que par ceste audition de lectures on apprenne la médecine et la théologie. Brief, elles ne font pas les estudes privées, mais les escoles publiques, maitresses de la discipline. Et véritablement on diroit de ces loix royales, faictes par les médecins et théologiens, ce qui a esté disputé par Platon en son Phédon, où il dict que la voix est beaucoup plus diserte et plus faconde à enseigner, et que le sentiment de l'ouye (ce qu'Aristote alègue pour semblable occasion) est plus gentil maistre pour apprendre que les yeux. Mais dy, je te pry; si Hippocras et Galien, Moise et sainct Paul ressuscitoyent aujourd'huy, et qu'ilz feissent profession en l'escole de la médecine et de la théologie, il n'y a escolier, comme il est vraysemblable, qui ne se persuadast d'apprendre plus-tost et plus aisément la médecine et la théologie en oyant les autheurs des livres qu'en lisant les livres des autheurs ; et certes on laisseroit les estudes vuides et désertes pour aller aux escoles publiques, et feroit-on plus de fruict en un jour, non seulement pour la lumière et pour l'apparence de la voix et de l'action, mais beaucoup plus pour la vénérable authorité, voye et façon d'enseigner, que par l'espace d'un moys en lisant dans une estude, et facilement le temps d'aller et de venir, et d'estre là, se compenseroit avec grande usure d'autre temps. Mais en ces professeurs ordinaires l'on souhaitte des Hippocrats, des Galiens, d'autres Moyses et d'autres sainctz Paulz, c'est-à-dire des docteurs qui leur ressemblassent, et, tant pour le grand travail que pour la longue expérience des ans, utiles et accommodez aux escoliers pour leur apprendre les sciences à moins de labeur et moins de fraiz. Et pourtant la vive voix d'un docte et sçavant professeur instruict et enseigne beaucoup plus commodément le disciple que la lecture muette d'un autheur, quelque grand qu'il soit. Mais ceste première défence de ces paresseux et oisifz professeurs de médecine est réfutée, non par quelque argument, mais par un quotidien exemple de plusieurs années. Dès lors que Jaques Sylvius (1) commença premièrement à lire la médecine, il n'y eut estudiant en médecine dans l'Université de Paris qui ne le voulcust diligemment ouyr ; enfin Sylvius fut lecteur du Roy, son auditoire fut encores plus fréquenté. Après son décès Jaques Goupil (2) suc-

(1) Jacques Sylvius ou Dubois, célèbre médecin, né à Amiens en 1478, professeur royal en 1550, et mort en 1555.

(2) Jacques Goupil mourut en 1564 de douleur d'avoir vu sa bibliothèque dispersée pendant les premiers troubles.

céda à la lecture; la compaignée de son auditoire fut de plus en plus et de jour en jour augmentée. Mesmes il y a quelques docteurs en médecine de telle diligence, qui ne sont que lecteurs extraordinaires, qui lisent et qui ont des auditeurs beaucoup, sans toutesfois qu'ilz ayent aucuns gages de la faculté, mais qui ne le font que pour l'amour des auditeurs ou soubs exspérance de tirer d'eux quelque petit gaing, qui ne laissent pourtant d'estre dignes du lieu et du loyer de la profession ordinaire. Et pourtant, tant de professeurs et auditeurs de médecine déclairent manifestement ceste défence de profession, abolie et cassée, estre ridicule et de nulle authorité. Les théologiens n'ont point encores eu en leur trouppe ny en leur faculté des Sylvius ny des Goupylz, qui semblablement contrediroyent leur opinion; ilz ont eu toutesfois des lecteurs du Roy en la langue hébraïque, qui ont esté d'autant plus fréquentez et ouiz qu'on a pensé que la source et la vraye fontaine de la religion sourdoit de ceste langue. Partant durera à jamais la très aggréable mémoire de Vatable, sans que je parle des accroissantes louanges de ceux qui sont en vie. Mais les théologiens n'ont point encores eu (comme desjà nous avons dict) des Sylvius, ny des Goupilz en leur faculté. Or, la cause de ce malheur en l'une et l'autre faculté n'est qu'une; mais la ruine est bien plus grande et plus pernicieuse en la théologie; et pourtant les médecins et les théologiens se couvrent bien d'une dague de plom, quand ilz défendent l'abolition et l'intermission de la lecture ordinaire. Maintenant il nous faut disputer de l'autre défence, pour le regard de la diligence de leurs actes et de leur examen. Il y a deux sortes d'exercices instituez par les loix de l'Université, en médecine et en théologie, et en toute autre discipline : l'un est en l'altercation des préceptes et des reigles, l'autre en la méditation et composition de l'œuvre. Les médecins et les théologiens ont retenu ceste première, si bien que la médecine et la théologie sont encores du tout questionnaires et altercatoires; puis l'acte d'altercation est la moindre et plus légère partye du travail commandé aux professeurs et auditeurs de la médecine et de la théologie. Les nautonniers, les peintres, les architectes, et brief tous les artisans de ce monde, n'apprennent point leur mestier pour disputer et babiller des préceptes de leur art, mais par le continuel labeur qu'ilz employent à l'ouvrage qui leur est proposé, soit par considération et imitation, ou par émulation. Desjà en quelques colléges les grammairiens et rhétoriciens, et mesme les logiciens, ont rejetté les ineptes et contentieuses disputes de grammaire, de rhétorique et de logique. Puis, ayant congneu et entendu par la voix d'un maistre sçavant les préceptes de leur art, ilz se sont proposé d'imiter et d'ensuivre l'exemple et le patron des bons autheurs qu'on leur auroit desjà leus et déclairez, en escrivant et composant, et ne querellent plus entre eux comme il faut bien parler, bien dire ou bien discourir, mais ilz s'adonnent et s'arrestent entièrement à bien entendre et exprimer l'ouvrage de l'art, contenu ès meilleurs autheurs. Pourtant je voudrois bien advertir les médecins et les théologiens, à l'exemple de ces moindres et plus basses sciences, que la contentieuse et querelleuse altercation des préceptes est exercice fort léger et de petite importance, et duquel on ne peut retenir sinon quelque intelligence et mémoire de l'art, mais l'ouvrage et l'usage, non. Outre plus, l'exercitation de l'art est nulle en cest endroit, s'il est vray que d'exercer un art ou un mestier soit de faire par œuvre et par exemple ce que l'art enseigne d'estre fait. Et pourtant, à bon droit Aristote disoit que la diligence et parfaicte action estoit la fin de tous artz, de façon que celuy qui aura apris les préceptes de l'art par ce moyen de disputer, il saura l'art universellement, mais en vérité et en effect il en sera ignorant. Car il ne se peut faire (dit-il) que celuy qui n'a jamais besongné en maçonnerie soit bon maçon, ny que celuy soit bon joueur de harpe qui ne l'a jamais maniée, encores qu'il ayt apris les préceptes de maçonnerie et de musique et qu'il en ayt disputé en infinis actes. Ainsi ce Crasse Cicéronian, qui requiert trois choses à la perfection de la discipline, le naturel, l'art et l'exercice, donne le premier lieu à l'esprit et bon naturel, le second à la diligence et à l'exercice. Entre le bon esprit (dit-il) et la diligence, il reste bien peu de place à l'artifice. Donques l'altercation et dispute sur les préceptes de la médecine et théologie est la moindre partie de la perfection d'icelles; car par ce moyen l'art se congnoist seulement et ne s'exerce pas. Mais si nous avions de telz maistres de grammaire en nos colléges, qui ne feissent autre chose que d'ouyr les disputes des escoliers sur les préceptes d'icelle, sans les faire exercer, les mettant en besongne d'escrire et de parler, on ne les endureroit pas un seul jour, incontinent on les chasseroit. Car on requiert de celuy qui fait profession d'enseigner quelque art que ce soit, non seulement qu'il en ayt la congnoissance universelle, mais qu'il le pratique et mette en usage, brief, qu'il en monstre la fin pour laquelle l'art est dressé. Toutesfois, la matière des disputes fait qu'elles sont bien différentes aux médecins et aux théologiens; et c'est pourquoy les actes de la médecine sont beaucoup plus suportables que ceux de la théologie. La dispute des médecins est sur les livres d'Hippocrat et de Galien, autheurs qui, estant bien et diligemment entendus, aident les médecins à la guérison des maladies. Et combien qu'ilz retiennent une manière de dispute questionnaire semblable à celle de ceux qui estudient en philosophie, toutesfois ilz ont chassé les questionnaires de leurs escoles. Mais messieurs les théologiens de Paris sont, entre tous les mortelz, tous seulz qui retiennent à belles dentz leurs questionnaires, et ne disputent ny sur le vieil Testament qu'ilz entendent en hébrieu, ny sur le nouveau qu'ilz lisent en grec, mais sur les badineries des questionnaires, sur des badineries (dy-je) que des ignorans ont rapiécées de la philosophie paienne de Platon et d'Aristote ; tellement qu'on oyt plus souvent, aux escoles de la théologie chrestienne, la paienne philosophie que la chrestienne, et l'auditeur sage et prudent rougit de honte quand il voit le paganisme pour le christianisme estre introduit aux escoles de la théologie chrestienne. Et toutesfois le statut n'a point ordonné les questionnaires platoniques ou aristotéliques, mais bien les livres de la Saincte-Escriture, brief la vraye et pure théologie, non la sophistique et paienne, tant aux professeurs qu'aux estudians de théologie. Donques la théologie de Paris n'est pas seulement questionnaire, ains du tout adonnée aux questionnaires qui peuvent rendre les estudians en telles basteleries plustost bastelcurs que prescheurs, enseigneurs de peuple, ou bons ouvriers de la théologie. Toutesfois que les subtilitez de ces disputes soyent telles et de la chose que chascun advisera; il reste encores icy une plus griefve plainte. En la médecine celle partie qui est de beaucoup plus grande commodité a esté délaissée, touchant l'exercice et l'effect de l'œuvre du médecin, qui est que le docteur régent, en une saison de l'année, menast ses escoliers philosopher sur les herbes, plantes et toutes espèces de simples, par les prez, jardins et boys ; en une autre, qu'il les exerçast à la section des corps ; en l'autre, et qui est la principale, qu'il leurs communiquast en la cure des malades les consultations, les médicamentz et tout l'ordre qu'il y tiendroit; car ce seroit l'exercice qui feroit les bons médecins, ainsi qu'on en use en l'Université de Montpeslier et en toutes les escoles de médecine qui sont par l'Italie. Aussi est-ce le moyen de venir à la pratique de médecine, et la dispute seule des actes scolastiques ne peut sinon faire des escoliers disputeurs et non pas de bons penseurs de maladies. Par ainsi les médecins qui parviennent au degré de docteur, ne sçachans outre autre chose que ce qu'ilz ont apris par leurs actes, ilz aprennent l'usage de leur art au péril des hommes, et comme quelcun a dict : De nouveau médecin cimmetière boussu. Parquoy, Sire, ordonnez aux escoles de médecine des lecteurs royaux ordinaires, qui donnent à entendre les meilleurs autheurs de médecine en la mesme langue que premièrement ilz auront escritz ; ordonnez ces vrais et naïfz exercices d'un estudiant qui parvient au degré de docteur, qui n'estant seulement sçavant aux considérations des livres, mais qui, par exemples et par usages l'ayant apris, se mettra à penser une maladie, garder la santé, dresser une bonne manière de vivre. Et bien ! quelles sont les méditations scolastiques pour venir à la pratique de la théologie ? Or, la bonne et vraye pratique de la théologie congneue et entendue gist en la vie chrestienne, et aux sainctes meurs et non corrompues ; mais ce que nous avons à traiter maintenant touchant le docteur et professeur de théologie, c'est en quelle manière d'exercice principalement il se doit façonner et dresser ; pour à quoy parvenir, par les ordonnances et statutz de l'Université sont principalement recommandées les déclamations sus les lieux communs et plus notables en la doctrine de la religion. Il m'a semblé bon de mettre icy les propres parolles du statut, retirées de la réformation du cardinal de Touteville (1).

De n'obmettre point les responses et les sermons.

Item. « Nous ordonnons que les sermons et responses
« que sont tenus de faire, par les statutz susdictz, lesdictz
« bacheliers, tant courantz que formez, comme aussi les
« maistres, ne soyent nullement obmis par iceux. Et spé-
« cialement sur les sermons et collations nous avons esté
« d'avis que, toute excuse cessant, s'il n'y avoit empes-
« chement de maladie, on face les sermons, tant magis-
« traulx qu'autres, selon l'ancienne et louable coustume;
« autrement, si le maistre estoit si négligent que d'ob-
« mettre le sermon qui luy seroit assigné, soit privé de
« la régence pour icelle année, et le bachelier d'un jubilé
« sans aucune relasche. Et par authorité apostolique nous
« enjoignons que ce statut soit estroictement gardé, sous
« peine de parjure, laquelle de faict encourront les mais-
« tres et les bacheliers qui le transgresseront ou qui par
« semblant refuseront de l'observer. »

Ce sont icy les parolles mesmes du cardinal et le statut touchant les sermons et déclamations scolastiques des théologiens, lesquelles certainement contenoyent le principal fruict de tout l'exercice de théologie. Aussi anciennement l'éloquence des orateurs ne gisoit pas seulement aux sénatz et plaidoyers, mais principalement aux harangues qui se faisoyent en pleines assemblées du peuple. La forme qui est gardée en l'estat de ce royaume a party diversement la faculté qui est de mesme puissance,

---

(1) D'Estouteville (Guillaume), cardinal en 1437, mort à Rome en 1483. Chargé par Louis XI de réformer l'université de Paris, il réprima un grand nombre d'abus et fit plusieurs sages réglements.

assignant l'authorité du sénat au prince, les plaidz et procez aux juges et advocatz, les harengues ès assemblées du peuple aux théologiens. Mais les anciens orateurs ont eu tousjours en estime la façon de déclamer comme la singulière mère et nourrice de l'éloquence. Démosthène, estant desjà sur l'age, se regardoit en un grand miroyr pour composer son action ; le mesme avoit coustume de déclamer au Phalerec, contre le bruit du flot de la mer, affin qu'il s'acoustusmast à gaigner de sa voix le murmure du peuple. M. Tulle Cicéron, devant qu'il feust préteur, déclamoit en grec, et depuis l'a continué tousjours en latin jusques à sa dernière vieillesse; ce qu'il faisoit non seulement estant de repos en sa maison, lorsque tout estoit en paix, ains mesmement en la guerre. Et Suétone en raconte tout autant de M. Antoine et d'Octave, que ny mesme en la guerre de Modène ilz ne délaissèrent la coustume qu'ilz avoyent de déclamer. Aussy nul ne se fait maistre tout à coup. Parquoy si quelcun vient à confesser que l'éloquence ayt esté autrefois ou soit encores maintenant en quelque théologien, il faudra que quand et quand il confesse l'exercitation qui cause l'éloquence avoir esté en luy, et qu'à bien bonne raison l'exercice des sermons et oraisons a esté tant recommandé aux escoles de Paris, pour le besoing qu'on avoit des théologiens qui preschassent les meurs et la bonne vie ; et certes l'intention du législateur fut qu'il faloit exercer tellement chascun art en l'escole, ainsi que dehors icelle le vray usage le requéroit. Amenez donques un estudiant en théologie, et le tirez de l'ombre pour le mettre en campagne; où est-ce que sa parolle s'adressera? Ne montera-il pas en la chaire devant l'assemblée pour donner à entendre l'évangile, reprendre les vices, honorer et louer les vertus? ou bien dans la chaire des escoles il deschiffrera plus diligemment la mesme théologie? Or les déclamations et sermons scolastiques, selon le statut, préparoyent le théologien pour venir là ; mais les altercations des questionnaires n'ont rien de pareil ny à l'argument et subject, ny à la manière de parler ou harenguer. Qui plus est, s'il estoit de besoin de diviser ou escrire à part de la théologie, on retireroit un pareil fruict et usage, pour ceste fin, de pourpenser et d'escrire les déclamations. Donques c'est le vray moyen d'exercer l'escolier estudiant en théologie, que de le faire déclamer, après qu'il l'aura aprinse des leçons que, suivant l'ordonnance, les précepteurs ordinaires feront, par l'espace de quatre ans, du vieil Testament en hébrieu, du nouveau en grec. Mais si aucun s'émerveille comment ou pourquoy le théologien a dédeigné ce qui pouvoit luy porter tant de proufit, la raison est preste (comme dict un poëte latin) : il estoit paresseux; parce que la déclamation est pleine de labeur, tant pour le stile, diligence et mémoire, que pour l'industrie qui est requise. Toutesfois, pour faire semblant de garder le statut, on a controuvé un moyen ou plustost un énigme, qui est que les déclamations et sermons des théologiens se feroyent non en parolles théologiques, mais en bel argent contant. Donques la charge de déclamer est donnée à quelque nouveau maistre ès artz, qui est loué pour un escu, et un philosophe, en lieu d'un théologien, se monstre sur l'échauffaut et joue le personnage d'un théologien qui deveroit déclamer et sermonner. Bon Dieu! qui ne penseroit que ces fraudes que l'on fait à la loy ne fussent fausses et controuvées! Si se font-elles tous les jours aux yeux de tout le monde ; nos maistres les voyent, qui plus est, s'en rient, et n'estiment non plus la faute d'avoir mesprisé et dédeigné les sermons que d'avoir laissé les professions et les leçons qu'ilz estoyent tenus faire. Mais il seroit temps désormais de cesser de se moquer des statutz et ordonnances du Roy.

Nos vices, qui de long-temps sont enracinez bien avant en nos espritz, nous plaisent trop et nous rient plus qu'il ne faudroit; s'il faloit relascher quelque chose de ce qui estoit prescript de travail en l'estude de la théologie, c'estoit principalement ce qui pouvoit aporter moins de proufit. Qu'on oste donques la plus grande part de tant d'actes et de disputes, et qu'on augmente les déclamations et sermons pour le proufit qui en revient; mesme que les autres actes réformez, ce qui est en usage aux escoles de droit, se facent d'une oraison continue, c'est-à-dire qu'en la plus part ilz soyent apropriez à la façon d'un sermon de théologie, ce qui peut grandement proufiter. Mais le tout s'est fait au rebours. Par l'espace de six ans durant, les escoles de théologie ne retentissent d'autre bruit que de disputes de questionnaires, principes, tentatives, grande et petite ordinaire, et vesperie. Ce n'a pas esté assez; mais un quidam cordelier, depuis cent ans en çà, après la réformation du cardinal de Touteville, augmenta les criries questionnaires et fut tout un jour à respondre à ses condisciples qui disputoyent à l'encontre de lui, sans qu'il y eust aucun président pour juger leurs différentz, fors le bruit et battement des piedz et des mains. Cest acte fut appelé la sorbonique, et en l'honneur et mémoire de ce brave et vaillant disputeur, la première sorbonique est encores octroyée aux cordeliers. Ainsi les docteurs questionnaires et les criries théologiennes empeschent toute l'estude de six ans, et n'ont point laissé de lieu ny à la profession et lecture ordinaire, ny à la déclamation. Qu'est-il besoing d'en dire davantage? La plus grande louange de toute l'estude de théologie, par messieurs nos maistres, est bornée dans les disputes des questionnaires. Ce qui les enflamme et esperonne à cela, c'est le saint feu et esperon des premiers lieux, de quoy nous avons parlé cy dessus ; c'est la seule chose que l'estudiant en héologie regarde avec singulière admiration, tellement que celuy qui, par l'espace de six ans entiers, aura le plus asprement crié sur les questionnaires, et qui aura bien brouillé et partroublé les disputans, qui aura couvert de ténèbres le lieu plein de toute clarté, qui, comme quelque Péricle, se sera faict paroistre à foudroyer, tonner et tempester par les escoles, cetuy cy, d'une voix et d'un accord de tous nos maistres, méritera le premier lieu. Mais l'excellence d'un théologien digne de l'honneur du premier lieu se doit mesurer d'une bien autre façon et manière. Ceste sacrée faculté a de grandz et d'excellentz théologiens, lesquelz désirent merveilleusement une bonne réformation, qui toutesfois n'ont pas acquis ceste grande excellence de la théologie pour estre piquez et esperonnez de l'esperon de ceste dispute questionnaire, mais par la congnoissance des langues latine, greque et hébraïque, mais par l'entente des artz louables et libéraulx, par la lecture du vieil Testament en hébrieu, du nouveau en grec, à force d'estre versez aux anciens interprètes et conciles, et d'avoir confronté les nouveaux, et d'avoir leu la police de la république chrestienne, et d'avoir sceu l'histoire de toute l'Église, en enseignant, preschant, brief exerçant la théologie en toutes les voyes et manières ordonnées par les statutz. Ce sont donques, ce sont icy les moyens qui font le théologien digne du premier lieu, et non pas la cririe et dispute des questionnaires. Et que cestuy nostre théologien, ainsi bien dressé, au jugement de ceux qui jugeront bien et nettement de la vraye théologie, emporte plustost le pris au bout de la carrière que ces crieurs questionnaires ne seront hors des barrières. Parquoy, Sire, pour l'honneur de Dieu très bon et très grand (de la vraye adoration et vraye religion duquel il est question en cecy), establissez des lecteurs ordinaires et royaulx en théologie, desquelz les uns lisent le vieil Testament en hébrieu, les autres le nouveau en grec; commandez que ces questionnaires soyent bannis et confinez au bout du monde. Que les disputes (s'il en est besoing) demeurent, mais qu'elles soyent sur le Testament de nostre Seigneur, et modérées et reiglées affin qu'elles puissent proufiter. Que tant d'actes et si divers soyent pesez et balancez selon l'usage théologien; qu'ilz donnent lieu à la profession et lecture du vieil et nouveau Testament; qu'ilz donnent lieu aux déclamations et sermons, dont un vray théologien soit dressé et façonné; d'icy sortira la splendeur et dignité de la faculté de théologie. Les disputes qui se font en ce temps sont de grande et dangereuse importance, concernans, non quelque légière cérémonie, mais tous les fondementz de la religion chrestienne. Or, si des lecteurs ordinaires et roiaulx, bien choisis, entreprennent de lire, les uns le vieil Testament en hébrieu, les autres le nouveau en grec, non seulement avecques soigneuse diligence, mais avecques toute saincte piété, quelle perverse opinion touchant la religion pourroit partir de ceux qui entendront l'un et l'autre Testament par l'interprétation de ces sainctz et grandz docteurs? Mais l'Église chrestienne universelle, qui est par tout le monde, par le moyen de ces lecteurs les entendroit. La Gaule est célébrée de plusieurs louanges mémorables; entre autres on l'estime heureuse pour un bénéfice de nature qui l'a arrousée de fleuves très insignes, coulantz en toutes les parts du monde: du Pau, roy des rivières, en Orient; du Rhone, vers le Midy; de la Seine, en Occident; du Rhin, en Septentrion; mais la Gaule seroit sans comparaison plus heureuse si les arts et les disciplines estoyent bien reiglez en l'Université de Paris ; car les fleuves de ces disciplines estendent leur course bien plus loing et embrassent beaucoup plus de terres et de nations estrangères. Le bruit et la renommée de ceste Université de Paris court par toute l'Europe où le latin est entendu, de façon qu'on n'estime point celuy avoir esté bien institué aux lettres qui n'a estudié à Paris. Ceste Université n'est pas l'Université d'une ville seulement, mais de tout le monde universel ; qui ne soit ainsi, quelle est la discipline de ceste Université, telle est la discipline du reste du monde.

On estimoit anciennement Alexandre de la ville Dieu l'unique maistre de bien parler; mesmes quelques uns de nos escoliers estoyent tombez en cest erreur qu'ils nioyent qu'il fallust suivre les reigles de la grammaire en parlant, de sorte qu'ilz pensoyent que ce feust bien parlé en disant : *ego amat*. Qui s'esmerveillera donques si le reste du monde, depuis instruit de l'Université de Paris, cependant est demeuré barbare en son parler? Nul, comme je croy. Semblablement, depuis que la théologie de Paris déchassa de son escole la légitime et ordinaire lecture du vieil et du nouveau Testament, elle fit des questionnaires comme chefz et capitaines de la profession. Qui s'estonnera donques si le monde est devenu questionnaire, estant forbeu et enyvré des questionnaires de théologie? Mais depuis que l'usage de la langue latine, tiré de Cicéron, de Térence et de César, fut introduit aux escoles des grammairiens, il descouvrit qu'Alexandre n'estoit point l'enseigneur de la langue latine, mais de je ne scay quelle barbarie escorchée du latin. Or, ce maistre fut chassé des escoles, la barbarie rejettée et mocquée, la pureté et l'élégance du beau langage approuvée et louée. Qu'on remette aux escoles publiques de la théologie les lecteurs du Roy ordinaires ; qu'on rameine l'un et l'autre céleste et divin soleil, l'un du vieil Testament en hébrieu, l'autre du nouveau en grec ; qu'on explique librement et sincèrement la pure vérité de la religion. Que les théologiens fouillent et descouvrent les riches trésors de si long temps cachez et perdus, ou plustost mesprisez ; et, les mettant au jour, lors vous verrez soudain que les questionnaires, non acoustumez à veoir telle splendeur, s'enfuiront loing de nous, et que la congnoissance du très bon et très souverain Seigneur, en toutes les parties comme en la foy catholique, en la loy, aux sacremens, aux divines louanges, sera manifestée aux chrestiens et à toutes les nations du monde. Ce qu'estant advenu, les hommes ne pourroient recevoir un plus grand bien ny plus souhaitable de l'infinie bonté de Dieu. Maintenant on ne querelle plus des barbarismes et solécismes d'Alexandre ; aussy ne disputera-on plus des questions sophistiques, et rien plus n'en restera. La théologie de Paris deprivée a dépravé et gasté l'estat de la religion ; aussy estant bien constituée et réformée, elle constitura et réformera le mesme estat en son entier. Icy est la fontaine de laquelle sourdent les rivières, icy est la source et le commencement de toutes les eaux. D'icy le Pau enflé et glorieux outrepassera ses rives et se desbordera jusques à Romme ; d'icy le Rhin arrousera plus abondamment l'Allemagne, desjà de la plus grande part arrousée ; d'icy le Rhone, despité d'avoir dressé son cours vers Afrique, ayant avec luy Loire et la Garonne, roulera droict en Espagne ; la Seine bagnera de ses plus douces eaux les Anglois ses voisins, encores qu'ilz soyent enceintz de la grand mer. Mais l'amour et l'affection que je porte à l'Université de Paris me fait outre passer propos. Il faut donques maintenant conclure le proëme (ainsi que Platon l'appelle) de ceste loy tant désirée. Icy finalement je vous appelle de rechef, Sire, j'appelle aussi en vostre nom les princes et ceux de vostre conseil. Vous ordonnastes dernièrement, à l'instance et requeste des trois estatz de vostre royaume, sçavoir est, de l'église, de la noblesse et du tiers estat, que l'Université de Paris feust réformée. La voilà à genoulx devant vostre magesté, qui vous fait ses doléances et se plaint de sa misère et de sa povreté. Elle se plaint qu'on a introduict une troupe infinie de lecteurs aux escoles de philosophie, de médecine et de théologie, et qu'on a foulé les escoliers de grandes et insuportables exactions; pourtant elle demande des lecteurs du Roy ordinaires, le soulagement et rabais de tant de fraiz, et supplye que la récompence du labeur public soit prinse du public, aussy que les gages ordonnez aux lecteurs ordinaires soient assignez sur tant de rentes et tant de revenus que tiennent les moines, les chanoines, abbez et évesques. Alexandre-le-Grand, enflammé du désir de congnoistre la diverse nature des animaux, entretint et nourrist à grand fraiz je ne scay combien de milliers d'hommes par toute l'Asie et par toute la Grèce, et feit don à Aristote de quatre cents quatre vingt mille escus pour l'histoire qu'il en composa. Or, l'Université de Paris, encores qu'elle ne vous estime en rien inférieur d'Alexandre, toutesfois, pour ce qu'elle n'est pas ignorante du malheur de ce temps, ne demande rien de vos finances pour nourrir et entretenir les disciplines; elle demande seulement une ordonnance juste et saincte, si jamais par les Roys justes et sainctz en fut justement et sainctement ordonnée, par laquelle les moines, chanoines, abbez et évesques soyent appelez et incitez à l'office et devoir de charité et piété, affin que les enfans, riches et bienheureux par le moyen de leur mère, lui facent quelque part de leur bien. Ilz ne jouissent des bénéfices soubz autre couleur que soubz le tiltre de sçavoir, qu'il faut nécessairement qu'ilz confessent avoir prins de leurs maistres, et non pas de leur noblesse ou grandeur de leur maison. Qu'ilz s'enflent tant qu'ilz voudront et se glorifient par leurs armes ou par l'antiquité de leur race, toutesfois jamais n'inséreront en la bulle de leur nomination et création, comme la cause de leur pontificat : La race du noble sang de Teucre; mais au contraire ilz se garentiront et authoriseront par nostre povre et bas estat scolastique et de nul renom envers eux, et feront soigneusement insérer et adjouter qu'ilz sont gens de bien, bien doctes, qu'ilz sont propres et bien nez au ministère de l'église. Voilà donques la grace et la faveur que la mère redemande à ses enfans. Et si les moines, les chanoines, abbez et évesques pensent que ceste demande soit trop pesante et griefve pour eux, elle requiert que l'on face l'honneur aux lecteurs du Roy qui feront profession de toutes bonnes sciences (c'est-à-dire aux précepteurs et maistres de tous ceux qui seront au gouvernement de la république et entretenement de la religion), que l'on fait à je ne sçay quel mignard oisif et ignorant protenotaire, de tant d'abbayes qu'on leur en donne une. Outre, se plaint que la profession publique de la philosophie se pert et s'abolist; que les artz mathématiques, qui sont les premiers des sciences libéralles, n'ont aucun lieu en l'escole des artz libéraulx ; que la science du droit civil et la saincteté de la religion sont mises hors des escoles du droit et de la religion ; que la légitime et ordinaire profession de médecine et théologie n'est plus ; que les philosophes, les médecins ne s'estudient qu'à leurs contentieuses altercations seulement, et les théologiens aux disputes espineuses de leurs questionnaires ; qu'on ne fait cas des bien séantes méditations de l'œuvre et de l'usage apartenant à la philosophie, à la médecine et à la théologie. Pourtant elle vous supplye humblement qu'elle puisse veoir les artz de philosophie et de jurisprudence en leur entier, et en leur naïve et naturelle beauté, que la théologie reprenne, au lieu de ses questionnaires embrouillez, la divine lumière du vieil Testament en hébrieu et du nouveau en langage grec. Elle a des hommes bien versez et bien nourris en toutes bonnes disciplines, de gentil esprit et de singulière érudition, lesquelz, réveillez par leur industrie et volonté d'ouyr, de sçavoir et de méditer, se sont aisément sauvez de tant de difficultez; mais aussy elle sçait fort bien que ces hommes, qu'elle a nourris et bien apris, sont mortelz et ne peuvent vivre long temps. Pourtant elle, ayant mémoire des siècles passez, se soucie de ceux qui sont à advenir, affin que l'excellence et la vertu de ses nourrissons, qu'elle admire en peu d'hommes désjà vieux et cassez, soit immortelle et perpétuelle à jamais; vous supplye aussy que les philosophes, médecins et théologiens facent lectures ordinaires, lisent les autheurs plus aprouvez, continuent exercices et disputes légitimes; qu'on leur donne du public loyer honneste de leur labeur, affin que comme d'une mesme pépinière se puissent multiplier les entes et greffes de semblables espritz. Ce sont icy les plus grandz souhaitz et désirs que face l'Université de Paris, desquelz si, par vostre moyen, Sire, elle peut avoir accomplissement, ô vous Roy heureux et bien fortuné, pour le renom perpétuel d'un acte si notable, vous dy-je que la philosophie, médecine, jurisprudence, théologie, publieront et tiendront pour leur autheur, protecteur et Roy! Aristote escrivit à Alexandre une harangue par laquelle il l'exhortoit à honneur et louange, comme aussy Cicéron délibéra d'en escrire à Cæsar sur l'establissement de la république; Plutarque escrivit à Trajan un politic du mesme suget; Alcuin escrivit à Charles-le-Grand un semblable argument des artz et des vertus; et pareillement Claude Seyssel escrivit au Roy Louis douzième vostre ayeul. Et moy, qui vous souhette non seulement la libéralité d'Alexandre, la bonté de Trajan, la vertu de Charles-le-Grand, la preudomie de Louis douzième, mais encores une vraye religion et piété surpassant de beaucoup toutes humaines louanges, je vous souhette aussy ce bel œuvre que, par vostre moyen et entreprinse, vostre Université de Paris soit ordonnée, réformée et bien establie.

FIN.

RELATION

DE

LA BLESSURE ET DE LA MORT

DU DUC DE GUISE.

RELATION

DE

LA BLESSURE ET DE LA MORT

DU DUC DE GUISE (1).

Le jeudy 18 de février 1562 (2), messire François de Lorrayne, duc de Guyse, chevalier de l'ordre, pair de France et lieutenant-général pour le Roy, comme vers le soir il visitoit les tranchées du camp, dressées devant et alentour de la ville d'Orléans, occupées puys un an en ça par le prince de Condé et ses associés, ayant laissé son harnois pour se refraischir, mesmement son corps de cuyrasse qu'il avoit porté tout le jour, ainsi qu'il retournoit du Portereau, après estre descendu du bateau où il avoit passé la rivière du Loiret, allant doucement le petit pas, et acompaigné de deulx gentilshommes seulement, dont l'un estoit le seigneur de Rostin, monté sur un petit mulet, avec lequel il parloit, l'autre le jeune Villecomblin (3), marchant devant à cheval, fut ledit seigneur de Guyse suyvy par derrière par Jean de Poltrot, soy-

---

(1) *Man. de Dupuy*, vol. 333, et *Mém. de Condé*.

(2) 1563. L'année commençait à Pâques.

(3) *Villecomblin*. C'est sans doute Fr. Racine de Villegomblain, de qui nous avons de curieux Mémoires sur les événements qui se sont passés de 1562 à 1602.

disant seigneur de Merey, nourry en la maison du seigneur de Soubize, lequel Poltrot avoit despieça proposé le tuer. Et comme il approchoit de son logis, en un carrefour où il y a plusieurs chemins tournans de costé et d'autre, ledit Poltrot tira contre luy sa pistolle chargée de trois boulets, de la longueur de six à sept pas, et le frappa à l'espaule, cuydant qu'il fut encores armé par le corps; et à l'instant qu'il l'eut frappé, il picqua son cheval d'Espagne sur lequel il estoit monté, et se saulva de vistesse, passant par plusieurs bois et taillis; durant laquelle nuyct il feit environ dix lieues, pensant tousjours s'esloigner d'Orléans; mais à l'obscurité il se destourna de son chemin et vint jusques au village d'Olivet, et picqua jusques au lendemain huit ou neuf heures du matin qu'il cogneust son cheval estre las; parquoy il se logea en une cense où il reposa jusques au sabmedy 20, qu'il y fut trouvé fortuitement par aucuns soldats ne le cognoissans point ny sachans qu'il eust commis ledit cas; mais par subson, le voians seul et de contenance aucunement effrayée, espérans, si c'estoit il, en avoir bonne récompense, parce que le Roy avoit faict crier par son camp que quiconques en trouveroit l'autheur et le représenteroit, il lui donneroit mille escus; qui fut cause de mettre plusieurs en besoigne. Ceulx donc qui le descouvrirent en ladite cense, le trouvans en une chambre où il acoustroit sa pistole, et enharnachant son cheval, l'admenèrent au camp vers la Royne; ausquels par le chemin il déclara l'affaire, promettant un bon présent s'ils le vouloient sauver. Or fut-il admené le dimenche 21 en la présence de la Royne, qui le feit interroguer par maistre Jean Viellart (1), mais-

---

(1) Il faut peut-être corriger *Vialart*. Il y avait alors un Vialart maître des requêtes; mais il se nommait Michel.

tre des requestes, où il feit une longue déposition de tout le cas, ainsi qu'il avoit entrepris et exécuté, laquelle fut rédigée par escrit. Et parce qu'en icelle se trouvoit entr'autres chargé le sieur de Chastillon, admiral de France, luy fut incontinent envoyée par aucuns de ses amys, estans lors à Caen avec ses reïtres, à laquelle il respondit, le deuxiesme jour après l'avoir reçeue, et feit imprimer et publier en diligence ses responses, avec les dépositions dudit Poltrot, et quant et quant escrit une lettre à la Royne, priant qu'elle feit sursoir son supplice et le garder en quelque lieu seur où il ne peult estre suborné ne intimidé, afin que, la paix faitte, il fust confronté audict sieur admiral, pour en sçavoir myeulx la vérité. Toutefois le lendemain de sadite déposition il fut mené de nuyst avec quatre chevaux de poste à Paris, et mis en la tour carrée de la Conciergerie du palais, où demoura jusques à jeudy 18 de mars, le jour de devant que le corps du feu duc de Guyse entrast à Paris; et lors fut condamné par arrest de la court de parlement à estre tenaillé et tiré à quatre chevaux en la place de Grève, où il souffrit beaucoup avant que mourir; car d'autant qu'il avoit varié en sa déposition, après avoir enduré les tenailles ardantes et la dure secousse des chevaulx, il fut détaché et relevé pour l'examiner de rechef. A donc, estant admonesté de dire la vérité, sur le point de la mort, l'on dict qu'il en deschargea sa conscience confessant le tout et ceux qui luy avoient fait faire. Or, pour retourner audict seigneur de Guyse, après qu'il fut blessé en la travée susdite, si-tost que la Royne le sceut, vint vers luy au camp et ne l'abandonna jusques à son trespas. Le cardinal de Guyse, estant lors à Paris, n'en fut adverti jusques au samedy ensuyvant; mais incontinent qu'il l'entendit, s'y en alla, et ne peult faire si grande diligence qu'il ne trouvast son frère très mallade ; car le lundy il tomba en une fièvre continue, par sa playe que les chirurgiens avoient dilatée et cautérisée avec un ferment d'argent tout ardant, cuydans par ce moyen oster la poison qu'ils pensoient estre aux boulets et à la pouldre. Toutefois, tant s'en fallut que cela servist de rien que plustost il luy avança sa mort, causant ladite fièvre, dont il décéda le mécredy des Cendres 24 de février, sur les dix heures du matin, après avoir fait plusieurs remonstrances à madame sa femme et à son fils aisné, qui ont esté rédigées par escrit et publiées. Son corps demoura quelque temps au lict mortuaire, puys fut mis en un lieu où chacun pouvoit passer pour le voir. Ceux de la ville et du païs à l'entour y vindrent à trouppes, mesmement grandes compaignies de capitaines, gens-d'armes et soldatz, et dedans le camp y eut de grandes plaintes. Les enseignes furent mises bas et les tabourins sonnèrent le desconfort. Puys il fut posé en un coffre de plomb, et porté le vendredy 27, par la rivière de Loire, à Blois, conduit par les bandes françoises, suysses et espaignols, jusques au bateau.

LETTRE
DE L'EVESQUE
DE RIEZ,
AV ROY,

Contenant les actions et propos de Monsieur de Guyse, depuis sa blesseure, iusques à son trespas.

A PARIS,

AU LECTEUR.

Le lecteur soit adverty que ce qui a esté imprimé des derniers propos de feu M. de Guyse n'estoit qu'un double mal correct (1), *que l'on avoit pris du premier ject que le présent autheur, qui a assisté ausdits propos, en avoit lors sommairement fait et tracé pour luy servir de mémoire, à ce qu'après, à plus grand loisir, il peust recueillir tous les saincts propos de ce bon et vertueux prince, tenuz par luy avant sa mort, et après les produire en lumières; le tout, à la vérité, comme il a fait à présent, pour la consolation de l'Eglise de Dieu, qui peut par cecy cognoistre en quel repos de conscience meurent tous ceux qui ont confiance en elle et demeurent en son union et fermeté. A Dieu.*

De Paris, le 16 *de may.*

(1) L'édition dont il est parlé ici fut imprimée à Troyes et porte le titre suivant: *Recueil des derniers propos que dit et tint feu le duc de Guyse*, etc. Elle présente, avec le texte que nous imprimons et qui est le seul avoué par l'auteur, une variante qui sera indiquée en son lieu.

LETTRE
DE L'ÉVESQUE DE RIEZ [1]
AU ROY

CONTENANT LES ACTIONS ET PROPOS DE M. DE GUYSE,
DEPUIS SA BLESSURE JUSQUES A SON TRESPAS.

Au Roy très chrétien, CHARLES NEUFIESME *de ce nom*.

Sire, pource que les exemples des vertueuses actions se doibvent (quand l'occasion s'y offre) représenter devant les yeux des princes, mesmement quand ils viennent des personnes aymées, de qui l'on reçoit aysément l'imitation, j'ay bien voulu vous rendre compte des dernières œuvres et propos de M. de Guyse, ayant receu de luy cest honneur, lorsque je vins au camp avec la Royne, qu'il m'appella pour luy assister en son extreme maladie, et veiller les nuicts avecques luy. Ce qui m'a faict résouldre de prendre ceste hardiesse a esté le commandement de madicte dame, qui a desiré qu'une si saincte et exemplaire fin d'un tel prince fust par mes escripts cogneuë à vostre Majesté et tesmoignée à tout le monde. Et encores, Sire, que, pour l'amour que vous luy avez portée, vous ne pourrez lire cecy sans quelque tristesse, je m'asseure

---

[1] Il se nommait Lancelot de Carles.

toutesfois que vous ne trouverez moins de contentement d'esprit en la saincteté de sa fin que de douleur en une si grande perte, et jugerez que les louables et chrestiennes actions de sa mort sont bien respondantes aux illustres effects de sa vie. J'y ay esté présent et luy ay rendu le plus fidèlement et le mieux que j'ay peu le dernier debvoir qu'il desiroit de moy : dont je n'estime rien toutes les autres instructions que j'ay jamais receues, au pris de celles que ses divines parolles m'ont imprimées dedans le cœur; et semble, Sire, que véritablement on luy feroit tort d'estre marry d'une mort si heureuse pour luy, de laquelle luy-mesme se resjouyssoit, et qui, après tant d'honorables trophées, a adjousté par la victoire de ce monde et de soy-mesme une immortelle couronne à ses honneurs; car ses rares et tant excellentes louanges qui, pour l'instabilité des choses, pouvoient recevoir quelque mutation, sont confirmées par sa magnanimité au mespris de ce siècle, par sa douceur à pardonner à ses ennemis, par sa prudence de pourvoir à sa maison, et finablement par un ardent zèle de charité et d'affection envers Dieu. Si je pouvois entièrement rédiger par escript ses dernières paroles, vous cognoistriez, Sire, que je vous dy bien peu, au pris de ce qui en est; mais je crains, comme je doibs, que mon imbécilité diminue par trop tant de perfections, combien qu'une partie exprimée suffira tousjours à ceux qui les liront pour se former un vray exemple et miroir des vertuz qui, au passage extreme de ceste vie, se peuvent attendre d'un homme chrestien; en quoy je ne doubte point que vous, Sire, ne m'adjoustiez foy, qui sçavez sa suffisance, et espère que les autres ne me soupçonneront point de mensonge en choses testifiées par la majesté de la Royne, par messieurs les princes et plusieurs autres seigneurs et personnages d'authorité, de qui j'en ay entendu l'une partie, et l'autre je l'ay veuë et ouye moy-mesme.

Avant que d'entrer au récit de ceste triste désaventure, je reprendray le propos un peu plus haut, pour vous faire entendre, Sire, que M. de Guyse, voyant l'évidente ruyne qui adviendroit à ce royaume par la continuation de la guerre, qui attiroit les estrangers de tous costez, et que luy et les siens y mettoient les biens et la vie, aussi pour effacer l'opinion qu'aucuns avoient conceue, qu'il voulust par les armes maintenir sa grandeur, il s'advisa de dépescher par plusieurs fois hommes exprès, avec mémoire, vers la Royne, mesmement le seigneur de Crenay, pour l'inciter de plus en plus à la paix, suivant les propos qu'il en avoit mis en avant, tant au camp, après la bataille (1), qu'à Chartres, et dernièrement à Blois, mesme parlant à M. le prince de Condé, lorsqu'il le fut visiter; et conseilloit à madicte dame de choisir quelques personnages propres, pour aller à Orléans, vers monsieur le connestable, négocier cest affaire. Sur quoy elle s'advisa de despécher MM. de Lymoges et Doisel, leur commandant de passer au camp pour en communiquer avec ledit seigneur de Guyse; ce qu'ils firent le sabmedy treiziesme de février. Et après qu'ils eurent receu son advis ils s'en allèrent ce mesme jour à Orléans, où ils parlèrent à mondit seigneur le connestable, à madame la princesse de Condé, à M. Dandelot, et autres qui avoient là le maniement des affaires. Cependant que la paix se traictoit, M. de Guyse estoit attentif à la guerre, pour se garder de surprise, et pour céte occasion estoit allé le jeudy ensuyvant au Porterau, où il s'arresta longuement, espérant au retour trouver en chemin lesdits seigneurs revenants

---

(1) De Dreux.

d'Orléans. Mais voyant qu'ils tardoient trop à venir, il se délibéra d'aller devant les attendre à son logis et de passer la rivière de Loyre dans un batteau, à cause que le pont, dont ceux de la religion qu'ils disent réformée avoient rompu un arche, n'estoit encore refaict.

Lors le seigneur de Crenay, qui l'accompagnoit et couchoit ordinairement en sa chambre, s'avança d'aller trouver madame de Guyse, pour l'oster de la peine où elle pouvoit estre, à cause du tardif retour de monsieur son mary, et luy dire qu'il arriveroit incontinent. Il advint qu'ayant passé la rivière de Loire, le meurtrier, qui ne mérite qu'on le nomme, s'estant longuement promené le long du rivage, attendant son occasion, l'apperceut et luy demanda quand monsieur viendroit; ledit Crenay luy respondit qu'il estoit bien près, et continua son voyage. Le traitre voyant le temps à propos pour exécuter l'entreprise qu'il avoit faicte de tuer M. de Guyse, et ne voulant plus différer, pour l'opinion qu'il print, comme il dist depuis, que s'il vivoit davantage il mettroit en brief à exécution le dessein de la prise d'Orléans, l'attendit jusqu'à la descente du bateau, puis gaigna le devant, monté sur un cheval d'Espagne que pour cest effect peu de jours auparavant il avoit acheté d'un des gens mesmes dudict seigneur; et le voyant au droit d'un chemin croisé, entre deux grands noyers, sur le destour de main gauche qui conduit à son logis, estant jà demye heure de nuict (ne le voulant regarder à la face (de peur), à ce qu'il confessa après), qu'en le regardant il ne perdit la volonté de luy mal faire, comme il avoit faict plusieurs fois, il s'advança et luy tira par derrière, de fort près, un coup de pistolet chargé de trois balles, qui l'atteignit soubs l'espaule droite, et passa tout outre, dont la violence fut si grande qu'il se courba et baissa la teste jusques sur le col de son cheval ; puis se dressant et voulant mettre la main à l'espée, trouva la force de son bras perdue. Lors il luy sembla que l'espaule luy estoit emportée de ce coup, et se jugea estre mortellement attaint. Après qu'il fut venu à son logis et entré dans sa chambre, il trouva madame de Guyse, qui n'attendoit rien moins que de le voir arriver en tel estat; et la voyant effrayée d'un si soudain et inopiné accident, après l'avoir baisée il la consola, et luy dit qu'il luy portoit une piteuse nouvelle ; mais, tele que elle estoit, il la falloit recevoir comme venant de la main de Dieu et s'accorder à sa volunté ; que l'on l'avoit tué auprès de son logis, en trahison, parlant de la paix avec M. de Rostain (1), et s'esbahissoit qu'il y eust tant de malice aux hommes; qu'il n'avoit nul regret de mourir, mais bien que un de sa nation eust commis un tel acte. Et quand madame de Guyse, pleurant, dist qu'elle en demandoit vengeance à Dieu, il la reprint, disant qu'il ne falloit point irriter Dieu, qui nous commandoit de pardonner à nos malfaicteurs, et luy laisser la vengence, comme estant le présent plus agréable que l'homme chrestien luy sçauroit faire; qu'il estoit très heureux de mourir pour son honneur et pour le service du Roy ; bien avoit-elle occasion de se douloir, car il l'aymoit et l'avoit tousjours tant aymée, mais que Dieu la consoleroit, qui aux tribulations ne délaisse jamais les siens, au nombre desquels elle estoit. Et voyant M. le prince de Juinville pleurant, il le baisa et luy dit : Dieu te face la grace (mon fils) d'estre homme de bien. Puis se souvenant de vous, Sire, et de la Royne, il dist que vous seriez bien marryz de son inconvénient et que vous perdiez un bon serviteur qui ne vous avoit jamais faict faulte. En parlant

---

(1) De Rostaing.

de madame sa mère, de monsieur le cardinal de Lorraine et de messieurs ses frères, et du desplaisir que tous ceux qui l'aymoient recevroient de son triste accident, il leur souhaitta pouvoir prendre la résolution en son mal qu'il prenoit luy-mesme. Après que sa playe fut veuë par les chirurgiens, qui trouvèrent que le coup n'entroit dans le corps, il conceut meilleure espérance de sa vie et dist qu'il estoit disposé pour vivre ou mourir, ainsi qu'il plairoit à Dieu, le priant que, s'il le conoissoit estre utile pour son service et honneur et pour le bien public, il le laissast en ce monde, sinon qu'il le print bientost, remetant toutesfois le tout à son ordonnance. Je ne veulx oublier à vous dire que le traistre meurtrier ne fut suivy que par M. de Roustain, qui naguères estoit venu vers M. de Guyse de la part de la Royne et luy faisoit lors compagnie ; mais pource qu'il estoit sur un mulet et empesché par l'obscurité de la nuict, il ne luy peut faire longue poursuitte, et aussi que celuy qui fuyoit tenoit l'espée en la main, et, s'escriant, faisoit luy-mesme semblant de poursuivre celuy qui avoit donné le coup. Mais le juste jugement de Dieu ne permit que pour course ny diligence qu'il sceut faire toute la nuict, et le lendemain tout le jour, et encores l'autre nuit, il ne se peut guères esloigner du lieu de son maléfice, de sorte qu'entre Gergeaux et Olivet il fut prins, comme par miracle, de ceux mesmes qui ne le cognoissoient point. Et après avoir esté ouy en la présense de la Royne et de messieurs les princes et seigneurs de vostre conseil, il a esté mené à Paris, pour estre jugé par la cour de parlement, selon son démérite. Je vous diray seulement, Sire, qu'entre autres choses il confessa qu'il estoit venu à Messac, vers ledict seigneur, faignant se repentir d'avoir porté les armes avec ceux de la religion qu'ils disent réformée, et les vouloir d'oresnavant porter soubz sa charge, pour vostre service, et que il avoit quelque temps conversé en sa maison, à fin de trouver plus aysément le moyen de le tuer; mais la grande bonté et grasieuseté qu'il voyoit en luy l'avoit tousjours gardé d'exécuter sa mauvaise intention.

MM. de Lymoges et Doysel passoient la rivière quand le coup fut donné, de sorte qu'ils l'ouyrent clairement; et venuz au logis dudit seigneur, ils le trouvèrent prest à se mettre au lict, et s'estant condoluz avecques luy de ceste infortune, il leur dist qu'on l'avoit assez maltraicté pour une fois, mais qu'il ne se trouveroit point qu'il eust jamais faict de telles dépesches; qu'il aymeroit beaucoup mieux mourir qu'en faire de pareilles, et n'eust jamais pensé qu'il y eust eu tant de cruauté en France. Lors ayant loué Dieu de ce qu'il n'estoit en danger, comme luy-mesme l'estimoit, il luy rendirent compte sommairement, pour ne l'ennuyer, de leur négociation, dont il se resjouit, voyant les affaires si bien acheminez à la paix. Il est vray que, sur le propos des ostages, il dist qu'il estoit bien d'advis que M. d'Estampes et M. Danville allassent à Orléans; mais quant à monsieur le prince son fils, il doubtoit que madame sa femme et ses amys y feissent quelque difficulté, pour le mauvais estat où il estoit; toutesfois, si la Royne cognoissoit estre nécessaire qu'il y allast pour le bien de la paix et qu'il luy pleust luy commander, non seulement il l'y voudroit envoyer, mais aussi tous ses autres enfans ensemble.

Peu après les capitaines de l'armée le vindrent visiter, portans au cœur et au visage une incroyable tristesse, ausquels il dist qu'ils voient en quelle façon estoient traictez les gens de bien et les bons serviteurs de Vostre Majesté; que l'on frappoit ainsi par derrière quand on n'osoit frapper par devant; qu'il les prioit de parachever les dépesches qu'il avoit commencées et de pourvoir aux affaires de la guerre, sans que pour sa blessure vostre service fust retardé, et que ses secrétaires obéyroient à leurs commandemens, en attendant des nouvelles de la Royne. Puis quand il la vit arrivée au camp, le samedy vers le soir, expressément pour le voir, il se resjouyt grandement de sa présence et de l'honneur qu'elle luy faisoit de luy tenir plusieurs favorables propos, se moustrant très soigneuse de sa guérison, comme celle qui vouloit chercher tous les moyens qu'il luy seroit possible de la luy faire recouvrer, sçachant assez combien elle importoit pour le bien de ce royaume et pour vostre service ; de quoy il la remercia très humblement. Et luy ayant rendu compte de ses actions et entreprises, et communiqué tous ses desseins, il sembla estre de beaucoup allégé et plus content que de coustume. Mais le mal croissant tousjours de plus en plus et ses forces se diminuans pour le sang qu'il avoit perdu, il se trouva entre la doubte et l'espérance de sa vie, sans toutesfois laisser le soing de vos affaires, desquels il conféroit souvent et longuement avec la Royne, qui le visitoit tous les jours deux fois. Monsieur le cardinal de Guyse y arriva le lundy sur le soir, qui luy fut un redoublement de consolation et un grand soulagement à madame de Guyse, qui estoit si affligée qu'elle avoit bien besoin d'un tel secours pour pourvoir aux choses nécessaires ; et quand la Royne y revint le mardy, après qu'elle luy eut demandé comme il se portoit, il luy tint le propos qui s'ensuit, en la présence de messieurs les princes et des seigneurs de vostre conseil.

A la Royne.

« Madame, vous voyez l'estat où je suis réduit par le coup que j'ay receu pour maintenir l'honneur de Dieu et le service du Roy, dont le plus grand desplaisir que je sente, c'est de ne pouvoir continuer à le servir, et vous, comme j'ay de coustume; car outre les anciens grands bienfaits que j'ay eus des Roys et de vous, madame, vous me faites encores de présent tant de bien et d'honneur de me visiter ainsi souvent, et me consoler par vos sages propos et offres honorables, que j'en sens une obligation passant tous les biens qui se peuvent recevoir de prince ny de princesse du monde. Je me trouve en un combat où il faut nécessairement que je vainque ou que je sois vaincu. Si je demeure le vainqueur et la vie m'est conservée, je ne l'espargneray jamais en rien pour le très humble service du Roy et le vostre, et l'employeray autant que je feis oncques, et plus s'il m'est possible, en toutes les occasions qui se pourront offrir; mais si Dieu veut que la force du mal ayt la victoire sur moy et que je sois venu à la fin de mes jours, je commande à mes enfans, de toute la puissance que j'ay sur eux, de succéder à mes volontez en cest endroict et les tenir comme mes biens pour un certain héritage, afin de se dédier continuellement, eux et leurs vies, pour vostre très humble service. Je m'asseure que vostre bonté, sans mes paroles, vous recommandera tousjours assez, et que les longs services que j'ay faicts aux Roys mes bons maistres, et à vous, ne seront jamais effacez de vostre mémoire; si ne veux-je laisser à vous en faire une très humble et affectueuse recommandation, et vous supplier, madame, de tenir leur mère et eux en vostre souvenance. Je ne vous veux point parler de mes facultez, mais je vous veux asseurer qu'ils auront bien besoin de vostre faveur et ayde. Je m'en iray, s'il plaist ainsi à Dieu, sans aucun regret de laisser ceste vie ; et combien que le Roy et vous fissiez perte d'un très affectionné et fidelle serviteur, si est-ce que, puisque Dieu vous laisse le cardinal de Bourbon et messieurs les princes du sang pour vous assister, avecques plusieurs autres seigneurs, je ne vous feray pas grand'faute, et m'estimeray heureux d'estre mis hors des extremes misères et malheurs qui en ce temps régnent au monde, mesmement en ce royaume, où je nous voy en telle disposition d'esprits que nous ne pouvons aucunement souffrir le repos n'y estre en patience ; parquoy il faut, madame, et je vous en supplie très humblement, que vous pourchassiez une bonne paix et mettiez une fin au bon commencement que vous y avez donné, comme vous cognoissez estre nécessaire ; ce que je désire pour les autres plus que pour moy, qui ne suis asseuré de jouyr d'un tel bien, veu le danger où je me trouve d'une mort prochaine, dont toutesfois la peur ne me trouble point ; car, comme faisant profession des armes, je m'en suis de long temps résolu, et comme chrestien Dieu me fait la grace de me donner une asseurée espérance de mon salut. Il me présente sa clémence et sa bonté, il met devant mes yeux sa miséricorde, et encore que, par la rigueur de sa loy, je me sente sujet à la condemnation de mes fautes, toutesfois, par sa douceur paternelle et par ce grand mérite du sacrifice de son fils, je voy pour moy une plenière rémission préparée. Je me tiens asseuré de ce qu'il m'a promis ; je sçay que le Créateur ne veut point perdre sa créature qui met sa fiance en luy ; et encores que mes iniquitez soient venuës par dessus ma teste, si ay-je certaine espérance que l'abysme de sa miséricorde surmontera l'abysme de mes péchez, et que, l'ayant pour moy, l'enfer ny la mort ne me pourront faire nuissance. Soit doncques de moy ce qu'il plaira à Dieu en ordonner; je ne demande ny désire rien outre sa volonté, que je me propose en tout pour mon but et résolution, pour la suivre d'un cœur content et humilié, me soubsmettant à l'obéyssance que doit la facture à son facteur, l'enfant à son éternel Père, et le captif à celuy qui a fait sa rédemption. Je concluray mon propos en ces deux poincts : que si la vie me demeure, je la recognoistray de Dieu, comme j'ay tousjours faict toutes choses, et la despendray très volontiers pour son honneur et pour le service du Roy et le vostre; si je la perds, j'espère que je mourray en luy, et que par sa grace il me fera participant de son royaume céleste. »

Ces propos, Sire, qui furent plus diffusément et mieux par luy poursuyvis, attirèrent abondamment les larmes des yeux de la Royne et de tous les seigneurs assistans ; à quoy toutesfois elle s'esvertua de respondre qu'elle espéroit que Dieu luy feroit ceste grace de le laisser encores en ce monde pour le besoing qu'en avoit ce royaume, pour conserver la religion et pour vostre service, de sorte qu'il luy seroit luy-mesme aydant à faire pour sa maison et pour les siens ce qu'il désiroit; mais si Dieu (ce qu'elle ne pensoit) en ordonnoit autrement, elle ne fauldroit d'employer son pouvoir envers vous, Sire, pour leur bien et grandeur, et feroit ny plus ny moins pour eux qu'elle avoit délibéré de faire pour luy-mesmes, sans jamais oublier ses tant importans services, qui ne sçauroient estre assez dignement récompensez. Et luy vouloit dire plusieurs autres propos ; mais, se trouvant empeschée par la douleur qui l'avoit saisie, elle fut contraincte de se retirer. Sur le soir, l'ardeur de la fièvre augmenta avecques une sueur froide, non sans quelque débilitation de son entendement. Lors je luy parlay de Dieu, de la consolation qu'il devoit prendre en luy et de la patience de son mal, comme venant de luy; ce qu'ayant un temps escouté, il me respondit qu'il estoit très bien adverty qu'il failloit recognoistre Dieu aux adversitez comme aux prospéritez, comme monsieur le cardinal son frère, qui estoit là présent, luy avoit bien sceu dire; et pour ce qu'il se sentoit grandement travaillé de la fièvre et de la sueur, il pria qu'on le laissast prendre son repos. Un peu après, estant advisé par monsieur le cardinal son frère que le temps estoit venu où il luy failloit penser à sa conscience, recepvoir les saincts sacremens et disposer de ses dernières affaires, après avoir esté quelque temps en cogitation, il me feit appeler, n'estans lors que mondit seigneur le cardinal son frère et monsieur de Roustain avecques luy; et adressant sa parolle à moy, dit qu'il avoit délibéré de faire trois choses: premièrement de remémorer ses faultes passées, pour se réconcilier avecques son Dieu, les dire en confession particulière à son aumosnier, et déclarer par une confession publique devant tous ce qu'il pensoit debvoir venir à nostre cognoissance; secondement, de se présenter au sainct sacrement de l'Eucharistie, invoquer la faveur divine en son secours, pour luy faire la grace de le pouvoir dignement recevoir; et finablement, après qu'il auroit deschargé son esprit du faix de sa conscience, pourvoir à ses affaires domestiques et faire son testament. Et sur ce propos, avecques une grande élévation d'esprit il se mit à parler de Dieu, du sacrement du corps de Jésus-Christ et de la seureté de ses promesses, si sainctement qu'il ne laissoit aucun lieu, à nous qui estions présens, de luy pouvoir dire chose pour son édification qu'il ne se la dist soy-mesmes, de sorte que nous n'avions pas tant à faire à le conseiller qu'à lui conforter ses bonnes intentions. Après qu'il se fut confessé à son aumosnier, la minuict passée, il voulut que la messe fust dicte devant luy; et particulièrement m'appella pour me tenir près de son chevet; et estant la messe achevée, il feit tourner le prestre devers luy, et, ayant faict approcher madame de Guyse et monsieur le prince son fils, il commença de parler à elle qui, misérablement esplorée, se composoit le mieux qu'il luy estoit possible, pour ne luy monstrer l'extreme ennuy qu'elle portoit; puis adressa son propos à mondict seigneur le prince son fils, et le continua comme vous pourrez voir en ce qui s'ensuit.

Le commencement de l'oraison de M. de Guyse à madame sa femme.

« Ma chère et bien aymée compagne, puisque Dieu veut que je m'en aille le premier, c'est bien raison, cependant que j'ay encores le loisir, qu'à vous la première j'adresse mon propos, vous communiquant de mes dernières affaires. Nous avons longuement esté conjoincts ensemble par le sainct lien de foy et d'amitié, avecques une entière communion de toutes choses. Vous sçavez que je vous ay tousjours aymée et estimée, autant que femme peult estre, sans que nostre mutuelle amitié ait receu aucune diminution en tout le temps de nostre mariage, comme je me suis tousjours mis en mon debvoir de le vous faire congnoistre, et vous à moy, nous donnans tous les contentemens que nous avons peu. Je ne veux pas nier que les conseils et fragilitez de la jeunesse ne m'ayent quelquefois conduict à choses dont vous avez peu estre offensée; je vous prie m'en vouloir excuser et me les pardonner (1). Si veux-je bien dire que je ne suis pas en cest endroict des plus grands pécheurs ny aussi des moindres, combien qu'envers Dieu je sois en tout des plus coulpables ; mais depuis quelques années vous sçavez bien avec quel respect j'ay conversé avecques vous, vous ostant toutes occasions de recevoir le moindre mescontentement du monde. »

« Dieu m'a donné des biens ; je vous en laisse la part que vous en voudrez prendre. Je vous laisse les enfans que Dieu nous a donnez, qui sont assés bien heureusement nez et norris jusques icy. Je vous prie, par l'inviolable amitié d'entre nous deux, que vous leur soyez tousjours bonne mère ; que vous leur rendiez les prudens et soigneux offices que vous leur debvez, les nourrissant sur toutes choses en l'amour et en la craincte de Dieu, pour obéyr à ses commandemens et suyvre le chemin de vertu ; que vous les entreteniez en l'obéissance du Roy et de la Royne ma bonne maistresse, et de messieurs ses enfans, sans recognoistre que leurs majestez et mesdicts seigneurs ; que vous leur donniez de bons précepteurs qui les instituent aux bonnes lettres, j'entens les lettres qui ne sont subjectes à aucune repréhension, et que vous leur donniez de sages gouverneurs qui les puissent dresser au chemin des gens de bien et d'honneur, pour estre tels que je les désire. Les plus chers thrésors que vous leur puissiez faire acquérir sont les vertus, qui leur se-

(1) Dans la première édition de cette pièce on lisait le passage suivant : *Je vous prie me vouloir excuser et pardonner comme je vous pardonne.* Ces trois derniers mots, supprimés dans la deuxième édition, furent rétablis dans la troisième, en ajoutant : *sans jamais entrer en aucun souspeçon de vous.* On peut consulter les conjectures de Le Duchat à ce sujet. (*Satire Ménippée*, t. II, p. 230.)

ront une seconde obligation envers vous, non moindre que la naissance. Je vous prie de tout mon cœur les avoir tous pour recommandés, et principalement mon fils icy présent, qui, estant le plus advancé d'aage, pourra servir de guide et d'exemple aux autres. Je vous donne la puissance de leur faire les partages de mes biens et d'oster à celuy qui vous sera désobéissant la tierce partie de la part qui luy escherra, et la donner à celuy de ses frères que vous voudrez choisir; en quoy je m'asseure que vous vous gouvernerés par l'advis et conseil de madame ma mère et de messieurs les cardinaux mes frères. Et s'il advient que vous vous oubliez en ce dont je vous prie, vous rendant trop rigoureuse ou nonchalante à vostre devoir envers eux, je prie mon Dieu qu'il vous en donne une forte punition, pour vous faire cognoistre votre faute. Je ne dis pas cecy, ma mye, pour aucune deffiance que j'aye de vous, car je vous tiens en trop bonne estime; mais l'amour paternelle, et le grand désir que j'ay que vous suiviez ma volonté, me faict parler en ceste sorte. Or je vous prie mettre si bien en vostre mémoire ce mien dernier propos qu'il n'en puisse jamais sortir. »

A monsieur le prince de Ginvile.

« Mon fils, tu as ouy ce que j'ay dit à ta mère, que Dieu te laissé pour tenir ma place, et t'estre une bonne et sage conduicte tant qu'elle demeurera en ce monde; je te commande de luy estre obéissant, et de lui rendre honneur et révérence, suyvant les bons conseils et prudentes institutions qu'elle te donnera. Aye, mon mignon, mon amy, l'amour et la craincte de Dieu principalement devant tes yeulx et dedans ton cœur; chemine selon ses voyes, par le sentier droict et estroict, laissant le large et oblique, qui conduit à perdition; garde ses saincts commandemens tant qu'il te sera possible; demande-luy-en la grace et il te la donnera. Dresse toutes tes actions et desseins au chemin de la vertu, pour laquelle avoir il te faut enquérir que c'est que vertu; et l'ayant apprins, t'enquérir où sont les hommes vertueux, et après les avoir trouvez, hante-les, fréquente-les, et te les proposes pour imiter; lors Dieu te fera la grace de devenir vertueux. Ne te laisse aucunement attirer aux compagnies vitieuses, car la fragilité de la jeunesse s'attache aisément à l'exemple de mal, et pour petit commencement que tu en ayes, tu ne te donneras garde que peu à peu, te laissant vaincre au vice, tu y viendras jusques au plus haut degré. Garde-toy, mon fils, d'y entrer, pour n'obscurcir par tes coulpes l'heur de ta naissance; évite toutes les occasions qui t'y pourroient conduire; ny mesmes au jeu ne commence à tromper pour quelque petite occasion que ce soit, car du peu tu viendras au beaucoup et acquerrois avec le temps une coustume vitieuse. Mesprise la conversation des femmes mal sages, car il ne s'en peut acquérir que malheur et damnation; ne cherche aucun avancement par voyes mauvaises, comme par une vaillance de court, une fortune vitieuse ou une faveur de femmes, car ce sont tous incertains appuis sur lesquels ne se peut fonder aucune chose stable; mais attens les honneurs de la libéralité de ton prince, par tes services et labeurs, et ne désire les grandes charges, car elles sont très difficiles à exécuter; mais en celles où Dieu t'appellera, employe entièrement ton pouvoir et ta vie pour t'en acquitter selon ton devoir, à l'honneur de Dieu et au contentement de ton Roy, lequel tu doibs recongnoistre (après Dieu) pour souverain maistre et seigneur, et la Royne, ma bonne maistresse, pour ta souveraine dame, du tout leur dédiant tes services, et honorant Messieurs comme frères et enfans de tes roys. Et si la bonté de la Royne te faict participer en mes estats, n'estime point que ce soit pour tes mérites, mais seulement et faveur de moy et de mes laborieux services; et regarde, quand tu seras venu à l'aage d'en pouvoir prendre le maniement, de t'y porter avec modération, faisant à un chacun tous les raisonnables plaisirs que tu pourras, sans jamais faire injuste desplaisir à personne. Les grandeurs ne sont rien, si elles ne sont accompagnées de la vertu, et d'autant qu'eslevé en plus haut degré tu seras, d'autant seront tes fautes plus apparentes. Mais quelque bien qu'il te puisse advenir, garde-toy d'y mettre ta confiance, car ce monde est trompeur, et n'y peut estre asseurance aucune, ce que tu vois clairement en moy-mesme qui, estant un grand capitaine, suis tué par un petit soldat. Je ne dis pas cecy pour ma louange, car je la rends du tout à Dieu, mais pour t'enseigner le mespris du monde, estimant que grand capitaine se peut dire celuy qui est chef de tant de vaillans hommes combatans pour l'honneur de Dieu et pour le service de leur prince. Or, mon cher fils, pour la fin de mon propos, je te recommande ta mère; que tu l'honnores et la serves, ainsi que Dieu et nature te le commandent; que tu ne luy desplaises ny ne la mescontentes jamais en rien; que tu aymes tes frères comme tes enfans, estimant leur bien comme le tien propre; que tu gardes l'union avec eux, car c'est le vouloir de Dieu et le nœud de ta force; et je prie mon Dieu qu'il te donne sa saincte bénédiction, comme je te donne présentement la mienne. »

A messieurs les cardinaux de Lorraine et de Guise.

« Et vous, messieurs les cardinaulx mes frères, qui m'avés tousjours tant aymé, j'ay receu de grands biens de vous, lesquels je désire que les miens puissent recognoistre, en vous obéissant et vous faisant service. Je vous prie les avoir en vostre recommandation, et leur estre pères, et vous rendre protecteurs de ma femme et de ma maison. Je m'asseure que mon frère, monsieur d'Aumale, fera tousjours envers eux office de bon oncle, et que mes autres frères vous obéiront comme vos enfans. Vous, monsieur le cardinal (1) mon frère, qui estes esloigné pour une si bonne occasion, je vous prie, quand vous entendrez ceste nouvelle, prendre la consolation avecques Dieu, que vous sçauriés très bien donner aux autres. Et vous, monsieur le cardinal mon frère, que Dieu a voulu faire assister à ma fin et qui avés pris la peine de me venir trouver à ce besoing nécessaire, vous m'avez grandement obligé de ce bien et tant d'autres que j'ay receus de vous, mais sur tous de ce qu'en ceste extrémité vous m'avez advisé de penser à Dieu et à ma conscience, et de recevoir les sacremens selon la saincte et louable coustume de l'église. »

Aux assistans.

« Et vous, messieurs, qui estes icy présens, que Dieu m'a envoyés pour ma consolation, je vous prie ne vous lassez point de continuer jusques à ma fin les bons et charitables offices que vous avez commencez. Je ne cuidois pas

(1) Le cardinal de Lorraine. Il était au concile de Trente.

estre si près de mon but et sentois mes forces assez grandes pour aller plus oultre; mais puisque mon heure est prochaine, il est temps que je pourvoye à mes derniers affaires. Je vous prie, messieurs, quand Dieu m'aura appellé à l'autre vie, souvenés-vous d'avoir toute ma famille pour recommandée envers la Royne, et lui ramentevoir mes longs et fidelles services, qui ont esté les meilleurs que j'ay peu envers les Roys mes bons maistres, et envers elle, et luy dire que, s'il luy plaist départir à mon fils mes estats, j'espère qu'elle en sera bien et fidellement servie. Quant à messieurs les cardinaulx mes frères, je croy qu'ils se contentent des biens qu'ils ont. Il faut que je die de monsieur d'Aumalle mon frère, que c'est un bon et vaillant capitaine, qui a bien et longuement servy et qui mérite qu'on le recognoisse. Quant à moy, vous voyez l'estat où je suis réduit par la blessure d'un homme qui ne sçavoit pas bien ce qu'il faisoit. Je vous prie faire très humble requeste à la Royne qu'en l'honneur de Dieu et pour l'amour de moy elle luy pardonne. S'il est trouvé avoir offensé le public, je n'y touche point; mais en ce qui concerne l'intérest particulier de ma vie, suppliez-la affectueusement de ma part qu'il ne reçoyve aucun dommage. Et vous qui en estes la cause, je vous suis grandement obligé; je serois bien ingrat si je ne vous remerciois, puisque, par vostre moyen, je suis voisin de l'heure où j'espère asseurément m'approcher de mon Dieu et jouyr de sa présence. Les Roys ont de belles maisons, les princes en ont, j'en ay de belles; mais ce ne sont que ténébreuses prisons au pris de la saincte cité et de la haute habitation où je m'advance. C'est le temps où je doibs penser aux offences que j'ay faictes et recueillir les faultes de ma vie. Vous sçavez que j'ay eu de grandes et difficiles charges, et ce a esté sans les chercher. J'ay esté lieutenant des Roys en grandes armées, dedans et dehors ce royaume, ayant commandement sur les finances, dont je signois les roolles et expédiois les acquits, qui n'estoit soing de petite importance; mais je ne les ay employez que pour le service du Roy, sans jamais en appliquer rien au profit de moy ny des miens. J'ay esté quelquefois contraint d'user d'aspres sévéritez, comme en Lombardie de faire mourir des hommes pour peu d'occasion, pour avoir seulement prins un pain ou un morceau de lard, qui estoient rigueurs nécessaires pour la guerre, toutesfois désagréables à Dieu, dont je sens un fort grand desplaisir, comme d'autres semblables offences. J'ay esté aussi d'advis qu'on prist des biens de l'église et qu'on vendist le temporel des bénéfices, mais ç'a esté à bonne intention, pour la nécessité du temps et l'utilité publique; et ay tousjours désiré une bonne réformation en l'église, affin que Dieu y fust mieux honoré et servy. J'espère que ce bien adviendra en la chrestienté, lorsqu'on verra ceux qui l'entreprendront porter la marque de vrays et fidèles serviteurs de Dieu. Quant aux dernières armes que j'ay prises, j'invoque la bonté divine en tesmoignage que je n'y ay esté conduict par aucun intérest particulier, par ambition ny par vengeance, mais seulement pour le zèle de l'honneur de Dieu, pour la vraye religion que j'ay tenue sans fléchir, et le service de mon prince, qui sont cause que je meurs présentement; dont je me tiens heureux et remercie de très bon cœur mon Dieu de m'avoir fait tant de grace. Je vous prie croire que l'inconvénient advenu à ceux de Vassy est advenu contre ma volonté, car je n'y allay onques avecques intention de leur faire aucune offence. J'ai esté deffendeur, non aggresseur; et quand l'ardeur de ceux qui estoient avec moy, me voyans blessé, leur fist prendre les armes, je fis tout ce que je peus pour parer leurs coups, et garder que ce peuple ne receust aucun outrage. J'ay desiré et pourchassé, par tous les moyens qu'il m'a esté possible, une bonne paix; et qui ne la désire n'est point homme de bien ny amateur du service du Roy, et honny soit qui ne la veut. Je vous prie remonstrer à la Royne qu'elle la face, pour la conservation de son royaume qui est tant affligé que, s'il demeure quelque temps en ce misérable estat, l'enfant ne pourra hériter aux biens de son père ny le seigneur maintenir ce qui est sien. Il vaudroit mieux estre ailleurs beschant la terre; tellement que, si Dieu ny rémedie, j'ai pitié de ceux qui demeurent après moy. Il est vray que le moyen de la paix est hors de la puissance des hommes, pour les volontez exorbitantes et les cœurs trop endurcis, de sorte qu'il faut que ce bien advienne à ce pauvre royaume seulement par la bonté de Dieu. Il nous la donnera quand il sera temps et quand nous aurons appaisé son ire par nostre conversion de vie. Il est nostre père et nous sommes ses enfans; il sçait mieux que nous-mesmes ce qui nous est profitable. C'est luy de qui il faut attendre toutes bonnes choses, car le monde n'est plain que de tout mal, de misère et de calamité. Il luy plaist qu'il soit ainsi pour exerciter nostre foy et nous garder de mettre icy nostre fiance. Et vous, mes amis et serviteurs, qui avez pris pour moy tant de peines, je n'ay pas fait beaucoup pour vous; si ay-je fait ce que j'ay peu, et si mieux je pouvois je le ferois volontiers. Je vous prie, si la colère m'a quelquefois incité à vous dire ou faire chose qui vous ayt despleu, me le vouloir pardonner, et si à quelqu'un d'entre vous ou à d'autres je me trouvois redevable d'aucune debte, dont il ne me souvienne, j'entends que à la première demande, il y soit promptement satisfaict. »

Oraison à Dieu.

« O mon Dieu, que grande est taclémence et bénignité envers ta créature, envers ton pauvre serviteur ; tu m'as départy en ma vie plusieurs grands bienfaits, tant d'honneurs et de prospéritez et tant de faveurs ; mais, mon Dieu, toutes ne sont rien au pris de celle que tu me fais de m'appeller à toy. O heureuse la playe qui en si peu de temps me délivre de ceste prison terrestre et me mène en la céleste habitation, vers toy, mon Dieu, qui est le salut, le bien seul et asseuré où nous devons prétendre, où j'aspire de tout mon cœur et espère de parvenir, non point par mes mérites ny par mes œuvres, qui sont trop imparfaites, car je ne suis que péché, mais par ton infinie bonté et miséricorde, par le mérite du sang espandu de ton Filz mon Sauveur. Je mets tous mes péchez sur mes espaules et les jette à tes pieds, afin que tu les reçoives et me laves dans le sang de ton fils Jésus-Christ. O Trinité divine et incompréhensible, trois personnes en une Déité, soyez-moy aujourd'huy secourable ; ne permettez point que pour mes fautes l'ennemy use de sa puissance sur moy. Tu m'as promis, mon Dieu, que tu recevras la conversion du pécheur toutes les foys qu'il se repentira de ses fautes. Regarde mon humilité, mon desplaisir et ma ferme espérance ; espérance qui n'abuse point et ne confond jamais, car elle est appuyée sur la roche de vérité, sur tes sainctes promesses, qui ne furent oncque vaines et ne peuvent faillir. N'entre point en jugement avec ton serviteur. Je demande ta miséricorde, mon Dieu, ta saincte miséricorde qui est infinie, qui surmonte l'infinité de mes péchez. Fais-moy participant de la mort de ton filz Jésus-Christ, qui a vaincu la mort et le péché du monde. Confirme-moy de ton Sainct-Esprit; mets dedans mon cueur avec ton doigt divin la foy et confiance en ton souverain ayde, jusqu'au dernier souspir de ma vie. Embrase mon esprit de ta charité, afin qu'il ne pense qu'en toy, qu'il ne désire que toy, et ne permets que mes tentations soyent par-dessus mes forces. Or, mon Dieu, je sens desjà ta promesse accomplie; je me sens estre au nombre de tes esleus, dont je te rends infinies graces. Je voy tes saincts bras ouverts pour me recevoir aux félicitez éternelles, pour me faire vivre entre tes bienheureux. O mon Dieu, je n'ay plus aucune doubte de mon salut; il n'y a plus qu'un peu d'espace qui me garde d'aller à toy. Je suis venu au bout de mon voyage; je n'ay que le travers d'une rue à passer. Abrége-moy, mon Dieu, ce passage, non point pour me délivrer de ma peine, car je me contente de ce qu'il te plaist, sçachant bien qu'il n'y a tribulation qui soit digne de la future gloire; mais je désire ce partement, pour bientost voir ta divine face. Or, mon Rédempteur Jésus-Christ, je me voys présenter au sainct-sacrement de ton précieux corps, où tu es présent réalement et en essence, ainsi que tu l'as dit, pour le recevoir en toute humilité et me nourrir de ceste divine pasture, pour me fortifier en l'imbécillité de ma chair par ta chair, et me conjoindre et unir inséparablement avecques toy, combien que je soys du tout indigne d'une telle grace. »

Ces oraisons, beaucoup mieux et plus copieusement récitées qu'elles ne sont escriptes, furent accompagnées d'une si merveilleuse véhémence, venant d'un personnage tel, qui parmy les mortelles afflictions retenoit encores en action et en son visage l'accoustumée dignité, que nous ne sçavions ce que nous devions le plus faire, ou nous douloir d'une pitié si lamentable, ou nous resjouyr d'une âme si heureuse, ou engraver ses saincts préceptes en noz entendemens, ou admirer son infinie éloquence. Après que son aumosnier luy eut faict une briefve exhortation, convenable au sainct sacrement qu'il luy administroit, il le receut avec une grande humilité et révérence; puis, se monstrant, encores plus consolé qu'auparavant, se resjouyssoit en Dieu, le priant sans cesse de demeurer avecques luy et estre sa force et deffence contre toutes les cautelles et embuches de l'ennemy, duquel il n'avoit aucune craincte; et souvent se remettoit sur la seureté des divines promesses et sur le mérite du sang espandu pour nous en la croix, de sorte qu'en ses tant eslevez propos il n'employa moins de trois heures; dont, pour le relever de la peine qu'il avoit de parler trop longuement, je prins souvent la parolle, pour luy dire ce que je jugeois estre le plus convenable aux termes où il estoit. Et quelquefois je lui lisois de la Saincte Escriture, mesmement des épistres sainct Jacques; à quoy il prenoit un grand plaisir, disant avoir regret qu'il n'y avoit employé le temps despendu inutilement en choses vaines, et que la jeunesse feroit bien de se nourrir en si sainctes lectures. Après il pria monsieur le cardinal n'oublier de luy faire administrer l'extrême-unction; et quand l'on allégua l'incommodité du camp et des églises ruinées, il dit qu'il seroit marry s'il ne l'avoit. Je ne parleray point de ses ordonnances touchant ses affaires domestiques, ses funérailles et obsèques, que je remets à son testament, et les autres particularitez d'importance au propos qu'il tint à M. de l'Aubespine, pour les rapporter à la Royne, de sa part, l'ayant envoyé quérir expressément pour cest effect.

C'est, Sire, ce que j'ay peu recueillir des principales et dernières actions de M. de Guyse. Il rendit l'ame à Dieu le mercredy 24 febvrier, et le sixièsme de sa blessure, entre dix et unze heures avant midy; en quoy l'on peult voir les singulières graces que Dieu luy a faictes, de l'avoir advisé de mener monsieur le prince son fils au camp, pour luy donner les premières instructions militaires, luy monstrer le chemin d'honneur et de vertu, et de faire venir madame sa femme, comme prévoyant ce qui luy devoit advenir, afin que la mère et le fils fussent près de luy en ses dernières nécessitez, pour le secourir et recepvoir ses commandemens; puis de voir avant sa fin la Royne, M. le cardinal de Guyse son frère et la pluspart de ses bons amis et serviteurs; et, si je doibs estre mis en quelque compte, que je me y sois trouvé pour réduire en mémoire ses dernières paroles, qui ne sont, à mon advis, point périssables; et finablement, que sa maladie n'a pas esté si longue qu'il en puisse avoir receu beaucoup de tormens, ni si briefve qu'il n'ayt eu le loisir de donner ordre aux affaires de sa maison, de pourvoir à sa conscience, et qu'encores après sa mort nous recueillons les fruicts de ses bons conseils, par la paix qui a esté bastie sur les mesmes fondemens qu'il avoit faicts. Ainsi se départit de nous ce grand personnage, laissant à noz yeux les abondantes larmes de douleur, et à noz esprits la douceur de consolation infinie pour l'heureuse récordation de ses tant rares graces et vertus si excellentes qu'elles seront célébrées au monde avec immortelle louange.

FIN.

LE SAINCT ET PITOYABLE

DISCOURS

COMME CE BON PRINCE

FRANÇOYS DE LORRAINE,

DUC DE GUYSE,

SE DISPOSA A RECEVOIR LE SAINCT-SACREMENT DE L'AUTEL ET L'EXTREME-ONCTION, ET DES REGRETZ ET COMPLAINCTES QUE FEIRENT LES CAPITAINES ET SOUDARS APRÈS QU'IL FUT DÉCÉDÉ.

LE SAINCT ET PITOYABLE

DISCOURS

COMME CE BON PRINCE

FRANÇOYS DE LORRAINE,
DUC DE GUYSE,

SE DISPOSA A RECÉVOIR LE SAINCT-SACREMENT DE L'AUTEL ET L'EXTREME-ONCTION, ET DES REGRETS ET COMPLAINCTES QUE FEIRENT LES CAPITAINES ET SOUDARS APRÈS QU'IL FUT DÉCÉDÉ.

Ce bon prince duc de Guyse ayant une fièvre continue avecques sa playe, par les doctes et bien expérimentez médecins, qui là estoyent, fut faicte consultation pour chercher le moyen de luy donner guérison, et trouvèrent qu'il y avoit peu d'espoir à sa convalescence; laquelle chose oyant monsieur le cardinal de Guyse, se transporta vers son frère et luy feit entendre l'opinion des médecins, l'admonestant de se disposer pour chrestiénement recevoir les saincts sacrements de l'Église. Quand ce bon prince eut ouy l'advertissement de son frère, au lieu de se troubler, au lieu de se fascher, au lieu de se tormenter, regarda son frère d'un œil doux et benin et luy dict : Ha! mon frère, je vous ay aymé grandement pour le passé, mais je vous ayme encore plus que je ne feis oncques, veu le bon vouloir que vous me portez. Je congnois maintenant que vous m'aimez, car me faictes un vray tour de frère, dont grandement je vous suis tenu et de bon cueur vous en remercie. Vous ne me pouviez annoncer chose qui me fust plus agréable que de m'inciter à prendre les remèdes ordonnez de l'Église pour avoir vie et salut lassus avecques Dieu, où j'aspire d'un désir parfaict. Et incontinent ce prince bien né se mit dévotement en oraison, et pria Dieu long-temps, estant comme ravy au ciel; puis après demanda un confesseur. Et vint un personnage docte et honorable homme d'Église, qui l'ouist en confession; et s'accusa avec grand dévotion et contrition, devant Dieu et son confesseur. Puis après, estant confessé, ayant parfaicte contrition de ses faultes, se remit à faire dévotes prières à Dieu, avec propos plus céliques que terrestres, et continua ainsi jusques environ la minuict. Puis on prépara un autel pour célébrer la saincte messe devant luy, laquelle il ouit avecques pleurs, larmes, oraisons et grande dévotion; et après que la messe fut acchevée, premier que recevoir son Créateur, apella toute la companie au tour de luy et pria qu'on lui donna audiance. Lors, en présence de tous les assistans, feit une confession générale de toutes ses fautes, commenceant à sa jeunesse, jusques à l'heure présente; et parloit d'une telle façon, avecques telle dévotion, qu'on pensoit plus ouir un ange du ciel qu'un homme terrestre. Cela faict, apella madame de Guyse son épouse, et luy dit plusieurs propos à secret, en lui recommandant messieurs ses enfans, l'exhortant aussi à prendre patience, puisque c'estoit le vouloir de Dieu. Madame, toute esplorée, se retira un peu et feit venir monsieur le prince de Joinville, son fils, et se présenta devant son père qui lui donna sa bénédiction, et luy feit de grandes remonstrances, comme un vray père; et après feit son testament et ordonna de sa dernière voulonté. Quand il eut faict comme un Zachée et fidellement disposé de sa maison, se meit à prier Dieu, et, avecques larmes et dévotes oraisons, receut le sainct-sacrement de l'autel, et puis rendit graces à Dieu. Là estoit un vertueux et notable prélat, monsieur l'évesque de Riex, qui se meit à lire le sainct Evangile et les Epistres de sainct Pierre et sainct Jacques, devant luy, jusques à son trespas, la leçon desquelles ce bon prince escoutoit en grande affection, et disoit à tous propos : O mon Dieu ! que voylà bien dict! ô mon Dieu! que ces parolles me consolent! Quand fut au matin, qui estoit le mercredy des cendres, jour sainct Matthias, on le voulut faire manger, et lui présentèrent des restaurans et viandes exquises, pour soustenir un peu le corps débilité. Ostez, dict-il, ostez, car j'ay pris la viande céleste, la manne du ciel, par laquelle je me sens si consolé qu'il m'est advis que je suis desjà en paradis. Ha! me voulez-vous donner ces aliments terrestres pour me retenir encore icy? Ce corps n'a plus nécescité de nourriture. J'ay esté frappé à la mort pour soustenir l'Église et la querelle de mon Dieu, lequel je prie affectueusement qu'il vueille pardonner à celluy qui m'a blessé et donné le coup mortel; de bon cueur je luy pardonne, et ne veux qu'il luy en soit faict aucune chose. Toutesfois, s'il y a quelque intérest public, je ne le puis garentir de cela; mais de ma part n'aura aucun intérest. Monsieur le révérendissime cardinal de Ferrare, légat du Sainct-Siége apostolic, arriva au logis, et voyant que ce prince s'approchoit de la fin, se disposa, et avec révérence et dévotion luy donna la saincte et extreme-onction. Cependant l'esprit de ce bon prince se retiroit des extrémitez du corps, dont il perdit la parole; mais monstroit par signe qu'il approuvoit les sainctes Escritures qu'on récitoit devant lui. Et sur les dix heures du matin ou environ, leva les yeux en haut, feit un soupir vers le ciel, et rendit l'ame au sein d'Abraham. O que ce n'est pas la fin d'un tyrant! ô que ce n'est pas la fin d'un Catiline perturbatur d'une république! ô que ce n'est pas la fin d'un Scilla, comme vous l'avez escrit et estimé, ô aveuglez hérétiques, en voz paroles menteuses et invectives injurieuses! C'est, c'est la fin d'un prince chrestien, c'est la fin d'un Roland, c'est la fin d'un Roy sainct Loys, de la race duquel il est descendu à cause de sa propre mère, qui est yssue de la noble maison de Vendosme. Le corps dudit prince fut mis en un lieu où chacun pouvoit passer pour le voir. Ceux de la court et du païs à l'entour venoient à troupes pour le voir; mesmes grandes compaignies de capitaines, gendarmes et soudars vindrent aussi pour le voir, et tous ceux qui passoient au lieu où il estoit estoient si esplorez, et avoient le cueur tant saisi de regret, que l'un ne pouvoit parler à l'autre, et fondoient tous en larmes. Dedans le camp on n'oyoit que plainctes, regrets, soupirs et lamentations; on mettoit les enseignes bas, on trainoit les picques; les tabourins sonnoient le pitoyable desconfort; tous ceux du camp fondoient en larmes, voyants qu'ils avoient perdu leur Achille, leur Hannibal, leur César; et chacun en son endroit faisoit mémoire des prouesses du prince trespassé; le corps duquel a esté avec honeur transporté à Blois, et après quarante jours sera posé et mis au tombeau, attendant le jour de la résurrection universelle, en laquelle plaise au Tout-Puissant et grand père de famille nous faire participer, et jouir du banquet et convi éternel qu'il a préparé à tous ses esleus qui auront obéi à ses commandemens et faict sa saincte voulonté.

ARRET

DU

PARLEMENT DE PARIS[1]

PORTANT CONDAMNATION DE MORT

CONTRE JEAN POLTROT.

Extraict des registres du Parlement.

Veu par la cour le procès criminel faict à l'encontre de Jehan Poltrot, soy disant sieur de Meré en Angoulmois, prisonnier ès prisons de la Conciergerie du Palais à Paris; les interrogatoires et confessions dudict Poltrot, plusieurs fois réitérées et géminées, conclusions du procureur général du Roy, et oui et interrogé par ladite Cour ledit prisonnier, et tout considéré; dit a esté que, pour réparation du meurtre et assasinast proditoirement et inhumainement commis par ledit Poltrot en la personne du feu duc de Guise, pair de France, lieutenant-général du Roy en son camp et armée devant la ville d'Orléans, a condamné et condamne ledit Poltrot à estre mené et conduict, depuis les prisons de ladite Conciergerie, de-

[1] *Man. de Dupuy*, vol. 137, p. 64, et *Mém. de Condé.*

dans un tombereau, jusques en la place de Grève, et illec, sur un eschaffaut qui pour cet effet y sera dressé en lieu plus commode et convenable, estre tenaillé de fer chaud en quatre endroits de son corps, et apprès estre tiré à chevaux (1) jusque à ce que mort naturelle s'en ensuive; ce faict, la teste dudit Poltrot couppée et mise au bout d'une lance qui sera plantée devant l'Hostel de ceste ville de Paris, les quatre membres de son corps mis en quatre potences qui seront dressées hors les quatre portes principales de ceste dite ville, et le tronc de son corps bruslé en ladite place de Grève. Et a déclaré et déclare tous et uns chacuns les biens féodaux dudit prisonnier, médiatement ou immédiatement tenus de la couronne, unis et incorporés à icelle, le surplus de ses biens déclarés acquis et confisqués au Roy. Et néantmoins ordonne la Cour, avant l'exécution de ce présent arrest, que ledit prisonnier sera mis en la question extraordinaire, pour estre interrogé sur les faicts résultans dudit procès; et pour faire mettre ce présent arrest à exécution, pour le regard de ladite exécution de mort a commis et commet maistre Martin de Bragelonne, conseiller au Chastellet de Paris et lieutenant particulier. Prononcé en la chambre de la Question, et exécuté le 18 mars mil cinq cens soixante-deux.

(1) A quatre chevaux.

L'ORDRE DES

CEREMONIES ET POMpes funebres, tenues en la ville de Paris, pour la reception du corps de feu tres-vertueux et tres magnanime Prince François de Lorraine, Pair, grand maistre et grand chambellan de France, Duc de Guyse, et Lieutenant general pour le Roy, en ses Royaume et païs, lequel trespassa le vingtquatriesme iour de Feurier, mil cinq cens soixante et deux, au camp deuant Orleans.

AVEC

Les tres-illustres maisons dont est yssu ce tresexcellent Prince duc de Guyse, tant du costé Paternel que Maternel.

A PARIS,

Par Guillaume de Niuerd Imprimeur et Libraire, tenant sa boutique ioignant le pont aux Musniers, vers le grand Chastelet, au bon Pasteur.

AVEC PRIVILEGE.

L'ORDRE

DES

CÉRÉMONIES ET POMPES FUNÈBRES

TENUES A PARIS,

POUR LE TRESPAS DU TRÈS VAILLANT ET TRÈS ILLUSTRE PRINCE

FRANÇOIS DE LORRAINE,

DUC DE GUYSE,

CHEVALIER DE TRÈS LOUABLE ET ÉTERNELLE MÉMOIRE.

Avant qu'entrer au discours de l'ordre de ces présentes cérémonies, il m'a semblé estre expédient de déduire en brief le néfande, exécrable assassinement et parricide commis proditoirement en la personne de ce très bon prince et père de la patrie ; c'est pourquoi j'ay nécessairement usé de ce mot parricide. Dont le jeudy, 18 de février 1562, le feu très illustre prince messire François de Lorraine, duc de Guyse, chevalier de l'ordre, pair de France, et lieutenant général pour le Roy, ainsi que ledict sieur visitoit (vers le soir) les tranchées du camp, comme avoit de coustume (lequel jà dès long-temps estoit dressé devant et à l'entour de la ville d'Orléans), fut frappé proditoirement (d'un senistre coup de boullet de pistolle au corps) par Jean Poltrot, soy disant seigneur de Meray en Angoulmois, qui par plusieurs fois (comme l'on dit) avoit failly à faire ce malheureux coup ; mais ce traistre misérable (ne ayant Dieu devant les yeux) voyant que mondict sieur estoit lasse d'avoir porté les armes et harnois tout le jour, et que pour se rafreschir un peu se fist oster son corps de cuirasse, et s'en alloit doucement le petit pas, ne se doutant du traistre qui le suyvoit, receut le coup. Et ne fut ledit sieur en longue maladie, car il rendit l'ame à Dieu le prochain mercredy d'après, 24 dudict mois de février (jour des Cendres), après avoir parlé à madame sa très bien aymée femme et espouse, à M. de Joynville son filz, et à messieurs les révérendissimes légat et cardinal ses oncle et frère, les ayans instruictz (chascun en particulier) de plusieurs choses dignes de mémoire, leur ayant aussi recommandé ses bons et familiers serviteurs domestiques, s'estre très dévotement accusé et quasi publiquement confessé de ses faultes et délictz, demandé et receu les sainctz sacremens de l'église catholique et romaine, comme chevalier très chrestien. Mais pour ce que l'on a faict un recueil qui se vend publiquement, n'en sera icy faict autre mémoire ne répétition ; je diray seulement en passant que, par telz advertissemens et enseignemens procédans d'un père si généreux, vertueux et héroique, nous ne pouvons espérer du jeune prince son cher filz (à présent duc de Guyse), autre chose que toute vertu ; de quoy son indole et accroissance desjà nous donne certaine asseurance, avec foy de ne dégénérer en rien des perfections paternelles. Ayant ce magnanime prince rendu l'ame à Dieu, demoura son corps environ trois jours audict camp, où n'y avoit que toute désolation et tristesse pour le regret de ce très vaillant prince. Voyant à l'entour d'iceluy tant de grands seigneurs esplorez, tant de preux chevaliers desconfortez, tant d'excellens capitaines desplaisans et tant de braves soldats comme désespérez, il me ressouvenoit des princes et gendarmes troyens, lamentans leur Hector, ou des Grecs regrettans leur Achille, ou bien des Israélites souspirans leur Machabée, leur Samson, leur Gédéon, ou du roy Charles, premier de ce nom, oultrement contristé pour la mort proditoirement commise en la personne de son nepveu Roland. Enfin son corps fut, par expérimentez médecins et chirurgiens, embausmé et posé en cercueil tel et comme appartient à princes et grands seigneurs ; fut conduit et mené dudict camp en la ville de Bloys sur Loyre, où il séjourna jusqu'au jour du département pour venir à Paris.

Pendant lequel, et dès le dimanche 7 de mars prochain ensuyvant, fut dict et chanté les vigiles des morts par les chanoines et chantres (pour l'ame de ce bon prince) en l'église de Nostre-Dame de Paris, après les vespres dictes en icelle ; et y assistat l'évesque de Lentriguet (de très illustre race et famille des Ursins), qui faisoit l'office et estoit en la chaire épiscopale, ayant la crosse accoustumée et une mitre blanche sus la teste, fort riche, accompagné de deux hommes d'église, couverts de chappes de velours noir.

Et le lendemain matin, lundy 8, en icelle église, et en mesme intention, fut faict un service solennel, et y assistèrent noz sieurs de la court de parlement, présidens, conseillers et autres, vestuz de fin drap noir ; messieurs les prévost des marchands et eschevins de la ville, accompagnez de grand nombre de bourgeois et marchans d'icelle, vestuz en deuil ; ledit évesque chanta la grand' messe solennellement.

En icelle église, dans le cœur, estoit un tabernacle hault eslevé, soubz lequel estoit une forme de bois, faicte en manière de bière, laquelle estoit toute couverte d'un poille de velours noir, et la croix tout au travers, faicte de fin satin blanc, selon qu'on a accoustumé faire à tel prince et grand personnage; sur lequel tabernacle et tout à l'entour y avoit grand' quantité de luminaire de cire jaulne.

Aussi estoient penduz ès voultes du millieu de ladicte église les cercles de fer pleins de cierges, et à l'environ du cœur et pilliers de l'église si grand nombre que possible n'a esté les compter.

La nef estoit tenduë de drap noir, et dans le cœur et dehors estoit tendu de drap noir, et par-dessus un lez de velours noir, semé d'armoyries de Lorraine, environnées du collier de l'ordre, et au-dessus la couronne de duc, le tout de fin or. Toutes les chaires et selles du cœur estoient couvertes de sarge noire, et le grand portail aussi tendu de sarge, et par-dessus quantité d'armoyries de Lorraine. Le grand autel et les deux chapelles prochaines de l'entrée du cœur estoient parez des ornemens royaulx, qui sont de fin velours noir, et dessus les armoyries de France, faictes en broderie, eslevées de fin or. Depuis les deux heures de relevée dudit dimanche jusques au lendemain midy, les cloches d'icelle église et de toutes les paroisses de ladicte ville ne furent guères en repos, tant la nuict que le jour; aussi en toutes les églises et paroisses d'icelle ville y fut dict un service complet pour l'ame de cedict défunct prince et très vertueux chevalier duc de Guyse.

Et le lendemain mardy, fut aussi dict un service en la saincte chapelle du Palais, auquel y assistèrent tous messeigneurs les présidens, conseillers et autres.

Le jeudy 18 dudict mois de mars, environ les trois heures de relevée, fut apporté ledict corps, ès faulxbourgs Sainct-Michel, au monastère des Chartreux lez Paris, auquel lieu il fut receu par les religieux, lesquelz ont fait leur devoir de prier Dieu, tant la nuict que le jour, pour l'ame d'iceluy.

Cedict jour, environ les trois à quatre heures après midi, iceluy Jean Poltrot (assassineur) susnommé, par arrest de ladicte court à luy prononcé le dict jour, pour réparation dudict parricide, fut, des prisons de la Conciergerie du Palays, mené dans un tombereau en la place de Grève, devant l'hostel d'icelle ville, et illec exécuté comme ensuyt. Il fut tenaillé par les quatre membres de son corps, puis tiré vif à quatre chevaulx, ses quatre quartiers ostez; la teste lui fut couppée, et le tronc de son corps lors bruslé et mis en cendre en ladicte place, et ses quatre quartiers pendus le lendemain en quatre potences, hors la ville, à l'endroit des quatre principales portes d'icelle, et sa teste mise au bout d'une lance, laquelle estoit fichée sus un haut posteau de bois, devant ledict hostel de la ville.

Le lendemain, vendredy 19, dès le matin, en divers endroicts d'icelle ville, et spécialement dedans la grande salle du Palais, sus la table de marbre, afin d'inciter un chascun à prier Dieu pour l'ame dudict defunct prince et se trouver à son service et obsèques, par vingt-deux crieurs de corps de ladicte ville, tous tenans chacun une clochette, revestuz d'habits de dueil, et par-dessus au devant chascun une armoirie de ladicte ville, et au derrière l'armoirie de Lorraine, fut faict proclamation en tels mots que s'en suyt:

« Priez Dieu pour l'ame de très hault, très puissant,
« très magnanime, très illustre et belliqueux prince Fran-
« çois de Lorraine, duc de Guyse, pair, grand maistre et
« grand chambellan de France, lieutenant général pour
« le Roy en ses royaume et pays, et gouverneur pour sa
« majesté ès pays de Champaigne et Brie; lequel trespassa

« le vingt-quatriesme jour de février dernier passé, au camp
« devant Orléans, faisant service à Dieu, au Roy et à sa
« couronne. Priez Dieu qu'il en ait l'ame. Ce jour d'huy,
« heure de deux heures après midy, sera levé son corps du
« monastère des Chartreux, et de là porté en l'église de
« Nostre-Dame de Paris; auquel lieu seront dictes les ves-
« pres des morts; et demain, heure de huict heures du ma-
« tin, sera faict son service solemnel en ladicte église, pour
« après estre porté en sa principauté de Joynville.

« Priez tous Dieu qu'il en ait l'ame. »

Cedict jour 19, fut ledit corps apporté desdictz Chartreux en ladicte église Nostre-Dame de Paris, solennellement en laquelle fut lors et tout incontinent enterré le cueur dudict sieur de Guyse, vis-à-vis le milieu du maistre autel, souz le second degré.

Ensuyt l'ordre de la pompe funèbre faicte à Paris, pour la réception du corps dudict prince feu duc de Guyse.

Tous les gens de Paris cy après nommez sortirent par la porte Sainct-Michel, qui pour ce faire fut seullement ouverte, et rentrèrent tous par la porte Sainct-Jaques, réservé le clergé qui ne bougea de la ville, près la porte Sainct-Jacques.

Premièrement marchoyent vingt-deux crieurs de corps d'icelle ville, revestuz et armoiriez comme avons dict cy-devant, s'arrestans par foys, et disans que l'on priast Dieu pour l'ame de ce très noble et vaillant prince, chevalier chrestien, duc de Guyse.

En après alloyent les Minimes du couvent de Nigeon, autrement nommez les Bons-Hommes, près Paris; les Cordeliers, les Jacobins, les Augustins, les Carmes, les vicaires et chapellains des paroisses avec leurs croix enveloppées.

Les torches des capitaines, bourgeoys et marchans de la ville, estoyent portées par leurs serviteurs domestiques, lesquelz estoyent habillez de drap noir; ausdictes torches avoit doubles armoiries, chacune selon leur blason et devis, et estoyent bien en nombre de deux cens ou plus.

En après marchoient en bon ordre quantité des capitaines et lieutenans, tous revestus en dueil seigneurial; en après marchoient en bon ordre et en grande doléance (comme cy-après) six mille ou plus de l'enfanterie de la ville, en armes, soubz six vingt-trois enseignes; soubz aucune desquelles n'en avoit que vingt, trente, quarante ou cinquante pour le plus (parce qu'il estoit jour ouvrable, et que aussi l'on avoit renforcé les gardes des portes).

Tous les harquebouziers avoyent morion en teste, manches de maille, et la pluspart corps de cuirasse, portant leur harquebouze soubz l'esselle, le canon bas, marchans cinq à cinq.

Tous les picquiers avoient corcelletz et bourguignottes en teste, tenant le fer de leur pique en la main, la trainant après eulx, marchantz cinq à cinq.

Tous les tabourins estoyent portez sur le dos, envelopez de drap noir, et les phifres en la main, allans trois à trois. Toutes les enseignes enroulées, et estoient portées sus l'espaule, le fer en la main, la poignée par derrière; les porte-enseignes avoient tous de fort riches corps de cuirasse, et honnestement en ordre, ayants en la teste tous bonnets noirs, cheminans trois à trois.

Les torches de l'hostel de ville, en nombre six vingtz, ausquelles estoient attachées doubles armoiries de ladicte ville, qui sont le navire d'argent en champ de gueule, et au-dessus fleurs de lis d'or sans nombre, en champ d'azur, lesquelles torches estoient portées par les harquebouziers, albalestriers et archers de ladicte ville, tous vestuz de leurs hocquetons de livrée et par-dessus robbe de drap noir, cheminans deux à deux.

En après tous messieurs les chanoines, chantres et chappelains de Nostre-Dame, avec leurs croix enveloppées, chantoient anthiennes de mortz, marchants deux à deux.

Quand le corps fut devant l'église Sainct-Estienne des Grecs, près la porte Sainct-Jaques, fut receu par l'évesque de Lantriguet, lequel dist plusieurs oraisons funèbres, et chanta le *De Profundis*, et jetta de l'eau béniste sur ledict corps ; puis commença à cheminer. Ledict évesque estoit en l'ordre pontificale, comme est dict devant.

En après douze enseignes portées par capitaines et loyaulx bourgeois de ladicte ville, lesquelz marchoient deux à deux et estoient vestus de quasaquins de fin drap noir, portants l'enseigne desployée sur l'espaule, trainant à terre environ d'une aulne au plus. Lesdictes enseignes estoient de fin tafetas noir, et avoit sus icelles, d'un costé les armoiries de Lorraine, et de l'autre les armoiries de la ville, peinctes fort richement.

En après douze guydons de taffetas noir, aussi portez par capitaines et loyaulx bourgeois de ladicte ville ; lesquels estoient montez sus puissans coursiers, bardez en dueil ; aussi estoient vestuz en quazaquin de fin drap noir, tenans le bout de leur guidon sur la cuisse et à vol desployé, ayans aussi d'un costé les armoiries de Lorraine, et de l'autre les armoiries de la ville, allans le petits pas deux à deux.

En après la cornette de taffetas rouge, la croix blanche par le travers, laquelle estoit portée par un capitaine de ladicte ville, monté sur un beau et puissant cheval, aussi bardé en dueil, et vestu d'un cazaquin de drap noir, tenant sus la cuisse ladicte cornette.

En après le corps d'iceluy seigneur, lequel estoit sus un char couvert de velours noir, et une croix de satin blanc par le mylieu ; ledit char estoit mené par quatre grans chevaux, aussi tous couvers de velours noir, et la croix blanche par-dessus, sur deux desquelz chevaux estoient montés deux hommes revestuz en dueil, le chaperon en la teste.

En après marchoient messieurs les chevaliers de l'ordre, en grand nombre, tous bien montez et revestuz en dueil seigneurial.

En après suyvoyent les officiers de la ville, à pied, vestuz de leur robbe mi-partie d'escarlate rouge et violette, et sur le bras la navire d'argent, faicte d'orfaverie.

Conséquemment messieurs les prévost des marchands et eschevins, montez sur mulles, les harnois et housses de drap noir, et lesdictz seigneurs revestuz tout de neuf, en habitz bourgeois, non doublez ne bordez, accompaignez de certain nombre de noz seigneurs de parlement et autres, avec grand quantité des quarteniers, cinquanteniers, dizeniers et bourgeois de Paris, tous montez et vestuz honorablement de fin drap noir.

En après grand quantité de gentilzhommes, tous fort bien montez et revestuz seigneurialement en dueil.

En après les harquebousiers de pied, conducteurs dudict corps, accompagnez des harquebouziers à cheval, aussi conducteurs dudict corps, tous bien montez et en bon équipage.

En après l'arrière-garde de la ville, en grand nombre, cheminant comme dessus, et en équipage que devant.

Ledict corps, arrivé devant le grand portail Nostre-Dame de Paris, fut osté dudict chariot pour le transporter dedans le cueur de ladicte église, et sur iceluy corps fut porté un grand ciel de velours noir, auquel lieu incontinent furent chantées les vespres de morts, en la présence de messieurs cy-dessus mentionnez, et autres grans personnages.

Ladicte église estoit honorablement parée et aornée en dueil, comme dict est devant. Les cloches d'icelle et celles de toutes les paroisses furent sonnées, ainsi que devant est dict.

Et le lendemain samedy 20, y fut dict et célébré le service solennel sur ledict corps, en la présence de nos sieurs de parlement, en ordre comme au précédent ; et incontinent après le service dict, fut conduict, comme dict est cy-dessus, jusques à demie lieuë hors la ville, par la porte Sainct-Antoine. Nous prierons Dieu en général pour l'ame du très preux et très vaillant prince et belliqueux chevalier catholique, lequel a esté tué si méchamment pour soustenir la foy chrestienne et garder le royaume de France.

Le dimanche 21 mars, les dessusdictes douze enseignes et douze guidons, avec la cornette, ont esté mises dans le cœur de l'église Nostre-Dame de Paris, pour mémoire dudict défunct prince messire François de Lorraine, duc de Guyse, duquel Dieu ayt l'ame.

Le lundy ensuyvant, 22 mars, messieurs de l'université de Paris firent dire, au monastère et église des Mathurins, les vespres des morts. Et le lendemain matin, en icelle église, fut aussi dict et célébré un service solennel, auquel assistèrent monsieur le recteur de ladicte université, avec messieurs les docteurs, tant en théologie, droict canon, que médecine, vestuz des habitz chacun de sa profession, et les bacheliers aussi vestuz en l'habit chacun de sa profession, et les bedeaux avec leurs masses d'argent. Ladicte église estoit toute tendue de sarges noires et couvertes des armoiries de Lorraine et de celles de l'université. Priez Dieu pour l'ame de très hault, très puissant, très magnanime, très illustre et belliqueux prince François de Lorraine, duc de Guyse, qui trépassa le 24 février 1562.

Les royales, très nobles et très illustres maisons dont est yssu et descendu défunct très excellent prince François de Lorraine, duc de Guyse.

Et premièrement du costé paternel :

René de Lorraine, Roy de Jhérusalem et de Sicille, et duc de Lorraine, estoit père de Claude, duc de Guyse, père dudict défunct François de Lorraine, duc de Guyse.

Yoland d'Anjou, fille et héritière de René d'Anjou, aussi Roy de Sicile, espousa Ferry de Lorraine, comte de Vaudemont, duquel mariage est issu René, Roy de Jhérusalem, susnommé, aïeul paternel d'iceluy François.

Marie de Harcourt, fille de Jehan, comte de Harcourt, et de Jehanne d'Alençon, espousa Antoine de Lorraine, comte de Vaudemont et de Joinville, père et mère dudict Ferry.

Marguerite de Joynville, contesse de Vaudemont et de Joynville, seule héritière de Henry de Joynville, espousa Ferry de Lorraine, comte de Guyse.

Sophie de Virtemberg, fille de Eberard, duc de Virtemberg, espousa Jehan de Lorraine, premier de ce nom, duc de Lorraine.

Marie de Bloys, fille de Guy, comte de Blois, espousa Raoul de Lorraine, premier de ce nom, duc de Lorraine.

Elizabet d'Autriche, fille d'Albert, archeduc d'Autriche et empereur de Romme, le premier de sa maison, espousa Ferry de Lorraine, quatriesme de ce nom, duc de Lorraine.

Catherine de Flandres, fille de Guy, dernier comte de Flandres, espousa Thibault de Lorraine, deuxiesme de ce nom, duc de Lorraine.

Marguerite de Navarre, fille de Thibault, dernier du

nom, roy de Navarre et comte de Champaigne, espousa Ferry, autrement nommé Féderic, tiers du nom, duc de Lorraine.

Catherine de Luxembourg, fille de Conrad, quatriesme de ce nom, duc de Luxembourg, espousa Mathieu de Lorraine, deuxiesme de ce nom, duc de Lorraine.

Tous lesquelz dessus dictz, Roys de Jhérusalem, de Sicille et de Navarre, archeduc, ducz, comtes, princes et princesses d'Autriche, de Lorraine, d'Anjou, d'Alençon, de Virtemberg, de Flandres, de Champaigne, de Bloys, de Vaudemont, de Joynville et de Harcourt, estoïent tritayeulx, bisayeulz et ayeulx de ce deffunct belliqueux prince, Françoys de Lorraine, duc de Guyse, dernier décédé.

Ensuyvent les royales, très nobles et très illustres maisons, desquelles ce défunct très vaillant prince, François de Lorraine, duc de Guyse est sorty, et originé du costé maternel.

Et premièrement :
Catherine de Bourbon, fille de Charles, duc de Bourbon, espousa Adolphe, premier de ce nom, duc de Gueldres et Juliers, et comte de Zuntphen; duquel mariage seroyt yssuë Phelippe de Gueldres, Royne de Sicille, et duchesse de Lorraine, espouse de René, Roy de Jhérusalem et de Sicille, duc de Lorraine, père et mère de Claude, duc de Guise, père dudict défunct François.

Anthoinette de Bourbon, seur de Charles de Bourbon, duc de Vendomois, et tante de défunct Antoine de Bourbon, dernier Roy de Navarre, espousa iceluy Claude, duquel et d'elle seroit yssuë ledict défunct Françoys.

Marie Darquel, fille de Jean, comte Darquel en Hollande, et baron, doyen, espousa Jean, comte d'Aiguemont; desquelz seroit yssu Arnoul, duc de Gueldres, père dudict Adolphe, duc de Gueldres, mary d'icelle Catherine de Bourbon.

Jeanne de Juliers, fille de Guillaume, duc de Juliers, espousa Jean, comte Darquel en Hollande, susnommé.

Marie de Gueldres, seule fille et héritière de Regnauld, duc de Gueldres, espousa Guillaume de Juliers, tutayeulle d'iceluy défunct François, duc de Guyse.

Alienor, fille de Edouart, Roy de Angleterre, femme de Regnauld, deuxiesme du nom, duc de Gueldres, père et mère de Marie de Gueldres, susnommée.

Marguerite de Flandres, fille de Guy, comte de Flandres, espouse de Thibauld, duc de Lorraine, dessus dict.

Marie, fille de Henry, duc de Brabant, quatriesme de ce nom, espousa Othon, troisiesme du nom, duc de Gueldres et comte de Zuphen ; desquelz sont descenduz, procédez et dérivez les ducz de Gueldres dessus déclarez.

Desquelles royales et très nobles maisons d'Angleterre, de Bourbon, Gueldres, Flandres, Clèves, Juliers, Brabant, Aiguemont, et Arquel en Hollande, iceluy François de Lorraine, duc de Guyse, estoit procréé.

Il avoit espousé Anne d'Este, fille du défunct duc de Ferrare, Hercules d'Este, et de madame René de France, fille du Roy Loys douxiesme, très nobles et très illustres prince et princesse, laquelle Anne est encores aujourd'huy vivant. Et dudict défunct duc de Guyse et de elle seroit yssu, entre autres, monsieur le prince de Joinville, à présent duc de Guyse, leur filz aisné.

AVIS.

AVERTISSEMENT.

Cet avis, extrait des manuscrits de Béthune, vol. 8675, fol. 67, a besoin d'une explication qui en facilite l'intelligence et précise la date. Il est de la fin de juillet 1563 ou environ. Il s'agit, en effet, des poursuites à diriger contre les instigateurs de l'assassinat commis sur le duc de Guise par Poltrot de Méré. Du reste, c'était accuser l'amiral Coligny, soupçonné d'avoir fait agir Poltrot. Aussi voit-on Catherine de Médicis, que ce procès alarmait pour la tranquillité de l'État, s'efforcer de le prévenir en gagnant du temps, et, tandis qu'elle promettait aux Guises de renvoyer l'affaire au parlement, promettre au connétable de Montmorency, oncle de Coligny, de ne pas abandonner son neveu à la prévention de ce même parlement. Quant à la maladie qui mit en danger les jours de Catherine de Médicis, elle provenait d'une chute de sa haquenée, pour laquelle on l'avait saignée et on lui avait fait une opération à la tête (addition aux *Mémoires de Castelnau*, par le Laboureur, t. II, liv. v, chap. 5, p. 287). Enfin la pièce suivante constate encore un fait de la plus haute importance, fait inconnu à nos historiens, et qui, neuf ans avant la Saint-Barthélemy, en annonçait déjà le projet; c'est le massacre général ordonné par les Guises, en cas de mort de Catherine de Médicis, de tous les gens qui leur étaient suspects à Paris.

AVIS (1)

Qu'il a esté envoyé grandes sommes de deniers au cardinal qui est à Trente, tant par le moyen de ceste ville de Paris, de Rains et de Troyes, ayant aulcuns des clergés de ce royaume contribué à cella.

Que ledit cardinal a mandé par deçà qu'il a donné vivre pour faire levée de six mille chevaulx Allemans et qu'ils sont déjà prestz.

Que la Royne leur a promis de leur faire ouverture et administrer justice par la court de parlement de Paris, et que pour l'exécution d'icelle la Royne leur avoyt donné congé de venir avec les troupes qu'ils ont amenné quant et eulx, ayant practiqué de longue main, tant dedans le royaume que dehors, tous ceulx qu'il leur a semblé leur pouvoir assister pour l'exécution.

Qu'ils ont entendu que la Royne a promis à monseigneur le connestable de faire bailler juges autres que la court de parlement de Paris; mais qu'ils espèrent, avec l'assistance des ambassadeurs des princes estrangers et les moyens qu'ils ont en main, qu'elle tiendra la première promesse, et que ce qu'elle en a accordé au connestable n'est que pour le contanter et l'amuser de parolle, pour l'importunité dont elle a esté pressée de luy mesme à Gaillion.

Et là où la Royne ne vouldroyt tenir main à ce que des-

(1) Bibliothèque royale, *Man. de Béthune*, n° 8675, fol. 67.

sús, et qu'elle feust du tout divertye de la promesse qu'elle leur a faicte, ils se délibèrent se retirer vers ladicte court de parlement de Paris, celle de Roüen et autres, pour demander justice et main-forte pour l'exécution d'icelle, et employer avec ce prétexte tous les moyens qu'ils ont en main.

Qu'ils sont après pour gaigner les Suysses, et que desjà la pluspart des cappitaines sont à leur dévotion, leur ayant pour ce faire mys en avant que ledit sieur connestable estoyt du tout huguenot, pour le rendre odieux, ayant desjà praticqué cella à l'endroit de ceux qui sont à la garde du Roy.

Que ceulx qu'ils avoyent envoyé descouvrir en l'Isle de France, Picardie et ez environs où est monseigneur l'amiral, leur ont rapporté que l'on s'armoyt et qu'il y avoit desjà beaucoup de cavallerye en armes, nommant entre les autres chefs M. le Prince, M. le mareschal de Montmorency, M. de Senarpont et M. de Sainct-Falle.

Qu'ils sçavent bien que mondict sieur le connestable, mondict sieur le mareschal de Montmorency ont escript de tous coustez pour faire tenir leurs amys et serviteurs prestz.

Et que, à ceste cause, ils s'en yroyent, comme de faict ils sont allez à la court, en petite compagnye, escartant les troupes çà et là, pour remonstrer à la Royne que, tout au contraire de ce qu'on leur a mis sus, ceulx mesmes qui les accusent sont ceulx qui se sont armés les premiers, et néantmoins qu'ils sçavent cependant où ils prendront leurs gens au tems qu'il sera question de jouer des mains, ayant mys une partie de leurs gens en ceste ville et les autres escartez vers la Brye et aucuns aproche vers la court.

Qu'ils sont allez à la court pour quereller et faire instance à la Royne de leur tenir promesse, et surtout de venir en ceste ville, en délibération de s'opiniastrer à la court, espérant que, par succession des temps, avec les intelligences qu'ils ont, d'en faire sortir tellement les esclatz qu'ils parviendront au bout de leur desseing.

Qu'ils avoient donné ordre, quant la Royne fut si mallade, de faire reprendre les armes et tuer tout ce qu'il feust trouvé de suspect en ceste ville, mesmes ung nombre de gentilshommes que l'on dict avoir esté avec M. le Prince à Orléans, qui sont en ceste dicte ville.

Que l'ambassadeur d'Espaigne a présenté et baillé à madame de Guyse lettres du Roy d'Espaigne son maistre, par laquelle il mande à ladicte dame qu'il estime le Roy de France son frère si bon qu'il ne permectra point que l'inominieux meurtre de M. de Guyse demeure sans qu'il en face faire justice, et que de sa part, pour avoir vangance d'un si vaillant prince et bon serviteur de son maistre, il luy offre ses moyens et à ses frères et enffans, et à tous ses amys, pour en avoir la raison.

Que tous les ambassadeurs sont praticquez pour faire instance et leur assister à ce que dessus, ayant à ceste fin recouvert procuration expresse de leurs maistres.

Qu'ils doibvent envoyer exprès en poste ung homme vers M. de Dampville, pour l'advertir de tout ce qui se passe par deçà, et que l'on pense que Pacollet, qui est avec le cardinal à la court, sera le porteur du pacquet.

Que M. d'Aumalle dist l'autre jour allant à Sainct-Denys, qu'il se retiroyt de Paris pour ce que l'on disoit que la Royne étoyt morte et que les habitans commençoient à se remüer, affin que l'on ne dit qu'il en feust en cause.

Discours au vray

DE LA REDVCTION

DV HAVRE DE GRACE EN
l'obeissance du Roy:

Auquel sont contenus les Articles accordez entre ledit Seigneur et les Anglois.

A PARIS.
Par Robert Estienne Imprimeur du Roy.
M. D. LXIII.

Auec priuilege de la Cour.

DISCOURS AU VRAY

DE LA

RÉDUCTION DU HAVRE-DE-GRACE

EN L'OBÉISSANCE DU ROY,

AVEC LES ARTICLES ACCORDEZ ENTRE SA MAJESTÉ
ET LES ANGLOIS.

Le jeudi 21 juillet, monseigneur le connestable, accompagné de messieurs les mareschaux de Montmorency et de Bourdillon, et plusieurs seigneurs et chevaliers de l'ordre, arriva sur les dix heures en l'abbaye de Graville, où estoit logé monsieur le mareschal de Brissac, lequel la Royne (ayant esprouvé que toutes choses se portent mieux quand chacun fait sa charge ordinaire et légitime vocation) avoit voulu auparavant commander à l'armée, tant pour sa suffisance que pour ce que de droict il luy appartenoit en l'absence du connestable, comme plus ancien mareschal; qui fut cause que mondit sieur le connestable disna en ladite abbaye, pour entendre de luy particulièrement l'estat des affaires. Et après disner tint conseil, à l'issue duquel mondit sieur le connestable ordonna que l'un de mesdits seigneurs les mareschaulx de Montmorency et de Bourdillon seroit tousjours alternativement dans la tranchée, qui estoit conduicte le long du rivage de la mer, vis-à-vis du boulovart Saincte-Addresse.

Et pour ce que le capitaine Vallefienière (1) vint remonstrer que la mer estoit plus basse que le fossé et qu'il se faisoit fort d'en vuider l'eau, mondit seigneur le connestable luy commanda d'y travailler. Après mondit seigneur le connestable s'en alla loger en une maison de gentilhomme, nommée Vitenval.

Le lendemain, sur les sept heures du matin, mondit seigneur le connestable vint à ladite tranchée, et par son trompette feit sommer les Anglois de rendre le Havre au Roy, à qui il appartenoit, leur faisant entendre qu'il estoit accompaigné de tant de gens de bien qu'il s'asseuroit qu'ils ne le sçauroyent deffendre, et le forçcant, il ne seroit en sa puissance de leur sauver la vie ; à quoy il auroit regret pour l'amitié que il portoit à la nation angloise. Monsieur le comte de Warvich, après avoir tenu conseil, feit sortir maistre Paulet, l'un de ses principaux capitaines, faire response que la Roine leur maistresse les avoit mis dedans pour le garder, et qu'ils mourroyent tous dedans devant que de le rendre, sans l'exprès commandement de sa majesté ; et qu'au demeurant ils estoyent très humbles et très affectionnez serviteurs de mondit seigneur le connestable. Et cependant feirent apporter des flascons d'argent doré, pleins de vin, et forces couppes, pour faire boire aucuns cappitaines françois que industrieusement mondit seigneur le connestable avoit faict avancer avec ledit trompette, pour recognoistre l'estat de leur tranchée et leur palissade. Entre autres sortit de la ville le cappitaine Lethon, Anglois, qui trouva le cappitaine Monins, lieutenant de l'une des enseignes colonnelles de

(1) René de Provanes Valfenières.

M. d'Andelot, qu'il cognoissoit, tant pour avoir esté ensemble dedans Rouen que depuis pendant la prison dudit Lethon à Paris. Et commença ledit Lethon à luy dire qu'il estoit estrange qu'estants tous deux d'une mesme religion, ils se deussent trouver pour se coupper la gorge l'un à l'autre. A quoy Monins feit responce que, comme ils estoyent dans le Havre par le commandement de la Roine leur maistresse, il estoit aussi devant, par le commandement de son Roy, pour ravoir le Havre qui luy appartenoit; le différend de la religion estant vuidé par l'édict qu'il avoit pleu à sa majesté ordonner, tous les François, tant de l'une que de l'autre religion, estoyent résolus d'employer leurs vies et toute leur puissance pour remettre le Roy en tout ce qui estoit sien. Ledit Lethon, qui en recogneut plusieurs autres de semblable religion audit Monins, et veit tant les uns que les autres obéir unanimement à mondit seigneur le connestable, s'en trouva fort estonné. Et incontinent que les François et les Anglois furent séparez, mondit seigneur le connestable commanda que les défenses de la tour du quay fussent furieusement battues; ce qui fut exécuté tout le long du jour, et aussi le samedi dès la diane, et quelques coups d'artillerie tirez à travers de la porte de la ville. De quoy les Anglois estonnez, craignants qu'on ne leur ostast leur retraicte, meirent le feu à deux moulins à vent qui y estoyent et commencèrent d'abandonner ladite tranchée et palissade, au grand contentement de nos soldats; desquels le cappitaine Poyet, lieutenant de l'autre enseigne colonnelle de M. d'Andelot, avança sa compagnie la première et se saisit d'une tour qui estoit au bout de ladite pallissade. On feit toute diligence de s'y loger en seureté, car il y faisoit fort chatouilleux, et y fut blessé d'une harquebouzade à l'espaule le maistre de camp Richelieu. Toutesfois il ne se trouva audit lieu difficulté qui ne fust par la diligence et vertu des nostres surmontée; mesmes monsieur le mareschal de Montmorency feit eslever, joignant ladite pallissade, une plateforme où il feit asseoir et dresser dès le soir quatre pièces d'artillerie; et incontinent M. de Meru, troisième fils de monseigneur le connestable, en alla porter les nouvelles au Roy et à la Roine. Et encores que monsieur le mareschal de Brissac soit fort malaisé de sa personne, à cause de ses gouttes (comme chacun sçait), toutesfois il ne laissa de venir voir le lieu, et louer la vertu des nostres, et recognoistre l'estonnement de l'ennemi qui nous avoit en peu d'heure quicté si grand advantage.

Sur les quatre heures après midi sortit une barque chargée de seize à dix-huit personnes, qui s'en allèrent trouver les navires angloises, et une galère qui estoit à l'ancre à la mer; et commencèrent lesdites navires à lever l'ancre et vouloir approcher la terre; mais quand ils se veirent saluer de quelques coups de canon qui estoyent posez exprès sur la rive de la mer, n'en osèrent approcher jusques à la portée dudit canon. Les Anglois, voyans nos gens logez en leur pallissade, cogneurent bien que dans deux jours l'entrée du port leur seroit interdicte, si les nostres vouloyent loger trois canons au bout de la jettée, qu'ils donneroyent entrée du port. Mais dès le dimanche ils s'apperceurent qu'on les vouloit prendre d'assaut, parce que M. d'Estrée, grand-maistre de l'artillerie, accompaigné de M. le séneschal d'Agenois, faisoit toute diligence de mettre son artillerie en batterie; à quoy s'employa aussi le seigneur de Caillac, par commandement de mondit seigneur le connestable, qui appoincta le différend d'entre M. d'Estrée et luy. A cela, et à mener nostre tranchée jusques au bort de leur jectée, fut vaqué tout le dimanche et le lundi. Monsieur le mareschal de Bourdillon y assista tout ledit jour de dimanche et y perdit deux gentilshommes siens.

Cependant monsieur le mareschal de Montmorency feit amener à monseigneur le connestable le secrétaire de l'ambassadeur d'Angleterre, qui estoit venu entre les mains du maistre de camp Richelieu, parce qu'au partir de Gaillon ledit ambassadeur délibéra d'envoyer sondit secrétaire dans le Havre, avecques lettres au conte de Warvich; ce qu'il ne peut faire si finement que mondit sieur le mareschal de Montmorency n'en fust adverti par ceux mesmes que ledit ambassadeur pensoit qu'ils deussent donner moyen et entrée audit Havre à sondit secrétaire. Et mania mondit sieur le mareschal, que, d'un costé, celuy qui avoit entrepris porter ladite lettre tomba ès mains de monseigneur le connestable, et que la personne dudit secrétaire fut arrestée par le maistre de camp Richelieu. Et ledit jour de dimanche fut présentée ladite lettre, par le prévost de mondit sieur le connestable, audit secrétaire, qui la recogneut; et depuis parla à mondit seigneur le connestable, qui apprint de luy plusieurs choses très utiles pour le service du Roy, et trouva que ce n'avoit esté peu fait d'avoir empesché qu'il n'entrast dans le Havre donner advertissement audit conte de Warvich.

Le lundi, monsieur le mareschal de Montmorency, accompaigné et suyvi (comme il a tousjours esté) de plusieurs seigneurs et chevaliers de l'ordre, demeura tout le jour ausdites tranchées, pour parachever les préparatifs de la baterie, non sans grand danger de sa personne; car outre les coups de pierres que ses armes luy garantirent, il en eut les deux mains esgratignées et un grand coup sur l'espaule. Cependant messeigneurs les princes de

Condé et duc de Montpensier arrivèrent au logis de monseigneur le connestable, et de là s'en allèrent ausdictes tranchées relever mondit sieur le mareschal de Montmorency, qui s'en alla souper chez luy.

Et un peu auparavant estoit sortie une barque du Havre, chargée de quinze ou seize chevaliers, qui fut prinse par les nostres et les chevaliers menez au Roy, qui lors estoit à Fescamp, ville distante du Havre de sept lieues. M. d'Estrée et ceux qui se meslent de l'artillerie feirent si bonne diligence, et furent si bien sollicitez par mondit seigneur le prince de Condé (qui depuis son arrivée au camp n'a faict logis que dans la tranchée, où mondit seigneur le connestable l'alloit souvent accompaigner et visiter), que le mardi matin nostre artillerie commença à battre en baterie la tour du quay et le boullovart Saincte-Addresse.

Or les Anglois se trouvèrent esperdus, non pas tant des grandes maladies et nécessitez qu'ils avoyent dans ledit Havre, que de ce que, depuis l'arrivée de monseigneur le connestable, la tranchée, qui n'avoit auparavant esté conduicte que jusques vis-à-vis du boullovart Saincte-Addresse, fut advancée en quatre jours de bien deux mille pas, sus une jectée toute de pierre, où il n'y avoit aucune terre pour s'en aider, ains se falloit couvrir dans ladite tranchée de sacs pleins de terre, et balles de laine et de fascines, et prendre du sable mouillé quand la mer se retiroit, pour lier le tout ensemble et en faire un corps.

Et pour ce que, la nuict d'entre le lundi et le mardi, ledit conte de Warvich avoit escript à monsieur le Ringrave que, quand monseigneur le connestable l'avoit faict sommer, il n'avoit point de pouvoir de sa maistresse pour traicter, mais que depuis il luy en estoit venu un, suyvant lequel il estoit prest d'y entendre, s'il plaisoit à monseigneur le connestable envoyer quérir par son trompette un gentil-homme qu'il feroit sortir par le costé du fort de l'Heure, mondit seigneur le connestable donna ceste charge à monsieur le mareschal de Montmorency qui disna avec monsieur le mareschal de Brissac; et après disner, estant parti d'avec luy, s'en alla au camp des Suysses et des vingt enseignes qui sont sous les maistres de camp Sarlaboz et Charry, au-devant dudit fort, et si près que leur tranchée touche au fossé dudit fort. Et pour ce, incontinent après l'arrivée de monsieur le mareschal de Montmorency, les Anglois feirent une saillie, et se dressa une belle escarmouche, en laquelle mesmes se mesla mondit sieur le mareschal de Montmorency, pour eschauffer nos harquebuziers; et furent les Anglois bien rembarrez.

Et ladite escarmouche cessée, le seigneur de Losses, qui estoit allé recevoir celuy qui vouloit parlementer avec mondit seigneur le connestable, amena maistre Pellehan, qui commandoit au fort de l'Heure, accompaigné d'un autre gentil-homme anglois, qui avoit esté enfermé avec mondit sieur le mareschal de Montmorency dedans Thérouenne (1), et un trompette anglois; lesquels ayant présenté à mondit sieur le mareschal, ordonna les mener à monseigneur le connestable, passant chez le Ringrave, qui estoit avec ses lansquenets logé au plus prochain valon du Havre. Et jusques au retour dudit Pellehan furent accordées trefves du costé dudit fort, par mondit sieur le mareschal de Montmorency, qui déclara lors qu'il avoit délibéré d'aller en personne à l'assault, comme le soir auparavant il l'avoit aussi déclaré. Il avoit destiné cinquante gentilshommes choisis en sa compaignie, pour se mettre à pied et l'accompaigner à l'assault. Il estoit aussi ordonné

---

(1) En 1553.

que cinq cens hommes choisis des dix enseignes du maistre de camp Charry, et autant du maistre de camp Sarlaboz, qui estoyent devant le fort, se viendroyent joindre avec les dix-sept enseignes de Richelieu et les dix du conte de Brissac, pour aller audit assault. Un peu après, mondit sieur le mareschal de Montmorency s'en vint au logis de monseigneur le connestable, où se rendit aussi monsieur le mareschal de Brissac; et là mondit seigneur le connestable dict à maistre Pellehan qu'il avoit peu voir nostre camp composé de gens de l'une et de l'autre religion, et que ceux qui les avoyent favorisez par cy-devant, en haine de nos troubles, leur estoyent aujourd'huy ennemis, et que tous les François naturels estoyent unis à l'obéissance et au service du Roy et au commun bénéfice de ce royaume; que le différend de la religion estoit appaisé et que les malignes humeurs qui avoyent troublé ce royaume cessoyent, Dieu mercy; et à ceste cause, il estoit nécessaire qu'ils rendissent le Havre au Roy, à qui il appartenoit, sans plus rien espérer en la division de la religion, et qu'ils n'avoyent aucun moyen de résister à sa puissance.

Le propos de maistre Pellehan fut honneste et gracieux, et remeit au lendemain à en traicter, et que jusques alors nous ne cesserions de continuer nostre baterie. Ce faict, ils remportèrent au conte de Warvich des marcassins, des fruicts et rafreschissemens que luy envoyoit mondit seigneur le connestable.

Mécredi matin à sept heures, se trouva mondit seigneur le connestable au bout de la tranchée près la ville, où maistres Paulet, le thrésorier Horsey et Pellehan sortirent par eau parlementer avec luy. Cependant furent accordées trefves, lesquelles par deux fois furent rompues par l'insolence d'aucuns harquebuziers d'une part et d'autre, que les chefs réprimoyent incontinent. Monseigneur le connestable fut quelques temps seul avecques les Anglois, pour ce qu'encores que monsieur le mareschal de Montmorency eust auparavant la nuict plusieurs fois sondé le fossé et recogneu l'endroict où il se délibéroit donner l'assault, et faict pareillement recognoistre par La Porte, son guidon, et autres des siens, mondit seigneur le connestable vouloit bien que, sous couleur de ladite trefve, il considérast toutes choses encores plus particulièrement. Ce qu'ayant faict exactement et à loisir, il s'alla après approcher de mondit seigneur le connestable avec monsieur le mareschal de Bourdillon, et finalement y arriva aussi monsieur le mareschal de Brissac, venant de son logis.

Et pour ce que monseigneur le connestable estoit difficile et rude en ses propositions aux Anglois, aucuns des Anglois s'allèrent approcher de monsieur le mareschal de Brissac, afin qu'il feit pour eux office d'intercesseur; mais monseigneur le connestable les estonna encores dadvantage, leur disant qu'ils ne s'adressassent qu'à luy et qu'il n'y avoit personne là ny en tout le camp qui eust puissance de leur rien accorder ny refuser que luy; leur tenant telle contenance et langage qu'enfin ils passèrent les articles qu'il luy pleust, en la forme qui s'ensuit.

Sur la demande qui a esté faicte par monseigneur le connestable (1), *de la restitution du Havre, à M. le conte de Warvich, ont esté accordez les articles qui s'ensuyvent entre lesdits seigneurs, lesquels ils ont promis d'accomplir et garder inviolablement d'un costé et d'autre.*

« Et premièrement, que ledit conte de Warvich remet-
« tra la ville du Havre-de-Grace entre les mains dudit

---

(1) L'original de cette capitulation, signée par le comte de Warwick, est au fol. 12, du *Man. de Béthune* coté 8752.

« seigneur connestable, avecque toute l'artillerie et
« munitions de guerre appartenants au Roy et à ses
« subjects.

« Qu'il laissera les navires qui sont en ladite ville, ap-
« partenants tant au Roy qu'à ses subjects, avec tout leur
« équippage, et génerallement toutes les marchandises et
« autres choses qui appartiennent au Roy et à sesdits
« subjetcs.

« Et pour seureté de ce que dessus, que ledit conte
« mettera présentement la grosse tour du Havre entre les
« mains dudit seigneur connestable, sans que les soldats
« qui seront mis dedans puissent entrer dedans la ville;
« et que M. le conte de Warvich fera garder les portes du
« costé de la ville, jusques à ce qu'il sera commandé par
« mondit seigneur le connestable, sans aborer enseignes
« sur ladite tour, le tout suyvant ladite capitulation, et
« aussi que ledit seigneur conte baillera quatre ostaiges,
« tels que ledit seigneur connestable nommera.

« Pareillement que dans demain matin, heure de huict
« heures, ledit seigneur conte fera retirer les soldats qui
« sont dedans le fort, pour le consigner incontinent
« entre les mains dudit seigneur connestable, ou ceux
« qu'il commettra, pour le recevoir dans lesdites huict
« heures.

« Que tous prisonniers qui ont esté prins devant ledit
« Havre seront délivrez, tant d'un costé que d'autre, sans
« payer aucune rançon.

« Et que monseigneur le connestable permetteroit de son
« costé audit seigneur conte de Warvich, et à tous ceux
« qui sont en garnison dedans ledit Havre, d'en partir
« avec tout ce qui appartient à la Roine d'Angleterre et à
« ses subjects.

« Que, pour le transport tant dudit seigneur conte que

« deslogement des gens de guerre et autres choses susdi-
« tes, ledit seigneur connestable a accordé six jours en-
« tiers, à commencer demain, durant lesquels six jours
« pourront librement et franchement desloger et empor-
« ter toutes lesdites choses; et là où les vents et mauvais
« temps enpescheroyent ledict transport pouvoir estre fait
« dedans ce terme, en ce cas ledit seigneur connestable
« luy accordera temps et délay raisonnable pour ce faire.

« Ledit seigneur connestable a semblablement permis
« que tous les navires et vaisseaux, anglois et autres, qui
« sont et seront ordonnez pour ledit transport, entreront
« et sortiront dedans le Havre franchement et seurement,
« sans leur donner aucun arrest ou empeschement, soit
« en ce camp ou ailleurs.

« Lesdicts quatre ostaiges dont mention est faite seront
« MM. Olivier Manere, frère du conte de Rotheland, les
« cappitaines Pellehan, Horsey et Lethon. En tesmoing
« de quoy, et pour servir de promesse, lesdicts seigneurs
« ont signé les présens articles. Faict le 28 juillet 1563. »

Mondit seigneur le connestable, cependant que les Anglois allèrent faire leur récit audit seigneur conte de Warvich, despescha M. de Toré, son dernier fils, pour aller réciter au Roy et à la Roine le pourparler où il estoit avecque les Anglois, qu'il tenoit presque pour accordé; dont leurs majestez louèrent Dieu.

Les susdits articles signez par les Anglois et les quatre ostages livrez, ausquels mondit seigneur le connestable permit de bonne foy d'aller souper chez monsieur le Rin-grave, et mesmes à maistre Pellehan d'aller coucher dans son fort, pour y mettre ordre plus commodéement et le consigner le lendemain au matin, il feit partir sur les sept heures du soir mondit seigneur le mareschal de Montmorency, qui porta au Roy et à la Roine les articles signez du conte de Warvich; et trouva leurs majestez à Criquetot, qui est à mi-chemin d'entre le Havre et Fescamp. Le lendemain il feit venir sur le chemin sa compagnie de gensdarmes, pour servir d'escorte et seureté à leursdites majestez, qui fut jugée l'une des plus belles de France. Leurs majestez, approchants du Havre, rencontrèrent mondit seigneur le connestable, lequel, se mettant à pied, vint faire la révérence au Roy qui l'embrassa par plusieurs fois. La Roine aussi le receut avec grand contentement, pour ce que ceste guerre estoit la première qu'elle a voulu et entreprins de faire; d'autant que les guerres passées, estans civilles et entre les subjects du Roy, ont esté toutes à son très grand regret, comme il est apparu par le devoir qu'elle a fait, jusques à n'espargner sa vie, pour pacifier lesdits troubles à conditions tolérables. Or ceste guerre, qui ne tendoit que de chasser les Anglois hors de France et les renvoyer delà la mer, donnera perpétuelle réputation à sa prudence, laquelle a uni les forces de ce royaume, estants naguères divisées, à ceste honorable entreprinse si importante, si tost et si bravement exécutée, accordant tellement les princes du sang et tous les officiers de la couronne qu'il ne s'y est peu trouver aucune division ni mescontentement, contre l'opinion des Anglois et tous autres estrangers ennemis de ceste couronne.

La Roine d'Angleterre avoit fait embarquer dix-huit cens Anglois, et vindrent surgir le soir à la radde près le Havre, espérants d'y entrer; mais ils trouvèrent que bon nombre desdits Anglois estoit desjà sorti dehors.

Le vendredi on veit environ soixante voiles, sous l'admiral Clithon, qui approchoyent la terre; partant mondit sieur le mareschal de Montmorency manda à sa compagnie venir faire le guet sur la rive de la mer, afin de préserver d'alarmes le logis du Roy, qui estoit un peu esloigné du camp. La nuict, Lignerolles fut envoyé en un esquif par la Roine, prier ledit admiral de descendre et que l'on luy feroit tout honneur et courtoisie, et à ceste fin luy offrir seureté telle et sauf-conduit qu'il désireroit. Et ledit admiral respondit sobrement qu'il ne voudroit autre seureté que la parole de sa majesté; mais que, ne voyant pas occasion maintenant pour laquelle il deust venir baiser ses mains, il s'en retournoit vers sa maistresse.

Le samedi, la plus part des Anglois qui estoyent dans le Havre s'embarquèrent, et n'y demeura plus que trois ou quatre cens pestiférez; qui fut cause que, le dimanche, le maistre de camp Sarlaboz y entra avec six enseignes. Et d'autant que la Roine l'establit gouverneur dudit Havre et que le maistre de camp Richelieu a déclaré ne vouloir plus servir de maistre de camp, deux nouveaux maistres de camp furent faicts : Remolles, auquel mondit seigneur le connestable avoit déjà donné le commandement sur le régiment de Richelieu, depuis sa blesseure, et le jeune Sarlaboz.

Et dès ledit dimanche, premier du mois d'aoust, partit le Roy, la Roine et toute la cour pour s'en aller à Sainct-Romain, et le lendemain à Estellan, demeurant mondit seigneur le connestable au camp, pour y ordonner toutes choses.

Quelques jours auparavant l'ambasadeur Trockmorton estoit arrivé d'Angleterre à Vallemont, pour traicter la paix; mais la Roine, pour plusieurs bons respects, n'a sceu encores trouver loisir de luy donner audience.

Fait dans le Havre-de-Grace, le 2 d'aoust 1563.

AVIS

DONNEZ PAR

CATHERINE DE MÉDICIS

A CHARLES IX

POUR LA POLICE DE SA COUR ET POUR LE GOUVERNEMENT DE SON ESTAT (1).

Lettre écrite par la feue Reine-mère au feu Roy Charles IX, peu après sa majorité.

Monsieur mon fils, vous ayant déjà envoyé ce que j'ay pensé vous satisfaire, à ce que me dites, avant que d'aller à Gaillon (2), il m'a semblé qu'il restoit encore ce que j'estime aussi nécessaire pour vous faire obéir à tout vostre royaume et recognoistre combien désirez le revoir en l'estat auquel il a esté par le passé, durant les reignes des Rois mes seigneurs, vos père et grand-père; et pour y parvenir, j'ay pensé qu'il n'y a rien qui vous y serve tant

---

(1) L'original existe dans les *Manuscrits de Dupuy*, vol. coté 218, fol. 1.
(2) Cet endroit marque à peu près le temps auquel cette pièce a été faite. Charles IX s'étant fait déclarer majeur à Rouen, le 17 août 1563, alla ensuite à Caen, d'où, revenant à Paris, il passa à Gaillon, et il y a preuve qu'il y était le 6 septembre de cette année.

que de voir qu'aimiez les choses réglées et ordonnées, et tellement policées que l'on cognoisse les désordres qui ont esté jusques icy par la minorité du Roy vostre frère, qui empeschoit que l'on ne pouvoit faire ce que l'on désiroit ; cela vous a tant dépleu que, incontinent qu'avez eu le moyen d'y remédier et le tout régler par la paix que Dieu vous a donnée, que n'avez perdu une seule heure de temps à rétablir toutes choses selon leur ordre et la raison, tant aux choses de l'église et qui concernent nostre religion, laquelle pour conserver, et par bonne vie et exemple tacher de remettre tout à icelle, comme par la justice conserver les bons et nettoyer le royaume des mauvais, et recouvrer par là vostre autorité et obéissance entière. Encore que tout cela serve et soit le principal pillier et fondement de toutes choses, si est-ce que je cuide que, vous voyant réglé en vostre personne et façons de vivre, et vostre cour remise avec l'honneur et police que j'y ay veue autrefois, que cela sera un exemple par tout vostre royaume et une cognoissance à un chacun du désir et volonté qu'avez de remettre toutes choses selon Dieu et la raison. Et afin qu'en effect cela soit cogneu d'un chacun, je désirerois que prinsiez une heure certaine de vous lever, et, pour contenter vostre noblesse, faire comme faisoit le feu Roy vostre père ; car quand il prenoit sa chemise et que les habillemens entroient, tous les princes, seigneurs, capitaines, chevaliers de l'ordre, gentilshommes de la chambre, maistres d'hostel, gentilshommes servans, entroient lors, et il parloit à eux, et le voyoient, ce qui les contentoit beaucoup. Cela fait, s'en alloit à ses affaires, et tous sortoient, hormis ceux qui en estoient et les quatres secrétaires. Si faisiez de mesme cela les contenteroit fort, pour estre chose accoustumée de tout temps aux Rois vos père et grand-père; et après cela que donnassiez une heure ou deux à ouir les dépesches et affaires qui sans vostre présence ne se peuvent dépescher, et ne passer les dix heures pour aller à la messe, comme on avoit accoustumé aux Rois vostre père et grand-père. Que tous les princes et seigneurs vous accompagnassent, et non comme je vous voy aller, que n'avez que vos archers; et, au sortir de la messe, disner, s'il est tard, ou sinon vous promener pour vostre santé, et ne passez unze heures que ne disniez; et après disner, pour le moins deux fois la semaine, donnez audiance, qui est une chose qui contente infiniment vos sujets; et après vous retirer et venir chez moy ou chez la Royne (1), afin que l'on cognoisse une façon de cour, qui est chose qui plaist infiniment aux François, pour l'avoir accoutumé; et ayant demeuré demie heure ou une heure en public, vous retirer ou à vostre estude ou en privé, où bon vous semblera; et sur les trois heures après midy vous alliez vous promener à pied ou à cheval, afin de vous montrer et contenter la noblesse, et passer vostre temps avec cette jeunesse à quelque exercice honneste, sinon tous les jours, au moins deux ou trois fois la semaine; cela les contentera tous beaucoup, l'ayant ainsi accoustumé du temps du Roy vostre père, qui les aimoit infiniment; et après cela souper avec vostre famille, et l'après souper, deux fois la semaine, tenir la salle de bal; car j'ay ouy dire au Roy vostre grand-père qu'il falloit deux jours, pour vivre en repos avec les François et qu'ils aimassent leur Roy, les tenir joyeux et occuper à quelque exercice. Pour cet effet, souvent il falloit combattre à cheval et à pied, comme la lance; et le Roy vostre père aussi, avec les

---

(1) C'est-à-dire quand Charles IX sera marié. Il ne le fut que sept ans après.

autres exercices honnestes èsquels il s'employoit et les faisoit employer ; car les François ont tant accoutumé, s'il n'est guerre, de s'exercer, que qui ne leur fait faire ils s'employent à d'autres choses plus dangereuses. Et pour cet effet, au temps passé, les garnisons de gens d'armes estoient par les provinces, où la noblesse d'alentour s'exerçoit à courre la bague ou tout autre exercice honneste ; et outre qu'ils servoient pour la seureté du pays, ils contenoient leurs esprits de pis faire. Or, pour retourner à la police de la cour, du temps du Roy vostre grandpère il n'y eut eu homme si hardy d'oser dire dans sa cour injure à un autre, car s'il eust esté ouy, il eust esté mené au prévost de l'hostel. Les capitaines des gardes se promenoient ordinairement par les salles et dans la court, quand l'après-disnée le Roy estoit retiré en sa chambre, chez la Royne ou chez les dames ; les archers se tenoient ordinairement aux salles, parmy les degrez et dans la court, pour empescher que les pages et laquais ne jouassent et tinsent les berlans qu'ils tiennent ordinairement dans le chasteau où vous estes logé, avec blasphèmes et juremens, chose exécrable. Et devez renouveller les anciennes ordonnances et les vostres mesmes, en faisant faire punition bien exemplaire, afin que chacun s'en abstienne. Aussi les Suisses se promenoient ordinairement à la court, et le prévost de l'hostel, avec ses archers, dans la basse court et parmy les cabarets et lieux publics, pour voir ce qui s'y faict et empescher les choses mauvaises, et pour punir ceux qui avoient délinqué ; et sa personne et ses archiers sans hallebarde entroient dans la court du chasteau, pour voir s'il y avoit rien à faire ; et luy montoit en haut pour se montrer au Roy et sçavoir s'il luy veut rien commander. Aussi les portiers ne laissoient entrer personne dans la court du chasteau, si ce n'estoit les enfans du Roy, les frères et sœurs, en coche, à cheval et littière ; les princes et princesses descendoient dessous la porte, les autres hors la porte. Tous les soirs, depuis que la nuict venoit, le grand-maistre avoit commandé au maistre d'hostel de faire allumer des flambeaux par toutes les salles et passages, et aux quatre coings de la court et degrez, des fallots ; et jamais la porte du chasteau n'estoit ouverte que le Roy ne fut éveillé, et n'y entroit ny sortoit personne quel qu'il fut ; comme aussi au soir, dès que le Roy estoit couché, on fermoit les portes et mettoit-on les clefs sous le chevet de son lict. Et au matin, quand on alloit couvrir (1) pour son disner et souper, le gentilhomme qui tranchoit devant luy alloit quérir le couvert et portoit en sa main la nef et les couteaux desquels il devoit trancher ; devant luy l'huissier de salle et après les officiers pour couvrir ; comme aussi, quand on alloit à la viande, le maistre d'hostel y alloit en personne et le panetier, et après eux s'estoient enfans d'honneur et pages, sans valletailles n'y autres que l'escuyer de cuisine, et cela estoit plus seur et plus honorable. Aussi l'après disnée et l'après soupée, quand le Roy demandoit sa collation, un gentilhomme de la chambre l'alloit quérir, et s'il n'y en avoit point, un gentilhomme servant, qui portoit en sa main la coupe, et après luy venoient les officiers de la paneterie et échansonnerie. Aussi en la chambre n'entroit jamais personne quand on faisoit son lict, et si le grand chambellan ou premier gentilhomme de la chambre n'estoit à le voir faire, y assistoit un des principaux gentilhomme de ladicte chambre ; et au soir le Roy se deshabilloit en la présence de ceux qui au matin estoient entrez, qu'on portoit (2) les habillemens. Je vous

(1) Servir sur table.
(2) Lorsqu'on portait.

ay bien voulu mettre tout cecy de la façon que je l'ay veu tenir au Roy vostre père et grand-père, pour les avoir veu tous aimez et honorez de leurs subjects ; et en estoient si contens que, pour le désir que j'ay de vous voir de mesme, j'ay pensé que je ne pouvois donner meilleur conseil que de vous régler comme eux.

Monsieur mon fils, après vous avoir parlé de la police de la cour et de ce qu'il faut faire pour rétablir tous ordres en vostre royaume, il me semble qu'une des choses la plus nécessaire pour vous faire aimer de vos sujets, c'est qu'ils cognoissent qu'en toutes choses avez soin d'eux, autant de ceux qui sont près de vostre personne que de ceux qui en sont loin. Je dis cecy parce que vous avez veu comme les malins avec leurs méchancetez ont fait entendre partout que ne vous soucyez de leur considération, aussi que n'aviez agréable de les voir ; et cela est procédé de mauvais offices et manteries dont se sont aydez ceux qui, pour vous faire hayr, ont pensé s'establir et s'accroistre ; et que, pour la multitude des affaires et négligence de ceux à qui faisiez les commandemens, bien souvent les dépesches nécessaires, au lieu d'estre bientost et diligemment répondues, ne l'ont pas esté, mais au contraire ont demeuré quelquefois un mois ou six semaines, tant que ceux qui estoient envoyez de ceux qui estoient enchargez des provinces par vous, ne pouvans obtenir réponse aucune, s'en sont sans icelles retournez ; qui estoit cause que, voyant telle négligence, ils pensoient estre vray ce que ces malins disoient ; qui me fait vous suplier que doresnavant vous n'obmettiez un seul jour, prenant l'heure à vostre commodité, que ne voyez toutes les dépesches, de quelque part qu'elles viennent, et que preniez la peine d'ouir ceux qui vous sont envoyez. Et si ce sont choses de quoy le conseil vous puisse soulager, les y envoyer et faire un commandement au chancelier pour jamais que toutes les choses qui concernent les affaires de vostre estat, qu'avant que les maistres des requestes entrent au conseil, qu'il aye à donner une heure pour les dépesches, et après faire entrer les maistres des requestes et suivre le conseil pour les parties. C'est la forme que, durant les Rois messeigneurs vostre père et grand-père, tenoit monsieur le connestable et ceux qui assistoient audit conseil; et les autres choses qui ne dépendent que de vostre volonté, après, comme dessus est dit, les avoir entendues, commander les dépesches et responses, selon vostre volonté, aux secrétaires; et le lendemain, avant que rien voir de nouveau, vous les faire lire et commander qu'elles soient envoyées sans délay. Et en ce faisant n'en viendra point d'inconvénient à vos affaires, et vos sujets cognoitront le soin qu'avez d'eux et que voulez estre bien et prontement servis; cela les fera plus diligent et soigneux, et cognoitront davantage combien voulez conserver vostre estat et le soin que prenez de vos affaires. Et quand il viendra, soit de ceux qui ont charge de vous, ou d'autres, des provinces, pour vous voir, prendre la peine de parler à eux, leur demander de leurs charges, et, s'ils n'en ont point, du lieu d'où ils viennent; qu'ils cognoissent que voulez sçavoir ce qui se fait parmi vostre royaume, et leur faire bonne chère, et non pas parler une fois à eux, mais, quand les trouverez en vostre chambre ou ailleurs, leur dire toujours quelque mot. C'est comme j'ay veu faire au Roy vostre père et grand-père, jusqu'à leur demander, quand ils ne sçavoient de quoy les entretenir, de leur ménage, afin de parler à eux et leur faire cognoitre qu'il avoit bien agréable de les voir. Et en ce faisant, les menteuses inventions qu'on a trouvées pour vous déguiser à vos sujets seront cogneus de tous, et en serez mieux aimé et honoré d'eux ; car, retournant à leur pays, feront entendre la vérité, si bien que ceux qui vous ont cuidé nuire seront cogneuz pour méchans, comme ils sont. Aussi je vous diray que du temps du Roy Louis douzième, vostre ayeul, qu'il avoit une façon que je désirerois infiniment que vous voulussiez prendre, pour vous oster toutes importunitez et presses de la cour, et pour faire cognoitre à tous qu'il n'y a que vous qui donne les biens et honneurs; vous en serez mieux servy et avec plus de faveur ; c'est qu'il avoit ordinairement en sa poche le nom de tous ceux qui avoient charge de luy, fusse près ou loin, grands ou petits, somme de toutes qualitez ; comme aussi il avoit un autre rolle où estoient écrits tous les offices, bénéfices et autres choses qu'il pouvoit donner; et avoit fait commandement à un ou deux des principaux officiers en chaque province, que, quelque chose qui vacquast ou avint de confiscations, aubeynes, amendes et autres choses pareilles, que nul ne fut averti que premièrement ceux à qui il en avoit donné la charge ne l'en avertissent par lettres expresses, qui ne tombassent ès mains des secrétaires ny autres que de luy-mesme. Et lors il prenoit son roolle, et regardoit selon la valeur qu'il voyoit par iceluy (1) ou qu'on luy demandoit, et, selon le roolle de ceux qu'il avoit en sa poche, il le donnoit à celuy que bon luy sembloit et luy en faisoit faire la dépesche luy-mesme sans qu'il en sceut rien. Il l'envoyoit à celuy à qui il le donnoit ; et si de fortune quelqu'un, en estant averty, après le luy venoit demander, il le refusoit ; car jamais à ceux qui demandoient il ne donnoit, afin de leur

---

(1) Cet endroit paraît corrompu, mais on en voit bien le sens. Montluc a rapporté le même fait dans ses *Commentaires*, t. II, p. m. 523.

oster la façon de l'importuner; et ceux qui le servoient sans laisser leurs charges, sans le venir presser à la cour et dépendre plus que ne vaut le don bien souvent, il les récompensoit des services qu'ils luy faisoient. Aussi estoit-il le Roy le mieux servy, à ce que j'ay ouy dire, qui fut jamais, car ils ne recognoissoient que luy, et ne faisoit-on la cour à personne, estant le plus aimé qui fut jamais; et prie Dieu qu'en faciez de mesme; car tant qu'en ferez autrement aux placets ou autres inventions, croyez que l'on ne tiendra pas le don de vous seul; car j'en ay ouy parler où je suis. Je ne veux pas oublier à vous dire une chose que faisoit le Roy, vostre grand-père, qu'il (1) luy conservoit toutes provinces à sa dévotion; c'estoit qu'il avoit le nom de tous ceux qui estoient de maison dans les provinces, et autres qui avoient autorité parmy la noblesse, et du clergé, des villes et du peuple; et pour les contenter et qu'ils tinsent la main à ce que tout fut à sa dévotion, et pour estre averty de tout ce qui se remuoit dedans lesdites provinces, soit en général, ou en particulier parmy les maisons privées, ou villes, ou parmy le clergé, il mettoit peine d'en contenter parmy toutes les provinces une douzaine, ou plus ou moins, de ceux qui ont plus de moyen dans le pays, ainsi que j'ay dit cy-dessus. Aux uns il donnoit des compagnies de gens d'armes; aux autres, quand il vacquoit quelque bénéfice dans le mesme pays, il leur en donnoit, comme aussi des capitaineries des places de la province, et des offices de judicature, selon et à chacun sa qualité; car il en vouloit de chaque sorte qui luy fussent obligez, pour sçavoir comme toutes choses y passoient. Cela les contentoit de telle façon qu'il ne s'y remuoit rien, fut au clergé ou au reste

(1) Qui.

de la province, tant de la noblesse que des villes et du peuple, qu'il ne le sceut; et, en estant adverty, il y remédioit, selon que son service le portoit, et de si bonne heure qu'il empeschoit qu'il n'avint jamais rien contre son autorité ny obéissance qu'on lui devoit porter. Et pense que c'est le remède dont pourrez user pour vous faire aisément et promptement bien obéïr, et oster et rompre toutes autres ligues, accointances et menées, et remettre toutes choses sous vostre autorité et puissance seule. J'ay oublié un autre point qui est bien nécessaire que mettiez peine, et cela se fera aisément, si le trouvez bon; c'est qu'en toutes les principales villes de vostre royaume vous y gagniez trois ou quatre des principaux bourgeois, et qui ont le plus de pouvoir en la ville, et autant des principaux marchans, qui ayent bon crédit parmy leurs concitoyens, et que sous main, sans que le reste s'en apperçoive ny puisse dire que vous rompiez leurs priviléges, les favorisant tellement par bienfaits ou autres moyens, que les ayez si bien gagnez qu'il ne se face ny die rien au corps de ville ny par les maisons particulières que n'en soyez adverty, et que, quand ils viendront à faire leurs élections pour leurs magistrats particuliers, selon leurs priviléges, que ceux-cy, par leurs amis et pratiques, facent toujours faire ceux qui seront à vous du tout, qui sera cause que jamais ville n'aura autre volonté et n'aurez point de peine à vous y faire obéir; car, en un seul mot, vous le serez toujours en ce faisant.

Au-dessous est écrit de la main de la feue Reine-Mère:

Monsieur mon fils, vous en prendrez la franchise de quoy je le vous envoye, et le bon chemin, et ne trouverez mauvais que je l'aye fait écrire à Montagne, car c'est afin que le puissiez mieux lire. C'est comment vos prédécesseurs faisoient.

L'HISTOIRE EN BRIEF

DE LA

VIE ET MORT DE CALVIN,

PAR TH. DE BÈZE.

Juillet 1564.

AVERTISSEMENT.

Calvin appartient à la France par sa famille, son éducation et son influence. Bèze et Bolsec ont écrit l'histoire de cet homme célèbre, le premier en panégyriste et le second en accusateur. L'un de ces ouvrages servant de réponse à l'autre, ceux qui les liront tous les deux en apprécieront la valeur respective. Notre tâche est de produire les pièces d'une manière complète, et, pour la remplir fidèlement, nous dérogeons à l'usage habituel de supprimer les passages qui regardent seulement la théologie. Dans la vie d'un théologien ces passages feraient faute. Ils donnent la mesure de sa franchise, de sa logique, de son savoir, et sont les titres qui marquent son rang parmi les réformateurs éclairés ou les hérésiarques dangereux. Nous observerons que Bèze et Bolsec, élevés dans le sein de l'église catholique, celui-là destiné et celui-ci consacré au sacerdoce, apostasièrent pour se marier; mais Bolsec revint à l'ancienne religion et Bèze resta dans la nouvelle.

L'HISTOIRE EN BRIEF

DE LA

VIE ET MORT DE CALVIN.

THÉODORE DE BESZE

AU LECTEUR CHRESTIEN

SALUT ET PAIX EN NOSTRE SEIGNEUR.

S'il eust pleu à Dieu nous garder plus long-temps son fidèle serviteur M. Jean Calvin, ou plustost si la perversité du monde n'eust esmeu le Seigneur à le retirer si tost à soy, ce ne seroit icy le dernier de ses travaux(1), èsquels il s'est tant fidèlement et tant heureusement employé pour l'advancement de la gloire d'iceluy et pour l'édification de l'église. Et mesmes maintenant ce Commentaire ne sortiroit point sans estre comme couronné de quelque excellente préface ainsi que les autres ; mais il luy en prend comme aux povres orphelins, qui sont moins advantagez que leurs frères, d'autant que leur père leur est failli trop tost. Cependant je voy cest orphelin sorti

---

(1) Cette vie de Calvin servit d'abord de préface à ses *Commentaires sur Josué*, publiés par Th. de Bèze à Lyon, en 1565. Ce fut, en effet, le dernier de ses travaux.

de si bonne maison, graces à Dieu, et si fort représentant son père, que sans autre tesmoignage il se rendra de soy-mesmes non seulement agréable, mais aussi très honnorable à tous ceux qui le verront. Et pourtant aussi n'a-ce pas esté mon intention de le recommander par ce mien tesmoignage (car quel besoin en est-il?); mais plustost me lamenter avec luy de la mort de celuy qui nous a esté un commun père, et à luy et à moy, pour ce que je ne le puis ni doy moins estimer mon père, en ce que Dieu m'a enseigné par luy, que ce livre et tant d'autres, d'avoir esté escrits par luy-mesmes.

Je me lamenteray donc, mais ce ne sera sans consolation; car ayant esgard à celuy duquel je parle; je l'auroye trop peu aimé, vivant ici bas, si la félicité en laquelle il est maintenant recueilli ne changeoit la tristesse de ma perte en esjouissance de son gain; et aurois mal fait mon profit de sa doctrine tant saincte et admirable, de sa vie tant bonne et entière, de sa mort tant heureuse et chrestienne, si je n'avois aprins par tous ces moyens à me soubmettre à la providence de Dieu avec toute satisfaction et contentement. Or, quant à sa doctrine, de laquelle je veux parler en premier lieu, tant s'en faut que la multitude de ceux qui luy ont contredit la doivent rendre suspecte envers toutes gens de bon jugement qu'au contraire cela seul pourroit servir de certain argument pour l'approuver, d'autant que nul ne s'y est jamais opposé, qui n'ait expérimenté qu'il s'adressoit non point contre un homme, mais contre un vray serviteur de Dieu. Aussi se peut-il affermer (et tous ceux qui l'ont cognu en seront bons et suffisans tesmoins) que jamais il n'a eu ennemi qui, en l'assaillant, n'ait fait la guerre à Dieu; car depuis que Dieu a fait entrer son champion en ceste lice, il se peut bien dire que Satan l'a choisi, comme s'il avoit oublié tous les autres ténans, pour l'assaillir et du tout attérer, s'il eust peu. Mais, d'autre part, Dieu luy a fait ceste grace qu'il l'a orné d'autant de trophées qu'il luy a opposé de ses ennemis. S'il est donc question des combats qu'il a soustenus par dedans pour la doctrine, rien ne les peut faire sembler légers que la diligence de laquelle il a usé pour ne donner loisir à ses ennemis de reprendre haleine, et la constance que Dieu luy avoit donnée pour jamais ne fléchir tant soit peu en la querelle du Seigneur. Les annabaptistes en feront foy, lesquels, peu après le commencement de son ministère en ceste église, c'est assavoir l'an 1536, il sceut si bien et heureusement manier en publique dispute, sans que le magistrat y ayt mis la main, que dès lors la race en fut perdue en ceste église; ce qui est d'autant plus admirable que la pluspart des églises d'Allemagne en sont encores bien fort empeschées; et s'il y en a qui en soyent délivrées, ç'a esté plustost par rigueur de justice qu'autrement. Il eut un autre combat à soustenir contre un apostat nommé Caroli, sur plusieurs calomnies, lequel estant semblablement abbatu, tant par escrit que de bouche, et déchassé de l'église de Dieu, est mort misérablement à Romme dedans un hospital, pour servir d'exemple à ceux qui se révoltent de Jésus-Christ pour suivre un maistre qui récompense si mal ses serviteurs, et en ce monde et en l'autre.

En un autre temps, c'est assavoir l'an 1553, Michel Servet (1), Espagnol, de maudite mémoire, survint, non

(1) Michel Servet, né en 1509 à Villa-Nova, en Arragon. Il entra d'abord en correspondance avec Calvin sur divers points de la doctrine de ce réformateur, et leurs discussions dégénérèrent bientôt en une dispute si violente que leurs lettres étaient remplies d'invectives. Enfin Servet ayant pris le soin de relever toutes les erreurs qu'il avait remarquées dans l'*Institution chrétienne* de Calvin, celui-ci lui voua une haine implacable et ne négligea rien

pas homme, mais plustost un monstre horrible, composé de toutes les hérésies anciennes et nouvelles, et surtout exécrable blasphémateur contre la Trinité, et nommément contre l'éternité du Fils de Dieu. Cestuy-ci, estant arrivé en ceste ville et saisi par le magistrat à cause de ses blasphèmes, y fut tellement et si vivement combattu, que, pour toute défense, il ne luy demeura qu'une opiniastreté indontable, à raison de laquelle, par juste jugement de Dieu et des hommes, il fina par le supplice de feu sa malheureuse vie et ses blasphèmes qu'il avoit desgorgez de bouche et par escrit par l'espace de trente ans et plus.

Environ deux ans auparavant s'estoit présenté un certain triacleur, carme, et soudain devenu de théologien médecin, nommé Hiérosme Bolsec (1), de Paris, lequel, pour se faire valoir, pensant estre arrivé en son cloistre et non en une église de Dieu, de laquelle il n'avoit jamais rien seu que par ouyr dire, et puis aussi solicité par quelques garnemens desquels il sera parlé ci-après, commença en pleine congrégation de reprendre la doctrine de la Providence et prédestination éternelle, comme si nous faisions Dieu autheur de péché et coulpable de la condamnation des meschans. Calvin s'opposa sur-le-champ à ce loup déguisé et luy respondit tellement de bouche et en particulier, et puis aussi par escrit, que rien ne demeura à l'adversaire de vérité qu'une seule impudence monachale, qui l'a rendu et rend encores aujourd'huy puant à tout homme qui a quelque bon sentiment, voire par son propre jugement, comme il se monstrera

---

pour le perdre. Arrêté et jugé à l'instigation de Calvin, Servet fut brûlé à Genève, le 27 octobre 1553.

(1) Bolsec est auteur d'une vie de Calvin, imprimée dans ce volume.

par tesmoignage de sa main toutesfois et quantes que besoin sera; car ce malheureux, qui avoit mérité punition pour un acte séditieux, estant traité par le magistrat en toute douceur, à cause qu'on estimoit qu'il y auroit cy-après quelque remède à son ignorance sophistique, après avoir fait autant de scandales et de maux qu'il a peu ès églises circonvoisines, se voyant par trois fois déchassé des terres des seigneurs de Berne, à la fin estant intolérable à chacun, a donné gloire à Dieu, recognoissant ses erreurs, et surtout sa mauvaise conscience, à Orléans, en plein sinode général des églises françoises, l'an 1562, tellement qu'on en espéroit quelque chose; mais depuis, estant reprins d'un mesme mauvais esprit, est retourné à ses premières erreurs, et déchassé de tous, comme il en est digne, sert encores aujourd'huy, par tous les lieux où il se pourmène, de tesmoignage de l'ire de Dieu contre ceux qui résistent à vérité.

Peu de temps après se déclarèrent quelques demeurans de Servetistes, comme un certain jurisconsulte de ces quartiers, qui depuis, pour mesme cause, fut chassé de l'université de Tubinge par le très illustre duc de Wirtemberg, et, pour avoir continué en ses blasphèmes, chatié par prison, et reçeu à se desdire par jugement desdits seigneurs de Berne. Avec cestuy-là s'estoit ligué un certain Calabrois nommé Valentin Gentil (1), un autre de Sardaigne, un Piémontois nommé Jean-Paul Alciat (2),

---

(1) *Valentin Gentil.* Cet hérésiarque, après avoir parcouru la Pologne, l'Autriche et la Suisse, fut condamné à mort et exécuté à Berne en septembre 1566. En allant au supplice il se flattait d'être le premier martyr pour la gloire du Père, les apôtres et les martyrs n'étant morts que pour la gloire du Fils.

(2) J. Alciat appartenait, de même que Gentil et Georges Blandrata, à la secte des sociniens. Il mourut à Dantzick.

un médecin de Saluces nommé Georges Blandrata. Ceux-ci besongnoyent sous terre comme ils pouvoyent, semans leurs blasphèmes contre les trois personnes en une essence divine, jusques à ce que ce fidèle serviteur de Dieu s'estant opposé, les uns s'esvanouirent, les autres, ayant recogneu leurs blasphèmes, en ont demandé merci à Dieu et à la seigneurie; mais peu après les malheureux, contre leur serment retournez à leurs blasphèmes, se sont avec leurs complices en la fin retrouvez en Pologne, là où ils ont fait et font encores aujourd'huy infinis troubles. Si ont-ils, jusques au lieu où ils sont, senti et aperceu que valoit la force du fidèle serviteur de Dieu dont nous parlons, par les escrits duquel les églises de Pologne ont esté tellement fortifiées que les fidelles en ont esté grandement affermis, et les ennemis de vérité tellement affoiblis qu'avec l'aide de Dieu leur ruine en est prochaine.

Voilà les principaux combats qu'il a endurez par dedans pour la doctrine, beaucoup plus difficiles à soustenir qu'à les dire, comme les livres en feront foy à la postérité; car quant aux autres ennemis, ils l'ont tousjours assailli de loin, mais non pas de si loin qu'il ne les ait atteins de plus près qu'ils n'eussent voulu; ses doctes escrits contre les anabaptistes et libertins en peuvent faire suffisante preuve. Quant à ce grand Goliath Pighius (1), qui est-ce qui l'a abbatu, luy et son pélagianisme, que la puissance du Seigneur en la main de Calvin? Qui a clos la bouche à ce glorieux cardinal Sadolet, que cestuy-là mesmes? Qui a plus heureusement combattu et desfait

---

(1) Pighius (Albert), savant mathématicien et controversiste du seizième siècle, s'attacha à réfuter les principes des réformateurs. Il mourut en 1544, âgé d'environ cinquante ans.

cest amas de sangliers assemblez pour dégaster la vigne du Seigneur? Qui a mieux ne plus droit navré l'Antechrist (1) à la mort? Qui a plus courageusement et plus pertinemment respondu à ce malheureux *Interim*, qui a tant troublé l'Allemagne? Ce n'est pas tout; car qui a esté plus clairvoyant à cognoistre et à rédarguer l'impiété des faux évangélistes, s'accommodans à toutes gens? Qui a plus vivement maintenu la pureté de la doctrine contre les plus dangereux ennemis? c'est assavoir ceux qui, sous ombre de paix et union, prétendent de corrompre la pureté d'icelle. Quant à la misérable contention émeuë pour le faict de la Cène, voyant le feu tant allumé, tout son désir fut de l'esteindre par une claire exposition de la matière, sans s'attacher à personne; qu'il a fait si bien et si dextrement que qui voudra bien considérer ses escrits, confessera que c'est à luy, après Dieu, qu'appartient l'honneur de la résolution depuis suivie par toutes gens de bon jugement. Ce néantmoins Satan s'efforça tant qu'il luy fut possible de l'attirer en ceste contention, voire mesmes avec l'église de Zurich, laquelle entre autres il a tousjours estimée et honorée. Mais ce fut en vain; car au contraire, ayans en présence conféré ensemble, ils demeurèrent entièrement d'accord, et fut le consentement de toutes les églises de Suisse et des Grisons dressé et imprimé en plusieurs langues, avec grande édification de tout le monde. Cela despleut à certains opiniastres, entre lesquels un nommé Joachim Westphale, l'autre Thilman Heshusius, ont esté les plus ardens ennemis de vérité et de concorde. Force luy fut alors d'entrer au combat, par lequel il a tellement maintenu la vérité et combatu l'ingnorance et impudence de tels per-

---

(1) L'*Antechrist*, C'est le pape qui est désigné dans cet endroit.

sonnages qu'il en a acquis louange, et les dessusdits toute vergongne, voire mesmes entre ceux de leur secte et nation ; et l'église de Dieu en a esté tant plus confermée en la vraye et saine doctrine. Bref, je croy qu'il ne se trouvera hérésie ancienne, ni renouvellée, ni nouvellement forgée de nostre temps, laquelle il n'ait destruite jusques aux fondemens ; car entre autres graces excellentes, il y en a deux qui reluysoyent en luy : c'est assavoir une singulière vivacité à descouvrir là où gist la difficulté des matières, et puis aussi une dextérité merveilleuse à coucher ses responses sans perdre une seule parole, comme tous ceux-là confesseront, voire mesmes les ennemis de l'évangile qui voudront attentivement lire ses escrits.

J'ay obmis un autre monstre, qu'il a semblablement desfait, encores qu'en cest endroit j'aye combatu avec luy ; c'est un nommé Sebastian Chastelion (1), lequel, d'autant qu'il avoit congnoissance des langues, et mesmes avoit quelque dextérité en la langue latine, fut ici receu pour conduire l'escole ; mais cest esprit, estant enclin à se plaire en soy-mesmes, se plongea tellement en sa vanité qu'à la fin il s'y est noyé, pour ce que jamais on n'a peu gaigner ce poinct sur luy qu'il print la peine de lire les Commentaires et autres escrits pour se résoudre. Cela fut cause que de plein saut il condamna le Cantique des Cantiques comme un livre sale et impudique ; ce que luy estant remonstré, il desgorgea publiquement mille injures contre les pasteurs de ceste église. Sur quoy, luy estant commandé par le magistrat de vérifier son dire, et convaincu de manifeste malice et calomnie, la justice luy ordonna de

---

(1) *Sebastien Chastelion* ou Castalion, né en 1515, dans les montagnes du Dauphiné, mort à Bâle, en 1563, de la peste qui ravageait cette ville.

sortir après avoir recognu sa faute. Estant donc enfin retiré à Basle, il y a vescu depuis, jusques à ce que s'estant élevé le trouble de Hiérosme Bolsec sur la prédestination, cestuy-ci, qui avoit tousjours tenu de la perfection anabatistique, mais secrètement et entre les siens, ne faisant au surplus difficulté de s'accommoder à chacun, estant aussi grandement irrité de la mort de Servet, se descouvrit ouvertement, premièrement en un livre qu'il fit imprimer en latin et en françois, sous un faux nom de Martin Bellie, aux erreurs et blasphèmes duquel j'ay respondu (1).

Il adjousta un autre traité qu'il appelle en latin *Theologia germanica*, sous le nom de Théophile, et en françois, *Traité du vieil et nouvel homme*. Enfin il tourna ou renversa plustost toute la Bible, en latin et en françois, avec une impudence et ignorance si vilaine que ce seroit merveilles comme il se peut trouver des hommes qui s'y délectent, n'estoit que la nouveauté est tousjours agréable à tous esprits ambitieux, desquels aujourd'huy il est aussi grande saison qu'il fut oncques. Il mit au devant de sa traduction une épistre adressée au feu bon Roy Edouard d'Angleterre (2), par laquelle, sous ombre de prescher charité, il renverse l'authorité des Escritures, comme obscures, et imparfaites, pour nous renvoyer aux révélations particulières, c'est-à-dire aux songes du premier resveur qui voudra se monstrer. Il avoit fait aussi certaines annotations sur le neufième chapitre de l'épitre aux Romains, par lesquelles il establit manifestement le pélagianisme, et

(1) Le livre de Castalion auquel de Bèze répondit a pour titre: *De Hœreticis; quid sit cum eis agendum variorum sententiæ*. Magdebourg, 1554, in-8°.

(2) Edouard VI, unique fils de Henri VIII, mort sans postérité, le 6 juillet 1553.

ne recognoist aucun décret de Dieu, sinon ès choses qui sont bonnes de leur nature, forgeant en Dieu une permission contraire à sa volonté et nous imposant faussement que nous faisons Dieu autheur de péché. Tout cela n'esmeut aucunement le fidèle serviteur de Dieu, d'autant que desjà on avoit mille fois respondu à toutes telles calomnies et erreurs, jusques à ce qu'iceluy-mesmes fit un recueil latin de certains articles et argumens qu'aucuns disoyent avoir extrais des livres de M. Jean Calvin, y adjoustant certaines répliques; et fut ce livret envoyé sous main à Paris pour y estre imprimé. Mais Dieu y pourveut, faisant tomber l'original entre mes mains, tellement que nous-mesmes le fismes imprimer icy, avec telles responses qu'il méritoit. Luy, après avoir sceu le tout, ne sceut que respondre aux pasteurs et ministres de Basle, sinon qu'il n'estoit autheur desdits articles. Estant peu à près appellé, sur la doctrine du franc arbitre et de la providence de Dieu, en pleine dispute à Basle, sa doctrine fut condamnée. Et d'autant que quelques années auparavant il avoit esté receu à la profession de la langue grecque par ceux qui ne cognoissoyent ses erreurs, il luy fut commandé de ne se mesler, de bouche ni par escrit, que de sa lecture, ce qu'il promit et observa très mal, ayant tousjours continué à semer ses resveries comme il a peu. Et mesmes de haine qu'il avoit contre moy, qui pour lors estois en France, bien empesché, à mon grand regret, aux guerres civiles, ou pour le moins esmeu d'une ambition desmesurée, il escrivit un livret intitulé : *Conseil à la France désolée*, sans y mettre son nom ni le lieu de l'impression, combien qu'il fust en ville libre. Là il condamne de rébellion et sédition toutes les églises françoises et conseille qu'un chacun croye ce qu'il voudra, ouvrant la porte par mesme moyen à toutes hérésies et fausses doctrines. Je ne daignay luy respondre à ce beau conseil, qui sentoit par trop son homme bien fort lourd et ignorant de ce qu'il traitoit, et très mal expérimenté en telles affaires; mais, au lieu de cela, je respondi à plusieurs poincts desquels il m'avoit taxé, y entremeslant des erreurs fort vileins et intolérables, sous ombre de défendre ce que j'avois repris en sa translation latine. Ceste mienne response, dédiée aux pasteurs de l'église de Basle, fut cause qu'iceluy Chasteillon fut appelé par l'église et puis par la seigneurie, et luy fut enjoint de respondre à ce dont je le chargeois et que je m'offrois luy prouver par ses escrits; mais peu de jours après la mort le délivra de ceste peine. Je sçay bien que ce long discours sera trouvé mauvais par aucuns, comme si j'en parlois en homme passionné et ne pouvois mesmes souffrir les morts se reposer en leur sépulchre; mais je puis protester devant Dieu que jamais je n'ay hay le personnage vivant, avec lequel aussi je n'eus jamais affaire particulier, en bien ni en mal; tant s'en faut que maintenant je voulusse hayr et pourchasser les morts qui sont remis au jugement du Seigneur. Mais il a falu que cecy fust entendu, afin que chacun se garde de ses livres et disciples qu'il a laissez après luy.

En ces entrefaites, un certain pédante se mit en avant; c'est François Balduin (1), lequel, ne pouvant non plus de-

---

(1) *François Balduin* ou *Baudoin*, né à Arras en 1520, professeur de droit à Bourges, à Strasbourg et à Heidelberg, et l'un des plus savants hommes de son temps. La versatilité de ses opinions en matière de religion a fait dire qu'il fut catholique en France, luthérien à Strasbourg et calviniste à Genève. Sa querelle avec Calvin eut lieu à l'occasion de la publication d'un livre *Sur les devoirs des vrais amis de la religion et de la patrie dans les troubles religieux.* Cet ouvrage fut vivement attaqué par Calvin. La réponse de Baudoin fut tellement violente qu'il réduisit ce dernier au silence, disant qu'il ne voulait plus rien avoir à faire avec un tel chien.

meurer en une religion qu'en une place, a changé de demeure et condition plus souvent que tous les jours, et de religion pour le moins trois fois. A la parfin, n'ayant plus de conscience à perdre, s'est rangé d'une certaine religion pareille à celle des chanoines réguliers, lesquels, estant en général semblables à tous les autres de leur rang, toutesfois quand il est question de leur particulier, se font moynes en ce qui est avantageux pour les moynes, et tout au contraire se font séculiers quand la moynerie leur est peu favorable; ainsi ce bon personnage baise la pantoufle comme les autres, et, afin qu'on ne fist doute que ce ne fust à bon escient, en a prins une bonne et belle rémission de son Roy, pour rentrer en grace de Sa Saincteté et des cardinaux, desquels pour son dernier malheur il est devenu esclave. S'il est donc question d'escrire contre nous, voilà le meilleur catholique du monde; mais si d'autre costé il faut s'accommoder à ceux qui sont comme entre deux fers et se vantent de tenir le milieu, adonc le bon homme crache les réformations de l'église romaine et parle vaillamment de certains abus; mais c'est sans toucher au principal, et tellement toutesfois que tout homme qui ne le cognoistroit penseroit qu'il parlast à bon escient et non point pour se faire valoir. Ce galant, pour son entrée, ne faillit pas l'an 1561, de mettre en avant un livre de telle matière, sans aucun nom, à l'heure mesmes qu'on estoit au colloque de Poissy. Calvin, cognoissant l'intention de ce malheureux, respondit brièvement, comme il avoit accoustumé, mais fort péremptoirement, et donnant quelques atteintes à celuy qui estoit principalement coulpable de ce mal. Balduin sur cela s'eschauffe, et depuis n'a cessé d'escumer sa rage contre celuy qu'il avoit tant de fois appelé père et précepteur, le tout pour faire cognoistre qu'il s'estoit révolté à bon escient. Sur cela

Calvin l'a combatu et ruiné par un seul silence ; car quant aux injures et outrages contre sa personne, il les a tousjours estimées honorables pour le nom du Seigneur auquel il servoit ; joint qu'estre blasmé par un meschant emporte certain tesmoignage de vertu. Et quant aux repréhensions concernantes la doctrine, les unes luy ont semblé si légères et impertinentes qu'elles ne méritoyent response ; les autres ne sont que redites empruntées d'ailleurs et mille fois réfutées. Toutesfois, pour ce que c'est à moy aussi que cest apostat s'est attaché pour gratifier ses maistres, j'ay prins la charge de luy respondre pour la deuxiesme fois, dont j'espère aussi m'acquiter avec la grace de nostre Dieu.

Voilà les principaux combats que ce bon personnage a soustenus heureusement pour la vérité du Seigneur. Au reste, par ce discours je pense avoir traité la pluspart de sa vie, car qu'a-ce esté autre chose de sa vie qu'une perpétuelle doctrine, tant par paroles que par escrits, et par toutes ses meurs et façons de vivre ? ce que toutesfois il est très bon d'exposer par le menu, afin que chacun entende les merveilles de Dieu à l'endroit de cest excellent personnage.

Il nasquit à Noyon, ville ancienne et célèbre de Picardie, l'an 1509, le 10 juillet, d'une maison honneste et de moyennes facultez. Son père s'appeloit Girard Calvin(1), homme de bon entendement et conseil, et pour cela fort requis ès maisons des seigneurs circonvoisins ; à rai-

---

(1) Le père de Calvin n'était pas tonnelier, comme on l'a avancé dans la *Biographie universelle*, mais fils d'un tonnelier. On voit, dans les registres capitulaires de Noyon, qu'il fut tour à tour notaire, procureur fiscal du comté, secrétaire de l'évêché et promoteur du chapitre. Il mourut le 26 mai 1531, sous le poids d'une sentence d'excommunication, pour n'avoir pu rendre compte de l'emploi des biens dont il avait eu la gestion.

son de quoy sondit fils, dès son jeune aage, fut tant mieux et libéralement nourri, aux despens de son père toutesfois, en la compagnie des enfans de la maison de Mommor, ausquels aussi il fit compagnie aux estudes à Paris.

Il estoit dès lors d'un singulier esprit, et surtout fort conscientieux, ennemi des vices et fort addonné au service de Dieu, qu'on appeloit pour lors tellement, que son cœur tendoit entièrement à la théologie; qui fut aussi cause qu'on le pourveut d'un bénéfice en l'église cathédrale de Noyon. Toutesfois son père se résolut de le faire estudier aux loix; et luy aussi de sa part, ayant désjà, par le moyen d'un sien parent et ami, nommé maistre Pierre Robert, autrement Olivetanus, qui depuis a traduit la Bible d'hébrieu en françois, imprimée à Neufchatel, gousté quelque chose de la pure religion, commençoit à se distraire des superstitions papales; qui fut cause qu'outre la singulière révérence qu'il portoit à son père, il s'accorda d'aller à Orléans pour cest effect, là où lisoit pour lors un excellent homme, nommé Pierre de l'Estoille, depuis président en la cour de parlement à Paris, sous lequel il profita tellement en peu de temps qu'on ne le tenoit pour escolier, mais comme l'un des docteurs ordinaires; comme aussi il estoit plus souvent enseigneur qu'auditeur; et luy fut offert de passer docteur pour rien, ce que toutesfois il refusa. Et pour ce que lors l'Université de Bourges estoit aussi en bruit à cause de cest excellent jurisconsulte André Alciat, qui lors y enseignoit, il le voulut bien voir et ouir aussy. Cependant il ne laissoit de vaquer aux sainctes lettres, avec tel fruict et si heureusement que tous ceux ausquels il plaisoit à Dieu de toucher le cœur pour entendre que c'estoit des différents esmeus pour le faict de la religion, non seulement luy portoyent affection singulière, mais l'avoyent desjà en admiration pour l'érudition et zèle qui estoit en luy. Entre autres qu'il hantoit pour lors à Bourges, il y avoit un excellent personnage allemand, professeur des lettres grecques, nommé Melchior Volmar, duquel je me souvien d'autant plus volontiers que c'est celuy mesmes qui a esté mon fidèle précepteur et gouverneur de toute ma jeunesse, dont je loueray Dieu toute ma vie. Ce bon personnage, voyant que Calvin avoit faute des lettres grecques, fit tant qu'il s'appliqua à les apprendre, à quoy aussi il luy servit beaucoup, comme luy-mesme en a rendu tesmoignage en luy dédiant ses commentaires sur la seconde épistre de sainct Paul aux Corinthiens, et luy faisant ceste recognoissance de l'appeler son maistre et enseigneur. Sur ces entrefaites son père va mourir; qui fut cause qu'abandonnant ses estudes de loix, il retourna à Noyon et depuis à Paris, là où, nonobstant sa jeunesse, il ne fut guères sans estre cognu et honoré de tous ceux qui avoyent quelque sentiment de vérité. Luy, de sa part, prenant dès lors résolution de se dédier du tout à Dieu, travailloit avec grand fruict, tellement qu'estant advenue esmeute à Paris d'un recteur nommé M. Copus (1), il fut envoyé en cour pourchasser quelque provision, là où il fut cognu et très bien recueilli de ceux qui avoyent quelque droicte affection et jugement en ces affaires. Enfin, voyant le povre estat du royaume de France, il délibéra de s'en absenter pour vivre plus paisiblement et selon sa conscience. Il partit donques de France l'an 1534, et

(1) Nicolas Cop, recteur de l'Université, ayant prononcé un discours plein de la doctrine des réformateurs, fut poursuivi, et Calvin, soupçonné d'avoir rédigé ce discours, fut enveloppé dans les mêmes recherches. Ce dernier se retira en Saintonge, où il demeura plusieurs mois caché dans la maison de Louis du Tillet, chanoine d'Angoulême. Il passa de là à Nérac, à la cour de Marguerite, reine de Navarre; enfin il sortit de France en 1534.

ceste mesme année fit imprimer à Basle sa première institution, comme un apologétique adressé au feu Roy François, premier de ce nom, pour les povres fidèles persécutez, ausquels à tort on imposoit le nom d'anabaptistes, pour s'excuser envers les princes protestans des persécutions qu'on leur faisoit. Il fit aussi un voyage en Italie, où il vid Madame la duchesse de Ferrare, encores aujourd'huy vivante (1), graces à Dieu, laquelle, l'ayant veu et ouy, dès lors jugea ce qu'il en estoit, et tousjours depuis jusques à sa mort l'a aimé et honnoré comme un excellent organe du Seigneur. A son retour d'Italie, laquelle il ne fit que voir, il passa à la bonne heure par ceste ville de Genève qui, peu de temps auparavant, avoit receu l'évangile par la prédication de maistre Guillaume Farel, et ne prétendoit rien moins que d'y faire sa demeure, mais seulement d'y passer pour tirer à Basle et pour estre à Strasbourg. Mais le Seigneur, voulant dès lors se préparer chemin à tant de bien qu'il vouloit départir à son église par le moyen d'iceluy, mit au cœur dudit Farel de le retenir, ce qu'il luy fut très difficile, tellement qu'après les prières il en fallut venir jusqu'aux adjurations. Adonc il accorda de demeurer, non pas pour prescher, mais pour lire en théologie; et advint tout ceci l'an 1356, au commencement de septembre. Estant ainsi déclaré docteur en ceste église, avec légitime élection et approbation, il dressa un bref formulaire de confession et de discipline, pour donner quelque forme à ceste église nouvellement dressée. Il fit aussi le catéchisme, qu'on peut bien appeler l'un de ses excellens ouvrages, et qui a fait un merveilleux fruict; estant si bien recueilli que de françois il a esté depuis traduit en hébrieu pour gagner les Juifs, en

---

(1) Renée de France, fille de Louis XII.

grec et en latin pour les escoles, mesmes en italien, allemand, anglois, escossois, flamand et hespagnol, pour toutes ces nations. Ces heureux commencemens despleurent grandement à Satan et aux siens, qui ne faillirent pas, comme il n'estoit pas mal aisé, sur les premiers changemens d'estat et de religion de s'opposer à la pratique de l'évangile, combien qu'elle eust esté jurée par tous ceux de ceste ville. M. Calvin, d'autre part, comme il avoit un esprit vrayment héroïque, s'opposa fort et ferme aux séditieux avec ledit M. Farel et un autre bon personnage nommé Couraut, aussi ministre de ceste église, aveugle des yeux corporels, mais clairvoyant des yeux de l'esprit, lequel aussi ledit Calvin avoit attiré de Basle, là où il s'estoit retiré à cause des ardentes persécutions de la France. L'issue fut telle que le Seigneur, voulant tout d'un coup retirer ses serviteurs de la presse, purger ceste ville de certains mutins qui abusoient du nom de l'évangile, planter son nom ailleurs, et finalement façonner son serviteur par une expérience des choses qui depuis luy ont grandement servi, il fut ordonné, la plus grand part du conseil surmontant la meilleure, que les dessusdits sortiroyent dans vingt-quatre heures, pour n'avoir voulu administrer la Cène en une cité ainsi troublée et meslée. Cela estant annoncé audit Calvin, sa response fut que, s'il eust servi aux hommes, il seroit mal récompensé, mais qu'il avoit servi à celuy qui, au lieu de mal récompenser ses serviteurs, payoit ce qu'il ne devoit point. Et c'estoit à bon droit qu'il parloit ainsi; car il avoit ensuivi l'exemple de sainct Paul, en servant à l'église à ses propres cousts et despens. Il se retira donc, au grant regret de tous les bons, premièrement à Basle, puis à Strasbourg, là où estant recueilli comme un thrésor par ces excellents hommes, M. Martin Bucer, Capito, Hédio et autres qui pour lors reluysoyent comme perles précieuses en l'église de Dieu; il y dressa une église françoise, y establissant mesmes la discipline ecclésiastique, ce que jamais toutesfois les Allemans n'ont peu obtenir jusques à présent pour leur église. Il lisoit aussi en théologie avec grande admiration d'un chacun, et lors il commença d'escrire sur sainct Paul, dédiant son Commentaire sur l'épistre aux Romains à M. Simon Grinée, tenu le plus docte des Allemans, et son grand amy. Il eut aussi cest heur, entre autres, qu'il ramena à la foy un fort grand nombre d'anabaptistes qu'on luy adressoit de toutes parts, et entre autres un nommé Jean Stordeur, de Liége, lequel, estant décédé de peste à Strasbourg quelque temps après, il print sa vefve à femme, nommée Idellette de Bure, femme grave et honneste, avec laquelle il a depuis paisiblement vescu, jusques à ce que nostre Seigneur la retira à soy, l'an 1548, sans avoir eu aucuns enfans(1). En ce mesme temps furent tenues en Allemagne quelques journées impérialles sur le faict de la religion, à Wormes, et à Ratisbonne, èsquelles Calvin fut esleu des premiers par l'advis de tous les théologiens allemans, où il se porta tellement que sa renommée se fit grande parmi les adversaires mesmes, et Philipe Melanthon, entre autres, le print dès lors en singulière amitié qui a tousjours duré depuis, et dès lors l'appeloit ordinairement le théologien, par un singulier honneur. Cependant le Seigneur exerçoit ses jugemens à Genève, punissant expressément ceux

---

(1) Calvin eut un fils qui mourut jeune, et que de Bèze ne paraît pas avoir connu. J. Chappeauville (*Historia pontificum Tungrensium et Leodiensium*, t. III, cap. 4) rapporte qu'un fils de Calvin, mordu d'un chien enragé en 1561, se rendit au tombeau de saint Hubert, dans les Ardennes, pour obtenir sa guérison par l'intercession de ce saint.

lesquels estans en estat de syndique, 1538, avoyent esté cause de déchasser Calvin et Farel, tellement que l'un d'iceux estant coulpable d'une sédition, et se voulant sauver par une fenestre, se creva soy-mesmes; un autre, ayant commis un meurtre, fut décapité par justice; les deux autres, convaincus de certaine desloyauté contre l'estat de la ville, s'enfuirent et furent condamnez en leur absence. C'est escume estant vuidée de la ville, Calvin commença d'estre regretté et fut redemandé, par plusieurs ambassades de Genève et par l'intercession des seigneurs de Zurich, aux seigneurs de Strasbourg, qui en firent difficulté. Calvin, d'autre part, voyant le fruict qu'il faisoit à Strasbourg, n'y vouloit nullement consentir, combien que, pour tesmoygner l'affection qu'il portoit à la ville, dès l'an 1539, un an après son bannissement, il avoit maintenu la cause d'icelle, ou plustost de la vérité de Dieu, contre le cardinal Sadolet, par une longue et docte épistre qui se trouve imprimée parmi ses œuvres. Enfin il falut venir jusques aux menasses du jugement de Dieu, s'il n'obéissoit à ceste vocation, de sorte qu'au grand regret desdits seigneurs de Strasbourg, et surtout de M. Bucer et de ses autres compagnons, il fut accordé à Genève pour quelque temps. Mais y estant arrivé et receu de singulière affection par ce povre peuple, recognoissant sa faute et affamé d'ouïr son fidèle pasteur, il fut retenu pour tousjours; à quoy s'accordèrent enfin lesdits seigneurs de Strasbourg, à la charge toutesfois qu'ils le tenoient tousjours pour leur bourgeois. Ils vouloyent aussi qu'il retinst le revenu d'une prébende qu'ils luy avoyent assignée pour ses gages de professeur; mais comme il estoit un homme de tout eslongné de cupidité des biens de ce monde, jamais ils ne peurent tant faire qu'il en retinst la valeur d'un denier. Par ainsi il fut restabli derechef à Genève l'an 1541, le 13 de septembre, là où incontinent il dressa l'ordre et la discipline ecclésiastique qui y est tousjours demeuré ferme depuis, nonobstant que Satan et ses adhérans ayent fait tous leurs efforts pour l'abolir. Or, qui voudroit ici déclarer par le menu tous les travaux que cest excellent personnage a depuis soustenus par l'espace de vingt et trois ans, et par dedans et par dehors, il y auroit matière d'un bien gros vollume ; car s'il y eut jamais ville rudement assaillie de Satan et courageusement défendue durant ce temps, ç'a esté Genève ; l'honneur en appartient à un Dieu seul, mais il se peut et doit bien dire que Calvin a esté l'instrument de la force et vertu d'iceluy. S'il est question de vigilance, jamais Satan et les siens ne le prindrent à despourveu, et qu'il n'en ait ou adverti le troupeau devant le coup ou préservé sur-le-champ. S'il faut parler d'intégrité, il est encores à naistre qui luy a veu faire faute en son office, fléchir tant soit peu pour homme vivant, avoir varié en doctrine ni en vie, ni jamais calomnié personne. S'il faut mettre en avant le travail, je ne croy point qu'il se puisse trouver son pareil ; outre ce qu'il preschoit tous les jours de sepmaine en sepmaine, le plus souvent et tant qu'il a peu il a presché deux fois tous les dimanches ; il lisoit trois fois la sepmaine en théologie, il faisoit les remonstrances au consistoire et comme une leçon entière tous les vendredis en la conférence de l'Escriture que nous appelons congrégation, et a tellement continué ce train sans interruption jusqu'à la mort que jamais il n'y a failli une seule fois, si ce n'a esté en extrême maladie. Au reste, qui pourroit raconter ses autres travaux ordinaires et extraordinaires ? Je ne sçay si homme de nostre temps a eu plus à ouïr, à respondre et à escrire, ni de choses de plus grande importance. La seule multitude et qualité de ses escrits suffit pour estonner tout homme qui les verra et plus encores tous ceux qui les liront. Et ce qui rend ces labeurs plus admirables, c'est qu'il avoit un corps si débile de nature, tant atténué de veilles et de soubriété par trop grande, et qui plus est subjet à tant de maladies, que tout homme qui le voyoit n'eust peu penser qu'il eust peu vivre tant soit peu. Et toutesfois pour tout cela n'a cessé de travailler jour et nuict après l'œuvre du Seigneur, et n'oyoit rien moins volontiers de ses amis que les prières et exhortations qu'on luy faisoit journellement, afin qu'il se donnast quelque repos. J'en alléguerai seulement deux exemples. L'an 1559, estant assailli et merveilleusement pressé d'une fièvre quarte, il a, ce nonobstant, basti sa dernière Institution chrestienne au plus fort de ceste maladie, et qui plus est traduite en françois d'un bout à l'autre. Pareillement, en ses dernières maladies, qui estoyent la pierre, la goutte, les hémorrhoïdes, une fièvre phthysicque, difficulté d'haleine, outre son mal ordinaire de la migraine, il a traduit luy-mesmes de bout en bout ce gros volume de ses Commentaires sur les quatre derniers livres de Moyse, reconféré la translation du premier, fait ce livre sur Josué, et reveu la plus grand part de la translation des annotations du Nouveau-Testament, de sorte qu'il n'a jamais cessé de dicter que huict jours devant sa mort, la voix mesme luy défaillant. Outre les peines innumérables et propres à sa charge, en toutes les difficultez et périls où s'est trouvée ceste povre citée, assaillie par dedans par plusieurs mutins et désespérez citoyens, tormentée par dehors en cent mille sortes, menacée des plus grands Rois et princes de la chrestienté, d'autant qu'elle a tousjours esté le refuge et la défence de tous les povres enfans de Dieu, affligez en France, Italie, Espagne, Angleterre ou ailleurs, il a falu que Calvin ait soustenu le plus pesant fardeau. Brief il pouvoit bien dire avec saint Paul : Qui est celuy qui est troublé que je n'en brusle? Et n'estoit point sans cause que chacun avoit son refuge à luy; car Dieu luy avoit tant départi de prudence et bon conseil que jamais homme ne se trouva mal de l'avoir suivi, mais bien en ay-je trop veu qui sont tombez en extremes inconvéniens pour ne l'avoir voulu croire. Cela s'est ainsi trouvé par infinies expériences, mais surtout ès séditions advenues l'an 48, 54 et 55, pour rompre la discipline de l'église, èsquelles s'estant mis tout nud au travers des espées desgainées, par sa seule présence et parole il a tellement effrayé les plus désespérez mutins qu'ils estoyent contraints de donner gloire à Dieu. Le pareil se monstra en la conspiration catilinaire qui fut faite la mesme année 55, pour meurtrir en une nuict tous les François, par le capitaine de la ville nommé Amied Perrin et ses complices (1); laquelle conjuration ayant attiré une infinité de dangers et travaux, à la fin le Seigneur, par sa grande grace et par la prudence de son serviteur, a conduite à telle issue qu'on la voit, c'est-à-dire en la plus grande tranquillité et félicité qu'ait jamais sentie ceste cité. / Quant à son vivre ordinaire, chacun sera tesmoin qu'il a esté tellement tempéré que d'excès il n'y en eut jamais, de chicheté aussi peu, mais une médiocrité louable, horsmis qu'il avoit par trop peu d'esgard à sa santé, s'estant contenté par plusieurs années d'un seul repas pour le plus en vingt-quatre heures et jamais ne prenant rien entre deux; tellement que tout ce que les médecins luy ont peu per-

---

(1) La vie de Calvin par Bolsec, imprimée dans ce volume, donne de grands détails sur cette affaire.

suader, quant à ce poinct, a esté qu'environ demi-an devant sa dernière maladie, il prenoit par fois quelque petit de vin et humoit un œuf environ le midi. Ses raisons estoyent l'imbécilité de son estomac et la migraine à laquelle il disoit avoir expérimenté ne pouvoir remédier que par une diète continuelle, de sorte que quelquefois je l'ay veu faire entière abstinence jusqu'au deuxiesme jour. Estant de si petite vie, il dormoit fort peu, et la pluspart du temps estoit contraint de s'eschauffer sur son lict, duquel aussi il a dicté la pluspart de ses livres, estant en continuel et très heureux travail d'esprit. Voilà le train que cest excellent serviteur de Dieu a suivi d'une continuelle teneur, s'oubliant soy-mesmes pour servir à Dieu et au prochain en sa charge et vocation. Cependant il n'a sceu tant faire que Satan ne luy ait dressé toutes les calomnies les plus effrontées du monde; mais ce n'est point chose nouvelle, car c'est le salaire que le monde a rendu de tout temps à ceux qui l'ont voulu retirer de perdition. Je ne respondray point à ceux qui l'appellent hérétique et pire qu'hérétique, duquel ils ont forgé un nouveau nom de calvinistes; car sa doctrine fournit des responses au contraire plus que suffisantes. Aucuns l'ont chargé d'ambition, mais s'ils en peuvent alléguer un seul argument je suis content de passer condamnation. Y a-il homme qui ait suivi plus grande simplicité en exposition d'Escriture? Et toutesfois, qui a plus eu de quoy se faire valoir s'il eust voulu profaner l'Escriture par subtilitez et vaines ostentations? Il vouloit tout gouverner, disent-ils. O vilaine et fausse impudence! Quelle prééminence a-il jamais cerchée? et s'il en eust cerché, qui l'eust empesché d'en avoir? Avec qui eust-il jamais débat du premier ou second lieu? Quand on luy a déféré ce qui appartenoit aux dons et graces que Dieu avoit mises en luy, quand a-il esté veu changé tant soit peu? Quand se trouvera-il jamais avoir abusé de sa charge et authorité envers le moindre du monde? Quand a-il entrepris ne fait chose sans l'advis ou contre l'opinion de ses compagnons? Brief, quelle différence avons-nous jamais veuë entre luy et nous, sinon qu'il nous surpassoit tous en toute humilité entre autres vertus, et en ce qu'il prenoit seul plus de peine que nous tous? Y avoit-il homme plus simplement habillé ni plus modeste en toute contenance? Y avoit-il maison, pour la qualité d'un tel homme, je ne di point moins somptueusement, mais plus povrement meublée? Si on ne m'en croit et dix mille tesmoins avec moy, au moins que les petites facultez de son frère et seul héritier et l'inventaire de tous ses biens en soyent creus, et il se trouvera que toute sa succession (y comprins mesmes ses livres qui ont esté chèrement vendus à cause de sa mémoire très précieuse à tous gens doctes) ne passe point deux cens escus ; ce sera aussi pour respondre à ces effrontez calomniateurs qui se sont desbordez jusques à le faire les uns un usurier, les autres un banquier, chose si ridicule et si faussement controuvée que tout homme qui l'a jamais tant soit peu cognu ne demandera jamais défense contre une telle mensonge. Il a esté si fort avaricieux qu'ayant en somme toute six cens florins de gage, qui ne reviennent jusques à trois cent livres tournois, il a mesmes pourchassé d'en avoir moins, et les contes de ceste seigneurie en feront foy. Il a esté si convoiteux des biens de ce monde qu'estant prisé, voire mesmes honoré et de rois, et de princes et seigneurs de plusieurs nations, et mesmes leur ayant dédié ses ouvrages, je ne sçache (et le sçaurois à mon advis s'il estoit autrement) que jamais il en ait receu à son profit la valeur de vingt escus. Aussi avoit-il la sacrée parole de Dieu en telle révérence qu'il eust mieux aimé mourir que de s'en servir d'apast en ambition ou avarice. Il a dédié ses livres, ou à quelques personnes privées, en recognoissance de quelque bienfaict ou d'amitié, comme un docte et singulièrement beau Commentaire sur le livre de Sénecque, touchant la vertu de clémence, lequel il fit à Paris, à l'aage de 24 ans, et le dédia à un des seigneurs de Mommor, avec lesquels il avoit eu ce bien d'estre nourri, non pas toutesfois à leurs despens. Le semblable est de ses Commentaires sur l'épistre aux Romains, dédiés à Simon Grinée; sur la première aux Corinthiens, aux seigneurs marquis Caraciol; sur la seconde, à Melchior Volmar, son précepteur en grec; sur la première aux Thessaloniciens, à Mathurin Cordier (1), son régent au collége de Saincte-Barbe, à Paris, en sa première jeunesse; sur la seconde, à Benoist Textor, son médecin; sur l'épistre à Tite, à ses deux singuliers amis et compagnons en l'œuvre du Seigneur, M. Guillaume Farel et M. Pierre Viret; et le Livre des Scandales, à Laurent de Normandie, son ancien et perpétuel ami. Quant aux autres, dédiez à quelques Rois, ou princes, ou républiques, son but estoit d'encourager les uns par ce moyen à persévérer en la protection des enfans de Dieu et ynciter les autres; par quoy aussi, quand il a veu que tels personnages faisoyent tout le contraire, il n'a point fait difficulté d'oster leurs noms pour y mettre d'autres, ce qui est toutesfois seulement advenu en deux préfaces. Voilà quant à ce crime d'avarice. Autres tout au contraire l'ont fait prodigue et joueur, mais aussi à propos que ceux qui l'ont chargé de paillardise. Quant à la prodigalité et ce qui s'ensuit, au moins ses li-

---

(1) Mathurin Cordier, né en 1479 en Normandie, embrassa la réforme à la persuasion de Calvin, et mourut à Genève en 1564. On a de lui plusieurs ouvrages sur l'enseignement de la langue latine.

vres feront foy jusqu'à la fin du monde de ses passe-temps et de l'impudence de tels menteurs. Quant à la paillardise, ce seroit merveilles qu'homme ait osé se desborder jusques à forger ceste calomnie, n'estoit que c'est une chose toute accoustumée contre les plus excellens serviteurs de Dieu. Mais il est à naistre qui jamais en ait mesmes soupçonné celuy dont nous parlons en lieu où il ait conversé. Il a vescu environ neuf ans en mariage, en toute chasteté ; sa femme estant décédée, il a demeuré en viduité l'espace d'environ seize ans, et jusques à la mort. En tout ce temps-là, qui a jamais apperceu le moindre signe d'une telle et si indigne tache ? et qui eust esté la vilaine si effrontée qui eust osé pensé à regarder sans vergongne un tel front, si vénérable et tesmoignant aux hommes qui le regardoyent toute pureté et gravité ? Qui a esté plus rigoreux ennemi de toute paillardise ? Il est vray que le Seigneur l'a exercé sur ce faict en des personnes qui le touchoyent de près. Il est encores pis advenu en la maison de Jacob et de David qu'à celuy dont nous parlons, et d'une façon trop plus estrange. Mais qu'a gagné Satan, en cest endroit, sur ce fidèle serviteur de Dieu, sinon honte et vergongne contre soy-mesmes, au dernier jour devant le siége du Fils de Dieu, et dès maintenant contre ceux qu'il a attitrez pour en tirer occasion de scandale ? Les paillardises, adultères et incestes sont choses tenues pour passe-temps et exercices de ces malheureux, tellement que les plus grands scandales qu'ils trouvent ès églises réformées, c'est qu'on y punit les paillards et adultères. Cependant, s'il s'est trouvé quelque tel scandale au milieu de nous, encore qu'il soit rigoureusement puni, ils ont la gorge ouverte pour nous accuser ; en quoy faisant, s'ils disoyent vray, que feroyent-ils autre chose que nous blasmer de ce que nous leur ressemblerions ? Mais, sans entrer en ces discours, il faut, veuillent ou non, qu'ils confessent que les larrons ne s'assemblent point là où sont les potences, et que, pour vaquer à telles choses, il faudroit plustost demeurer avec ceux-là où tel crime est vertu. Pour revenir à mon propos, il se trouvera que ce fidèle serviteur de Dieu a monstré un singulier exemple à tous les hommes du monde de condamner ce vilain et puant vice, tant en eux-mesmes qu'en autruy, attendu, que quand il s'en est trouvé de coulpables, il n'a eu, sans aucune acception de personnes, esgard quelconques qu'à Dieu et à son église; et ne di rien en ceci de quoy tout le monde ne porte un vray tesmoignage devant Dieu. Il y en a eu d'autres qui l'ont appelé irréconciliable, cruel, et mesmes sanguinaire, ce qu'aucuns ont voulu modérer, l'appelant seulement trop sévère. La défence est bien aisée, Dieu merci, et ne seroit nécessaire, n'estoit qu'il est bon que les uns soyent reprins de leur perversité et les autres advertis de leur ingratitude envers Dieu. J'ay dit au commencement ce que je di encores; c'est qu'il n'eut jamais ennemis que ceux qui ne l'ont pas cognu ou qui ont fait guerre ouverte à Dieu. J'allégueray pour tesmoignage de cela une preuve plus que suffisante; c'est qu'à grand peine se trouvera-il homme de nostre temps et de sa qualité auquel Satan ait fait plus rude guerre en toutes sortes d'outrages; mais il ne se trouvera point qu'il en ait jamais occupé ne cours ne plaids, encores moins qu'il en ait poursuivi vengeance aucune; aussi n'eut jamais maison ni héritage, ni ne se mesla de trafique ni négociation quelconques. Bien est vray que, quand on s'est bandé contre la doctrine de Dieu qu'il annonçoit, il n'en a jamais rien quitté, et a pourchassé, selon les sainctes loix ici establies, que les moqueurs de Dieu fussent traittez selon leurs démérites. Mais qui seront ceux qui reprendront cela, sinon ceux qui transforment l'une des vertus les plus rares et exquises en un vice par trop commun et dommageable? Cependant que sera-ce si je di, et je le puis dire en vérité, qu'une partie de ceux-là mesmes ausquels il luy a esté force de s'opposer, pour ce que dessus, ont honoré sa constance par leur propre tesmoignage? J'en pourrois nommer trois pour le moins, que je ne nommeray toutesfois, deux desquels, estant menez au supplice pour leurs crimes, ne se pouvoyent saouler, à la veuë de tout le peuple, de l'honorer et remercier jusques à la dernière issue, l'appelans leur père, de la présence, advertissemens et prières duquel ils se crioyent estre indignes, pour n'avoir escouté ses remonstrances paternelles. Le tiers, estant en son lict, malade à la mort, après avoir esté durant sa vie le conseil de tous les desbauchez, ne se pouvoit jamais persuader que Dieu luy eust pardonné, si son fidèle serviteur, qu'il avoit tant offensé, ne luy avoit aussi pardonné. Tant s'en faut que ceux-cy l'ayent argué, je ne di pas de cruauté, mais de sévérité trop grande. Je confesse qu'il a tousjours remonstré aux magistrats combien l'acception de personnes estoit détestable devant Dieu, qu'il falloit tenir la balance égale, que Dieu avoit en abomination, non seulement ceux qui condamnoyent l'innocent, mais aussi ceux qui absolvoyent le coulpable. Mais si c'est vice de parler ainsi et le pratiquer, il faudra donc condamner le Sainct-Esprit qui en a donné la sentence, ou, si c'est le contraire, il faut que tels blasphémateurs, qui appellent l'ordonnance de Dieu cruauté, ayent la bouche close. Mais, disent-ils, il a esté trop rigoureux aux adultères et aux hérétiques. Je pourrois bien respondre, ce qui est vray, comme toute la ville le sçait, qu'il ne jugea jamais personne, car ce n'estoit pas son estat, et il n'y pensa onques; et si on luy a demandé advis, non point pour confondre les estas que Dieu a distinguez, mais pour estre réglez selon la parole du Seigneur, je sçay bien que je serai advoué quand je diray qu'on n'a pas tousjours suivi son conseil. Mais, laissant cela, que pourront alléguer tels miséricordieux censeurs, quand je leur diray ce qui est vray; c'est qu'il n'y eut jamais république bien policée en laquelle l'adultère n'ait esté jugée digne de mort, et que cependant il ne se trouvera point qu'un simple adultère ait esté puni en ceste cité de peine capitale? Quant aux hérétiques, où est, je vous prie, ceste grande rigueur? où est-ce que ce sanguinaire a monstré un sanglant naturel? Il y a peu de villes de Suisse et d'Allemagne où l'on n'ait fait mourir des anabaptistes, et à bon droict; ici on s'est contenté de bannissement. Bolsec y a blasphémé contre la providence de Dieu; Sébastian Chasteillon y a blasonné les livres mesmes de la Saincte-Escriture; Valentin y a blasphémé contre l'essence divine. Nul de ceux-là n'y est mort; les deux ont esté simplement bannis, le tiers en a esté quitte pour une amende honorable à Dieu et à la seigneurie. Où est ceste cruauté? Un seul, Servet, a esté mis au feu. Et qui en fut jamais plus digne que ce malheureux, ayant, par l'espace de trente ans, en tant et tant de sortes blasphémé contre l'éternité du Fils de Dieu, attribué le nom de Cerberus à la Trinité des trois personnes en une seule essence divine, anéanti le baptesme des petits enfans, accumulé la plus part de toutes les puantises que jamais Satan vomit contre la vérité de Dieu, séduit une infinité de personne, et, pour le comble de malédiction, n'ayant jamais voulu ni se repentir en donnant lieu à vérité, par laquelle tant de fois il avoit esté convaincu, ni donner espérance de conversion? Et s'il en faut venir aux jugemens des églises, qui ne doit plustost approuver ce que les églises de toute l'Allemagne, et nommément Philippes Mélanthon, renommé pour sa douceur, en a non seulement dit, mais aussi publié par escrit, à la louange d'une telle et si juste exécution? Pour la fin de ce propos, ceux qui trouvent un tel acte mauvais ne sçauroyent mieux monstrer ni leur ignorance en blasmant ce qui mérite singulière louange, ni leur témérité, quand ils s'en attachent à celuy qui n'a fait office que de pasteur fidèle, advertissant le magistrat de son devoir, s'efforçant par tous moyens de ramener un tel malheureux à quelque amendement, et finalement n'oubliant rien pour empescher qu'une telle peste n'infectast son troupeau. Il y en a d'autres qui l'ont trouvé par trop colère. Je ne veux point faire d'un homme un ange; ce nonobstant, pour ce que je sçay combien Dieu s'est merveilleusement servi mesmes de ceste véhémence, je ne doy taire ce qui en est et que j'en sçay. Outre son naturel enclein de soy-mesmes à colère, l'esprit merveilleusement prompt, l'indiscrétion de plusieurs, la multitude et variété infinie d'affaires pour l'église de Dieu, et, sur la fin de sa vie, les maladies grandes et ordinaires, l'avoyent rendu chagrin et difficile; mais tant s'en faloit qu'il se pleust en ce défaut qu'au contraire nul ne l'a mieux aperceu ne l'a trouvé si grand que luy. Cela soit dit quant à sa vie et conversation domestique, en laquelle ce seul défaut, que jamais j'aye cognu en luy, estoit tempéré de si grandes et tant amiables vertus, et si peu ou point du tout accompagné des autres vices qui ont accoustumé de le suyvre, que nul ami n'en demeura onques offensé, ni de fait ni de paroles. Mais quant au public, concernant la charge que Dieu luy avoit commise, c'est là où il faut que j'admire la grande sagesse de Dieu, tournant toutes choses à sa gloire, surtout en ses organes et instrumens plus singuliers. Ceux qui ont veu et cognu à quelles gens il a eu affaire le plus souvent, les choses que Dieu a déclarées et faites par luy, les circonstances des temps et des lieux, ceux-là peuvent juger de quoy une telle véhémence, véhémence, di-je, vrayement prophétique, a servi et servira à toute la postérité. Et ce qui le rendoit plus admirable estoit que, n'ayant et ne cerchant rien moins que ce qui est tant requis par ceux qui se veulent faire craindre par une apparence extérieure, il faloit que les plus obstinez et pervers fléchissent sous la grande vertu de Dieu environnant son fidèle et irrépréhensible serviteur. Ceux qui liront ses escrits et cercheront droitement la gloire de Dieu, y verront reluire ceste majesté dont je parle; quant à ceux qui traittent aujourd'hui la religion comme les affaires politiques, plus froids que glace aux affaires de Dieu, plus enflambez que feu en ce qui concerne leur particulier, et qui appellent colère tout ce qui est dit plus franchement qu'il ne leur plaist, comme il n'a jamais tasché de plaire à telles gens, aussi feroy-je conscience de m'amuser à leur respondre. Que diroyent donc ces sages gens et si attrempez (pourveu qu'il ne soit question que de Dieu), s'ils avoyent senti de plus près une telle colère? Je m'asseure qu'ils s'en fussent aussi mescontentez, comme je m'estime et estimeray heureux, tout le temps de ma vie, d'avoir jouy d'une si grande et si rare vertu, en public et en particulier. Je ne pourrois jamais estre las de me consoler, en l'absence d'un tel et si excellent personnage, en le me représentant par le discours de ses vertus tant rares et exquises. Mais si ne puis-je sans merveilleux regret parachever ce qui reste, et qui ne peut toutesfois nullement estre laissé, attendu que c'est comme la couronne et l'ornement de toute sa vie. Outre ce que Dieu avoit logé ce grand esprit en un corps imbécille et disposé de soy-mesmes au mal de pthisie, duquel aussi il est mort, les estudes de sa jeunesse l'avoyent fort atténué, et quand il est venu aux affaires, il s'est tousjours si peu respecté, quant au travail de son esprit, que, sans une grace spéciale de Dieu, voulant bastir son église par cest instrument, il luy eust esté impossible de parvenir seulement jusques à l'aage que les médecins appèlent déclinant. L'an 1558, estant requis par les seigneurs de Francfort de faire un voyage vers eux, pour remédier à quelques troubles survenus à l'église françoise recueillie un peu auparavant en ladite ville, au retour de ce voyage bien long et fascheux, il eut une fièvre tierce fort aspre, qui fut comme le premier heurt de sa santé; tellement que, l'an 1559, il fut assailli d'une longue et fascheuse fièvre quarte, durant laquelle force luy fut, à son grand regret, de s'abstenir de lire et de prescher; mais il ne laissoit de travailler à la maison, quelque remonstrance qu'on luy fist, tellement que durant ce temps il commença et paracheva sa dernière Institution chrestienne, latine et françoise, de laquelle nous parlerons en la conclusion. Ceste maladie le laissa tellement débilité que jamais depuis il n'a peu revenir en une plaine santé. Il traina tousjours depuis la jambe droitte, qui par fois luy faisoit grandes douleurs. Ses anciennes infirmitez se rengregeoyent aussi; c'est assavoir ses douleurs de teste, et grandes cruditez qui luy causoyent une défluxion perpétuelle. Il estoit assailli des hémorroïdes, d'autant plus fascheuses qu'autrefois par un accident ceste partie avoit esté fort débilitée. La cause estoit qu'en ne donnant nul repos à son esprit il estoit en perpétuelle indigestion, à laquelle mesmes il ne pensa jamais qu'estant contraint par la douleur. Les coliques s'ensuivirent, et puis à la fin la goutte et le calcul. Outre cela, pour s'estre efforcé et par une défluxion érodente, il tomba en crachement de sang qui le débilitoit à l'extrémité. Parmi tant de maladies, c'est une chose estrange que ceste vivacité d'esprit en estoit plustost empeschée que diminuée, et ceste dextérité de jugement nullement altérée. Il y avoit seulement ce mal que le corps ne pouvoit suyvre l'esprit, encores qu'il s'efforçast par fois jusques à ce qu'il fut tellement pressé d'une courte haleine qu'à grand' peine pouvoit-il porter le mouvement de deux ou trois pas. Les médecins faisoyent tout devoir, et luy de sa part suyvoit leur conseil à toute rigueur, nonobstant ses douleurs et tant de maladies impliquées; mais c'estoit en vain, comme tousjours aussi il le disoit, regardant le ciel, et disant souvent ces mots: Seigneur, jusques à quand? A la fin donques il demeura tout plat, ayant bien l'usage de parler, mais ne pouvant poursuyvre un propos longuement à cause de sa courte haleine. Ce nonobstant encores ne cessoit-il de travailler; car en ceste dernière maladie, comme il a esté dit ci-dessus, il a entièrement traduit de latin en françois son Harmonie sur Moyse, reveu la traduction de Genèse, escrit sur ce présent livre de Josué, et finalement reveu et corrigé la pluspart des annotations françoises sur le Nouveau-Testament, qu'autres avoyent auparavant recueillies. Outre cela, jamais il ne s'est espargné aux affaires des églises, respondant et de bouche et par escrit quand il en estoit besoin, encores que de nostre part nous luy fissions remonstrances d'avoir plus d'esgard à soy. Mais sa réplique ordinaire estoit qu'il ne faisoit comme rien, que nous souffrissions que Dieu le trouvast tousjours veillant et travaillant à son œuvre comme il pouvoit jusques au dernier souspir. Le 25 d'avril il fit un testament fort brief, comme jamais il n'a abusé mesmes des paroles en tant qu'en luy a esté, mais contenant un singulier et excellent tesmoignage à jamais qu'il a parlé comme il a creu ; qui a esté cause que volontiers je l'ay inséré mot à mot par le consentement de son frère et seul héritier, Antoine Calvin, afin que cest acte demeure à perpétuité, comme il a pleu à Dieu que quelques testamens de ses plus excellens serviteurs ayent esté enregistrez, pour estre perpétuels tesmoignages qu'un mesme esprit de Dieu les a gouvernez en la vie et en la mort ; et puis aussi pour faire mieux cognoistre l'impudence extreme de ceux qui feroient volontiers croire que sa mort a démenti sa vie. Et si quelqu'un estime qu'en ceci il y ait rien de contrefait, je ne m'amuseray point à le contredire ; seulement je l'admoneste, quiconque il soit, de bien penser que c'est qu'il y aura de ferme en la société humaine, s'il est loisible de révoquer en doute ce qui a esté fait en une ville, au veu et sceu de qui l'a voulu ouïr et sçavoir.

Testament et dernière volonté de M. Jean Calvin.

Au nom de Dieu, à tous soit notoire et manifeste comme ainsi soitque, l'an 1564, et le 25ᵉ jour du mois d'avril, moy, Pierre Chenelat, citoyen et notaire juré de Genève, aye esté appelé par spectable Jean Calvin, ministre de la parole de Dieu en l'église de Genève et bourgeois dudit Genève, estant malade et indisposé de son corps tant seulement, iceluy m'a déclaré vouloir faire son testament et déclaration de sa dernière volonté, me priant de l'escrire selon qu'il seroit par luy dicté et prononcé. Ce qu'à sadite requeste j'ay fait, et l'ay escrit sous luy et selon qu'il le m'a dicté et prononcé de mot à mot, sans y rien omettre ni adjouster, en la forme qui s'ensuit.

Au nom de Dieu, je, Jean Calvin, ministre de la parole

de Dieu en l'église de Genève, me sentant tellement abbatu de diverses maladies que je ne puis autrement penser sinon que Dieu me veut retirer en brief de ce monde, ay advisé de faire et coucher par escrit mon testament et déclaration de ma dernière volonté, en la forme qui s'ensuit. C'est, en premier lieu, que je rends graces à Dieu de ce que non seulement il a eu pitié de moy, sa povre créature, pour me retirer de l'abysme de l'idolatrie où j'estois plongé, pour m'attirer à la clarté de son Evangile, et me faire participant de la doctrine de salut, de laquelle j'estois par trop indigne; et que, continuant sa miséricorde, il m'a supporté en tant de vices et povretez, qui méritoit bien que je fusse rejetté cent mille fois de luy; mais qui plus est, il a estendu vers moy sa mercy jusques-là de se servir de moy et de mon labeur pour porter et annoncer la vérité de son Evangile; protestant de vouloir vivre et mourir en ceste foy laquelle il m'a donnée, n'ayant autre espoir ni refuge sinon à son adoption gratuite, à laquelle tout mon salut est fondé; embrassant la grace qu'il m'a faite en nostre Seigneur Jésus-Christ et acceptant le mérite de sa mort et passion, afin que par ce moyen tous mes péchez soient ensevelis, et le priant de tellement me laver et nettoyer du sang de ce grand Rédempteur, qui a esté espandu pour tous povres pécheurs, que je puisse comparoistre devant sa face, comme pourtant son image. Je proteste aussi que j'ay tasché, selon la mesure de grace qu'il m'avoit donnée, d'enseigner purement sa parole, tant en sermons que par escrit, et d'exposer fidèlement l'Escriture-Saincte, et mesmes qu'en toutes les disputes que j'ay euës contre les ennemis de vérité, je n'ay point usé de cautelle ne sophisterie, mais ay procédé rondement à maintenir sa querelle. Mais, hélas! le vouloir que j'ay eu, et le zèle, s'il le faut ainsi appeler, a esté si froid et si lasche que je me sens bien redevable en tout et par tout, et que si n'estoit sa bonté infinie, toute l'affection que j'ay euë ne seroit que fumée; voire mesmes que les graces qu'il m'a faites me rendroient tant plus coulpable, tellement que mon recours est à ce qu'estant père de miséricorde, il soit et se monstre père d'un si misérable pécheur. Au reste, je désire que mon corps, après mon décez, soit enseveli à la façon accoustumée, en attendant le jour de la résurrection bienheureuse.

Touchant le peu de bien que Dieu m'a donné icy pour en disposer, je nomme et institue pour mon héritier unique mon frère bien aimé, Antoyne Calvin, toutesfois honoraire tant seulement, luy laissant pour tout droit la couppe que j'ay euë de Monsieur de Varannes, le priant de se contenter, comme je m'en tiens asseuré, pour ce qu'il sçait que je ne le fais pour autre raison, qu'afin que ce peu que je laisse demeure à ses enfans. En après je lègue au collége dix escus et à la bource des povres estrangers autant. Item à Jeanne, fille de Charles Costan et de ma demi-seur, à sçavoir du costé paternel, la somme de dix escus; puis après, à Samuel et Jean, fils de mondit frère, mes nepveus, chacun quarante escus; et à mes niepces, Anne, Suzanne et Dorothée, chacune trente escus. Quant à mon nepveu David, leur frère, pour ce qu'il a esté léger et volage, je ne luy donne que vingt-cinq escus pour chastiment. C'est en somme tout le bien que Dieu m'a donné, selon que je l'ay peu taxer et estimer, tant en livres qu'en meubles, vaisselle et tout le reste. Toutesfois, s'il se trouvoit plus, j'entends qu'il se distribue entre mesdits nepveus et niepces, n'excluant point David, si Dieu luy fait la grace d'estre plus modéré et rassis. Mais je croy, quant à cest article, qu'il n'y aura nulle difficulté, surtout quand mes dettes seront payées, comme j'en ay donné charge à mon frère, sur qui je me repose, le nommant exécuteur de ce présent testament, avec spectable Laurent de Normandie, leur donnant toute puissance et authorité de faire inventaire sans forme de justice, et de vendre mes meubles pour en faire et retirer argent, afin d'accomplir le contenu tel qu'il est ici couché, ce 25 avril 1564.

Il est ainsi.

Jean Calvin.

Après l'avoir escrit comme dessus, au mesme instant ledit spectable Calvin a soussigné de son seing accoustumé la propre minute dudit testament. Et le lendemain, qui fut le 26 du mois d'avril 1564, ledit spectable Calvin m'a derechef fait appeler, ensemble spectables Théodore de Besze, Raymond Chauvet, Michel Cop, Louis Enoch, Nicolas Coladon, Jaques des Bordes, ministres de la parole de Dieu en ceste église, et spectable Henri Scrinğer, professeur ès arts, tous bourgeois de Genève, en la présence desquels il a déclairé m'avoir fait escrire sous luy et à sa prononciation ledit testament, en la forme et par les mesmes mots que dessus, me priant de le prononcer en sa présence et desdits tesmoins à ce requis et demandez; ce que j'ay fait à haute voix et mot à mot. Après laquelle prononciation il a déclaré que telle estoit sa volonté et dernière disposition, voulant qu'elle soit observée. Et en plus grande approbation de ce, a prié et requis les sus nommez de le souscrire avec moy, ce qu'aussi a esté fait, l'an et jour ci-devant escrit, à Genève, en la rue appelée des Chanoines, et maison d'habitation d'iceluy. En foy de quoy, et pour servir de telle preuve que de raison, j'ay mis à la forme que dessus le présent testament, pour l'expédier à qui appartiendra, sous le seau commun de nos très honnorez seigneures et supérieurs, et mon signet manuel accoustumé

Ainsi signé,

P. Chenelat.

Voyant que la courte haleine le pressoit de plus en plus, il pria messieurs les quatre syndiques et tout le petit conseil ordinaire, qu'on appelle, de le venir voir tous ensemble. Estans venus, il leur fit une remonstrance excellente des singulières graces qu'ils avoient receuës de Dieu, et des grans et extremes dangers desquels ils avoient esté préservez, ce qu'il pouvoit bien leur réciter de poinct en poinct, comme celuy qui sçavoit le tout à meilleures enseignes qu'homme du monde, et les admonesta de plusieurs choses nécessaires selon Dieu au gouvernement de la seigneurie ; brief, il fit office de vray prophète et serviteur de Dieu, protestant de la syncérité de la doctrine qu'il leur avoit annoncée, les asseurant contre les tempestes prochaines, pourveu qu'ils suyvissent un mesme train de bien en mieux. Et sur cela, les ayant priez en général et en particulier luy pardonner tous ses défauts, lesquels nul n'a jamais trouvez si grans que luy, il leur tendit la main. Je ne sçay s'il eust peu advenir un plus triste spectacle à ces seigneurs, qui le tenoyent tous, et à bon droict, quant à sa charge, comme la bouche du Seigneur, et quant à l'affection, comme leur propre père, comme aussi il en avoit cognu et dressé une partie dès leur jeunesse.

Le vendredi 20 d'avril, tous les frères ministres, et de la ville et des champs, ayans esté advertis à sa requeste, s'assemblèrent en sa chambre, ausquels il fit une longue remonstrance ; de laquelle la substance estoit qu'ils eussent à persévérer de bien faire leur devoir après sa mort, et qu'ils ne perdissent point courage; que Dieu maintiendroit et la ville et l'église, combien qu'elles fussent menacées de plusieurs endroits; aussi qu'ils n'eussent point de piques entre eux, mais que charité y régnast et qu'ils fussent bien unis ensemble; qu'ils recognussent combien ils sont obligez à ceste église, en laquelle Dieu les a appelez; qu'il n'y eust rien qui les en destournast; que ceux qui en seroyent desgoustez et la voudroyent laisser pourroyent bien par-dessous terre trouver des excuses, mais que Dieu ne se laisseroit point moquer. A ce propos il adjousta un récit de son entrée en ceste église, et de sa conversation en icelle, disant que, quand il y vint, l'Evangile se preschoit, mais que les choses y estoyent fort desbordées et que l'Evangile estoit à la pluspart d'avoir abbatu les idoles; qu'il y avoit beaucoup de meschantes gens et luy avoit falu recevoir beaucoup d'indignitez; mais que Dieu l'avoit fortifié pour tousjours tenir bon, combien que de sa nature il fust craintif. Et répéta par deux ou trois fois ces mots: Je vous asseure que de ma nature je suis timide et craintif. Aussi il remémora que, quand il revint de Strasbourg ici, il suivit ceste vocation comme estant contraint et ne voyant pas qu'il en deust venir grand fruict, aussi ne sçachant ce que Dieu vouloit faire; et de faict, qu'il y avoit eu beaucoup de difficultez, mais qu'avec le temps en continuant il avoit veu la bénédiction de Dieu sur son labeur. Que donc chacun se fortifiast en sa vocation et à tenir bon ordre, qu'on prinst garde au peuple pour le tenir tousjours en l'obéissance de la doctrine; qu'il y avoit de gens de bien, mais que ce n'estoit pas qu'il n'y en eust aussi de malins et rebelles; que ce seroit pour nous rendre bien coulpables devant Dieu, si les choses, estans avancées jusques ici, venoyent après en désordre par nostre négligence. Au reste, il protesta que tousjours il avoit esté conjoint de vraye affection avec la compagnie des frères, et pria qu'on luy pardonnast si quelques fois on avoit veu en luy quelque chagrin durant sa maladie; et remercia, comme souvent il avoit fait, de ce qu'on avoit soustenu sa charge quant à prescher. Finalement il bailla la main à tous l'un après l'autre, ce qui fut avec telle angoisse et amertume de cœur d'un chacun que je ne sçaurois mesmes le me ramentevoir sans une extreme tristesse.

Le second de may, ayant receu lettres de M. Guillaume Farel, ministre à Neufchastel, duquel il a souvent esté parlé ci-dessus, et sçachant qu'il délibéroit de le visiter, estant octogénaire ou plus, il luy rescrivit ceste lettre: « Bien vous soit, très bon et très cher frère; et puis qu'il plaist à Dieu que demeuriez après moy, vivez, vous souvenant de nostre union, de laquelle le fruict nous attend au ciel, comme elle a esté profitable à l'église de Dieu. Je ne veux point que vous vous travaillez pour moy. Je respire à fort grand' peine et attends d'heure en heure que l'haleine me faille. C'est assez que je vy et meurs à Christ, qui est gain pour les siens en la vie et en la mort. Je vous recommande à Dieu avec les frères de par-delà. De Genève, ce 2 de may 1564.

« Le tout vostre Jean Calvin. »

De là en avant sa maladie jusques à la mort ne fut qu'une continuelle prière, nonobstant qu'il fust en douleurs continuelles, ayant souvent en sa bouche ces mots du Ps. 39: « *Tacui, Domine, quià fecisti*, Je me tay, Seigneur, pour ce que c'est toy qui l'as faict. » Une autre fois il disoit du chapitre 38 d'Isaïe: « *Gemebam sicut colomba*, Je gémi comme la colombe. » Une autre fois, parlant à moy, il s'escria et dist: Seigneur, tu me piles, mais il me suffit que c'est ta main.

Plusieurs désiroyent le venir voir, et eust falu tenir la

porte ouverte jour et nuict qui eust voulu obtempérer au désir d'un chacun. Mais luy, prévoyant cela et cognoissant que sa courte haleine ne luy eust permis de faire ce qu'il eust voulu, d'avantage aussi n'ayant pour agréable la curiosité de plusieurs, avoit requis qu'on se contentast de prier Dieu pour luy et qu'on le laissast en quelque repos. Mesmes quand je le venois voir, encores qu'il me vist bien volontiers, si est-ce que sçachant les charges que j'avois, il me donnoit assez à entendre qu'il ne vouloit point que son particulier m'occupast en façon quelconques, tellement qu'en prenant congé de moy il m'a dit quelquefois qu'il faisoit conscience de m'occuper tant soit peu, encores qu'il fust resjouy de me voir. Mais son naturel avoit tousjours esté tel, de craindre de retarder tant soit peu le profit de l'église et de donner peine quelle qu'elle fust à ses amis, encores que ce leur fust le plus grand plaisir qu'ils eussent au monde de se pouvoir employer pour luy. Il continua en ceste façon, se consolant et tous ses amis, jusques au vendredi 19 de may, précédant la Cène de la Pentecoste, auquel jour, pour ce que, selon la coustume de ceste église, tous les ministres s'assemblent pour se censurer en leur vie et doctrine, et puis en signe d'amitié prenent leur repas ensemble, il accorda que le soupper se fist en sa maison, là où s'estant fait porter en une chaire il dit ces mots en entrant : « Mes frères, je vous viens voir pour la dernière fois; car, hors-mis ce coup, je n'entreray jamais à table. » Ce nous fut une pitoyable entrée, combien que luy-mesmes fist la prière comme il pouvoit et s'efforçat de nous resjouir, sans qu'il peust manger que bien peu. Toutesfois, avant la fin du soupper il print congé, et se feit reporter en sa chambre qui estoit prochaine, disant ces mots avec une face la plus joyeuse qu'il pouvoit : « Une paroy entre deux n'empeschera point que je ne sois conjoint d'esprit avec vous. » Il en advint comme il avoit prédit; car jusques à ce jour, quelque infirmité qu'il eust, il se faisoit lever et conduire jusques dans une chaire au-devant de sa petite table; mais depuis ce soir il ne bougea onques de dessus ses reins, tellement atténué, outre ce qu'il estoit fort maigre de soy mesmes, qu'il n'avoit que le seul esprit, hors-mis que du visage il estoit assez peu changé. Mais sur tout l'haleine courte le pressoit, qui estoit cause que ses prières et consolations assiduelles estoient plustost soupirs que paroles intelligibles, mais accompagnées d'un tel œil et d'une face tellement composée que le seul regard tesmoignoit de quelle foy et espérance il estoit muni. Le jour qu'il trespassa, il sembla qu'il parloit plus fort et plus à son aise, mais c'estoit un dernier effort de nature; car sur le soir, environ huit heures, tout soudain les signes de la mort toute présente apparurent; ce que m'estant soudain signifié, d'autant qu'un peu auparavant j'en estois party, estant accouru avec quelqu'autre de mes frères, je trouvay qu'il avoit desjà rendu l'esprit, si paisiblement que jamais, n'ayant raalé, ayant peu parler intelligiblement jusques à l'article de la mort, en plein sens et jugement, sans avoir jamais remué pied ne main, il sembloit plustost endormy que mort. Voilà comme en un mesme instant ce jour là le soleil se coucha, et la plus grand'lumière qui fust en ce monde pour l'adresse de l'église de Dieu fut retirée au ciel. Et pouvons bien dire qu'en un seul homme il a pleu à Dieu de nostre temps nous apprendre la manière de bien vivre et bien mourir. La nuict suyvant et le jour aussi, il y eut de grands pleurs par la ville; car le corps d'icelle regretoit le prophète du Seigneur, le povre troupeau de l'église pleuroit le département de son fidèle pasteur, l'escole se lamentoit de son vray docteur et maistre, et tous en général pleuroyent leur vray père et consolateur après Dieu. Plusieurs désiroyent de voir encore une fois sa face, comme ne le pouvans laisser ne vif ne mort. Il y avoit aussi plusieurs estrangers venus auparavant de bien loin pour le voir; ce que n'ayans peu, pour ce qu'on ne pouvoit encores penser qu'il deust mourir si tost, désiroyent merveilleusement de le voir tout mort qu'il estoit, et en firent instance. Mais, pour obvier à toutes calomnies, il fut enseveli environ les huit heures au matin, et sur les deux heures après midy porté à la manière accoustumée, comme aussi il l'avoit ordonné, au cemetière commun, appelé Plein-Palais, sans pompe ni appareil quelconque, là où il gist aujourd'huy attendant la résurrection qu'il nous a enseignée et a si constamment espérée. Le corps fut suivi de la pluspart de la ville et de gens de tous estats, qui le regretteront d'autant plus longuement, qu'il y a peu d'apparence de recouvrer, au moins de longtemps, une telle et si dommageable perte. Il a vescu, quant à ceste vie mortelle, l'espace de cinquante-six ans moins un mois et treze jours, desquels il en a passé justement la moytié au sainct ministère, parlant et escrivant, sans avoir jamais rien changé, diminué ni ajousté à la doctrine qu'il a annoncée dès le premier jour de son ministère, avec telle force de l'esprit de Dieu que jamais meschant ne le peut ouïr sans trembler, ni homme de bien sans l'aimer et honorer.

Il reste qu'ainsi qu'il a pleu à Dieu le faire parler encores par ses tant doctes et saincts escrits, il soit aussi escouté par la postérité jusques à la fin du monde, quand nous verrons nostre Dieu tel qu'il est, pour vivre et régner éternellement avec luy. Ainsi soit-il.

De Genève, ce 19 d'aoust 1564.

HISTOIRE
DE LA VIE,
MOEVRS, ACTES,
DOCTRINE, CONSTANCE
ET MORT DE IEAN CALVIN,
iadis ministre de
Geneue.

*Recueilly par M. Hierosme Hermes Bolsec.
Docteur Medecin à Lyon.*

Dedié au Reuerendissime Archeuesque, Conte
de l'Eglise de Lyon, et Primat de France.

A LYON,
PAR IEAN PATRASSON,
deuant Sainct-Antoine.

M. D. LXXVII.
Avec priuilege.

HISTOIRE

DE LA VIE, MOEURS, ACTES, DOCTRINE, CONSTANCE ET MORT

DE JEAN CALVIN,

JADIS MINISTRE DE GENÈVE.

CHAPITRE I.

De diverses sectes et hérésies qui se sont élevées contre la religion chrestienne.

Entre tous les malheurs introduicts en ce monde par le père du mensonge et autheur de péché, après la cheute des premiers parens, l'hérésie a plus apporté de troubles, séditions et divisions, en tous temps et aages; ce monstre horrible et très pernicieux, et engendré d'orgueil et d'ignorance; et l'hérétique participe de ces deux comme de ses deux proches parens et progéniteurs; car tous hérétiques sont superbes, orgueilleux et présumants de soy plus de bien et vertu qu'il n'y en a en effect, jusques à mespriser tous autres qui ne sont de leur secte, mesmes leur porter haine. Ilz sont en outre plus ignorants, se repaissans et contentans de l'opinion laquelle ilz ont fiché en leur cerveau, de laquelle ilz ne peuvent estre détournez, ne par raisons aucunes ramenez à la lumière de vraye science et cognoissance de la vérité. En tous temps et saisons ce père de mensonge, ennemy de paix et tranquillité, s'est efforcé de troubler et corrompre l'union des esprits humains et cacher la sincère cognoissance de la vérité. Mais pour ne m'arrester sur les diverses sectes des philosophes et scrutateurs des choses naturelles, laissant aussi les diverses sortes d'idolatries mises par luy entre les payens, je diray seulement pour ceste heure des sectes qui ont esté suscitées entre ceux qui ont faict profession de la religion chrestienne. Quant à la nation judaïque, Egesippus, autheur très ancien et très chrestien, escrit y avoir esté sept sectes diverses, assavoir: Jesséens, Galiléens, Hémérobaptistes, Masbuthéens, Samaritains, Saducéens et Phariséens, qui tous estoyent divisez d'opinions et ennemis. Depuis la réception de la loi évangélique, plusieurs hérétiques se levèrent par suasion diabolique, desquels ledict Egesippus tesmoigne avoir esté le premier un évesque Théobutus, qui commença à troubler les chrestiens et la paix de l'église par propositions faulses et vaines opinions. Ensuyvirent après aucuns qui levèrent l'hérésie contre la consubstantialité et coéternité du Verbe divin avec le Père, nians absolument, et d'autres couvertement, la nature divine en Jésus-Christ. De ceste secte furent chefz principaux Cerinthus, Artème, Paule Samosatène, et après Arius. Depuis, un Carpocrates et quelques siens adhérens enseignèrent une communauté de tous biens entre les chrestiens, voire des femmes mesmes, et introduirent une licentieuse confusion de sensuels désirs et voluptez charnelles, laquelle secte encore en ce temps a relevé Sathan par les anabaptistes. Tiercement, Ebion et ses complices enseignèrent l'observation des cérémonies mosaïques estre nécessaires en la loy évangélique, ce qui apporta très grand trouble en l'église. La quatriesme secte fut excitée par Basilides, Marcion et Manes, qui, disputans de la cause de péché, affermoyent estre deux commencemens contraires et coéternels, bien et mal, lumière et ténèbres ; soustenoyent aussi la nécessité stoïque en toutes actions humaines bonnes et mauvaises. En cinquiesme lieu vint l'hérésie de Pellagius, qui attribua aux bonnes œuvres et mérites le salut et la consécution de la vie éternelle. S'y entremeslèrent plusieurs membres de Sathan, magiciens et enchanteurs, qui, par leurs délusions, abusèrent grand nombre de simples idiots, les destournans de la foy en Jésus-Christ, avec grand nombre d'autres fantastiques cerveaux, qui semèrent plusieurs questions et opinions sur la procédure du Sainct-Esprit, sur l'invocation des saincts, sur la prière pour les trespassez, et plusieurs telles vaines controverses.

CHAPITRE II.

Jean Calvin renouvelle au dernier siècle la pluspart des hérésies qui avoyent pris fin depuis long-temps.

Mais il semble qu'en noz jours ledict ennemy de Dieu et d'union chrestienne aye ramassé la pluspart desdictes hérésies et faulses doctrines desjà de long-temps réfutées et condamnées, et a remis en une ville de Genève par Jean Calvin de Noyon, homme, entre tous autres qui furent onc au monde, ambitieux, outrecuydé, arrogant, cruel, maling, vindicatif, et surtout ignorant, comme j'espère cy-après vrayement et vivement démonstrer ; nonobstant que ce soit contre l'opinion de plusieurs qui assez mal diligemment ont pressé et considéré sa doctrine, et sont abusez par les mensonges et babils fardez de Théodore de Bèze, successeur dudict Calvin en l'administration de leurs faulses doctrines de dans ladicte ville; car ce jaseur affetté et effronté babillard, en une sienne préface (1) au Commentaire d'iceluy Calvin sur le livre de Josué, escrit la vie, mœurs, actes et trespas de sondict prédécesseur, lequel il appelle son maistre, amy et père, l'exaltant sur tous autres qui furent onc au monde, en genre de saincteté de vie et de science; et en son discours semble affermer que Dieu est fort tenu et fort obligé audict Calvin, comme à celuy qui seul a soustenu son honneur et gloire, et maintenu la foy chrestienne en cest aage, et sans lequel Dieu perdoit sa gloire et la foy chrestienne périssoit. Voyant donques telles mensonges et détestables blasphèmes avoir tant de cours et authorité par la France et pays circonvoisins, au très grand deshonneur de Dieu, vitupère de nostre Seigneur Jésus-Christ son Filz, plus à la ruine d'infinis pauvres idiots qui, abusez par telles rusées menteries, laissent le vray trouppeau de la mère saincte Église pour se retirer et dédier à la secte et faulse doctrine de Calvin, j'ay mis ce petit livre en avant afin de faire congnoistre qui et quel fut ledict Calvin, et combien sont loing de ce qu'ils se persuadent de la vertu, mœurs, saincteté et doctrine d'iceluy tous ceux qui, par légièreté et zèle mal accompaigné de science, se sont vouez et liez à sa secte et doctrine. Laissant donques à une autre œuvre, qui ensuyvra incontinant ceste-cy, la vie dudit de Bèze, et comment d'un poète lassif (2), desbordé en tous genres de vices et voluptez sensuelles, il a esté changé en docteur tout subitement, voire de la saincte Escriture, mesme de l'épistre de sainct Paul aux

(1) C'est la pièce imprimée ci-dessus.
(2) *Poete lassif.* On a de Th. de Bèze un recueil sous le titre de *Poemata Juvenilia*, qui contient plusieurs pièces érotiques et licencieuses.

Romains, qui est la plus difficile et de plus d'importance entre toutes les œuvres dudict apostre, je réfuteray les tiltres d'honneur qu'il donne à sondict père, maistre et amy faulsement, prouvant tout le contraire de ce qu'il en escrit; protestant devant Dieu et toute la cour céleste, et toutes personnes de bon et sain esprit, que cholère, ne envie, ne malevolence ne me feront dire ou escrire chose qui soit contre vérité et ma conscience; ains que je me réputeroy ingrat à la grace de Dieu et rebelle à ma conscience si je ne mettoy laditte œuvre en lumière; car j'ay attendu longuement à la mettre hors, espérant tousjours quelque amendement et réformation; mais voyant les choses aller de mal en pis et le mensonge obscurcir la vérité, je suis pressé et contraint en mon esprit de mettre fin à mon long désir.

CHAPITRE III.

Où il est parlé de la vengeance de Calvin contre l'opinion de Bèze, qui le dépeint si doux.

Platon, docteur et philosophe non à despriser, comme doné de grandes graces de Dieu, composa une cité pour la garde de laquelle il constitua crainte et vergongne, sans lesquelles est fort difficile de garder modestie; ains tout à l'instant que ces deux gardes sont endormies ou du tout perdues, tout se pert, et chascun se fourvoye et sort hors des termes de raison, faisant à l'envy avec les plus barbares et inhumains qui furent onc au monde, voire avec les diables mesmes en genre de mensonges et desguisemens de vérité. Or, Théodore de Bèze monstre bien clairement avoir banny de soy crainte et vergongne, entre ses autres escrits en sadicte préface singulièrement, en laquelle il s'esforce de faire croire choses diamétralement contraires à la vérité, et louer son maistre, père et amy, si haultement qu'il semble avoir surmonté tous ceux qui l'ont précédé de temps, en genre de vertus et doctrine. Entre autres qualitez qu'il luy donne, il luy attribue une excellente doulceur, bénignité et facilité à pardonner à ses ennemys, combien qu'il fut très cholère, malin, et persévérant en malignité, ne remettant jamais son ire depuis qu'il l'avoit une foys conceuë contre quelcun. De cecy rendra bon tesmoignage l'hystoire de Michel Vilanovanus, autrement appellé Servetus, médecin, homme vrayement fort arrogant et insolent, comme testifient ceux qui l'ont congneu à Charlieu, où il demoura chez la Rivoire, environ l'an 1540. Contrainct de partir de Charlieu pour les folies lesquelles il faisoit, il se retira à Vienne en Dauphiné, duquel lieu il escrivit à Calvin estant à Genève, et ce fut l'an 1546; et luy envoya un livre escrit à la main, avec trente épistres siennes, èsquelles il reprenoit ledict Calvin et corrigeoit certaines fautes et erreurs lesquels il avoit recueillis en son Institution chrestienne et autres siennes œuvres, au grand vitupère dudict Calvin et de sa doctrine. De quoy iceluy Calvin, fort irrité, conceut contre Servet haine mortelle, et délibéra en soy-mesme de le faire mourir; ce qu'il manifesta dès le mesme an par une lettre escritte de sa main propre à Pierre Viret, estant lors à Lausane, le jour des ides de février, de laquelle lettre la superscription est: *Eximio Domini nostri Jesu-Christi servo Petro Vireto, Lausanensis ecclesiæ pastori, Symnistæ carissimo.* Et entre les autres choses lesquelles il met en laditte lettre dudit Servet, il dict ainsi: *Servetus cupit hic venire, sed à me accercitus. Ego autem nunquam committam ut fidem meam eatenus obstrictam habeat; jam enim constitutum apud me habeo, si veniat, nun-*

quam pati ut salvus exeat; c'est-à-dire : Servet désire de venir icy (assavoir à Genève), mais il veut estre appelé par moy; mais je ne feray jamais si grand' faute que il aye ma foi astrainte ou liée jusques à cela; car j'ay délibéré en moy-mesme, s'il vient, ne permettre que jamais il sorte sain et sauve. Quels termes, je vous prie, sont ceux-là, d'homme si doux et facile à pardonner à ceux qui lui font desplaisir? La lettre dudict Calvin est venue en mes mains par la volonté de Dieu, et l'ay monstrée à plusieurs personnes honnorables, et encores scay où elle est. Mais seroit peu d'avoir usé de parolles si peu chrestiennes si l'effect ne fut ensuyvi; car ledict Calvin chercha ce pendant tous les moyens pour nuyre audict Servetus et pourchasser sa mort, ausquelles fins il escrivit une lettre au révérendissime cardinal de Tournon, pour lors vice-roy en France, et en icelle lettre il accusoit Servet d'hérésie; de quoy ledict seigneur cardinal se print fort à rire, disant qu'un hérétique accusoit l'autre. Ceste lettre me fut monstrée, et à plusieurs, par M. du Gabre, secrétaire dudit seigneur cardinal. Guillaume Trie escrivit aussi à plusieurs à Lyon et Vienne, à l'instigation de Calvin, sur ce propos, dont ledict Servet fut mis en prison, dont il eschappa.

CHAPITRE IIII.

Comme Servet fut bruslé tout vif à Genève, à la poursuite de Calvin.

Or, puis après, en l'an 1553, Servet, eschappé de prison et fuyant de Vienne, se retiroit en Italie et passa par la ville de Genève un jour de dimanche, auquel jour mesme il se délibéroit d'en partir pour la crainte qu'il avoit de Calvin, s'asseurant toutesfois de n'estre empesché ce jour-là, sur les statuts et priviléges de la ville ; nonobstant lesquels Calvin, adverty de la venue de Servet, envoya incontinant son serviteur, appellé Nicolas, pour faire donner les arrests audict Servet et se faire partie contre luy, ce qui fut faict le jour mesme. Et le lendemain Calvin envoya son frère Antoine pour estre caution de son serviteur. Or, le pourchas de la mort de Servet fut si chaudement mené et sollicité par Calvin et ses adhérents, qu'il fut brullé tout vif à petit feu, au grand contentement de ce si doux et facile à pardonner, père, maistre et amy du vénérable Théodore de Bèze. Je scay bien qu'il me sera respondu ce que Calvin escrit pour ses excuses au livre lequel il composa après la mort dudit Servet contre ses erreurs ; car entendant que plusieurs personnes estoyent fort scandalisez de telle exécution en Genève, ayant peu de jours auparavant iceluy Calvin mis en lumière un livre par lequel il disoit que les hérétiques ne devoyent estre mis à mort, composa, dy-je, ledict livre contre les erreurs d'iceluy Servet, excusant les eschevins et chefs de justice de Genève, et soy-mesme, de telle sévère exécution, allégant que lesdicts Genevesans ne donnèrent telle sentence de mort contre Servet, mais les églises de Zurich, Berne et Basle ; de manière que ceux de Genève, selon son dire, ne furent que exécuteurs de la sentence desdictes églises ; ce qui est frivole et mensonge trop apparent, selon ce qu'on peut recueillir dudict livre, auquel, entre autres choses, il dit que les églises des Souysses l'avoyent condamné à mort. Et afin, dit-il, qu'il apparoisse à chacun que ce que je dy soit véritable, je mettray icy la letre des seigneurs de Zurich, qui, pour cause de briefveté, servira de tesmoignage pour toutes les autres qui sont de la mesme teneur. Or, qui aura ledict livre de Calvin de la mort et erreurs de Servet, qu'il considère diligemment la susdicte lettre de Zurich contre Servet ; il n'y trouvera chose plus griefve ny concernant la mort d'iceluy que ceste sentence seule : *Vestrum sit videre quomodo temeritatem hujus hominis coerceatis*, c'est-à-dire : Sera à vous à regarder comment vous réprimerez la témérité de cest homme. Mais il n'y a aucune mention de le faire mourir. Je n'escri point ces choses pour desplaisir que j'aye de la mort d'un si ord et monstrueux hérétique que fut Servet, car il estoit du tout meschant et indigne de converser avec les hommes, et désireroy que tous ses semblables fussent exterminez et que l'église de nostre Seigneur fut bien purgée de telle vermine ; mais je presse cecy pour monstrer l'astuce de Satban qui, pour décevoir les pauvres ignorants trop crédules, a suscité un jaseur affetté, et induit à louer du tiltre de douceur, bénignité et facilité à pardonner, un très maling, cruel et vindicatif personnage ; de la malignité duquel on voit encores un autre manifeste signe en la mesme lettre sienne à Pierre Viret, par ces parolles expresses : *Unum præterieram, Petrum Ameum, Cartularium, teneri mea causa in carcere jam ultra quindecim dies. Nunc crudelitatis accusor à quibusdam quòd ultionem tam obstinato animo prosequar. Rogatus sum ut me deprecatorem velim interponere. Negavi me id facturum donec mihi constet quibus me calumniis gravaverit ;* c'est-à-dire : J'avoy passé sous silence une chose ; c'est que Pierre Ameau, faiseur de cartes, est par mon instance en prison dès quinze jours en çà. Maintenant je suis accusé de cruauté par aucuns, de ce que je poursuy la vengeance de couraige si obstiné. Je suis prié de m'entremettre pour intercéder contre ce que je pourchassoy ; j'ay dit que je ne le feroy point jusques à ce que j'aye certitude de quelles calumnies il m'a chargé. Sont-ce pas parolles et sentences d'un homme doux, benin et facile à pardonner les injures qui lui sont faictes, tel que le descrit ce bon et sainct prophète de Bèze?

CHAPITRE V.

Comme Calvin est flestry et marqué d'un fer chaud sur l'espaule à Noyon.

Or, c'est trop demouré sur ce point; il faut passer plus outre de la vie et faits dudict Calvin, tant exalté en la préface de Théodore de Bèze en genre de vertus, sincérité de vie et de doctrine. Voyons premièrement de ses mœurs et actes, puis nous dirons de sa doctrine. De sa nativité en la ville de Noyon, en Picardie, l'an 1509, je n'en dy autre chose. De son père Girard Cauvin, pareillement je n'en diray, sinon que, selon une attestation faicte des plus apparents de laditte ville de Noyon et baillée par escrit de notaire juré à un Bertelier, secrétaire de la seigneurie et conseil de Genève, fut un très exécrable blasphémateur de Dieu. Je puis dire cecy pour avoir veu laditte attestation ès mains dudit Bertelier, qui avoit esté expressément envoyé pour avoir information de la vie et mœurs et de la jeunesse dudit Calvin; et en laditte attestation estoit contenu que ledit Calvin, pourveu d'une cure et d'une chappelle, fut surprins ou convaincu du péché de sodomie, pour lequel il fut en danger de mort par feu, comment est la commune peine de tel péché; mais que l'évesque de laditte ville, par compassion, feit modérer laditte peine en une marque de fleur de lys chaude sur l'espaule. Iceluy Calvin, confus de telle vergongne et vitupère, se défit de ses deux bénéfices ès mains du curé de Noyon, duquel ayant receu quelque somme d'argent, s'en alla vers Allemaigne et Itallie, cherchant son adventure, et passa par la ville de Ferrare, où il receut quelque aumone de madame la duchesse (1). Mais je ne vueil pas laisser passer que, se partant de Noyon, il changea son surnom de Cauvin en Calvin, prenant ce nom ou ignoramment, n'y considérant pas plus outre, ou délibérément, parce que ce nom convenoit avec ses mœurs, conformes à celles d'un Calvinus, malin et vindicatif personnage, auquel Juvénal escrit sa treziesme satyre, luy attribuant ce vers : *At vindicta bonum vita jucundius ipsa;* c'est-à-dire : Vengeance est un bien plus heureux que tout autre. Il fut aussi un temps qu'il se faisoit appeller Charles de Heppe ou Happeville, et ainsi se soubsignoit en toutes ses lettres (2).

CHAPITRE VI.

Arrivée de Calvin à Genève, où il voulut abolir le dimanche pour observer le vendredy.

Or, il ne nous faut arrester en si beau chemin ; venons à sa venue en la ville de Genève, environ l'an 1537, et des menées subtiles lesquelles il feit peu après y avoir esté receu pour ministre. Ambitieux et désireux de nouveautez qu'il estoit, il induict les autres ministres de laditte ville, ses compagnons, assavoir, Guillaume Farel et un Courault, que, pour destruire la papauté, il falloit changer le jour du dimanche au vendredy, et en iceluy vaquer de toutes œuvres et faire le jour de feste ; plus, qu'il falloit bailler la Cène en pain levé, et non pas en pain azime, comme est partout la coustume. Ces deux compagnons, menés d'un mesme esprit, aussitost consentirent à sa sua-

(1) Renée de France.
(2) Calvin prit aussi le nom de *Caldarius*; il se fit appeler *Alcuin* dans l'édition qu'il donna de son *Institutio christiana*; Baillet prétend qu'il eut le nom de *Lucanus*. Enfin Sponde dit qu'il porta celui de *Deperçan*.

sion, et de faict tous troys d'un accord présentèrent requeste au conseil de la ville sur ces deux points. Il fut conclu, entre les seigneurs du conseil, que cest affaire seroit communiquée aux seigneurs de Berne, leurs combourgeoys et alliez, avant que d'en déterminer. Messagers furent envoyez aux susdits seigneurs, desquelz la réponse fut qu'il ne falloit facilement innover ne rompre les anciennes coustumes, et que cela ne feroit sinon exciter scandale sans besoing ne prouffit aucun, mais que bientost ilz feroyent assembler un sinode en la ville de Lausanne, auquel ilz feroyent proposer ces deux articles, et l'on observeroit ce qui en seroit conclu et arresté. A la lecture de ceste response furent appellez en conseil les trois ministres Farel, Calvin et Courault, et fort amiablement priez d'aquiescer au vouloir des seigneurs de Berne, et de ne changer chose aucune. Calvin, mal aiséement souffrant contradiction, chercha tous moyens pour parvenir au but de son entreprinse, délibéra et arresta avec ses deux compagnons qu'il falloit exciter trouble et dissension entre les citoyens et inciter le peuple, de soy assez enclin à mutination, contre les gouverneurs, sindiques et seigneurs du petit conseil, espérants en quelque dissention et discord de ville de mettre en exécution ces deux points sans contredite.

CHAPITRE VII.

Farel, Calvin et Courault, ministres, excitent une sédition dans la ville au sujet du dimanche qu'ils vouloient abolir.

Pendant ce advint que, du moys de février 1537, un Legier Beschaut et quelques autres jeunes follastres enfans de la ville furent mis en prison pour ce que un jour ilz se promenèrent en la ville, tous portans chascun un porreau au bonnet pour un bouquet. Farel les alla trouver en la prison et leur dict mille parolles rudes et oultrages, comme aussi il estoit fort excessif en cholère et de cerveau peu rassis, au rapport de tout homme qui l'ha congneu et pratiqué. Or, congnoissans les seigneurs du conseil l'acte de ces prisonniers procéder plus de jeunesse et follie que de maligne entreprinse, après quelques remonstrances et corrections de parolles, les mirent hors de prison. Sur ce lesdits ministres prindrent argument et occasion de crier en leurs presches contre les seigneurs du conseil. Courault, entre les autres, s'escarmouchoit en chaire et disoit infinies opprobres d'eux. Le diziesme de mars, un dimanche auquel jour on devoit tenir conseil général, Calvin, preschant à Rive, dict ces mots exprès : Que le conseil qu'on debvoit tenir estoit conseil du diable, et dict plusieurs opprobres et villanies contre les seigneurs du conseil, tendant à dissention et tumulte. J'ay récité cecy quasi de mot à mot comme elles ont esté transcrittes du livre rouge qui est en la maison de la ville, et sçay où en est ledit escrit au commandement de qui le voudra veoir. Le douziesme dudit moys de mars, furent apportées lettres des seigneurs de Berne à ceux de Genève, pour les advertir que le sinode duquel ilz leur avoient paravant escrit seroit tenu à Lausanne le dernier jour du mesme moys de mars. Et furent leuës ces lettres en présence de Farel et Calvin, à ceste cause appellez au conseil en la maison de la ville, et leur fut fait commandement d'y aller, ensemble prières amyables de n'oultrager et mesdire ainsi en leurs presches publiquement du magistrat; mais que s'ilz congnoissoyent aucuns d'eux vicieux et mal vivants, après avoir usé en leur endroict de la correction fraternelle, selon la doctrine évangélique, et iceux vicieux ne s'amendant, le faisant savoir au magistrat, il en seroit faict ce qui apertiendroit à justice. Pour toutes ces remonstrances et prières, ledict Farel, Calvin et Courault, ministres, ne voulurent désister de crier en leurs presches contre iceux seigneurs du conseil, les blasmant, vitupérant et diffamant ; dont ils usèrent de menaces et défences rigoureuses sur peines ; mais tout cela fut en vain, ne pour toutes défences voulurent cesser. Sur tous Courault usoit de termes fort estranges et piquants, les appellant ivrongnes, pourceaux et encores pis.

CHAPITRE VIII.

Farel et Calvin ne veulent aquiescer au sinode de Lausanne.

Le vingt et siziesme dudit moys, fut faite élection d'un des seigneurs du conseil pour aller audit sinode à Lausanne, comme ambassadeur de la seigneurie de Genève, et tomba l'élection sur un seigneur Jean Philippin, auquel fut délivrée somme d'argent pour les despens siens et des deux ministres Farel et Calvin, ausquelz, comme dict est, avoit esté faict commandement d'y aller. Vray est qu'ilz allèrent à Lausanne ; mais par un mespriz orgueilleux ilz ne se retrouvèrent onc en l'assemblée des autres ministres ; ains s'alloyent esbatre par la ville et dehors, sans y assister une seule fois ; duquel acte je laisse le jugement à toutes personnes de sain entendement, de quel esprit estoyent menez telles gens. Le dimanche septiesme d'avril, Courault en son presche, criant plus que devant contre lesdicts seigneurs, les blasmant et vitupérant, prononça ces propres parolles : Les sindiques ont les pieds de cire. Puis peu après il dit qu'ilz pensoyent totalement que le royaume de Dieu fut un royaume de grenouilles. Le dix-neufiesme dudict moys, fut apportée une lettre des seigneurs de Berne, par laquelle ilz prioyent ceux de Genève qu'ilz missent peine à la conformité de leurs églises et feissent tenir les cérémonies et ordonnances conclues au susdit sinode de Lausanne. Farel et Calvin, appellez au conseil, furent présens à la lecture de ladicte lettre; puis leur furent faictes prières fort affectionnées de n'innover chose aucune, mais de se conformer entièrement aux cérémonies des églises de Berne, lesquelles iceux seigneurs de Genève et toute la ville avoyent promis de observer et tenir. Et parce que lesditz deux ministres monstroyent en leur chères et donnoyent à entendre par signes qu'ilz ne s'y accordoient point, leur furent adjoustées aultres prières de la même teneur, de n'innover pour le moins en ceste feste de Pasques, qui estoit deux jours après, assavoir le vingt-uniesme d'avril, où l'on commençoit à conter l'an de grace 1538. Et leur fut promis que, au sinode qui devoit estre tenu à Surich avant la Penthecoste, on adviseroit de faire quelque chose plus à leur contentement.

CHAPITRE IX.

De la défence qui fut faite à Courault de ne plus prescher à Genève, et de l'obstination de Farel et de Calvin à n'obéir aux magistrats.

Ce jour mesme, dix-neufiesme avril, fut faicte conférence avec les baillifz de Gez et de Ternier, et promirent tous de faire observer une conformité de cérémonies en l'exhibition de la Cène, sans changement aulcun. Et parce que le matin dudit jour, nonobstant les charitables et affectionnées prières qui avoient esté souvent faictes paravant, tant à luy qu'à ses compagnons, plus défenses rigoureuses de n'user à l'advenir d'invectives, opprobres et injures contre les magistrats, Courault avoit faict pis que paravant, il luy fut faicte inhibition de plus prescher et commandement de se contenir de la charge et office de ministre. Ce mesme jour, dix-neufiesme avril, le grand saultier alla, par commission des sindiques et seigneurs du conseil, trouver Farel et Calvin en leur logis, pour les prier de donner la Cène le dimanche prochain, jour de Pasques, selon la manière accoustumée des églises de Berne, sans innovation aucune. Ilz respondirent absolument audit grand saultier qu'ilz n'en feroient rien et qu'ilz ne se gouverneroient selon les ordonnances de Berne. Iceluy grand saultier feit son rapport au conseil. Le jour suyvant, vingtiesme avril, veille de Pasques, Courault, contre la défense qui luy avoit esté faicte le jour précédent de prescher ny exercer le ministère, alla prescher à Saint-Gervais, disant plus d'injures contre le magistrat qu'il n'avoit encores faict paravant; pour laquelle contumace et rébellion il fut mis en prison. Ce que ayant entendu Farel et Calvin, s'en vindrent à la chambre du conseil, où, entre plusieurs fort arrogantes et audacieuses parolles, qui ne sentoyent aucunement la doctrine et modestie chrestienne, Farel prononça de grande cholère ces mots exprès : Que ceux qui avoient faict mettre Courault en prison, et en estoient consentans, avoient mal et meschamment faict, comme meschans et iniques. Nonobstant ces oultrages dictes ausdicts seigneurs en leur présence, assis en conseil, ilz furent de rechef fort humainement priez de vouloir faire ce que les seigneurs de Berne leur avoient escrit; ce qu'ilz refusèrent de faire tout à plein, et s'en allèrent en leur logis. Lesdits seigneurs du conseil, fort fâchés, craignans que scandale ne survint en leur ville si on ne donnoit la Cène selon la manière accoustumée et recommandée par les seigneurs de Berne, leurs alliez et combourgeois, renvoyèrent reprier pour la troisiesme fois Farel et Calvin par ledit grand saultier comme dessus est dict, ce qu'ilz refusèrent absolument de faire. Pour la quatriesme fois, cherchants lesdits seigneurs du conseil tous moyens d'éviter scandale en leur ville et d'entretenir l'amitié des seigneurs de Berne par la conformité des cérémonies observées en leur église, allèrent retrouver le seigneur Louys de Diesbach, gentilhomme bernoys, d'honneur et authorité, qui d'avanture estoit arrivé à la disnée à Genève, et luy monstrèrent la susditte lettre des seigneurs de Berne sur la conformité des cérémonies, et luy feirent entendre la protervité et rébellion obstinée de leurs ministres Farel et Calvin, qui n'y vouloient entendre; dont ilz le prièrent de vouloir prendre la peine de leur remonstrer et exhorter à ladite observation de conformité, pour éviter le scandale et la moquerie qui en pourroit advenir entre les estrangiers circonvoisins. Mais iceux ministres Farel et Calvin feirent aussi peu pour ledit seigneur de Diesbach que pour les autres entièrement, nyants et refusans de le faire. Voilà fort bel argument pour prouver la belle comparaison laquelle fait Théodore de Bèze en sa préface susditte, de son père, maistre et amy Calvin, avec sainct Paul, qui dit : Qui est celuy qui est troublé entre vous, et je n'en brusle? Il voit toute la ville troublée pour le changement de cérémonies qu'il veut faire; on luy remonstre l'inimitié qui en peut advenir et naistre des seigneurs de Berne contre ceux de Genève; et nonobstant ce il demeure inexorable et aürté opiniastre. N'est-ce pas pernicité diabolique et infernale obstination? Le jugement en soit à toutes personnes de bon et sain entendement.

CHAPITRE X.

Farel et Calvin sont interdicts de prescher dans la jurisdiction de Genève, pour leur désobéissance envers les magistrats.

Considérans lesdits sindiques et seigneurs du conseil la dureté et contumace de ces deux ministres, pour mettre ordre que la Cène se donnast le lendemain sans scandale et sans changement de cérémonies, leur feirent défence de plus prescher en leur ville et jurisdiction, et commirent la charge de prescher et donner la Cène le lendemain, jour de Pasques, à un maistre Henry de la Mare; laquelle chose ayant entendu Farel et Calvin, allèrent retrouver ledit de la Mare en son logis et luy dirent infinis oultrages, l'appellant oultrecuidé, téméraire et présumptueux d'entreprendre telle office et charge; et plus l'excommunièrent et anathématizèrent de la congrégation des fidelles et réformés en l'Evangile, le menaçant du rigoureux jugement de Dieu, voire de damnation, s'il acceptoit ceste office. Le pauvre de la Mare, espouventé de telles menaces, leur promit de ne s'en empescher. Et de fait il ne se retrouva pour le lendemain prescher, s'estant caché ou retiré hors la ville. Mais Farel et Calvin, contre la deffence qui leur avoit esté faicte, allèrent prescher, Calvin à Rive et Farel à Sainct-Gervais, et ne donnèrent point la Cène, dont vint un très grand scandale et bruit entre le peuple de la ville et des circonvoisins, qui estoyent venus pour prendre laditte Cène. Et davantage ilz dirent mille opprobres et vilanies contre les sindiques et seigneurs du conseil, taschants à esmouvoir sédition et d'enflammer le peuple contre les gouverneurs et magistrats; entreprinse vrayement diabolique, sentant les ruses de l'ancien père de discorde et tumultes. Théodore de Bèze, en sa belle préface susditte, en parle bien aultrement et à l'advantage de son maistre, père et amy, cachant toute cette hystoire, escritte bien au long au livre rouge, de laquelle je me vante d'avoir veu la copie, et scay où elle se peult retrouver encores; et dict simplement qu'il fut banny pour n'avoir voulu bailler la Cène dans une ville si troublée, divisée et meslée. Mais ceste couverture est trop légièrement fardée, parce que son seul but estoit de faire bailler la Cène en pain levé, et en a tousjours eu le désir comme caché en son esprit, ce qu'il a manifesté ces ans derniers, ausquelz ont esté octroyés les presches en quelques lieux de France; car par son ordonnance la Cène est ainsi baillée par leurs ministres jusques à présent. Et à son retour à Genève encore l'eust-il faict observer, n'eust esté la promesse et délibération des Genevesans de tenir les cérémonies des églises des Bernoys. Toutesfoys n'ont-ilz sceu tant faire que ledit Calvin, tant il estoit désireux de changements et nouveaultés, n'aye remué et changé plusieurs choses, desquelles lesdits Bernoys ne tiennent rien. Comme pour les spécifier, en premier lieu il a constitué la feste le mercredy jusques après le presche, ce qui n'est observé ez païs de Berne, dont, comme par moquerie, lesdits Bernoys appellent ce jour du mercredy la feste de Calvin. Secondement il a osté les festes de la Nativité de nostre Seigneur Jésus-Christ, de la Circoncision, de l'Annunciation, de l'Ascension, lesquelles les Bernoys font observer en leur païs, et font punition des transgresseurs qui travaillent ces jours-là en leurs terres et seigneuries; comme au contraire sont chastiez et mis à l'amende, voire en prison, ceux qui serrent boutiques et ne travaillent lesdits jours à Genève. Tiercement il a institué que la Cène ne se donne pas à Genève, ne aux paroisses subjectes, le jour mesme de la Nativité, mais le dimanche plus proche devant ou après ledit jour, ce qu'ilz observent encor en toutes les églises vouées à la religion dudit Calvin; mais les Bernoys ensuyvent tousjours leur ancienne coustume. Quartement n'a-il pas ordonné de donner à Genève la Cène le premier dimanche de septembre, ce que les Bernoys ne font pas, ne les autres cantons qui ont laissé la messe. Je laisse passer la diversité des cérémonies au sacrement du baptesme et plusieurs autres fatras qu'il a inventé pour paroir plus que les autres, et d'avoir dressé quelque chose de mieux qu'il n'y a aux autres lieux qui se disent réformez; dont il appelloit les paroisses des Bernoys petits cabarets et les ministres frippons. Tels termes il tenoit parlant ou escrivant lettres famillières à quelcuns, les incitant de se retirer à Genève. Et me vante d'avoir veu les lettres siennes au sieur de Fallais, estant à Strasbourg, èsquelles usoit de ces propres mots: Si vous délibérez de vous retirer en ces quartiers de Savoye, je vous conseille de ne vous arrester aux terres des Bernoys, où ne sont que cabarets mal ordonnez et leurs ministres la pluspart frippons; mais venans en Genève, laquelle vous verrez ornée, comme une Hiérusalem, de personnages doctes et de qualitez singulières, vous recevrez incroyable joye et consolation. Je conclu donc que c'est trop entreprendre à Théodore de Bèze de vouloir endormir les gens par jaseries, et par langages fardez desguiser la vérité.

CHAPITRE XI.

Comme Calvin fut banny de la ville et seigneurie de Genève.

Or, il faut entendre ce qui advint touchant le bannissement de Calvin, selon ce qui est escrit au livre rouge. Le lendemain de Pasques, vingt-deuxiesme avril, fut tenu le conseil des deux cens, auquel fut raporté amplement tout ce qui avoit esté faict touchant les exhortations et amiables prières en vers les ministres Farel et Calvin, comment ils avoyent esté non seulement inexorables et obstinez, mais encor rebelles et contumacieux contre les défences à eux faictes, comme cy-devant a esté traicté. Et outre, le susdit maistre Henry de la Mare ne peut cacher les injures et menaces faictes par Farel et Calvin en son endroit. Et tout cela bien considéré, fut faict délibération, en ce conseil et assemblée des deux cens, que lesdits Farel, Calvin et Courault seroyent bannis de la ville et seigneurie pour leur obstination et contumacieuse oultrecuidance, et que les cérémonies receues et accoustumées aux églises de Berne, confirmées au sinode dernier célébré à Lausanne, seroyent observées en l'église de Genève et aux parroisses à eux subjectes, sans y rien changer ne innover. Le jour suyvant, vingt-troixiesme avril, fut tenu le conseil général, auquel fut arresté et conclu tout ce que les deux cens avoyent délibéré; et advertis Farel et Calvin, qui se tenoyent cachez en leur logis, de leur bannissement et de l'irritation du peuple contre eux, s'enfuyrent secrètement hors la ville et se sauvèrent de vistesse. Voylà la vraye et sincère cause du bannissement de Calvin, et doibt estre plus donnée foy à un magistrat, et à l'escrit faict par son commandement au secrétaire ordinaire, que à un particulier affectionné envers celuy de qui il escrit, mesmes quand la vie et mœurs dudit particulier escrivant sont notez icy. Or, de la vie, acte et mœurs du personnage, j'espère, comme dit est, d'escrire amplement et vifvement en peu de jours, au grand contentement des gens de bien et de bon jugement, mais au regret de ceux qui sont lyez et vouez à leur doctrine et dévotion. Or, comment il retourna à Genève, l'hystoire est toute au contraire de ce que Théodore de Bèze en a escrit, comme gens de bien et d'authorité en sont très bien certifiez; car par l'importunité de ses lettres, lesquelles il escrivoit et envoyoit aux principaux de Genève, au nom toutesfoys de plusieurs personnes de qualité d'Allemaigne, il feit tant par ses subtiles et cauteleuses inventions ou practiques que lesdits Genevesans le renvoyèrent chercher et quérir à Strasbourg où il s'estoit retiré assez simplement. Et touchant ce que ledit de Bèze escrit que fut outre son vouloir qu'il retourna à Genève, et que pour le faire consentir il fallut venir aux menaces des jugements de Dieu, s'il n'obéissoit à ceste vocation, ce sont vrayes balevernes, et, comme on dict, brides à veaux, pour tromper trop crédules et idiots; semblablement infinies autres jaseries qu'il entremesle pour exalter son père, maistre et amy, assavoir qu'il fut receu à Strasbourg des doctes comme un trésor; qu'il lisoit en théologie avec admiration d'un chascun; qu'il fut esleu aux journées impériales, à Wormes et Ratisbonne, des premiers, par l'advis de tous les théologiens allemans; que Mélancton dès lors l'appelloit ordinairement le théologien, par un singulier honneur; que les seigneurs de Strasbourg feirent difficulté de le laisser partir; qu'ilz le retindrent pour leur bourgeois et voulurent qu'il retint le revenu d'une prébende, laquelle ilz luy avoyent assignée pour un gaige de professeur; mais que luy, eslongné de toute cupidité des biens de ce monde, n'en voulut retenir la valeur d'un denier. De mille telles baveries, mises par luy pour amuseller les simples, je ne feray autre conte; mais je me veux bien arrester à ce ce qu'il asseure si impudemment que, à l'exemple de sainct Paul, il avoit servi à l'église à ses despens; car le contraire est tout évident à tous ceux qui l'ont congneu et conversé avec luy à Genève. En premier lieu, il avoit cent escuz de gages par an; secondement, il prenoit des imprimeurs, qui imprimoyent ses œuvres à Genève, deux soulz de celle monnoye pour fueillet ou fueille entière; tiercement, il estoit gardian de la bource des pauvres, en laquelle se mettoyent de bonnes sommes de deniers; car outre ce que pour un coup la Royne de Navarre défuncte, sœur du feu Roy Francoys premier de ce nom, y envoya quatre mille francs, et la duchesse de Ferrare une autre bonne somme, et plusieurs autres seigneurs et dames, avec des marchans, en l'intention de lever à Genève l'art de la drapperie de laine, de quoy ledit Calvin avoit fait courir le bruit pour mieux attrapper deniers. Et quartement mourut à Genève un appellé M. David, de Haynault, qui estoit venu en ladicte ville pour la religion, et en mourant laissa deux mille escuz pour les pauvres, ordonnant les exécuteurs de son testament un hannoyer appellé Maldonnal, et un autre dict Sainct-André, qui estoit ou bien fut tost après ministre de Genève. Le tiers exécuteur de son testament il ordonna Calvin, auquel, comme gouverneur et distributeur de l'argent des pauvres, fut commise ladicte somme de deux mille escuz, desquelz cinq cents furent distribuez à aucuns de ses plus intimes amys, comme à Viret vingt-cinq, à Farel vingt, et quelque autre somme aux susdits Maldonnal, Sainct-André et autres; mais on ne peut sçavoir que devindrent les quinze cens, dont se leva grand murmure entre les pauvres; mais ceux qui en parlèrent trop avant furent contrains de sortir de Genève, et feit-on à croire qu'ilz estoyent libertins et athéistes. C'estoyent les communs crimes qu'on attribuoit à tous ceux qui contristoyent monseigneur. Mais son avarice fut fort descouverte par gens de bien et de bon entendement, sur le faict d'un Nicolas de Fer qui, ayant faict bancqueroute à Anvers de la somme de troys mille livres de gros, se retira à Genève, et s'adressa à Calvin, et luy conta son affaire amplement, luy demandant conseil comme il se devoit gouverner, advenant que ses créditeurs le vinsent pourchasser jusques audit lieu de Genève. Le conseil d'iceluy Calvin fut qu'il achetat dudit argent des biens immeubles au nom de sa femme et de deux filles siennes; ainsi que lesdicts créditeurs n'auroyent moyen de lui rien oster, n'ayant rien à luy, et qu'il mariat ses deux filles à deux personnages qui le peussent secourir contre iceux créditeurs. Ledict Nicolas s'arresta à ce conseil, et, pour avoir plus de crédit en la ville de Genève, feit présent d'une notable somme d'escuz à ce bon seigneur Calvin, si contempteur des biens mondains que nonobstant les sceut fort bien prendre, et moyenna que son frère Anthoine Calvin eust en mariage l'une de ces deux filles. Voilà comment ce vénérable seigneur Calvin, selon le tesmoingnage de Théodore de Bèze, mesprisoit les biens caduques et mondains. Toutesfois, comment pourroit-il cacher le tour du jeune Provençal, serviteur d'yceluy Calvin, qui luy desrobba pour un coup la valeur d'environ quatre mille francs, part en flascons, tasses et cuilliers d'argent, et part en argent monnoyé qui estoit en une bourse; car cela fut divulgué par toute la ville de Genève et hors la ville. Et pour son honneur dict que c'estoit argent qui luy avoit esté baillé en garde par quelcuns qui s'estoyent retirez ou vouloyent se retirer en Genève. Mais soit ce qui en peut estre, fut plus estrange que Calvin ne voulut permettre qu'on allast après, combien que plusieurs de ses amys se présentassent pour y aller, craignant par avanture que, si ledit garçon eust esté prins et ramené, il n'eut révélé des choses qui n'estoyent guières à l'avantage de son honneur. Cela engendra grande suspicion que ledit Calvin ne abusast de ce jeune garçon, singulièrement pour le cas qui luy estoit advenu à Noyon, comment a esté dict paravant; mais je laisse cela au jugement de Dieu, qui révèlera les choses cachées et secrettes.

CHAPITRE XII.

De l'ambition démesurée de Jean Calvin.

Je retourne au dire de Théodore de Bèze en sadicte préface, assavoir qu'il passera condamnation au moindre argument allégué de l'ambition de sondict maistre, père et amy Calvin, et luy en veux mettre devant plusieurs d'assez importance. En premier lieu je luy allégue l'amende honnorable que luy fut publiquement faicte par un Pierre Ameau, nud en chemise, la torche allumée en la main, luy demandant pardon d'avoir dict mal de luy; et les parolles dictes par ledit Ameau ne furent autres si non que, souppant chez soy avec certains siens amys qui exaltoyent merveilleusement la doctrine de Calvin, il leur dict ces propres parolles : Vous faictes trop de cas de cest homme et faictes mal de tant l'exalter; vous le mettez sur tous les prophètes, apostres et docteurs qui furent onc; mais ce n'est pas si grande chose que vous en faictes; car, entre les bonnes sentences qu'il dict, il en mesle encor de bien cornues et frivoles. Je demanderoye voulentiers à Théodore de Bèze, et à tous ceux qui se sont vouez à la doctrine de Calvin et en font tant d'estime, si, de solliciter l'emprisonnement de ce pauvre homme et si obstinément vouloir que amende honorable luy fut faicte en la manière susdicte, en publiq, nud et la torche en la main, est argument de humilité et mespris de gloire et honneur mondain, ou bien d'ambition, orgueil et vaine gloire? Ilz pourront dire que cela ne fut pas à l'instance et pourchas dudit Calvin, tant il estoit doux, benin, humble et facile à pardonner les injures qu'on luy faisoit; mais les parolles siennes en l'épistre laquelle il escrivit à maistre Pierre Viret, le jour des ides de febvrier, l'an 1546, lesquelles j'ay par ci-devant récitées, et monstrerai escriptes de sa propre main, quand il en sera besoing, tesmoignent assez que le mesme Calvin le feit mettre en prison, et ne voulut pardonner audit Ameau tant que luy eust faict amende honnorable, comme dict est. Quelle ambition et barbare oultrecuydance est-ce en un ministre de ne vouloir permettre qu'on puisse librement dire ce qu'on sent de soy? Or, si cest argument n'est suffisant, je demande si c'est signe d'humilité et abjection de vaine gloire de se faire peindre, et permettre que son pourtraict et image fut attachée en lieux publiques de Genève et portée au col de certains folz et femmes qui en faisoyent leur Dieu? Si Bèze ou autre de leur secte respond que ledit Calvin n'en savoit rien, je tesmoigne Dieu qu'ilz parleront contre vérité et leur conscience, car cela estoit tout commun et publiq en Genève, et luy fut remonstré par parolles de gens de bien et authorité. Plus luy fut mandé par lettres qu'ayant condamné et faict abbatre les images des sainets, de la vierge Marie et de Jésus-Christ mesme, ce ne luy estoit honneur de laisser dresser la sienne en publiq et porter au col, et que, pour le moins, Jésus-Christ le valloit bien; à quoy il ne feit autre responce si non que, qui en aura despit en puisse crever. Le tiers argument de sa vaine gloire et ambition est qu'il ne pouvoit souffrir d'estre corrigé, reprins ne admonesté de ses fautes, ne d'estre réfuté de son opinion. Et de cecy l'exemple en fut bien manifeste; entre autres, il avoit esté un dimanche invité par un ministre d'une parroisse de dehors la ville à un disner ou festin qui luy avoit esté appresté, où furent aussi invitez aucuns seigneurs, amys siens, retirez en ce païs-là pour leur religion. En disnant fut esmeu propos de l'élection au ministère; sur quoy un Seigneur de Sainct-Germain, qui avoit esté conseiller de Thoulouze, bien estimé en jurisprudence, dict librement qu'il luy sembloit que le ministre deust estre esleu par le peuple; laquelle parolle Calvin ne peust endurer, parce qu'il prétendoit avoir ceste authorité de mettre au ministère ceux qu'il luy plaisoit; et se leva de table par un despit, sans dire chose aucune à personne, sinon qu'il demanda sa monture et s'en alla tout à l'heure mesme, mettant tout l'appareil du banquet et la compagnie en grand désordre. Le lendemain il feit remettre, c'est-à-dire adjourner, ledict seigneur de Sainct-Germain, pour se trouver au consistoire qui se tenoit le jeudy. Iceluy de Sainct-Germain, bien faché de se veoir ainsi traicté et adjourné au consistoire, où communément sont adjournez fornicateurs et adultères, despescha son laquay avec une lettre au sieur baron d'Ausbonne, qui paravant estoit évesque de Montauban. Ledit baron, incontinent arrivé à Genève, alla **retrouver Calvin;** ne pour remonstrances amiables et prières très affectionnées, peust amollir le cœur d'iceluy, tant que le jeudy fallut que ledict sieur de Saint-Germain vinse et comparusse au consistoire, duquel il fut renvoyé devant les seigneurs du petit conseil, en la Maison de la Ville ; et tant s'en faut qu'ils le condemnassent à peine aucune, qu'ilz le révérèrent, chérirent et honnorèrent en leur conseil, le priant de persévérer en sa manière de vie et probité coustumière, pleine d'exemplarité ; de quoy Calvin adverti cuida crever de despit. Le sieur baron d'Ausbonne s'en retourna fort mal content de Calvin et ne peust faire qu'il ne s'en plaignist à plusieurs gentilz-hommes françoys venus en ces païs-là pour leur religion ; desquelz un gentil-homme, beau-frère du seigneur de Fallais, vint retrouver Calvin, et luy dict fort choleriquement qu'il ne pensast pas de traicter ainsi les gentilz-hommes, et comme petis compagnons les faire aller pour son plaisir au consistoire, et qu'il entendist bien que tout l'honneur et grandeur qu'il avoit en la ville de Genève dépendoit de l'assistence et faveur laquelle il recevoit desdits gentilz-hommes françoys estrangers. Si grande cholère et crèvecœur en receut Calvin qu'il désista de prescher plusieurs sepmaines, tant qu'il fallut venir aux menaces de luy oster le gage qu'il avoit de la ville, et qu'on le donneroit à un autre, s'il ne servoit au ministère. Pour le quart argument de son ambition et outrecuydance, je laisse à penser et juger à toute personne de bon entendement de quel esprit il estoit conduit, quand, s'acheminant hors de Genève vers Berne ou autre lieu, il estoit accompagné de vingt-cinq ou trente hommes à cheval bien empistollez. Sainct Pierre, sainct Paul et les autres apostres alloyent-ils par païs portant l'Evangile en tel équipage ? De Bèze ou quelque bon disciple de Calvin pourra icy dire que c'estoit à son regret et que de luy il ne cherchoit pas tel honneur, mais que cela procédoit de l'affection que luy portoyent beaucoup de gens de bien qui s'estoyent retirez à Genève et ne se pouvoyent saouler de luy faire honneur et service. A quoy je respon que vrayement plusieurs luy faisoyent honneur, voire plus qu'il ne convenoit, et en faisoyent leur idole; toutesfoys appertenoit à une prudence et modestie chrestienne de refuser et ne permettre telles superfluitez et grandeurs; car non seulement les apostres et disciples de nostre Seigneur, mais encore payens et ethniques, ont rejecté et fuy, ains abhorri telz honneurs et gloire mondaine. Et touchant ce mot que c'estoit à son regret, je l'accepte; car je tien pour certain que s'il n'eust esté adverty par maistre Pierre Viret et par d'autres que les seigneurs de Berne trouvoyent sa gloire trop puante, de manière que par mocquerie ils l'appelloyent Pape de Genève, il eust ené en sa suyte plus grand et brave train.

CHAPITRE XIII.

Calvin voulut ressusciter un qui faisoit le mort, et qui se trouva mort effectivement.

Pour le cinquiesme argument de son ambition, qui est ou fut jamais prédicateur ou docteur modeste, et vrayement contempteur de gloire mondaine, qui usast de telles parolles que par plusieurs fois il prononça publiquement preschant, assavoir : Je suis prophète, j'ay l'esprit de Dieu, je suis envoyé du Seigneur ; je ne puis errer, et si je suis en erreur, c'est toy, o Dieu, qui me trompes et déçois, pour les péchez de ce peuple? Ainsi vouloit-il que ses parolles et escritz fussent tenus pour article de foy, à quoy il fallut s'arrester et soubscrire. La pluspart des pères anciens, qui ont ensuyvi les apostres et disciples de nostre Seigneur, ayant escrit sur quelque livre de la Saincte-Escripture, ont eu ceste modestie et humilité de se remettre au jugement de l'église en ce qu'ilz auroyent escrit, et disans que si leurs œuvres et sentences estoyent conformes à la Saincte-Escripture, qu'elles estoyent recevables et devoyent estre approuvées non comme leurs escritz et œuvres, mais comme parolle de Dieu; au contraire, si elles n'estoyent conformes et accordantes à icelle Saincte-Escripture, qu'elles fussent aussitost rejectées et condamnées; que témérairement et légièrement elles avoyent esté introduictes sans appuy et tesmoignage exprès d'icelle Saincte-Escripture. Et puis dire après personnages doctes de bonne vie et authorité, que sainct Augustin, ayant travaillé et insignement escrit sur la Bible autant que docteur qui ayt esté devant luy et après, toutesfois, recognoissant ses erreurs et mettant en lumière son livre des Rétractations, il a plus glorifié Dieu et édifié l'église, donnant par ce vray tesmoignage de sa probité et sincérité chrestienne, que par tout le reste de ses livres et autres compositions. Mais ce vénérable docteur Calvin estoit, selon le récit de Théodore de Bèze, si résollu et parfaict qu'il ne se rétracta jamais. Je adjousteray encor cecy, que grand partie de Genevesans et estrangiers habitans de ladicte ville le tenoyent en plus grand'estime que sainct Paul, tesmoing que en la ville de Thonon on feit faire amende honnorable à un fol dévot dudit Calvin, qui avoit prononcé ces mesmes parolles en bonne compagnie: Monseigneur Calvin est plus docte et sçait plus des secrets de Dieu que jamais sainct Paul n'en sceut. Mais son ambition fut encores plus ouvertement descouverte par la congrégation qu'il feit tenir solennellement au **temple de Sainct-Pierre à Genève, le vendredi avant la** feste de la Nativité de nostre Seigneur, l'an 1552, quand, ayant esté adverti que les églises de Surich et Basle n'approuvoyent sa doctrine de la prédestination, avant que le hérault arrivast à Genève avec les lettres des seigneurs desdittes églises, il feit assembler tous les ministres qu'il peust, tant de la ville de Genève que des parroisses de dehors, et feit par eux approuver sadicte doctrine et tout ce qu'il avoit escrit de la matière de la prédestination éternelle des damnez et sauvez, de laquelle sienne doctrine il sera traicté cy-après, avec la grace de Dieu. Mais sur le point de son ambition je ne puis ne doy laisser passer en silence la ruse et la piperie de laquelle il usa, voulant ressusciter l'homme d'Ostun appellé le Brullé, pour se faire estimer sainct homme et glorieux prophète de Dieu, opérateur de miracles. Le faict fut tel; c'est homme duquel est mention estoit venu d'Ostun à Genève pour la religion et avoit indigence des biens temporelz, tant que luy et sa femme s'estoyent recommandez à M. Calvin pour estre participans de la bourse des pauvres et de leurs ausmones; ausquelz ledit Calvin promit secours de biens temporelz et autres faveurs, s'ilz vouloyent luy servir fidèlement et secrètement en ce qu'il leur diroit; ce qu'ilz promirent. Et selon que iceluy Calvin les avoit instruicts, le pauvre Brullé contrefeit le malade et se mit au lict. Il fut recommandé aux presches qu'on priast pour luy et qu'il fut secouru d'ausmones. Tost après il contrefeit le mort; de quoy Calvin secrètement adverty, et comme celuy qui en estoit ignorant, s'en alla promener, accompaigné, c'est à savoir, selon sa coustume, d'une grande trouppe de ses dévots et amys plus intimes, sans lesquelz il ne s'acheminoit guère hors son logis. Entendant doncques les cris et lamentations que la soit la femme, contrefaisant la bien désolée, il demanda que c'estoit et entra en la maison, où il se myt à genoux avec sa trouppe et feit oraison à haute voix, priant Dieu de monstrer sa puissance et faire ressusciter ce mort, pour donner entendre à tout son peuple sa gloire, et que ledit Calvin estoit son vray serviteur, à luy aggréable et vrayement de luy-mesme esleu et appellé au ministère de son Evangille, pour la réformation de son église. Ayant finy son oraison, il vint prendre ledit pauvre homme par la main, luy commandant de la part de Dieu, et de son Filz nostre Seigneur Jésus-Christ, qu'il se levast et qu'il feit manifestation de la grace de Dieu; mais, pour quelque répétition et haut crier lesdictes parolles par Calvin, le mort ne parla ne remua, car, par le juste jugement de Dieu qui ne veut ne peut approuver les mensonges, ledit contrefaisant le mort mourut pour vray, ne pour poussement que sa femme luy seust faire, il se remua, ne respondit, ains estoit tout froid et roide; de quoy estant certaine, saditte femme commença à braire et urler à bon escient, criant contre Calvin et l'appellant pipeur et meurdrier de son mary, déclarant à haute voix le faict comme il estoit passé. Ceste femme, pour exhortations ne menaces qu'on luy feit, ne se voulant taire, Calvin la laissa avec son mary trespassé, disant qu'elle estoit transportée de son entendement pour le trespas de son mary et qu'il la falloit excuser; si esse qu'il luy convint sortir de la ville et vuider le pays, et s'en retourner à Ostun, et puis fut femme d'un ministre appellé La Couldrée. Et quoyque les dévots de Calvin nyent cecy, il a esté toutesfois bien sceu et vérifié, ains confirmé par la femme mesme, qui n'estoit rien transportée d'esprit, mais parlant bien à propos avec bonnes raisons. Or, il faut passer plus outre sur son ambition et cupidité de vaine gloire. Il escrivoit et composoit lettres et opuscules ausquelz il n'oublioit chose aucune qui fut pour son honneur et gloire, ains avançoit louanges extresmes de soy-mesme; mais il attribuoit lesdictes lettres et opuscules à quelque autre, empruntant leur nom (1) pour mieux couvrir sa ruse et faire son bruict plus grand et excellent entre les hommes. Et qui voudra dire que cela est calumnie, je luy prouveray par une lettre, laquelle il escrivit à maistre Pierre Viret, ministre de Lausanne, aux mains duquel estoyent venues telles lettres et opuscules mis en lumières au nom d'un Galasius, autrement appellé M. de Saule, et au nom d'autres. Mais ledit Viret, recongnoissant le stile de Calvin, comme souvent recevant de ses lettres, fut fort esbahy et scandalisé de l'ambition sienne, et ne peut faire de moins que de luy escrire ce qui luy sembloit sur telle manière de faire; auquel Calvin rescrivit, luy allégant quelques raisons assez frivoles et légières pour quoy il faisoit cela, et soubs le nom et tiltre d'autruy il s'exaltoit et preschoit ses dignitez, mérites et louanges, et qu'il délibéroit d'en faire autant pour l'avancement de l'honneur et louange de Farel et Viret aussi, pour accroistre leur crédit, car ilz estoyent comment trois coulomnes qui supportoyent l'honneur de Dieu et la réformation de la religion chrestienne. Or, ceste lettre fut trouvée, entre plusieurs autres, au cabinet dudit Viret, à Lausanne, lorsqu'il absenta le païs de Berne sans prendre congé ne des seigneurs bernoys, ne du baillif de Lausanne, ne du peuple, et s'enfuyt plus viste que le pas pour ne recevoir la honte et vergongne laquelle il méritoit pour sa contumace. Ceste dicte lettre, avec bien quarante autres, furent portées ausdits seigneurs de Berne, ausquelles lettres iceux seigneurs congneurent des fort grandes ruses, practiques et menées dudit Calvin et des siens, dont ilz

---

(1) On peut consulter l'opuscule de Christ. Sigism. Liebe, qui a pour titre *Diatribe de Pseudonymia Calvini*; in-8°. Amst., 1723.

furent esmerveillez et fort indignez contre telz ambitieux, qui ne cessoyent d'imaginer et bastir nouvelles inventions et subtilitez pour s'agrandir. Finallement, quelle plus grande outrecuidance et puante ambition pourroit-on rechercher que celle laquelle il monstre en une sienne responce présentée aux sindiques et conseil de Genève, le jeudy sixiesme du moys d'octobre, l'an 1553, contre l'escrit produit le lundy devant par un seigneur Trouillet? Car en ceste responce il se vante merveilleusement et prépose à Melancton, l'appellant plus philosophe que théologien, disant qu'iceluy Melancton nageoit entre deux eaux, mal résolu en théologie, et, quand tout est bien considéré, beaucoup inférieur à luy. Aussi c'estoit son commun langage, en compagnies privées, d'ainsi despriser chascun docteur, tant ancien que moderne, à son respect, et ne faisoit cas que de Martin Bucère, son précepteur. Plus, en ses œuvres, déclarant quelque point de l'Escripture-Saincte et récitant les sentences d'aucuns docteurs qui ont escrit devant luy, en faict aussi peu de conte que rien ; puis, apportant sa sentence, il use d'un *ego verò*, comme on peut veoir entre autres lieux au proësme sien sur l'épistre aux Hébrieux. Mais s'il vient à parler de quelcun qui l'aye contredit ou piqué, il le jette si bas qu'il semble n'estre digne d'estre de luy regardé, l'appellant le plus souvent ignorant, beste, sot, ivrongne et chien mort. Voylà les beaux termes desquelz on voit ses livres farcis. Et puis Théodore de Bèze le veut exalter en genre d'humilité, bénignité et clémence, disant en sa belle préface que l'homme est encores à naystre qui par luy a esté vitupéré et calumnié. Dieu en soit juge et toute personne de bon esprit et entendement. Or, c'est assez demouré sur cest article de son ambition.

CHAPITRE XIIII.

De la gourmandise effrénée de Calvin.

Je veux parler de sa sobriété, laquelle Théodore de Bèze loue extrememement, disant l'avoir veu deux jours entiers en abstinence de viandes corporelles; plus que ledit Calvin n'a jamais changé de forme de vivre, de mœurs, ne de doctrine; dont je ne me puis assez esmerveiller de l'impudence d'un tel jaseur, qui veut faire paroir le noir estre blanc et Sathan estre un ange de lumière; mais c'est l'office coustumier des enfans du père de mensonge. C'est chose certaine que tous les gentils-hommes françoys et riches venus à Genève habiter pour leur religion ne pouvoient faire plus grand plaisir ne mieux acquerir sa faveur et amitié que de luy faire banquetz et festins, tant au disner qu'au souper; et chascun faisoit à l'envy de le banqueter au mieux qu'il estoit possible, tant en abondance qu'en délicatesse de viandes, en manière que le gibbier et bons morceaux commencèrent à enchérir, dont se leva double murmure et scandale en Genève, pour la gourmandise des estrangers, singulièrement des Françoys, qui levoient tout ce qui estoit apporté au Moulard (1); car aucuns estoient offensez que chrestiens sortys de leur païs pour vivre plus religieusement et en la profession de l'Evangille fussent si abandonnez à la volupté de leur gorge; autres, comment les pauvres indigens et nécessiteux, indignez de veoir et entendre les superfluitez des viandes aux bancquets qu'on faisoit à ce M. Calvin. Les dévotz de Calvin diront que le bon homme ny prenoit

---

(1) Marché aux vivres.

pas plaisir et qu'il se fut bien contenté de beaucoup moins, mais que cela procédoit de l'affection laquelle chascun luy portoit, qui ne luy pouvoient mieux démonstrer l'honneur et leur amour envers luy. Je feroy bon cela, ne fut que l'office d'un pasteur, vray et sincère ministre de la parolle de Dieu, est de réprimer telz bombans et banquets excessifs et de ne s'y retrouver, tant pour monstrer de ne les approuver comme pour ne donner scandale aux pauvres et nécessiteux. Mais nous sommes bien informez, par gens de bien et dignes de foy, du train qu'il tenoit chez soy ; car les meilleurs et plus friants morceaux luy estoient réservez pour sa bouche chez luy, ou bien présentez. Et des vins, il n'y en avoit point de plus exquis en toute la ville, car tous les ans il luy en falloit, quoy qu'il coutast, du Sauvagin-Ferrier de M. de la Fléchière, de Concise près Thonon. Et quand il faisoit la faveur à quelque amy d'aller disner ou souper avec luy, il luy falloit porter de son vin en un petit flascon d'argent, et cela estoit réservé pour la bouche de monsieur. Aussi avoit-il son boulengier qui le fournissoit de pain faict expressément pour luy de la fine fleur de fourment paistri avec eau de rose, sucre, canelle et anys, et, après estre tiré du four, biscotté ; et estoit cedit pain par singulière excellence appellé le pain de monsieur. Or, que Bèze et ses affectionnez disciples contredisent ou nyent cela à leur plaisir ; ce m'est assez que les seigneurs de Berne en sont bons tesmoins, qui, ayant bonne information de ce que j'allègue, furent fort offensez de telle délicatesse, bien certifiez de la grande quantité des confitures molles et seiches d'Espaigne et Portugal, des plus exquises qu'on pouvoit retrouver, qui luy estoient présentées de plusieurs personnes, et desquelles il mangeoit plus que beaucoup de pauvres de la ville de morceaux de pain. Il ne fault point que Bèze nous cache ou desguise la vérité, car les mensonges ont les pieds courts, et la vérité à la fin est descouverte et crève les yeux de ceux qui la veulent détenir en ténèbres. De sa sobriété je ne diray autre chose, sinon qu'il ne fut jamais escrit ne entendu de docteur sincère et vray pasteur de l'Evangille si délicatement nourry ny si à son aise, quoy qu'en escrive Bèze.

CHAPITRE XV.

De l'impureté et luxure de Calvin.

Sur le point de sa chasteté et continence, je n'en puis affermer ny aussi nier; toutesfoys, diray-je bien qu'on en murmuroit fort. Oultre le jeune Provençal lequel il tenoit, et qui le desrobba comme dict est paravant, et plusieurs personnages de bon jugement en estimoyent bien autrement que Théodore de Bèze n'en escrit, non pas par avanture én ces derniers jours qu'il estoit si fort malade et griefvement tourmenté, mais du temps que la damoyselle de Ville-Mougis laissa son mary à Lausanne, sans luy dire adieu, pour aller faire résidence à Genève, où son mary ne s'osoit retrouver. Et devant ce temps-là encores je sçay bien qu'on murmuroit de plusieurs dames et damoiselles qui, assez domestiquement, l'alloient trouver chez luy sans compagnie, fors que d'un petit enfant que elles menoient par la main, avec une Bible soubz leur bras; et quand par le chemin, rencontrées de quelque leurs parens ou amis, estoient interroguées où elles alloient, respondoient jollyment d'aller trouver ce sainct homme pour avoir solution d'un doubte, et y faisoient long séjour. Singulièrement grand estoit le bruict et murmure de la femme d'un seigneur estranger, venu pour la religion en ces païs-là, du nom duquel je me tay, pour bon respect; mais son habitation estoit fort près de Genève, quasi joygnant les franchises, près de Saconnay, en la terre de Gez. Ceste damoyselle estoit jeune, belle et gaye. Or, alloit Calvin fort souvent souper là, et y demouroit au coucher, voyre le mary estant absent de la maison et païs. Et sçay bien avec d'autres que la servante qui estoit lors avec laditte damoiselle révéla avec serment qu'elle avoit trouvé deux places de personnes au lict de sa maistresse, combien que son mary fut absent du païs; mais Calvin y avoit souppé et couché ce soir-là; pour lesquelles parolles laditte servante fut fort menassée et chassée de la maison. Or, soyt comme vray ou non; mais je diray avec gens de bien et de bon jugement, que, pour le moins, il devoit avoir en mémoire et mettre en exécution le dict de sainct Paul aux Thessalonicenses, cinquiesme chapitre: Abstenez-vous de toute espèce de mal. Surtout je ne veux laisser passer un point bien seur et notoire à plusieurs; c'est de madame Iolland de Brede-Rode, qui fut femme du seigneur Jaques de Bourgongne, seigneur de Fallais, cy-dessus mentionné. Ledit seigneur, depuis qu'il fut arrivé à Genève, fut fort mal disposé de sa personne et quasi continuellement entre les mains des médecins. Calvin l'alloit quelquefoys visiter et par plusieurs fois dict à la susditte dame Iolland, femme d'iceluy seigneur de Fallais: Que pensez-vous faire de cest homme si mal disposé? jamais il ne sera pour vous faire service. Si vous me croyés, laissez-le mourir; aussi bien est il comme mort; mais s'il peult mourir, nous nous marierons ensemble. Desquelz propos laditte dame fort indignée et scandalizée, persuada à son mary de sortir hors de Genève et s'en aller tenir aux terres de Berne, ce qu'il feit. Et icelle dame ne peust celler cela et l'a dict à plusieurs

bons et honorables personnages, et l'ay ouy mesmes de sa bouche en présence dudit seigneur son mary. Et fault noter que homme vivant, habitant en Genève ou en la jurisdiction, n'osoit murmurer ne parler contre Calvin, sur peine d'estre banny et chassé de la seigneurie de Genève ou mis à mort; car il trouvoit mille ruses pour se deffendre contre ses accusateurs, faisant courir le bruit qu'ilz estoient meschans, athéistes, libertins, ou qu'ilz vouloient trahir la ville, tant qu'il convenoit mourir ou vuider le païs. De quoy je réciteray quelques exemples bien manifestes à plusieurs personnes bien sages, et qui observoient diligemment sa manière de faire et les ruses desquelles il usoit. Je ne m'amuseray à parler de Castellio, Caroly et Bernardin Ochin, et de Pierre Morand, lesquelz il n'a peu endurer près de luy, car il ne vouloit ne maistre ne compaignon; mais je diray d'un ausmonier de la feu Royne de Navarre, appellé Montouset. Iceluy, craignant le Roy de Navarre, qui luy portoit hayne pour cause de la religion ou mieux pour la doctrine luthériane, laquelle chaudement il soustenoit et preschoit, il se partist donc de Chastel-Jalloux. Et ne s'estimant seur ès terres de France ne de Navarrois, il se retira avec congé, et par le conseil de laditte Royne, sa maistresse, à Genève, où peu de jours paravant elle avoit envoyé quatre mille francs à la bourse des pauvres, pour secourir les indigens qui n'avoient moyen de gagner leur vie. Cestuy Montouset, là arrivé avec lettres de recommandation de la Royne, fut bien veu et receu de Calvin et autres, pour amour de sa maistresse; mais prenant garde et diligemment considérant le gouvernement de Calvin, distributeur des ausmones, et le peu de secours qu'avoient les pauvres, il ne se peust contenir d'en parler à quelcuns lesquelz il tenoit pour ses amys, se complaignant à eux. Cela vint aussi tost aux oreilles de Calvin; car il avoit plusieurs favoris et dévots qui luy servoient d'espies, l'informant et advertissant de tout ce qui se faisoit et disoit de luy par la ville. Incontinent le bon Montouset fut abandonné de tous, mal veu de Calvin, et, nonobstant les recommandations de sa maistresse, délaissé d'amys et secours. Réduict en nécessité, il escrivit bien amplement à la Royne sa maistresse du gouvernement des ministres de Genève, singulièrement de Calvin, et comment les deniers envoyés pour les pauvres estoient distribuez, se recommandant à ses bonnes graces et surtout implorant son secours et libéralité. Bientost après la Royne envoya homme exprès, avec lettres à quelques personnages des plus apparents estrangiers retirés à Genève, comme au susdit seigneur de Fallais, au magnifique Megret et aultres, les advertissant qu'on print garde à Calvin et qu'il estoit à craindre qu'il ne fust quelque nouveau caffard qui vendoit du fard aux chrestiens, et qu'elle estoit bien informée de la mauvaise foy sienne en la distribution des ausmones. Cecy fut divulgué par la ville entre les estrangers, et Calvin, aussitost adverty de tout, qui se doubta bien que cela procédoit de quelques advertissements dudit Montouset à la Royne, sa maistresse, imagina une fort subtille ruse pour appaiser le courroux de la Royne et luy oster la mauvaise opinion qu'elle avoit conceuë de luy; car la nuict suivant il escrivit deux lettres à ladicte dame, desquelles l'une estoit fort douce, humble et gratieuse, en laquelle il la prioit de ne adjouster foy aux parolles ou escritz d'aucuns médisans, mal vivants et libertins, qui, pour la rigueur et sévérité dont il usoit, les reprenant et corrigeant leurs vices, luy vouloient mal et escrivoient faussement contre luy, pour le mettre en malevolence des seigneurs et dames; mais que en brief elle congnoistroit de quel zèle il administroit et la parolle de Dieu et les affaires de l'église. Ceste lettre ainsi escritte, serrée et seurement cachetée, fut gardée en la poche de son saye. Mais l'autre au contraire estoit superbe, aigre et poignante, en laquelle il l'appelloit athéiste, libertine, hypocrite, fautrice des anabaptistes, voire qui céloit et entretenoit en son cabinet deux insignes hérétiques, assavoir un Quentin et un Anthoine Poque, avec leurs femmes; et qu'il avoit tant d'asseurance en Dieu et estoit tant appuyé sur sa conscience, qui luy servoit d'un rempar et muraille d'érain contre toutes puissances mondaines, qu'il se soucioyt peu des menaces et malevolences des Roys et Roynes et potentats terriens; et qui plus est, la menassoit d'un grief jugement de Dieu, qui en brief luy devoit tomber sur la teste. Je ne croy pas que homme vivant, de quelque condition grande qu'il peust estre, eust voulu ou sceu escrire plus ignominieusement à la plus vile personne du monde. Ceste seconde lettre ainsi escrite et subsignée de son sein manuel, sans la cacheter, il monstra le matin à plusieurs ensemble congrégés, en la fin de son presche, entre lesquelz fut présent ledit Montouset. Divers cerveaux jugèrent en eux-mesmes diversement de ceste letre; les plus accors et prudens furent esbahys de si grande audace, d'escrire en tel stile à une si grande dame, et l'estimèrent imprudence; autres moins discourans le trouvoyent fort bon, et l'attribuoyent à constance et magnanimité chrestienne. O le grand personnage, qui ne craint de dire la vérité aux princes et grands seigneurs! Or, ayant achevé la lecture de ceste seconde letre, il s'achemina hors le temple de la Magdalène, où il venoit de prescher, et en présence de ceux qui avoyent ouy la teneur, il la cacheta et mit en sa gibbessière ou pochette, près de l'autre douce et humble. Et à l'heure mesme l'homme de la Royne de Navarre luy fut monstré, lequel incontinant il appella et luy bailla la premiere lettre, assavoir la douce et humble, comme dict est, luy recommandant et le priant de la bailler en la main propre de la Royne, ce qu'il promit; et après disner se partit vers ladicte dame, estimant, ceux qui avoient ouy la lecture de l'autre, que fut celle-là mesme. Ainsi le bon preud'homme amusa la Royne par une lettre fardée et feincte apparence d'humilité, et serra la bouche à ceux qui pouvoyent estre scandalizez de luy par la letre de ladicte Royne.

CHAPITRE XVI.

De plusieurs lettres supposées par Calvin.

Mais ceste ruse et subtilité fut bientost descouverte, parce que le pauvre Montouset, plus fuy, hay et délaissé que paravant, fut contrainct de laisser Genève et s'en retourner vers sa maistresse, aymant plus tost se mettre en péril de mort, ains mourir une foys, que languir longuement en telle nécessité et angustie. Retourné donc qu'il fut vers sa maistresse, il luy récita de bouche, bien au long, de la manière de vivre de Genève, des actes et de l'administration des deniers vouez aux pauvres. La Royne, bien congnoissant l'intégrité et sincérité de son ausmonnier, et tenant pour certain qu'il n'estoit ny sot, ny affetté, luy monstra la letre laquelle Calvin luy avoit dernièrement envoyée par son homme mandé exprès. Et voyant qu'elle estoit du tout contraire à celle qu'il avoit monstrée et leuë devant plusieurs en Genève, comme dict est, rogue, superbe, contumélieuse et injurieuse, il afferma à la Royne que Calvin en avoit escrit une autre toute contraire à celle-là, et luy spécifia ceux qui avoyent esté présens à la lecture; sur quoy ladicte Royne despécha un homme exprès pour estre certifiée du faict, avec la lettre de Calvin pleine de miel et sucre, escrivant particulièrement à aucuns honnorables personnages habitans à Genève, lesquelz iceluy Montouset affermoit avoir esté présans quand Calvin avoit leu sa letre, laquelle il feit entendre de vouloir envoyer à la Royne. Le messagier alla et retourna avec les responces toutes conformes à ce qu'en avoit dict iceluy Montouset; dont non seulement la Royne fut mal contente de Calvin et ne feit plus de luy conte que d'un rusé et malicieux hypocrite, mais encore ceux qui entendirent telles truffes n'eurent puis après telle dévotion en luy, et laissèrent la ville de Genève pour habiter ès terres de Berne, fort scandalisez de luy, que chascun jour monstroit nouveaux exemples et monstrueux tesmoignages de sa diabolique malice et fraudes infernales, desquelles j'en réciteray une qui a esté fort divulguée à tous les seigneurs du conseil de Genève et aux seigneurs de Berne. C'est que Calvin, considérant un seigneur Amy Perrin, l'un vrayement des plus apparents et insignes de la ville de Genève, des premiers du conseil et cappitaine général de la ville, contredire le plus souvent à ses entreprinses et rompre ses desseins, délibéra de le faire mourir par quelque subtil moyen soubz prétexte de trahison contre la ville. Cherchant donc la commodité et oportunité de mettre sa délibération en exécution, passa le seigneur cardinal du Bellay par Genève, retournant de Romme pour aller en France en la cour. Les Genevesans s'efforcèrent de l'honnorer selon la coustume du lieu, luy envoyant les grandes cimaises du meilleur et plus excellent vin, et le courtisant les plus apparens de la ville. Après son partement et arrivée en la cour, Calvin, poursuyvant son entreprinse, contrefeit des lettres dudict seigneur cardinal ou de quelque sien bien secret amy, par lesquelles il faisoit entendre à ceux de Genève que le Roy estoit en bonne voulenté de recevoir leur alliance et amitié, et qu'il seroit bon qu'ilz envoyassent quelcun des leurs en ambassade vers Sa Majesté, pour requérir de la part de la ville ladicte alliance et combourgeoisie. Ces pauvres folz receurent ceste nouvelle fort légièrement, et sans plus penser ceste affaire firent élection d'un ambassadeur pour aller à la cour et traicter de cela avec le Roy. Or à ceste charge fut esleu le susdit Amy Perrin, comme vrayement le mieux parlant et plus idoyne de leur ville. Calvin, bien joyeux de ceste élection, se persuadoit pour vray que ledit Perrin n'en retourneroit jamais, pour l'inimitié laquelle le Roy et son conseil avoyent conceu contre ladicte ville, qui estoit le refuge des plus iniques de France, banqueroutiers, faux monnoyeurs, faulsaires et apostats. Et pour vray, ledict Perrin eut très mauvais visage du seigneur de Montmorency, connestable, qui, ayant entendu la cause de sa venue et la charge de son ambassade, luy dict fort brusquement qu'il estoit un sot téméraire, et qu'il dit à ses beaux seigneurs de Genève qu'ilz s'en vinsent nuds en chemise, la corde au col, se prosterner aux pieds du Roy, requérant sa miséricorde, non pas oultrecuidement demander son aliance et amitié. De ces parolles et plusieurs autres autant ou plus rudes se trouva ledict Perrin fort estonné, et séjourna quelques jours encor en France avant que retourner à Genève.

CHAPITRE XVII.

Calvin brasse la ruine de Perrin, sous prétexte qu'il avoit promis de rendre la ville au Roy de France.

Cependant le pauvre Perrin estoit ignorant de ce qu'on luy braissoit et des chats qu'on luy jettoit aux jambes, par letres envoyées par dessoubs terre, au nom de plusieurs de la secte calviane, demourans à Paris et autres villes de France. La teneur de toutes ces letres estoit qu'on se prind garde à Genève, car leur ambassadeur practiquoit avec le connestable de rendre la ville entre les mains du Roy. Et lettres sur lettres estoyent mandées à Genève de la mesme teneur, au nom de divers personnages estans en France, à plusieurs qui s'estoyent retirez en ladicte ville, dont naquist crainte et suspicion entre les Françoys habitans là, et inimitié contre ledict Perrin qui, quelque peu de jours après, retourna sans avoir faict aucune chose. Après son retour, autres nouvelles lettres contrefaictes, au nom de plusieurs de la religion estans en France, furent envoyées au magnifique Megret et à d'autres retirez à Genève, certifians estre vray que ledict Perrin avoit absolument promis de rendre la ville au Roy, et qu'il y avoit des capitaines et soldats despéchés pour cest affaire, qui, feignans d'aller en Piedmont, se devoient jetter une nuict en Genève par intelligence. Estans donc lesdits estrangers françoys retirez en Genève en grand doubte et suspicion, pour ce bruit qu'on faisoit faussement courir de ceste trahyson et surprinse, fut portée une lettre, forgée en la mesme boutique où les autres susdittes, au seigneur Amy Perrin, subsignée du nom du président de Savoye, nommé Pellisson; et la teneur estoit telle : « Seigneur capitaine, j'ay commandement du Roy mon maistre de vous escrire et advertir de ne faillir à luy tenir promesse, et qu'il vous fera le premier homme de Savoye. » Le porteur de ceste letre, bien aprins et recordé, vint chez ledit Perrin le chercher lorsqu'il sçavoit certainement qu'il n'estoit en sa maison. Il parla donc à la femme dudit Perrin et luy bailla laditte letre, la priant de la bailler à son mary et non à aultre, et qu'à son retour de Lausanne, où il disoit aller en grand'haste, il viendroit prendre la responce. Fort esbahy Perrin lisant ceste lettre, et ne se doubtant de la trahyson qui luy estoit dressée, vint trouver Calvin en son logis, où, par cas d'avanture, le magnifique Megret estoit, et leur communiqua la lettre qui luy avoit esté apportée, leur demandant conseil et attestant Dieu qu'il ne sçavoit dont procédoit ceste lettre, et qu'il n'avoit aulcune intelligence avec personne de France. Calvin seul, congnoissant le tout comme autheur de l'invention, luy feit quelques remonstrances de belles parolles : qu'il eust Dieu devant les yeux et qu'il se recommandast à luy, et que, escoutant encores un peu de jours, il auroit possible advertissement plus certain de cecy, et pour le moins qu'il attendist le retour du messagier qui avoit apporté lesdittes lettres. Perrin, s'arrestant à ce conseil, ne communiqua ceste lettre à personne, mais la cachea en un lieu secret de son cabinet. De là environ une heure Calvin, qui n'estoit rien paresseux, vint seulet retrouver ledit Perrin en son logis, le priant de luy remonstrer laditte lettre, feignant de vouloir un peu considérer quelque sentence dedans contenue. Iceluy Perrin, ne se doubtant de trahyson, le mena simplement en son cabinet et tira la lettre du lieu secret où il l'avoit mise, lequel Calvin remarqua bien; et l'ayant quelque peu leuë, luy rendit et s'en retourna chez soy. Et soudainement il mist la main à la plume et reforgea une nouvelle lettre addressée audit magnifique Megret, au nom d'un certain seigneur de France, qui l'advertissoit de la trahison bastie par ledit capitaine Perrin, et l'exhortoit à le faire entendre aux seigneurs de Genève, qui se prinsent garde de leur ville, car pour certain elle estoit vendue, et que près d'icelle estoient gens au guet par la Savoye pour se getter dedans. Ledit Megret, ayant receu le soir la susditte lettre, fort estonné, sans y penser plus oultre, vint retrouver Calvin et luy monstra celle lettre, de laquelle il sembla estre tout esmeu, disant qu'il se retireroit hors la ville, aux terres de Berne ou de Basle. Megret le reconforta et luy promist d'aller le lendemain matin au conseil et de se faire partie contre iceluy Perrin, ce qu'il feit de grand zelle, et porta devant les sindiques et seigneurs du petit conseil plusieurs lettres, lesquelles il avoit, comme il disoit, receuës de divers siens amis de France; plus allégant que ledit Perrin en avoit receu une du president de Chambéry, Pellisson, sur la promesse qu'il avoit faicte au Roy, et que ledit Perrin l'avoist monstrée le jour précédent à M. Calvin et à luy. Tout à l'heure fut envoyée le grand saultier vers Calvin pour l'amener au conseil; et n'alla ledit grand saultier loing pour retrouver Calvin, car il estoit à la porte de la maison de ville, attendant ce qui en advint. Entré donc en la salle du conseil, fut interrogé s'il avoit veu laditte lettre du susdit président de Chambéry; respondit que ouy, et que, s'il plaisoit ausdits seigneurs de commander au capitaine Amy Perrin de bailler la clef de son cabinet et luy bailler des seigneurs du conseil en sa compagnie, qu'il iroit quérir ladicte lettre, car il savoit le lieu où iceluy Perrin l'avoit cachée. Cela luy fut accordé, dont incontinant la lettre fut apportée et leuë devant le conseil;

après la lecture de laquelle le pauvre Perrin, fort confuz et estonné, fut mené en prison assez estroictement; dequoy se leva merveilleux bruict par la ville entre les citoyens et estrangers. A la requeste des amis et parens dudit Perrin, il fut mis à ses défences; et entre aultres choses fut remonstré au conseil que, s'il eust esté consentant et coulpable de telle trahison et crime, il n'eust pas communiqué telle lettre ne à Calvin ne au magnifique Megret. Or il fut résolu en conseil que la lettre seroit portée audit président Pellisson, pour sçavoir s'il l'avoit envoyée ou non. Absolument il respondit la lettre n'estre sienne ny escritte de son commandement ne vouloir; sans cela le pauvre Amy Perrin estoit en grand danger de sa vie. Mais on congneut que c'estoit un stratagème inventé par quelque fin maistre, duquel toutesfois on ne pouvoit avoir certaine probabilité. Fut donc mis ledit Perrin en liberté et restitué en ses degrés et honneurs de capitaine général de la ville, comme paravant; et nonobstant que ceste menée contre ledit capitaine Perrin fut conduicte si secrètement et finement qu'elle ne peust estre plainement descouverte, toutesfoys la suspicion fut bien grande et les conjectures bien véhémentes qu'elle procédoit de Calvin et des adhérens; sur quoy on voit l'ingratitude d'iceluy Calvin et la petite récompense qu'il feit audit Perrin pour les peines et travailz qu'il print pour le faire révoquer de son bannissement, et de l'aller quérir en personne à Strasbourg pour le ramener en Genève. La femme dudit Perrin, jeune, cholère et courageuse, faillit plusieurs foys de tuer Calvin, et en parloit publiquement et haultement, le vitupérant et appellant traistre et meschant; mais commandement lui fut faict de la part de la seigneurie, soubs peine assez rigoureuse, de laisser ledit Calvin et de n'intenter contre son honneur et personne.

CHAPITRE XVIII.

Suitte des stratagèmes de Calvin pour perdre Perrin.

Calvin, tousjours persévérant en sa hayne contre Perrin, comme il estoit irréconciliable et immuable en mauvaise voulenté, cherchoit tous moyens pour le faire mourir ou pour le moins chasser hors la ville, et attendit tousjours temps commode et oportun pour exécuter son mauvais désir. Cependant il s'efforça de gaigner aucuns des seigneurs du conseil, donnant, de la bourse des pauvres, dons secrètement à aucuns, du nombre desquelz fut un Lambert qui estoit nécessiteux, auquel fut quelquefoys reproché qu'il portoit pourpoin de satin de la bourse des pauvres. A d'aultres il prestoit d'argent assez grand somme pour traffiquer, combien que Bèze affirme qu'il estoit fort pauvre. Toutesfoys, entre les autres, un Claude du Paon, apotiquaire, eut pour quelque temps cinq cents livres en prest; à quelle condition que ce fut, je ne sçay. Aultres il entretenoit par promesses d'avancement, d'honneurs et faveurs; dont, par le moyen de telles personnes, il estoit adverti de tout ce qui se faisoit au conseil de la ville, et avoit les voix des élections d'offices et dignitez à sa dévotion. D'autre costé il mist ordre et moyenna par ses subtilitez que plusieurs des estrangers venus habiter à Genève, tant de la nation françoise que flamande, angloise ou italienne, furent receux bourgeoys de la ville, passez par le petit conseil seulement, sans l'adveu des deux cens, ce qui engendra murmure entre les anciens citoyens et bourgeoys. Mais on ne feit conte de leur murmure; car les estrangiers desjà surmontoyent en nombre, puissance et richesses, les enfans natifz de la ville. Et pour mieux les tenir bas on leur jetta le chat aux jambes, par un bruict qu'on fit courir malicieusement que les Genevesans, enfans de la ville, faisoyent secrette délibération de tuer en une nuict tous les estrangiers; dont les estrangiers commencèrent à se tenir sur leurs gardes, et faisoyent quelques promenades avec armes, par la ville, de nuict, conduits et accompagnez néantmoins d'aucuns enfants et citoyens de la ville, des plus favoris et dévots de Calvin. Entre autres un Cotti Baudichon, homme assez congneu de génération, de visage, de pelage et de faits, sans que autrement je m'amuse à le déclarer, alloit un soir bien tard en compagnie de quelques François armez; ce qui fut aussitost rapporté par la ville, de maison en maison; et incontinent furent assemblez grand nombre d'enfans de la ville, qui vindrent rencontrer lesdits estrangers et leur demandèrent à quel propos et de quelle authorité ils alloyent ainsi par trouppes et armez de nuict. Le bruict et tumulte fut grand par la ville, et peu s'en fallut qu'il n'y eust effusion de sang. A ce bruict courut un des quatre eseschevins ou sindiques, appellé Henri Haubert, apotiquaire, car sa maison estoit assez voisine du lieu où fut ce bruict; et portant son baston sindical, taschoit d'appaiser ce tumulte; mais on ne feit grand conte de luy ne de ses remonstrances, jusques à tant ce qu'arriva Amy Perrin, capitaine général de la ville, qui, voyant la sédition tousjours de plus s'eschauffer et les cœurs de costé et d'autre s'enflammer, dict au susdict Henry Haubert, sindique, qu'il usast de son authorité et commandast aigrement, en quoy il se monstroit fort froid et pusilanime, comme celuy qui nouvellement avoit esté esleu en ce degré et se sçavoit mal faire obéyr et craindre. Lors ledict capitaine Perrin luy print le baston sindical de la main, et, le haussant bien hault, cria qu'on deust obéyr à justice, répétant par plusieurs foys à haute voix s'ilz vouloyent recongnoistre ledict baston et obéyr au magistrat; à laquelle demande et remonstrance chascun se retira chez soy. Ainsi fut appaisé ce tumulte et sédition. Après que chascun se fut retiré et tout ce trouble cessé, les quatre sindiques et les seigneurs du petit conseil furent assemblez, environ la minuict, en la maison de la ville, où ledit Haubert récita tout le fait comme il avait veu, et donna louange audit Amy Perrin, affirmant que sans luy il se fut commis grand meurdre et occision en la ville. Pour l'heure délibération fut faicte qu'on informeroit des promoteurs de la sédition et qu'ilz seroyent chastiez. Celle mesme nuict et le matin, ledit Henry Haubert, sindic, fut tellement practiqué par Calvin, qui luy feit entendre mille folies et balevernes, que au conseil du matin, auquel ledict Perrin ne se retrouva point pour quelques empeschemens survenus particulièrement, il dict tout autrement qu'il n'avoit à la minuict; car il feit quérimonie contre ledit Perrin, allégant qu'il luy avoit osté par force le baston sindiqual de sa main et qu'il avoit dict : Malgré Dieu, de toy et de qui t'a fait sindiq. Les seigneurs du conseil, amys et dévots de Calvin, semblablement practiquez et sollicitez, poussèrent à la rouë pour tourner le chariot contre ledit Perrin, absent et ignorant la trahison et menée. Or, fut parlé audict conseil contre luy, voyre jusques à inférer qu'il estoit participant ains autheur de ladicte mutination et tumulte excité la nuict précédente, et qu'il devoit estre quelque chose de ce qu'on murmuroit de tuer les estrangers. L'affaire fut si bien menée et sollicitée par lesdicts amis et dévots de Calvin que plusieurs des enfans de la ville furent prins et mis en prison ce jour mesme, entre les autres deux patissiers, jeunes hommes, appellez les Comparez, avec plusieurs de leurs compagnons, qui avoyent esté la nuict précédente audict tumulte.

CHAPITRE XIX.

Plusieurs enfans de la ville sont chastiez et mis à mort, faussement accusez.

Amy Perrin, secrètement adverty de la trahison laquelle on luy bastissoit, vistement se retira hors la ville, aux terres des seigneurs de Berne, ce que feirent pareillement le seigneur Perrin Vuandel, les Baldazars, et d'autres de leurs amis plus intrinsèques, contre lesquelz la partie favorisant à Calvin, qui estoit la plus grande au conseil, portoit sourde inimitié, à la sollicitation d'iceluy Calvin. Tout aussitost furent retrouvez force tesmoings qui maintenoyent estre vray que la conjuration estoit faicte de tuer les estrangers. Soubs ceste faulse couleur et imposture, furent mys beaucoup des enfans de la ville en prison, ausquelz par force de tourtures et tourmens, part aussi par subtiles practiques et belles promesses, on feit confesser le cas estre vrai, voire que lesdict Perrin, Vuandel et Baldasars estoyent chefz de ladicte conspiration. Et ayant cela confessé, sans plus attendre, furent menez chaudement au supplice de mort. Mais quasi tous ces misérables sur l'eschauffant appelloyent Dieu en tesmoignage qu'il n'estoit rien de ce qu'on leur imposoit et qu'ilz avoyent confessé telles choses en partie par force de corde et tourmens, et partie par faulses promesses. Ce entendant, lesdict Perrin, Vuandel et Baldasars, avec d'autres qui s'estoyent retirez hors de Genève, s'en allèrent rendre aux mains et justice des seigneurs de Berne, se soubmettant à toute rigueur de justice s'ilz estoyent trouvez coulpables du crime qui leur estoit imposé à Genève. Lesdits seigneurs de Berne, ayant fait diligente inquisition sur tout ce faict et bien congneu la vérité, feirent remonstrances par letres et ambassadeurs à ceux de Genève de n'user de telles inventions et cruaultez, qui estoyent contre Dieu et leur prochain, avec scandale des circonvoisins. Pour quelques remonstrances et exhortations que leur feissent lesdits seigneurs de Berne, ilz ne désistèrent; ains chascun jour on prenait nouveaux prisonniers, et les faisoit-on confesser ce qu'on vouloit, comme aux autres devant mentionnez, puis les faisoit-on mourir, eux appellant Dieu en tesmoin de leur innocence et déclarant les ruses et cruautez desquelles on avoit usé pour les faire dire choses contre la vérité et leur conscience, au deshonneur et détriment desdict Perrin, Vuandel et Baldasars, lesquelz ilz déclaroyent innocens de ce qui leur estoit imposé. De quoy lesdits seigneurs de Berne bien informez et certifiez, receurent en leur païs lesdits Perrin et les autres fuitifz de Genève, les recevant pour leurs subjects et les déclarans innocens de ladicte imposture, et les exortans à vivre paisiblement en pacience; de quoy je puis asseurer que iceux seigneurs de Berne seront bons et fidèles tesmoins. Et parce que Théodore de Bèze en escrit tout au contraire en sa belle préface, à l'advantage de son maistre, père et amy, et au vitupère d'iceluy Perrin et des autres fuitifz de Genève, je veux mettre en advant deux choses advenues ces jours là en Genève, lesquelles homme vivant ne pourroit nyer, sinon qu'il fut le plus impudent du monde. La première fut du jeune Bertelier, qui fut mis en prison à Genève pour la mesme imposture et calumnie que les aultres dessusdits. Iceluy Bertelier, généreux et constant, ne peust estre induict par remonstrances ne cauteleuses promesses que luy sceussent faire les seigneurs de justice, ne les ministres qui, à la suasion de Calvin, taschoient de endormir les pauvres calomniés par belles parolles et promesses, à faire ne dire choses contre sa conscience; dont il fut mis rudement à la question. Mais pour genne ou corde qu'on luy donnast, il ne peust estre vaincu, combien que, pour la pesanteur des pierres qu'on luy pendoit aux pieds, la corde en laquelle il estoit attaché par les mains rompist par troys ou quatre foys. Ce que voyans les seigneurs du conseil, cuydèrent crever de despit. Et en fut un d'entre eux, appellé Amblar-Corne, qui lui dict : Tu confesseras cecy, ou bien on te donnera tant de traicts de corde qu'on t'arrachera les bras et jambes, car la seigneurie ne sera jamais vaincue par ton obstination. Ledit Bertelier nonobstant, persévérant tousjours en sa constance et ne voulant dire chose contre vérité et sa conscience, on trouva une nouvelle cautelle, qui fut d'envoyer vers la mère dudit jeune prisonnier, qui s'estoit retirée au païs de Foucigni, pour cause des horribles cruaultés qu'on exerçoit en Genève. Iceluy Amblar-Corne, un des seigneurs du petit conseil, très ardent et affectionné disciple de Calvin, print la charge d'aller vers laditte femme et l'induire à venir à Genève pour le bien et honneur de son filz qui estoit en prison, résolu, comme dict est, plus tost de mourir aux tourments que de dire aulcune chose contre vérité, sa conscience et son prochain. Ledit Amblar-Corne sceut fort bien charmer la pauvre femme par feintes parolles et faulses promesses de la part des seigneurs du conseil, que non seulement son filz seroit mis en liberté, mais encore exalté en honneurs et degrez d'offices, s'il vouloit obéyr ausdits seigneurs et confesser simplement ce qu'ils vouloyent, assavoir estre vrai ce de quoy il estoit accusé, et que Amy Perrin et les aultres susdits fugitifs de Genève l'avoient sollicité d'estre de leur conspiration et entreprinse, mais qu'il n'y avoit voulu entendre; confessant seulement ce peu, il seroit mis en pleine liberté et eslevé en dignité audit conseil. Or il sceut si bien dire qu'il endormist la pauvre mère et luy persuada de venir à Genève pour le salut et délivrance de son filz. Arrivée en la ville, elle s'en alla droict vers la prison où estoit son filz, fort cassé et rompu de la corde, et lui remonstra la voulonté et délibération du conseil de le faire plustost mourir en prison misérablement qu'il vainquist les seigneurs du conseil. Pour ce la misérable mère l'exhortoit et prioit de acquiescer au vouloir des seigneurs et confesser ce qu'ilz désiroyent de luy, combien que fut contre vérité et sa conscience, et que par ce seul moyen il seroit mis hors de prison et constitué en dignitez, offices et honneurs; et que telle promesse lui avoit esté faicte par Amblar-Corne, de la part de tout le conseil. Tant bien seut la misérable mère pleurer et soliciter son filz que, s'il n'avoit pitié de soy-mesme, au moins qu'il l'eust d'elle, qui demouroit désolée, sans enfans et appuy, luy mourant, et l'asseura tant sur la promesse qui luy avoit esté faicte de la part desdits seigneurs, que le pauvre jeune homme dict et promit à sa mère de le faire; de quoy elle advertit ledict Amblar et autres du conseil, qui incontinent s'assemblèrent, l'interrogans comme devant des points susdits, lesquelz il confessa hardiment, se confiant sur les parolles et promesses faictes à sa mère. Mais il n'eust pas plustost confessé et sa confession mise par escrit, que la sentence de sa mort ne fut arrestée et publiée, et le jour mesme exécutée. La misérable et dolente mère, voyant estre advenu tout au contraire de son espérance et contre la promesse à elle faicte par un des seigneurs du conseil et de la part de tout le conseil ; voyant, di-je, son fils mort, considérant qu'elle en estoit cause, et comme trahytresse de son sang, se cuida tuer de desplaisir et honte. Or, comme forcenée tout à l'instant sortit hors de Genève, et s'en alla criant, remplissant l'air de regrets et complaintes, à Berne, Zurich, Fribourg et autres villes des cantons, déclarant le détestable et inhumain faict par elle commis à la suasion des seigneurs de Genève, singulièrement d'un Amblar-Corne, leur messagier et commis pour establir telle trahison ; et demandoit justice à Dieu et aux seigneurs des cantons contre la ville de Genève. Nie cecy Théodore de Bèze ou qui voudra, mais lesdits seigneurs de Berne et des autres villes en seront bons tesmoins, qui furent tellement irritez et animez contre ceux de Genève, après avoir entendu ce faict, qu'ilz estoyent presque délibérez de destruire telle canaille de gens, jusques à user de ces parolles : qu'il falloit getter à force de pesles une si malheureuse ville dedans le lac. Mais l'advoyer de Fribourg, qui se monstroit au commencement le plus enflammé de cholère, par le moyen de quelque présent remit sa cholère et appaisa toute l'ire des autres seigneurs. Cependant Calvin et les autres ministres de Genève conformes à son désir et intention, ne cessoyent de crier en leurs presches contre ces misérables mis à mort et contre les susdits fugitifs, les appellans meschans enfants de diable, garnementz, trahitres ; et de plusieurs autres telles injures leurs presches estoyent farcys. Plus, ilz escrivoyent lettres particulières en France et ailleurs, que Dieu les avoit délivrez de certains ennemis de religion et reformation, qui avoyent conspiré contre les estrangers de les tuer en une nuict, j'enten ceux qui estoient venus pour l'Evangile. Toutesfoys ilz ne peurent tant farder ceste calomnie qu'elle ne fut descouverte et bien congneue à plusieurs personnages de bon entendement et jugement, voire venus à Genève pour l'Evangile, comme depuis a esté bien entendu le faict de M. Spiffame (1) et les causes de sa mort, quelque faulse couleur qu'on luy eusse peu donner pour couvrir la malignité des envieux calomniateurs. Or, pour dire des pauvres misérables tourmentez et mis à mort, plus des susdits fugitifz, je dis que pour leur justification leur sert grandement contre les calomnies de leurs ennemis l'acceptation et recueil que leur ont faict les sages et prudents seigneurs de Berne, les recevant en leurs terres en paix et tranquilité, comme leurs bons subjects. Calvin, de cela fort faché, ne cessoit jour et nuict de imaginer nouvelles inventions et subtilitez pour donner lustre à ses mensonges et donner à entendre estre vray ce qu'on imputoit à ces pauvres fugitifz et mis à mort. Advint donc la deuxiesme hystoire à Genève par l'invention de Calvin et ses adhérens, laquelle j'ay promis réciter, qui est telle.

CHAPITRE XX.

Calvin inventa une autre ruse pour perdre Perrin et ses compagnons.

Un jeune homme nouvellement venu habiter en Genève, de Lombardie, du service du duc d'Albe, lors gouverneur de Milan pour le roi d'Espaigne; Calvin, adverty de sa venue, comme il estoit de toute autre chose, pour petite qu'elle fut, en Genève, l'envoya quérir, et le sol-

---

(1) *Spifame* (Jacques-Paul), évêque de Nevers, quitta sa religion et son évêché pour aller se marier à Genève. Il fut décapité dans cette ville en 1566.

licita si bien, avec d'autres de son païs, qu'il contrefeit l'espion, comme envoyé et commis expressément par ledit duc d'Albe, son maistre, pour remarquer la situation de la ville de Genève et pour practiquer avec le capitaine Amy Perrin, Vuandel et Baldasars, qui avoyent promis à son-dict maistre de lui rendre la ville. Lesdits Perrin, Vuandel et Baldasars, habitans ès terres de Berne, advertys de ceste nouvelle calomnie, s'en allèrent à Berne et feirent requeste à la seigneurie que ledit espion fut mené à Berne et confronté aux accusés pour soustenir son dire. A la réquisition desdits seigneurs bernoys, l'espion fut conduict et mené en leur ville soubs gardes, mais non trop rigoureuses, et par chemin fut fort bien instruict de ce qu'il avoit à faire et dire, avec contresignes desdits calomniez, pour les recongnoistre et faire distinction entre eux. Il dict fort bien tout ce qui luy avoit esté enseigné et recordé, mais il faillit aux marques qu'on luy avoit donné pour distinguer l'un de l'autre ; car, ayant asseuré de les avoir veuz et bien les congnoistre, il print l'un pour l'autre, assavoir un des Baldasars pour Amy Perrin, et Amy Perrin pour Vuandel. Sur quoy les sages seigneurs de Berne, prudemment considérant bien, entendirent que c'estoit une ruse et menée de la practique de Calvin et ses adhérens ; dont renvoyèrent les commis de Genève avec leur espion, et délivrèrent les accusez et calomniez à tort, les laissans aller librement en leurs maisons et habitations. Théodore de Bèze et les siens pourroyent nyer cela, ne fut que ledit espion, tost après s'en allant hors de Genève vers Italie, desguisé et masqué d'une faulse barbe blanche, fut, à la poursuyte diligente desdits fugitifz, repris près Evien et de là ramené à Berne, où librement et entièrement il confessa la vérité du faict, assavoir comment, par qui et pourquoy il avoit ainsi esté practiqué et induict à calomnier ceux lesquelz il ne congnoissoit et par lesquelz il n'avoit receu oncques desplaisir. Lesditz fugitifz de Genève et calomniez demandèrent acte et tesmoignage par escrit du secrétaire de la seigneurie, ce qui leur fut accordé; et l'ont moustré à plusieurs pour leur justification et confusion de leurs ennemys. Mais je laisse le jugement de telles inventions et practiques à toutes personnes de bon et sain entendement, qui ne sont point liez et consacrez à la secte calviniane; car c'est le propre de tous ceux qui se sont vouez, dédiez et addonnez à quelque secte que ce soit, de trouver bon, approuver et louer tout ce qui est faict par les chefz de leur secte, de les excuser et soustenir à leur pouvoir, finallement d'endurer la ruine de leur païs, biens temporelz, voire de leurs plus proches parens, plustost que de souffrir la honte et destruction de leur secte, et des docteurs et maistres d'icelle. Et sçay bien que estant faicte remontrance à quelques ministres dévots de Calvin, comment avec conscience ilz pouvoyent adhérer à si grandes mensonges et calomnies contre leur prochain, ilz respondirent que c'estoit pour la gloire de Dieu et la destruction des meschans ennemys de l'Evangile, contredisans à la réformation, et que ilz avoyent cela pour résolu en l'église de Genève, que, pour la gloire de Dieu, il estoit licite, ains nécessaire quelquefoys, de mentir et contrefaire la vérité.

CHAPITRE XXI.

Calvin pousse les ministres à demander les biens des ecclésiastiques, et ensuite le pouvoir d'excommunier.

Calvin, enclin à remuemens et inventions nouvelles pour troubler le monde, après se va imaginer de solliciter les ministres des terres de Berne, assavoir du païs conquesté (comme ilz appellent), à demander que les biens ecclésiastiques des abbayes, éveschés, et prébendes, prieurez, cures, et de tous les bénéfices possédés par les prebstres avant le changement de la religion, fussent commis à la dispensation d'iceux ministres et prédicans. Et fondoit sa demande sur ce qui est escrit aux Actes des apostres, assavoir que l'argent et pris des biens vendus par les chrestiens nouvellement baptisez et adjoincts à l'église estoit apporté aux pieds des apostres et par eux distribué aux nécessiteux, selon qu'ilz congnoissent estre besoing; et par ce moyen vouloit avoir le maniment et gouvernement des biens qui souloient estre des ecclésiastiques. Mais les seigneurs de Berne ne voulurent entendre de ceste oreille et renvoyèrent leurs ministres, leurs défendans fort bien qu'ilz ne parlassent plus de telle matière et qu'ilz s'empeschassent seulement de bien prescher et enseigner le peuple. Ce chemin luy ayant esté cloz et bousché, il mit en teste à maistre Pierre Viret, ministre de Lausanne, et à d'autres du pays conquesté, qu'il falloit que le ministre eust la puissance d'excommunier, et que, sans telle puissance et authorité de chasser et séparer les meschans et faux chrestiens des bons et sincères, le ministère estoit vitupéré et la parolle de Dieu estoit desprisée. Ce point mis en avant en leurs congrégations, fut conclu en toutes leurs classes que aucuns d'entre eux seroient députés pour présenter requeste aux seigneurs du conseil, de la part des classes du païs conquesté, sur cest article et demande. Lesdits seigneurs sagement considérans ce que demandoient lesdits ministres et de quel poix estoit ce qu'ilz vouloient leur estre octroyé, fut par quelcun d'entre eux remonstré que autant vauldroit estre en Espaigne, soubs l'inquisition, que aux païs de Berne, les ministres ayant telle authorité d'excommunier ceux qui leur plairoit. Dont leur fut respondu qu'ilz se contentassent de la charge de prescher et enseigner, et qu'ilz ne parlassent plus de ceste matière. Calvin, adverty de la responce des seigneurs de Berne à leurs ministres, indéfatigable qu'il estoit et obstiné en ce qu'il se délibéroit d'exécuter, sollicita tant plus lesdits ministres, et par lettres et par parolles, de bouche de manière que grande partie d'eux délibéra plustost d'abandonner le ministère que laditte puissance d'excommunier ne leur fut octroyée, allégant que c'estoit contaminer l'Evangile et le sacrement de la Cène, de la bailler indifféremment à bons et mauvais, vertueux et vicieux ; dont de rechief retournèrent à Berne présenter supplication sur la mesme demande. Il leur fut faict responce par l'advoyer, de la part de tout le conseil, qu'ilz s'en retournassent et feissent leur devoir de prescher et enseigner, et que plus ilz ne retournassent pour telle demande ou requeste, car du tout les seigneurs n'y vouloient entendre, et qu'ilz ne vouloient aultre sorte d'excommunication en leur terre que le baston de justice pour punir les vicieux et délinquants, selon leurs démérites et crimes, et que pour cela les seigneurs portoient le glaive. Calvin, d'aultre costé, plus dur qu'un rocher et immuable en ce qu'il désiroit faire, ne désista de solliciter Viret et les aultres ministres, ses affectionnés et dévots, leur remonstrant que l'office d'un bon pasteur n'est pas seulement de donner pasture bonne à ses brebis, mais encores d'avoir esgard que maladie et corruption ne gastast son trouppeau ; pour ce, qu'il devoit séparer les rongneuses et les jetter hors du troupeau. A ces persuasions adjousta qu'il avoit receu lettres de divers lieux de France, villes et chasteaux, par lesquelles ilz demandoient des ministres pour prescher en France. Ceste nouvelle augmenta fort l'audace desdits ministres, desquelz aulcuns, avec Viret mesme, s'en retournèrent pour la troysiesme foys à Berne, à leur propre et particulier nom, arrogamment et opiniastrement demandans leurs estre octroyée la puissance et authorité d'excommunier et priver de la Cène les mal vivants, ou bien qu'ilz ne bailleroient la Cène à la feste de la Nativité qui estoit prochaine, ains qu'ils quitteroient le ministère. Les seigneurs du conseil, considérans telle protervité desdits ministres, fort indignés de leur orgueil, conclurent qu'ils seroient bannys de leurs terres et païs avec note honteuse et infamie, et que chascun d'eux porteroit lettres de la seigneurie aux baillifz des lieux ausquels ilz habitoient, de telle teneur que, incontinant veuës les lettres, ils bannissent honteusement à son de trompette lesdits ministres porteurs et exhibiteurs d'icelles lettres. A chascun desdits ministres fut baillée une lettre de telle teneur, pour porter à leurs baillifz, bien cachetée, et serrée, et ainsi s'en allèrent sans sçavoir ce qu'ilz portoient ; ce qui fut à leur grand vitupère et déshonneur : car, subitement arrivés, furent publiquement et honteusement bannys des païs et terres de Berne, fors Viret qui, adverty sourdement du faict par quelques intimes amys, s'en alla tout de ce pas à Genève, sans bailler sa lettre au baillif de Lausanne. Ledit baillif, asseuré du tour qu'avoit faict Viret, s'en alla avec aulcuns des plus principaux de la ville au logis dudit Viret ; et visitant partout, singulièrement son cabinet, trouvèrent grand nombre de lettres de la main de Calvin à iceluy Viret, par lesquelles furent descouvertes plusieurs subtilles menées et fines practiques, lesquelles Calvin inventoit, et induisoit ledit Viret à y prester la main chauldement. Singulièrement furent trouvées les lettres par lesquelles il incitoit iceluy Viret à demander la puissance d'excommunier, ou qu'ilz quittassent le ministère ; plus, la practique et entreprinse d'Amboise, et mille autres inventions et nouveaultés qu'il taschoit de mettre en avant. Or, de telles lettres furent portées aux seigneurs de Berne quarante et deux, en la lecture desquelles lesdits seigneurs furent fort offencez et scandalisés de l'esprit malin et inquiet de Calvin, nonobstant que Théodore de Bèze s'efforce de le louër surtout d'esprit doux, benin et tranquille, et pense amuseler les oyes ou les veaux.

CHAPITRE XXII.

Des diverses maladies dont Calvin fut attaqué devant sa mort.

Je viens à parler de ses derniers jours et des maladies diverses desquelles il fut affligé avant sa mort. Théodore de Bèze escrit qu'il fut vexé de phtise, cholique, asme ou difficulté d'haleine, de calcal, goutes, hémoroïdes, oultre sa migraine, de laquelle il estoit ordinairement tourmenté. Voilà beaucoup de sortes de maladies ensemble, et desquelles il fut en grande misère longuement affligé, voire jusques à la mort (vray tesmoingnage et bien exprès de l'ire de Dieu sur luy). Et si on veult alléguer que plusieurs personnes sainctes ont eu beaucoup d'afflictions en leur vie sur leurs corps et biens, comme un Job, duquel l'hystoire est assés congneue, je respondray que Dieu, pour une exemple de patience, le permist estre affligé en ses biens et en son corps; mais aussi, pour asseurance qu'il n'habandonne point le juste qui vrayement se confie en luy, il le délivra de toutes ces afflictions, et le multiplia en toutes prospérités et bénédictions, comme bien dict saint Jaques au cinquiesme chapitre de son épistre catholique: Vous avez (dict-il) ouy la patience de Job, et avez veu la fin du Seigneur, (c'est-à-dire) l'issue laquelle le Seigneur donna à son affliction; et avés veu que le Seigneur est grandement miséricordieux. Par ces parolles semble que l'apostre nous mette en advant les sentences de David, au pseaulme trente-troisiesme, par lesquelles il invite chascun, à son exemple, à louer Dieu, d'avoir foy en luy et le craindre, proposant sa grace envers les bons et sa rigoureuse justice contre les meschans. Les yeux du Seigneur (dict David) sont vers les justes, et ses oreilles vers leur cry; mais la face du Seigneur est contre ceux qui font mal, pour exterminer leur mémoire de la terre. Quand les justes crient, le Seigneur les escoute et les délivre de toutes leurs afflictions ou tribulations. Le Seigneur est prochain de ceux qui sont contrits en leur cœur, et sauve ceulx qui sont humiliés et abbatus d'esprit. Plusieurs sont les afflictions du juste; mais le Seigneur le délivre de toutes; puis s'ensuit la mort des iniques et meschants estre très mauvaise, et ceux qui ont en hayne la justice et le droict périront malheureusement. Sainct Paul, au dixiesme chapitre de la première aux Corinthiens, asseure les enfants et esleuz de Dieu que, s'il leur advient tribulation ou affliction en ce monde, ilz en auront délivrance avec heureux succez. Dieu (dit-il) est fidelle en ses promesses, qui ne vous laissera affliger plus que voz forces ne pourront porter, car il vous donnera avec délivrance heureuse issue. Pour retourner doncques à la vexation de diverses griefves maladies desquelles misérablement fut affligé Calvin, voyre jusques à la mort, outre celles que Théodore de Bèze récite, il fut encores tourmenté d'un genre de maladie duquel nous lisons avoir esté vexez, par juste jugement de Dieu, aucuns ennemis de Dieu, usurpateurs de sa gloire et honneur; c'est d'une mangeson de poux et vermine par tout son corps, et singulièrement d'une ulcère très puante et virulente au fondement et parties vergongneuses, où il estoit misérablement rongé de vers. Ainsi Honorius second, Roy des Vuandales, après avoir huict ans persécuté l'église orthodoxe, périt finablement mangé de vers et de poux. Arnoulph, empereur, successeur de Charles-le-Gros, qui fut un grand pilleur et saccageur des temples des chrestiens, aussi misérablement mourut. Maximian, empereur, très cruel, sanguinaire; Antiochus Epiphames, homme très meschant et cauteleux, spoliateur du temple de Dieu et contempteur de la gloire d'iceluy, qui, par mespris du seul vray Dieu, colloqua au temple de Hiérusalem une idole de Jupiter; Hérode, meurdrier des Innocens et usurpateur de l'honneur et tiltre de divinité, et d'aultres hypocrites et ennemis de Dieu, qui, soubs prétexte et couleur de saincteté ou zelle, persécutèrent la vérité, furent exterminez, par juste jugement et vengeance de Dieu, de tel genre de vexation, rongez de poux et vers en leur vie jusques à la mort, et après ceste vie jettez à la mort seconde, en éternelle misère et condemnation infernale; sur lesquelz le dit du Psalmiste est vérifié : Dieu l'ha consumé de double consumation. Ce que on peut dire de Calvin; car, nonobstant ce qu'en escrit de Bèze, contre ceux qui disent que sa mort a vitupéré ou démenty sa vie, et soubstient qu'il est décédé de ce monde du trespas des enfants de Dieu, il mourut néantmoins invoquant les diables, jurant, despitant et maugréant, pour les très griefves douleurs et très aspres afflictions lesquelles il ressentoit de la sévère et très pesante main de Dieu sur sa personne. Et de cela ont tesmoigné ceux qui le servirent jusques à son dernier souspir. Et nie cela Bèze ou autre qui voudra ; mais cela est bien vérifié, mesme qu'il maudissoit l'heure qu'il avoit jamais estudié et escrit;

sortant de ses ulcères et de tout son corps une puanteur exécrable pour laquelle il estoit moleste à soy-mesme et à ses serviteurs domestiques, qui encores adjoustent qu'il ne vouloit pour ceste cause qu'on l'allast veoir. Mais je ne puis laisser un point escrit par Théodore de Bèze, au grand honneur (comme il pense) de son maistre, père et amy Calvin ; c'est qu'estant contrainct de demourer pour sa maladie en la maison et désister de lire et prescher, il ne perdit pour ce le temps ; car il ne laissoit de travailler en sa maison, tellement que, durant ce temps là, il commença et paracheva sa dernière Institution chrestienne, latine et françoise. Sur lesquelles parolles il ne seroit sans raison demander audit Bèze quelle estoit ceste dernière institution ; car on n'en a veu que la première, laquelle desjà long temps auparavant il avoit composée et mise en lumière. Or, si la première estoit si bien faicte et entièrement complette, quel besoing de la refaire tant de fois ? Voilà la mensonge découverte, laquelle dict ledict Bèze, que sondict maistre et père Calvin estoit si absolument docte, que jamais il ne s'estoit rétracté de sentence ou proposition par luy escrite ou ditte de bouche ; car ayant esté reprins par aucuns et accusé d'hérésie pour plusieurs fauces sentences retrouvées en son livre de l'Institution, de la première et seconde édiction, il les racoutroit et corrigeoit ; puis, supprimant les premiers, il faisoit r'imprimer le mesme livre corrigé. Cependant il faisoit teste contre tous ceux qui censuroyent et reprenoyent ses erreurs, et les appelloit menteurs, imposteurs et calomniateurs, se remettant à ceste dernière impression de son Institution, en laquelle il avoit corrigé sesdits erreurs ; et ainsi par telle ruse il se vouloit faire docteur absolut et irrépréhensible, qui ne s'estoit jamais rétracté de sentence qu'il eust dicte ou escritte.

CHAPITRE XXIII.

De la fausse doctrine de Calvin.

Or, c'est assez parlé de la vie, ruses et malices de Calvin, et des afflictions de la juste main de Dieu sur sa personne avant sa mort, et en mourant, de son impatience et désespoir. Maintenant il faut veoir de sa doctrine, et sincérité avec laquelle il a traicté la Sainte-Escripture; car Théodore de Bèze le met, en sa belle préface, au plus haut degré d'excellence sur tous les Pères saincts et docteurs, tant anciens que modernes, qui ont jamais escrit ou enseigné, combien que soit tout le contraire. Car, de tous les hérétiques qui furent onc, j'enten de ceux qui ont esté de la religion chrestienne et se sont vantez du zele de Dieu, je ne croy pas qu'il s'en puisse trouver un qui plus absurdement et malheureusement aye escrit et parlé de Dieu, et plus osté l'honneur de nostre Seigneur Jésus-Christ, que ledict Calvin; ce qu'il ha faict ou par vitupérable ignorance, ou par diabolique malice, ou par l'un et l'autre; car il est certain que luy estant malin, vindicatif et meschant, comme il a esté prouvé ci-devant, il ne pouvoit estre vrayement docte ne avoir la sapience et pure congnoissance de Dieu, selon que tesmoigne l'Escripture: En une ame maligne la sapience n'entrera point. Or, pour dire de sa doctrine, je ne nye point qu'il n'aye esté éloquent et docte ès langues, et qu'il n'aye beaucoup veu, leu et escrit; mais je soutiens qu'il n'a point eu la vraye congnoissance et intelligence de la Saincte-Escripture. Touchant ce qu'il a escrit de la Providence, prescience, et de la prædestination, qui est l'homme de bon et sain jugement qui ne congnoisse qu'il a ramené l'hérésie de Manès, persien, duquel sont appellez les Manichéens, qui affirment toutes choses estre faictes nécessairement par un décret éternel, tant le bien que le mal? Il est bien vray que Calvin n'use pas apertement de telz termes, mais ses escrits emportent cela équivalemment, comme j'espère bien montrer cy-dessoubs. Et faut noter que c'est la ruse de Sathan qui, relevant ses vieilles practiques et hérésies condamnées paravant, suscite quelque temps après nouveaux ambitieux et oultrecuidez, par lesquelz il ressème lesdictes hérésies; mais il les transforme et couvre d'autres parolles ou couleurs, affin qu'elles ne soyent recongneues et que simples et ignorans les reçoyvent; mais les doctes et sages, conduits du Sainct-Esprit, les remarquent bien et les reboutent vifvement; ce qui advint au temps de Constantin-le-Grand, environ l'an de nostre rédemption troys cents et vinct-huict, quand Arius, prebtre d'Allexandrie par l'astuce et ruse sathanique, renouvela la faulse doctrine de Ebion, Artème et Paule Samosatène, jà de long-temps paravant condamnée et rejectée aux sinodes des évesques de ce temps là. Cependant doncques que ledict Arius, instrument et ministre de l'ennemi de Dieu et de vérité, semoit la poison des susdits Ebion et aultres, d'eux fardée toutesfois et couverte d'autres paroles et termes, Alexandre, évesque d'Alexandrie, la recongneut fort bien et en advertit les évesques circonvoysins. Ainsi en ce temps Calvin a regratté et refraichy l'hérésie de Manès. Et combien qu'il ne parle apertement en mesmes termes de la fatale nécessité (car il ne se fut trop descouvert et eust esté incontinant rejecté de toute l'église), toutesfoys il asseure la nécessité aux actions humaines, approuvant et louant la sentence de Laurens Valle; de quoy j'espère traicter amplement en une œuvre de la Providence de Dieu, laquelle, avec sa grace, j'espère faire de bien près suyvre ceste-cy. Or, escrivant et soustenant que Adam nécessairement est tombé en péché par l'ordonnance et décret éternel de Dieu; plus, que de la postérité et enfans d'Adam il en a esleu aucuns à estre sauvez, les autres destinez à la mort éternelle; et de ceste différence, la première et principale cause il afferme estre le vouloir de Dieu, allégant une sentence de sainct Augustin sur le livre de Genèse, où il dict que, de toutes les choses qui sont et se font, la seule cause est la voulenté et plaisir de Dieu, ne vitupère-il pas grandement nostre Seigneur? Car qui est le père tant inhumain qui engendre un enfant en intention et délibération de le tuer ou faire perdre? O malheureuse doctrine! Dieu, en mille lieux de l'Escripture, dict ne vouloir qu'on pèche, de ne prendre plaisir en la perdition des damnez, de ne vouloir qu'aucun périsse; qu'il ne vient de luy que les Israhélites périssent et soyent réprouvez de sa filiation, leur reprochant qu'il a fait pour eux tout ce qui estoit convenable à un très bon, doux et miséricordieux père pour le salut de ses enfans; et Calvin asseure qu'il en a créés aucuns pour les perdre et damner! N'est-ce pas manifeste ignorance ou diabolique malice, ou tous deux ensemble? Plus, d'imposer au sainct père Augustin d'avoir dict que, de tout ce qui se faict au monde, la seule voulenté de Dieu en est cause, c'est une grande ignorance ou malicieuse imposture; car en ceste sentence que Calvin allègue du sainct père, il est signifié que, de tant d'espèces et genres d'animants, oyseaux, poissons, bestes à quatre pieds, reptiles, et de tout l'ordre des choses créés, il ne s'en peut donner autre raison sinon que tel a esté le plaisir de Dieu, disant l'Escripture: Comme a esté le plaisir et voulenté de Dieu, tout a esté faict et produict, tant au ciel qu'en la terre. Mais que la cheute, rébellion et apostasie des mauvais esprits, semblablement que le péché et transgression d'Adam, et les crimes qui journellement sont commis par les meschans, que la voulenté et décret de Dieu en soit cause, voylà une très lourde et ignominieuse ignorance, et trop évident blasphème contre l'honneur de Dieu; et ne croy point que jamais le bon docteur Augustin aye voulu dire cela en cest endroict; donc on congnoist plus clairement que le soleil de my-jour l'ignorance de Calvin et sa malice diabolique. Plusieurs sentences aussi de l'Escripture il renverse et interprète au contraire de vérité; mais je les réserve à l'œuvre déjà dicte dessus, qui doit tost estre mise en lumière. Voyons maintenant le grand deshonneur qu'il faict à Jésus-Christ, Filz de Dieu, nostre Seigneur et Rédempteur.

CHAPITRE XXIIII.

De l'injure que Calvin a fait à nostre Seigneur Jésus-Christ lorsqu'il a nyé sa divinité.

Deux points seulement je veux mettre en advant, pour éviter trop grande prolixité et ne fascher le lecteur ou auditeur; car je réserve le reste à une aultre œuvre. Le premier est sur ce qu'il a escrit, exposant l'épistre aux Hébrieux, singulièrement au cinquiesme chapitre, où est fait mention de l'oraison laquelle nostre Seigneur Jésus-Christ feit à son père sur le mont des Olives, peu avant qu'il fut livré ez mains des Juifs, et sur ces motz, lesquelz nous lisons en la commune édition, assavoir qu'il fut exaussé pour sa révérence. Calvin, laissant la commune interprétation receue de toute encienneté de l'église, interprète le mot εὐλάβεια crainte et doubte, commettant en ce faict manifestes erreurs, ignoramment ou malicieusement. En premier lieu il affirme que nostre

Seigneur Jésus-Christ eut si horrible frayeur de la mort qu'il tomba comme en désespoir et qu'il doubta d'estre englouty de la mort. En latin il meet *deglutiri* ou *absorberi*, ce que pourront veoir ceux qui ont le livre, et en la traduction françoise il y a *englouty*. Plus grand blasphème je n'enten point que jamais dissent, contre la dignité de Jésus-Christ, Ebion, Artème, Paule Samosatène, Arius leur sectateur, ne Mahom mesme; car il nye premièrement divinité avoir esté en Jésus-Christ, comme ignorant de sa fin, et n'estant seur d'estre véritablement le filz de Dieu, qui ha toute puissance sur la vie et sur la mort. Toutesfoys Calvin ignoroit-il que Jésus-Christ avoit dict paravant, comme il est escrit en l'Evangille selon sainct Jean, chapitre dixiesme: Mon Père m'ayme pour ceste cause que je laisse ma vie affin que je la reprenne de rechief. Nul ne l'oste de moy par force, mais je la laisse de moy-mesme et de mon bon gré; j'ay puissance de la laisser, et si ay puissance de la reprendre; j'ay ce commandement de mon père. Sur cecy je désireroy que ces pauvres gens tant voués et dédiés à la doctrine de Calvin considérassent comment pouvoit avoir nostre Seigneur Jésus-Christ doubte d'estre englouty de la mort, vray Dieu et vray homme qui n'a jamais ignoré la fin pour laquelle il estoit venu en ce monde, le genre de mort lequel il devoit souffrir, les moyens, les instrumens, les instigateurs et exécuteurs de sa mort, voyre le lieu et l'heure ausquelles il devoit souffrir. Davantage si le chef auquel consistoit la perfection de la foy, et de l'asseurance laquelle nous devons avoir sur les promesses de Dieu, ha doubté, tremblé et vacillé, combien plus doivent doubter et estre mal asseurés les membres débiles et infirmes! Un Esaye, scié tout vif par le travers du corps, se porta tellement, en son extresme et cruelle douleur, qu'il sembloit ne sentir mal ne peine aulcune ; Ananie, Asarie et Misael, adolescens jectés en une fournaise ardente, tant il s'en fault qu'ils crient, qu'ils perdent cœur et ayent crainte d'estre engloutis de mort en la flamme, qu'ilz chantent hymne et louange à Dieu; sainct Estienne, accablé de coups de pierres, non seulement n'est troublé ne espouvanté, mais encore il prie pour ceux qui le lapident et assomment; un Marcelin, avec son frère, fiché en gros espieux par le commandement de Diocletian, comme mesprisant ses douleurs et la mort, chanta le psalme *Ecce quàm bonum et quàm jucundum habitare fratres in unum*; et tant d'aultres, non chrestiens seulement et asseurez de la vie éternelle, mais encores payens, ont d'une magnanimité desprisé la mort; et le Filz de Dieu, le plus magnanime et constant de tous les mortelz, à la milliesme partie de la constance et magnanimité duquel jamais homme n'est parvenu, aura-il (comme dict Calvin) perdu cœur et sera-il tombé en crainte si vile et extresme? C'est trop ignominieusement estimé et parlé du Filz de Dieu. Mais sur ce point voyons la grande ignorance et malice de Calvin. Pour mieux prouver son dire, il change la commune interprétation du mot grec εὐλάβεια, qui, au rapport de tous doctes en langue grecque, signifie craincte, prévoyance, révérence et piété, qui est le devoir qu'on doit premièrement à Dieu, puis aux parents, et tiercement à personnes vertueuses et d'authorité. Ce mot aussi se trouve signifiant destournement de ce qui est contre devoir et raison. Toutesfoys il ne signifie pas une crainte ignominieuse et procédant de laschetté de cœur pour quelque péril imminent, mais plustost une crainte vertueuse, engendrée d'amour et révérence, laquelle on porte à quelqu'un pour sa dignité et grandeur; ce que plus manifeste le mot εὐλαβής, qui signifie une personne religieuse, véréconde et honteuse. Mais Calvin a prins ce mot en la pire partie, d'horreur et tremblement pour un péril inévitable, jusques à désespoir, à laquelle crainte les poëtes donnent les adjectifs *anxium* et *atrum*, c'est-à-dire plein de anxiété et de regard obscur et ord, ce que nul sainct docteur ne receoit avoir esté en nostre Seigneur Jésus-Christ. Un aultre grand erreur il commect en sa traduction, c'est qu'il traduict la préposition ἀπὸ tout aultrement que tous les doctes en grec ne la prennent; car elle ne se trouve jamais signifiant περί, qui veust dire *de*. Et si on me dict qu'on ne la trouve aussi signifiant *pro*, comme il y a en la traduction commune, je respon que mieux valloit laisser les parolles comme de long temps elles sont receuës de l'église et en commun usage, que les changer sans propos, contre l'honneur de Dieu et de son Filz Jésus-Christ. Et si Calvin eust esté si sçavant et docte que nous veult faire à croire Bèze, il eust peu avoir veu que le mot ἀπὸ se peult interpréter *pour* ou *selon*, comme ἀπὸ τῆς ἴσης οὐσίας est interprété *ex æquis viribus;* ainsi en ce lieu ἀπὸ τῆς εὐλαβείας, qui empeschera que ἀπὸ ne soit interprété *ex* ou *pro?* Davantage, si Calvin avoit desir de restituer ce lieu en son droict sens, pourquoy si témérairement et audacieusement a-il adjousté au texte un pronom *suo?* Car il a dict qu'il fut exaussé de sa crainte, combien que au grec il ne se trouve, mais simplement il est escrit: ἀπὸ τῆς εὐλαβείας, *pro reverentiâ*, sans pronom αὐτοῦ. J'ai par avanture trop pressé ce point, y demourant trop longuement, mais je l'ay faict expressément pour plus clairement monstrer l'ignorance ou la malice, ou toutes deux ensemble, de ce Calvin, lequel Bèze exalte si hault sur tous les doctes qui furent onc. Or, se vouë et dédie qui voudra à sa doctrine et soubstienne son hérésie; je diray ce que je recueille de la saincte Escripture, et des sentences des saints pères et docteurs anciens, les plus proches des apostres, sur la prière de Jésus-Christ et sur les parolles escrites en l'épistre aux Hébrieux. Et devant toute aultre chose convient noter que laditte oraison n'est point escritte par tesmoingnage de personnes qui les ayent ouyes et y ayent esté présentes; car ces parolles furent proférées par nostre Seigneur sur le mont des Olives, où il n'avoit mené que troys de ses disciples; les aultres il laissa en Getsemanie; et encores ces troys estoient loing de leur maistre d'un ject de pierre et fort engravés de sommeil. Le Sainct-Esprit donc, par l'inspiration duquel cecy a esté escrit, par vrays et sincères non contrefaicts serviteurs de Dieu, a, par ceste oraison, enseigné et faict entendre la dignité, magnificence et excellence de nostre Seigneur Jésus-Christ, qui (comme il est escrit audit cinquiesme chapitre de l'épistre aux Hébrieux), aux jours de sa chair, c'est-à-dire vestu de substance et nature humaine, peu estimé des hommes, aussi maltraicté par les Juifz que malfaicteur, brigand ou larron, feit prière et oraison de la plus profonde et intime partie de son cœur, avec larmes, à celuy qui le pouvoit délivrer de la mort. Il ne s'enfuit donc en loingtaines provinces, en boys, désers ou cachettes; il ne commande aux anges, ses ministres, d'empescher l'entreprinse de ses ennemys ne de les aveugler, confondre ou renverser; mais il prie son père, non par crainte vile, féminine, pusillanime, pleine de frayeur, et doubtant d'estre englouty (comme voulant fuyr, comme escrit Calvin), ains plustost se offrant généreusement à la mort, de toute éternité ordonnée par le Père céleste pour la rédemption du genre humain; et dict telles paroles: Père, s'il est possible que ce calice de mort se puisse passer sans que je le gouste, je vous prie qu'il se passe et que je ne souffre point la mort; mais s'il n'est possible, vostre voulonté soit faicte et non la mienne. En cecy le Sainct-Esprit enseigne que deux natures estoient en nostre Seigneur Jésus-Christ, la divine et humaine; l'humaine, constituée de corps subject aux nécessitez naturelles et d'ame raisonnable, faisoit toutes actions naturelles, appetant toutes choses nécessaires à la conservation de ceste nature, et craignant toutes choses contraires à la conservation d'icelle nature, assavoir, les passions, afflictions et la mort, qui est la destruction de ladicte nature humaine. Or, selon ceste nature humaine, il craignoit la mort. Et en cecy le Sainct-Esprit réfute l'erreur d'un Eutices, abbé en Constantinoble, le troisiesme après Manès, et Apolinaris, qui soubstenoient que Jésus-Christ n'avoit pas un corps humain, mais céleste, qui, comme un raion de soleil, estoit passé par le corps de la Vierge sans prendre chose aucune de sa substance, et ainsi attribuoient à nostre Seigneur un corps fantastique et non passible. Pour monstrer donc, contre les opinions des hérétiques, que Jésus-Christ estoit vray homme et vray Dieu, il faict escrire ceste oraison pour signifier deux voulentez avoir esté en luy: l'humaine, selon laquelle il n'eust point voulu mourir, et la divine, selon laquelle la raison conduicte se conformoit au vouloir de Dieu. Secondement, le Sainct-Esprit, par ces parolles, veut donner à entendre la nécessité de la mort de cest innocent, sans laquelle la nature humaine demouroit imperfaicte, sans espoir de résurrection; et pour ce sujet il disoit: S'il est possible; mais n'estant possible, il se remect au vouloir de Dieu, duquel jamais il ne s'est parti. Car, comme c'est une mesme puissance et sapience du Père et du Filz, ainsi est une mesme voulenté. Ceste est la vraye et légitime exposition selon les Pères et docteurs anciens orthodoxes, laquelle les vrays enfans de Dieu et de l'Eglise suyvent; or, tienne l'autre de Calvin qui se voudra vouër et consacrer à sa faulse doctrine et hérésie.

CHAPITRE XXV.

Quelle a esté la créance de Calvin touchant la descente de Jésus-Christ aux enfers.

En un autre point bien exprès il monstre fort clairement son ignorance et malice; car je laisse passer un grand nombre de contrariétez de sentences en ses livres, pour ce qu'elles ont esté remarquées par d'autres. Mais de cest erreur je ne pense qu'aucun en aye escrit; c'est sur l'article de foy de la descente de nostre Seigneur Jésus-Christ aux enfers. Or, cedict article n'est de moindre importance pour la probation de l'excellence et authorité sienne que les autres de sa nativité, résurrection et ascension au ciel; ce néantmoins Calvin l'a voulu supprimer et cacher par malice diabolique ou par une ignorance trop lourde, ou par les deux ensemble. La malice du diable a de tous temps esté vigilante contre la gloire de Dieu et de son Filz nostre Seigneur, et a tousjours incité quelques orgueilleux et ambitieux cerveaux pour se servir d'eux en telz effects, inventant quelque interprétation estrange pour conclure les hérésies déjà paravant condamnées et rejectées par les évesques, saincts et orthodoxes. Ainsi subtilement il feit parler Arius, et luy feit enseigner la mesme erreur que Ebion, Artème et Paule Samosatène avoyent semée, contre la consubstantialité du Filz avec le Père, mais soubs autres termes, pour mieux cacher et couvrir la poison desdits Ebion et ses compagnons, qui paravant avoit esté congneue et condamnée. Ne faisant donc point Arius mention du mot ὁμοούσιον, qui est à dire de la mesme substance, il disoit que le Verbe divin n'estoit point coëternel avec le Père, mais que le Père estoit devant le Verbe, combien que le Verbe (comme il disoit) estoit ἐξ οὐκ ὄντων, c'est-à-dire des choses qui n'estoyent point, comme voulant dire qu'il n'estoit point des choses créées ; par lesquelles parolles il nioit sourdement la divinité de Jésus-Christ. Mais la ruse fut congneue par un Alexandre, évesque d'Alexandrie, et puis condamnée comme a esté dict. Depuis il feit lever un Photinus, prebtre, qui, pour mieux farder et masquer sa faulse doctrine laquelle il vouloit semer en l'église, il vitupéroit les arians et orthodoxes, condamnant la doctrine des uns et des autres. Toutesfois il renouvelloit l'hérésie d'Ebion et ses compagnons ; car il intreprétoit ce mot λόγος, en l'Evangile selon sainct Jean, décret et destination de la rédemption de l'homme, et restitution de la vie éternelle par l'homme nay de la Vierge. Mais cedit Photinus fut réfuté en sa fausse interprétation par un Basilius, évesque d'Ancyre, province de Galatie. Somme, c'est une ancienne ruse de Sathan d'exciter quelques hérétiques qui, par fausses interprétations de l'Escripture, cachent l'honneur de nostre Seigneur et introduisent fausses doctrines en l'église ; ce qu'en nostre temps nous avons congneu en Calvin qui, entre les autres lieux, singulièrement il desrobbe la gloire de Jésus-Christ, traduisant ce mot : Il est descendu aux enfers, il a esté mys au sépulcre. Et parce qu'il fut reprins, dès l'an 1552, par quelque personnage qui luy reprochoit que sa battologie estoit trop deshonneste et vicieuse, et que c'estoit assez dict au Symbole : Il a esté mort et ensevely, sans y adjouster : A esté mis au sépulcre, il a supprimé les premiers cathécismes qu'il a peu, et, l'an 1562, furent r'imprimés, et en ces dernières éditions il ne fait aucune mention de ceste descente de nostre Seigneur, pour cacher les énormes sentences par luy mises aux premières éditions ; en quoy il monstre sa malice diabolique, comme celuy qui, ayant donné un coup de dague à un autre, cache vistement sa dague et retire sa main en son sein, feignant n'avoir faict le coup. Toutesfoys encores se pourront recouvrer des vieux exemplaires des cathécismes, ausquelz on trouvera que le ministre interrogue l'enfant : Que veut dire ce qui est adjousté de sa descente aux enfers ? A quoy l'enfant respond : C'est que non-seulement il a souffert la mort naturelle, qui est séparation du corps et de l'ame, mais aussi que son ame a esté enserrée en angoisses merveilleuses, que sainct Pierre appelle les douleurs de mort. Puis le ministre demande : Pour quelle raison cela s'est-il faict, et comment ? L'enfant respond : Pour ce qu'il se présentoit à Dieu pour satisfaire au nom des pescheurs, il falloit qu'il sentit ceste horrible destresse en sa conscience, comme s'il estoit délaissé de Dieu, et mesme comme si Dieu eust esté courroucé contre luy. Estant en cest abisme il a crié : Mon Dieu, mon Dieu, pourquoy m'as-tu laissé ? Puis peu après il adjouste qu'il falloit que Dieu l'affligeast ainsi pour vérifier ce qui a esté prédit par Esaye, assavoir : qu'il a esté frappé de la main du Père pour nos péchez. Or, pour réfuter cecy, je veux commencer par ceste dernière sentence ; c'est qu'il dict que Jésus-Christ a esté ainsi traicté pour vérifier le dict d'Esaye. En ceste sentence il monstre son ignorance trop lourde, et la pluspart de ses sectateurs l'ensuyvent, traduisans plusieurs passages de l'Evangile semblables à cestuy-cy : *Hoc autem factum est ut impleretur quod dictum est*, etc., et disent : Cecy a esté faict affin que fust accomply ce qui a esté dict par le prophète, etc. Mais il devoit avoir observé que le mot *ut* ne signifie pas toujours affin, comme rendant la cause pourquoy une chose est faicte, mais signifie quelquefoys consécution ou événement de choses, ou prédittes, ou subséquentes, comme nous lisons au psalme 50 : *Peccavi, et malum coram te feci, ut justificeris*, etc., J'ay péché, et commis mal en ta présence, non pas affin ne à ceste cause que tu fusses juste, mais, Il est ensuivi par mon péché que ta justice est apparue, et a esté manifestée ta constance et fidélité en tes promesses, contre ce que les hommes jugeoyent de toy, assavoir que, pour mon péché, tu m'habandonneroys et chasseroys de toy, comme tu avoys chassé et habandonné Saül mon prédécesseur. Le semblable est escrit en l'épistre aux Romains, chap. 5 : *Lex subintravit ut abundaret delictum;* c'est-à-dire, La loy est entrée ou baillée, non pas affin que le péché abondast d'avantage, mais, Il est advenu que la loy estant donnée aux hommes, le péché a esté plus habondant que devant. Tout ainsi faut-il dire que Jésus-Christ a souffert et faict plusieurs choses prédictes par les prophètes, non pas affin que les prophéties fussent accomplies, mais est advenu que les prophéties et prédictions des saincts prophètes ont esté accomplies en la passion et faicts de nostre Seigneur Jésus-Christ. Sur quoy faut apprendre deux choses concorrantes en la passion de nostre Seigneur, desquelles sainct Pierre fait mention au deuxiesme chapitre des Actes, assavoir le conseil deffini et déterminé de Dieu, et sa prévoyance, qui sont différentes ; car aucunes choses Dieu avoit deffini et arresté en son conseil éternel ; assavoir que Jésus-Christ s'humilieroit à la croix et souffriroit la mort, et d'autres choses il avoit préveues (comme toutes choses futures luy sont présentes), assavoir les injures, blasphèmes, calomnies qui par les Juifz seroyent faictes contre la personne de son filz, lesquelles choses il n'avoit ordonnées ne arrestées en son conseil et décret éternel, mais seulement preveuës. Et faut sagement distinguer entre le décret ou conseil deffini de Dieu et sa prévoyance, ce que l'on peut entendre par ce qui advint à Joseph, filz de Jacob, comme l'histoire est en Genèse. Il dict à ses frères, après la mort de leur père, troublez et craignants que ledit Joseph ne se ressentist de l'injure qu'ils luy avoyent faicte: Ne craignez point, car telle fut l'ordonnance et conseil deffini de Dieu que je vinsse en Égypte, où il avoit déterminé de m'exalter et constituer en dignité; combien que la détermination de Dieu n'estoit pas que ses frères usassent de telle cruaulté contre luy, ce que toutesfois il avoit bien préveu. Or, touchant la proposition que Calvin enseigne, et ses adhérens opiniatrément, tiennent que Dieu avoit déterminé et délibéré la cheute d'Adam, et ainsi de toutes autres choses qui se commettent au monde, cela est faux et jà de long-temps condamné par l'église; car quelque excuse, couverture ou subterfuge que Calvin et ses adhérens puissent trouver, ils ne peuvent nyer qu'ilz ne dissent Dieu estre autheur de péché. Mais de cecy sera plus amplement traicté, s'il plaist à Dieu, en l'œuvre suyvant ceste-cy, comme j'ay promis. Secondement il blasphème sourdement contre l'honneur et gloire de nostre Seigneur, luy attribuant chose qui ne fut onc ne pouvoit estre en luy, assavoir sindérèse, remors, componction, ou pressement en sa conscience; car luy bien asseuré de son intégrité et innocence, demanda aux Juifs: Qui est celuy de vous qui me reprendra de péché? Et en un autre lieu il dict: Le prince de ce monde est venu comme pour espier et considérer ce que je suis et mes actes, mais il n'a trouvé en moy chose aucune répréhensible. Or, il faut maintenant parler de la descente de nostre Seigneur aux enfers, qui est un des principaux articles de la foy, autant concernant la gloire de Jésus-Christ que l'article de sa résurrection et assention au ciel.

CHAPITRE XXVI.

Suite du chapitre précédent sur la descente de Jésus-Christ aux enfers.

La descente de l'esprit de nostre Seigneur Jésus-Christ fut prophétizée par David, au psalme 15 : Tu ne laisseras point mon ame aux enfers et ne permettras que ma chair sente putréfaction ou tumbe en pourriture. Lesquelles paroles sainct Pierre, aux Actes, chapitre deuxiesme, expose de Jésus-Christ, duquel l'ame, descendue aux enfers, ne peut estre détenue aux lieux profondz soubz la puissance des princes des ténèbres ; mais ayant presché et manifesté la puissance de sa divinité, il retourna glorieusement, et reprint sa chair et son corps gisant au sépulcre, et ressuscita, présens les gardes du sépulcre, malgré les diables et la mort. De sa descente aux enfers et sa prédication faicte aux deffunts, sainct Pierre, au troisiesme chapitre de sa Catholique, escript : Que Jésus-Christ nostre Seigneur, estant mort selon le corps et vivant selon l'esprit, s'en alla prescher aux espritz détenus en la prison, c'est-à-dire en la puissance de la mort et du diable, prescha, dis-je, aux incrédules et aux justes ; laquelle prédication, pour le regard de ceux qui avoient esté incrédules au temps de Noë, n'estoit faicte pour les convertir à la foy, mais les a asprement reprins et blasmé et convaincu de incrédulité ; et pour les justes a esté consolation et communication de gloire, à sçavoir à ceux qui seullement estoient détenus aux limbes pour les peines du péché originel. Le mesme sainct Pierre plus clérement a assuré au quatriesme chapitre ladicte prédication aux enfers; parlant des meschans qui vitupéroient les gens de bien qui se retiroient des vices et péchés : Ils rendront conte, dit-il, et raison à celuy qui jugera les vifz et les mortz; pour ce l'Evangile a esté presché aux mortz, affin qu'ilz soient condemnés en chair selon les hommes et qu'ilz vivent en esprit selon Dieu; c'est-à-dire que Jésus-Christ, par telle prédication faicte aux enfers, s'est déclaré et manifesté juge des vifs et des mortz, à ce que les méchans soient jugez et condemnez en la chair, selon laquelle ilz ont vescu, et les justes reçoivent vie éternelle à cause de l'esprit selon lequel ilz ont vescu en Dieu. Je confesse que ceste matière est fort difficile à entendre; mais si vault-il mieux, ne l'entendant point, confesser simplement de ne l'entendre, que de supprimer la gloire de Jésus-Christ et exposer la Saincte-Escripture à contre-poil pour paroir de n'ignorer rien et estre un docteur absolut et parfaictement doué de l'esprit de Dieu, comme Théodore de Bèze s'efforce de le faire croire par ses jaseries et mensonges trop impudentes et effrontées. Je pourroy encor mettre en advant beaucoup de passages de l'Escripture-Saincte mal traduicts, et pirement exposez par Calvin en ses œuvres; mais parce que plusieurs personnages de bon esprit en ont desjà faict mention, et que je scay que bientost en doibt sortir en lumière un amplement déclarant ses erreurs et ignorance, aussi pour n'estre trop prolixe et facheux aux lecteurs de ce présent opuscule, je mettray fin à ce présent livre, par lequel je désire estre congneues la vie, les mœurs, les ruses diaboliques de Calvin, et la mort corporelle de laquelle il passa de ce monde, en blasphèmes, maugréements, despitements, jurements et désespoir extresme; pour lesquelles choses sa porte fut close, et on ne permettoit qu'on l'allast visiter, pour ne donner occasion d'ouvrir les yeux à plusieurs pauvres ignorants qui, trop vouez et consacrez à sa doctrine, eussent esté informez du contraire qu'ils estoient persuadés. Je serre donc cest œuvre, exhortant les humbles et sincères enfants de Dieu et de l'église catholique que ce présent discours leur soit un antidote et préservatif contre l'empoisonnée doctrine de Calvin, couverte et fardée de jaseries de Théodore de Bèze, qui veult faire paroir un esprit des ténèbres estre un ange de lumière, et un loup estre un aigneau, et un mulet estre un éléphant. Et prie Dieu que les pauvres ignorants et idiots, destournez du vray chemin de salut et fichez en opinion faulse par la fraude de Sathan, puissent ouvrir les yeux de l'entendement et congnoistre combien ilz se sont fourvoyés et comment leur secte s'en va, abolissant de jour en jour ; davantage que les entreprises de leurs chefz ne prospèrent, mais tousjours sont renversées au contraire de leur intention, qui signifie clairement que Dieu n'est point autheur ne motheur de telz changements et nouveaultés, aussi ne leur donne point bonne et heureuse issue. Car quelle fin ont faict le duc des Deux-Ponts et ses reistres, lesquelz il amena pour piller, brusler et desrober la France, soubz couleur de religion ? Plus, les Souysses et Genevesans induicts et sollicitez par Théodore de Bèze à venir surprendre la ville de Lyon et le païs circonvoisin, que sont-ilz devenus ? Les villes de Mascon et aultres de France surprinses, comment ne sont-elles demourées en leur domination et puissance, si Dieu leur avoit données ? Castelnau, La Renaudie, et Vilemongis, et les autres conspirateurs contre la mort d'un jeune Roy à Amboise, induicts par la suasion de Calvin, quelle issue eurent-ils et que devint leur entreprinse ? Le succès de la honte et mort vergongneuse laquelle ils receurent furent tesmoins bien manifestes qu'ils n'estoient pas envoyés de Dieu, comme Jéhu pour tuer Joram et la lignée d'Achab, comme il est escrit au neuviesme chapitre du quatriesme des Roys. Poltrot qui, à la persuasion de Théodore de Bèze, occit trahitreusement à Orléans le noble, preux et vaillant prince Françoys de Lorraine, duc de Guise, pourquoy n'eschappa-il et fut sauvé, s'il avoit esté advoué et envoyé de Dieu à ceste entreprinse, comme Dieu sauva Aot, ayant tué Eglon, roy de Moab, comme l'hystoire est bien expresse au troisiesme chapitre du livre des Juges? Finallement, les ennemis de paix et tranquillité, conjurateurs contre la couronne et teste de leur Roy, auquel ilz avoient faict hommage et juré obeïssance et fidélité, comment leur en print-il le jour de Sainct-Bartholomy, l'an de grace 1572? Je ne veux pas approuver les massacres de plusieurs gens de bien et innocens qui, par malice diabolique et fraude sathanique, se feirent trop cruellement en certains lieux et villes de France; mais je diray bien asseurément, quelque chose qu'en sentent et escrivent aulcuns de la secte calviniane, que promesse ne doit estre tenue à ceux qui font contre leur promesse, devoir et foy. Je prie toutes sortes et conditions de gens vrayement conduicts par l'esprit de Dieu, de faire oraisons dévotes et continues que Dieu donne à son église des vrays docteurs et légitimes pasteurs, qui sincèrement enseignent le chemin de salut et repurgent le champ de l'église de tous erreurs et abuz; semblablement qu'il donne à nostre Roy, et à tous Roys et princes de la terre, son Sainct-Esprit et sapience, pour entendre sa saincte et juste voulenté, grace d'y obéir, et de contenir leurs subjects en sa crainte et vraye religion. Pour conclusion, à nostre Dieu, Créateur, Rédempteur et Sauveur, soit gloire, honneur et louange éternellement. Ainsi soit-il.

REMARQUES

SUR LA

VIE DE JEAN CALVIN,

TIRÉES DES REGISTRES DE NOYON,
VILLE DE SA NAISSANCE;

PAR JACQUES DESMAY (1).

Calvin nasquit à Noyon, dans la place où est bastie présentement la maison du Cerf; il fut baptizé en l'église de Saincte-Godeberte, en l'an 1509, au mois de juillet. Il estudia en sa première jeunesse dans le collége des Capettes, fondé en la ville de Noyon. Aucuns ont pensé qu'il avoit esté enfant de chœur, autres ont dit qu'il avoit esté chanoine de Noyon; mais j'ay appris là qu'il n'a esté ny l'un ny l'autre. Trop bien j'ay trouvé qu'il a esté chappellain et curé, et qu'il obtint aussi une chappelle fondée en l'église de Sainct-Quentin-à-l'Eau, au faubourg de Pé-

---

(1) Jacques Desmay, docteur en Sorbonne et vicaire général du diocèse de Rouen, publia à Rouen, en 1621, le petit ouvrage que nous réimprimons et qui est très peu connu. Il contient des recherches curieuses, tirées des registres de l'évêché de Noyon, sur les premières années de J. Calvin. Nous avons supprimé les trente premières pages de cette pièce parce qu'elles ne donnent que des renseignements peu importants sur les parents de Calvin.

ronne, appellée la chappelle de Sainct-Jean de Baiencourt.

Le 29 de may 1521, maistre Jacques Regnard, secrétaire de révérend père en Dieu messire Charles d'Angestée, évesque de Noyon, rapporta en chapitre que les vicaires généraux de mondit seigneur avoient donné à Jean Calvin, fils de Girard, aagé alors de douze ans, une portion de la chapelle de la Gésine, vacante par la pure et simple résignation de maistre Michel Courtin, suivant la procuration passée à vénérable homme maistre Antoine d'Estrée, procureur fondé et nommé pour ceste fin. Alors lecture fut faicte par Jean Calvin des statuts, et serment par luy presté suivant la coustume, et fut mis en réelle possession de ladite chapelle par celuy qui présidoit en chapitre. Le susdit Courtin avoit eu ceste portion de chapelle de la Gésine par la permutation qu'il avoit faicte avec Charles Cauvin pour sa chapelle de la Magdelaine.

En l'an 1523, une grande peste régnoit en la ville de Noyon, qui fit abandonner la ville à plusieurs chanoines. Girard Cauvin, qui aimoit son fils Jean Calvin, pour ce qu'il le voyoit de bon esprit, d'une prompte naturelle à concevoir, et inventif en l'estude des lettres humaines, luy procura un congé de s'absenter et sortir de la ville, tel qu'on avoit accordé en chapitre aux chanoines, ainsi que nous voyons au chapitre tenu le 5 d'aoust 1523, auquel requeste se voit présentée par Girard, à ce que son fils Jean Calvin obtint congé d'aller où bon luy sembleroit durant la peste, sans perdre ses distributions; ce qui luy fut accordé jusques à la feste de Sainct-Remy suivant.

Ce fut alors que Calvin s'en alla à Paris estudier dans l'Université, aagé seulement de quatorze ans, où son esprit sans conduite et retenue, semblable à celuy de son père, se porta facilement à la liberté de jeunesse.

Au chapitre général tenu le lundy 16 janvier, l'an 1526, maistre Antoine Picot, promoteur, fit plainte contre Jean Calvin. Le subject de la plainte n'est point employé dans l'acte seulement; il y a que Jean Calvin fut déclaré contumax avec son frère Charles, et trois autres là desnommez, sçavoir : Pierre Bobeu, Nicolas de la Neufville et Jean-le-Noir. Puisqu'il y a de la contumace, il est facile à juger que desjà ce petit vipereau commençoit à ronger le ventre de sa mère saincte église, de laquelle il recevoit sa nourriture; ses libertez luy faisoit desjà oublier le serment qu'il avoit fait le jour de sa réception au nombre des chapelains.

Au chapitre général tenu le lundy 6 may 1527, derechef plaintes sont faites contre Jean Calvin et son frère Charles, et sont pour la seconde fois déclarez contumaces à la poursuite du promoteur, et ne comparurent ni par eux, ni par procureur.

Cependant Girard Cauvin ne dormoit point à solliciter que ses enfans fussent advancez en biens d'église, et fit tant par ses menées qu'il attrappa une cure pour son fils Jean Calvin.

Le vendredy 27 septembre 1527, ainsi qu'il est enregistré au feuillet 130, page 1, Girard se présenta en chapitre, porteur d'une procuration *ad resignandum* de maistre Jean Havart, curé de l'église parroissiale de Sainct-Martin de Marteville, diocèse de Noyon, par laquelle ledit Havart résignoit purement et simplement entre les mains du chapitre sa cure de Marteville. Alors maistre Antoine Fauvelæ, chanoine, qui estoit en tour *ad presentandum*, présenta à ladite cure Jean Calvin, laquelle présentation fut acceptée de messieurs de chapitre. On voit par là que c'est d'un corps à plusieurs testes. Celuy qu'ils avoient condamné de contumace en deux divers chapitres, ils le reçoivent à prendre charge des ames sans correction du passé, n'estant promeu à aucun ordre sacré, n'ayant que simple tonsure et en un aage incompétente, n'ayant encore que dix-huict ans, remply de follies et libertez de jeunesse. Le mesme Fauvel fut député en ce chapitre pour présenter Jean Calvin à monsieur l'évesque ou à son grand-vicaire.

Il se trouve aux mesmes registres que Jean Calvin, auparavant d'estre receu curé, avoit esté approché en chapitre, à l'instance de maistre Jean de la Ruë, chanoine de Rheins, et que par deux chapitres divers, l'un tenu le 24 juillet 1527, l'autre le 7 d'aoust suivant, la cause avoit esté agitée en plein chapitre; mais il n'est fait aucune mention dans les actes enregistrées pourquoy c'estoit, et n'ay sceu apprendre le subject de cette approche. J'ay bien ouy dire à aucuns chanoines des plus anciens, qu'ils ont veu autresfois un fueillet blanc dans les registres, où en teste y avoit escrit : *Condemnatio Joannis Calvini*, et n'y avoit rien escrit davantage en toute la page, ains demeuroit en blanc; cela a donné à deviner à beaucoup ce que ce pouvoit estre.

Il y a encor une autre sentence de condamnation contre un chapelain vicaire qui portoit le mesme nom Jean Calvin, mais c'estoit long-temps après que Jean Calvin hérésiarque eust quitté ses bénéfices, fut sorty de la ville et du pays, et eust abandonné la foy de Jésus-Christ; car ceste sentence se trouve enregistrée et dattée de l'an 1550, et prononcée contre Jean Calvin, vicaire, pour avoir retenu en sa maison une femme de mauvais gouvernement. Et fut condamné ledit Calvin à estre fustigé de verges sous la custode.

Quant à l'hérésiarque, il estoit alors à Genève, en la plus grande flamme de ses ferveurs; et n'ay sceu trouver autre chose dans lesdits registres que les plaintes et approches cy-dessus. C'est pourquoy je n'en diray rien plus exprès, n'ayant entreprins d'escrire que ce que j'ay apprins sur les lieux de sa nativité et conversation première.

Par autres divers moyens et plusieurs conférences que j'ay recherché avec gens notables, et spécialement avec personnes d'aage, tant ecclésiastiques que laïques, j'ay apprins que Jean Calvin estoit d'un esprit qui aimoit le change et nouveauté. Il ne pouvoit s'arrester en place ny attacher à une vacation. Il fut pourtant huict ans entiers et continuels chappellain d'une des portions de la Gesine, puis la résigna, puis derechef la reprit, eschangea sa cure de Martheville à une autre, puis vendit la dernière. Il courut les Universitez de Paris, d'Orléans, de Tholose, de Padoue. Il fit les voyages de Rome, de Venise, de Beart et austres. Il ne s'arresta pas beaucoup ny à Rome ny à Venise. Il fut plus long-temps à Padoue. Il fit encor les voyages de Genève, Lauzane, Strasbourg et de Basle; enfin il s'arresta à Genève, où il mourut.

Il se deffit de ses bénéfices en la manière qui s'ensuit. Le vendredy, dernier jour du moys d'avril 1529, comme il est enregistré fol. 296, discrète personne maistre François Mansel, chanoine et official de monsieur l'évesque de Noyon, rapporta en chapitre que les vicaires généraux de mondit seigneur avoient donné à Anthoine Cauvin, fils de Girard, la chappelle fondée en ceste église à l'autel de la Gesine, vacante par résignation qu'en avoit fait entre leurs mains maistre Jean Calvin, frère dudit Anthoine, dernier paisible possesseur, suivant la procuration dont est porteur ledit Mansel. Les statuts furent leués par Anthoine et serment presté; après maistre Mathieu Raudoul le mit en possession de ladite chappelle.

Jean Calvin desiroit s'installer dans le lieu natal de

ses ancestres et en l'église où ils sont enterrez, sçavoir en la parroisse du Pont-l'Évesque, faubourg de Noyon, sur la rivière d'Oyse. Pleust à Dieu qu'il eust sceu y demeurer stable, sans cercher autre chemin que celuy que ses majeurs luy avoient frayé, car tous ses grands pères sont morts bons catholiques (dit l'enqueste de M. de Melle).

Le lundy 5 juillet 1529, maistre Anthoine Fauvel, comme procureur fondé de maistre Jean Calvin, apporta en chapitre la résignation de la cure de l'église parroissialle de Sainct-Martin de Martheville, par permutation avec discrette personne messire Jean de Bray, prestre curé de l'église parroissiale de Nostre-Dame du Pont-l'Évesque, au diocèse de Noyon, et non autrement. Laquelle résignation ainsi faicte et admise, discrette personne maistre Michel Reusse, chanoine, qui estoit en son mois de présenter, nomma à ladicte cure de Martheville le susdit Jean de Bray, laquelle nomination les sieurs du chapitre admirent.

Martheville est un village à huict lieues de Noyon, proche de Vermand, dont le pays est appelé Vermandois, où estoit anciennement une belle ville, siége des anciens évesques de Noyon, destruite par les Vandalles.

Jean Calvin fut présenté à la cure du Pont-l'Evesque par messire Claude d'Angestée, abbé de Sainct-Eloy, auquel Calvin puis après dédia ses commentaires sur le Traicté de Sénecque *de Clementia*, en l'an 1532. Ainsi il fut receu curé du Pont-l'Evesque, parroisse où son grand-père faisoit sa demeurance, et où son père Girard fut baptizé. Ainsi bailla-on les brebis à garder au loup, trop jeune curé en toute façon; alors il n'avoit encor que vingt ans. Depuis il s'en retourna à Paris, de là à Orléans, où il se mit à l'estude des loix. J'appris que ce fut à Orléans où il fut premièrement subverty de la foy par un Jacobin apostat, Allemant de nation, avec lequel il se logea en chambre garnie. En ceste Université il fut procureur de la nation de Picardie Et projectant un long voyage, pour y subvenir il desrobba le calice d'argent de sa nation qui estoit en sa garde comme procureur; ce fut alors qu'il roda les pays estranges et alla jusques à Rome. Quelques temps après il fit cognoissance avec la Reine de Navarre et s'engagea ouvertement aux nouvelles sectes qui s'estoient eslevées, sous la rebellion de Martin Luther. Après avoir bien couru en divers pays, il revient à Paris et se mit à régenter au collège du cardinal Le Moyne, où il dogmatisoit secrettement; ce qu'estant descouvert, il fut recerché par le lieutenant-criminel; mais il se sauva par une fenestre qui respond aux Bernardins, et fut dévallé du haut en bas se servant des draps de son lict au lieu de cordes. Monsieur l'abbé de Genlis, doyen, me dit qu'il avoit apprins cecy d'un vieux chanoine qui estoit en ce temps là à Paris. Calvin, eschappé par la fenestre, se sauva dans le faubourg de Sainct-Victor, au logis d'un vigneron, et changea là dedans ses habits, se revestant de la juppe du vigneron, et, se mettant une besace de toile blanche et une houë sur ses espaules, print le chemin de Noyon. Ce chanoine le rencontra sur le chemin, et se recogneurent. Il luy remonstra sa faute et luy promit le faire bien appointer s'il vouloit changer de vie et s'arrester au bien de son salut. Calvin, qui avoit encore le feu à la teste, et enyvré des promesse et espérances vaines des nouveaux sectaires, luy respondit : Puisque je suis engagé je poursuivray tout outre. Toutesfois, si j'avois à recommencer (disoit-il), je ne m'y engagerois jamais.

Estant arrivé à Noyon, pour son dernier voyage, il voulut rentrer en la possession de sa chapelle, qu'il avoit par cy-devant résignée à son frère Anthoine; pour à quoy obtempérer, Anthoine passa procuration *ad resignandum*, où Charles est nommé pour procureur, ainsi qu'il est enregistré le mercredy 26 février, l'an 1531, fol. 8, 20 et 13, pag. 1, où il est dit que maistre Fursi de Cambray, grand-vicaire de révérend père en Dieu monseigneur l'évesque de Noyon (qui estoit alors messire Jean d'Angestée), rapporta en chapitre que les vicaires généraux de mondit seigneur avoient donné et conféré à maistre Jean Calvin, clerc, la chappelle fondée en ceste église, à l'autel de la Gesine, par la résignation faicte en leurs mains d'icelle par Anthoine Cauvin, dernier paisible possesseur; laquelle relation ouye, maistre Charles Cauvin, procureur de Jean son frère, fut mis, pour et au nom d'iceluy, en réelle possession d'icelle chappelle, le serment passé selon la coustume. Calvin, receu derechef chappellain de l'église de Noyon, ne rendit point pourtant meilleur devoir qu'auparavant. Plaintes furent faictes contre luy en plain chapitre de ce qu'il ne satisfaisoit pas à ceux qui l'acquitoient de ses charges.

Le chapitre tenu le mercredy 7 janvier 1533, maistre Aubin Ploquin dresse plainte de ce que depuis quinze mois il descharge maistre Jean Cauvin des messes de sa chappelle, et que depuis ce temps là il n'avoit reçeu aucunes nouvelles de luy. Charles, frère et procureur de Jean, est fait venir pour respondre; lequel, au nom de son frère, consent que le gros du bénéfice soit arresté et vendu jusqu'à la concurrence des deniers deuz audit Ploquin. Et est ordonné que le cellerier doresnavant satisfera pour les charges de ladite chappelle.

Le lundy 4 may, l'an 1534, fol. 10, sous Martin Morlet, notaire de chapitre, discrette personne maistre Jacques Roussel, chanoine et scelleur de révérend père en Dieu monseigneur l'évesque et comte de Noyon, pair de France, a rapporté que le grand-vicaire de mondit seigneur avoit donné et conféré la chappelle fondée à l'autel de la Gesine en ceste église, vacante par la résignation de maistre Jean Calvin, à discrette personne maistre Anthoine de Marlière, après lequel rapport ledit de la Marlière présent a requis d'estre receu à ladite chappelle, offrant les droicts et serments accoustumés. Quoy ouy, après meure délibération de messieurs, ils ont receu à ladite chappelle après serment presté.

Un certain ancien, enquis par M. de Melle, official, sur ceste dernière assignation faicte par Calvin de sa chappelle, dit qu'en ce voyage Calvin vendit à beaux deniers comptans sa chappelle, et qu'il donna sa cure du Pont-l'Evesque à un sien parent, nommé Caïn, qui ne fit guère meilleur service à l'église que Calvin; car ce meschant le suivit tost après, ayant premièrement desbauché sa belle mère. Voylà les apostres renversez de ce nouvel évangile.

Au dernier voyage que Calvin feit à Noyon, il tascha de suborner beaucoup de ses concitoyens, et de fait il en séduit aucuns de légère croyance, entr'autres son frère Anthoine, sa sœur Marie et un chanoine nommé maistre Henry de Collemont, avec quelques autres en petit nombre, et laissa de très mauvaises impressions en l'esprit de son frère Charles, lesquelles il n'abandonna pas depuis.

J'ay apprins de M. Chermolue, lieutenant royal à Noyon, vénérable vieillard et juge, vivant en bonne réputation, que feu maistre Anthoine Chermolue, son oncle, doyen, qui vivoit du temps de Calvin, retira le pauvre maistre Henry de Collemont de la desbauche et du mauvais sentier où Calvin l'avoit fait tomber, et le fit rentrer en sa chanoinerie, & me dit mesme qu'il avoit cogneu ce chanoine et qu'il est mort fort vieux, qui, depuis son retour de Genève jusqu'à l'heure de sa mort, fit une très austère pénitence, ne couchant que sur la paille tout le reste de sa vie.

Monsieur le doyen m'a dit qu'il a ouy dire souvent au nepveu de Calvin, qui mourut durant que je preschois à Noyon, qu'il avoit esté voir autresfois en sa jeunesse son oncle Jean Calvin à Genève, et que jamais sondit oncle ne luy parloit le premier de la religion; mais que luy, encor jeune et curieux, luy avoit demandé : Mon oncle, disoit-il, croyez-vous que les catholiques soient en estat de damnation? et que Calvin luy avoit respondu non, et que jamais ne luy avoit persuadé de changer de religion.

Il m'a dit de plus qu'il avoit cogneu un vieux chanoine, lequel, durant les grands bruits qui couroient de Calvin, l'avoit esté voir et avoit parlé à luy, et l'avoit exhorté, comme ayant esté son amy, de revenir au giron de l'église, et Calvin luy avoit respondu en soupirant : Il est trop tard.

J'ay encor appris que Calvin ne fut pas le bien venu à Genève, la première fois qu'il y alla, pour ce qu'il estoit sacramentaire et ceux de Genève estoient luthériens, instruits par Guillaume Farel, qui fut cause que, de peur d'estre précipité du haut en bas (qu'on dit estre un genre de supplice que ceux de Genève exercent), il se retira à Lauzane, où il mit la main à dresser son Institution, un formulaire de confession de foy, un catéchisme et quelques autres petits escrits. Voylà celuy qui naguères estoit petit grammairien, qui fait l'apostre et le théologien, mais apostre de nouvelle trempe et bien autre que ceux de nostre Seigneur; car ceux-ci, pour suyvre Jésus-Christ, quitèrent femme et enfans, et celuy-ci, pour première œuvre de son apostolat, chercha femme à se marier, et de fait épousa une fille nommée Idelette, de laquelle on dit qu'il n'eut aucun enfant. Elle mourut l'an 1548, après le décès de laquelle Calvin demeura seize ans vef. Il fit apprendre à son frère Antoine le mestier de relieur de livres, qu'il exerça à Genève fort long-temps, et survesquist son frère Jean.

Monsieur le doyen me dit que ce vieux chanoine, familier de Calvin, luy avoit autresfois raconté la façon que mourut Jean Calvin, et qu'il l'avoit sceu par un nommé Petit-Jean, qui estoit vallet de Calvin et qui l'assista jusques au dernier souspir, lequel, après la mort de son maistre, quitta Genève et revint demeurer à Noyon. Il raconta à ce chanoine que Calvin estant au lict de la mort faisoit de grands regrets, et que souvent il entendoit jetter de grands cris et se lamenter, et qu'un jour il l'appella et luy dit : Va en mon estude, et prent en tel endroit des Heures de Nostre-Dame, à l'usage de Noyon ; ce qu'il fit et luy apporta, et dit que Calvin fut long-temps à prier Dieu en ces Heures; et dit que ceux de Genève ne vouloient point permettre que beaucoup de gens vinssent le voir en sa maladie, et dit qu'il estoit travaillé de plusieurs maux, comme d'apostumes, gratelle, hémorroïdes, pierre, gravelle, gouste, fièvre ptisique, courte haleine, migraine, défluction erodente, crachement de sang, et qu'il fut frappé de Dieu comme ceux desquels parle le prophète : *Tetigit eos in posteriora, opprobrium sempiternum dedit eis.* Ainsi que furent frappées autresfois les Philistins pour avoir indignement traicté l'Arche d'alliance, ainsi sont punis les apostats, hérésiarques et ennemis de Dieu et de saincte église.

Calvin fit son testament devant mourir et ne laissa, pour plus singulière remarque de ses mœurs, à son héritier, Antoine Cauvin son frère, qu'une tasse ou goblet à boire. Vous voyez les jugemens de Dieu ; il avoit esté autheur d'une religion de table, de ventre, de gresse, de chair, de cuisine ; aussi en laisse-il les enseignes pour héritage à ceux qui le suivent, un goblet. S'il eust laissé quelque haire ou cilice, comme un saint Paul, premier hermite, quelque croix, discipline ou autre marque de piété, cela eust esté plus convenable à un qui se vantoit de réformation; mais un goblet à boire! n'est-ce point pour faire juger à tout le monde que toute sa réformation ne tendoit qu'à establir un règne de Bacchus, de beuverie et de chère? Ainsi mourut Jean Cauvin, en l'an 1564, le 27 du mois de may. Voilà tout ce que j'ay appris dans Noyon, lieu de sa nativité, de ses mœurs et déportemens, le tout ayant esté fidellement par moy dressé, tant sur les registres que j'avois en ma chambre que sur les conférences que j'avois avec ceux qui avoient veu et entretenu les contemporains de Calvin.

LETTRE

DE

RENÉE DE FRANCE

A JEAN CALVIN (1).

Monsieur Calvin,

J'ai receu vos lettres du huict janvier par M. Budé, et celle du vingt-quatre, responsives aux miennes dernières, par Milet, au temps que j'estois pour retourner à la court à Fontainebleau, pour parachever en quelques parts mes affaires, qui furent obmises à mon partement de Paris, et y ay demeuré un moys entier, qui a esté cause que je n'ay peu plus tost répondre à vosdittes lettres.

L'occasion qui m'en a fait partir avant le Roy a esté pour my estre interdit de y faire prescher, comme j'avois faict quelques jours; et non seulement me fut refusé au logis du Roy, mais aussi en un que j'ai achepté, qui est au village, que j'ay tousjours presté et dédié pour tel faict, quand mesmes je n'estois point à la court. Et ce qui plus m'en fache, est que ce a esté à la requeste et solléci-

---

(1) Biblioth. du Roy, *Man. de Mesmes*, int. mém. des règnes de François II et Charles IX, in-folio, t. II, n° 8677, p. 58, et *Man. originaux de Dupuy*, vol. 36.

tation de quelques uns mary et femme, qui font la sçenne et tiennent ministres. Monsieur l'admiral et sa femme ne y sont arrivez que le jour que j'en partis, qui n'y ont peu faire autrement quant à faire prescher, et sont partis huict jours après, dont ils me sont venus dire des nouvelles eux-mesmes en ce lieu avec le cardinal leur frère. Les deux susdicts messagers, qui m'ont apportez vosdictes lettres, ne sont point encores retournez devers moy pour avoir response; toutesfois j'espère qu'ils y repasseront et vous porteront de mes nouvelles. Je vous diray cependant que j'ay veu l'exhortation que vous me faite, tant pour la règle de mes sujets que pour ma maison; où pour les sujets long-temps a que j'ay commencé, et de présent je tasche à parachever, s'il plaira à Dieu; et encores pour le faict de la justice, et au vivre quotidien des pauvres tant habitans que passans, aussy à ceux de ma maison, et pourveoir aux vues et offenses, généralement à touts et particulièrement aux domestiques de la foy, comme vous pourrez entendre par Toutenix, que je pense sera tost devers vous, et de M. de Conlonges, que j'ay advisé vous escrire. Et ceux-là accommodez par vostre moyen et le bon ordre que vous mettrez pour l'advenir, j'espère que le faict de l'église en ce lieu passera bien; duquel je ne vous puis respondre, d'autant que ledict de Conlonges en a tousjours eu l'entière charge, et sçait devant Dieu que je luy ay assisté en ce qu'il a demandé; et du commencement qu'il me demanda d'assister au consistoire, je luy accorday, et il choisit des anciens ceux qu'il luy sembla. Et depuis qu'il me dist qu'il ne falloit que les femmes y assistassent, ny que je y fusse, combien que je sçavois que la Royne de Navarre, madame l'admirale et madame de Roye s'y trouvoient en leurs maisons, et qu'il y en alloit de ma maison propre, toutesfois je n'ay point fait instance d'y aller ; et n'ay laissé quand il m'a dict de parler à quelqu'un de ceux de ma maison, ou que, sans ce qu'ils m'en parlassent, ils m'ont advertie que ils les y avoient appellez, que je ne les aye tousjours exhortez de le satisfaire, et y servir Dieu ainsy que ledict de Conlonges les y enseignoit et leur diroit, excepté un qui avoit la charge de la despense de la cuisine, auquel je ne permis y entrer, ayant la charge qu'il me sembloit suffisante à sa portée et qualité, estant jeune, et doubtois quelque insolence de luy en tel endroict, comme depuis en propre cuisine il en frappa un vieil ancien et mal sein, lequel n'estoit entré en la religion. De ceux de ceste ville, il en a pris et osté comme bon luy a semblé, sans que je m'en sois empeschée, et quelquefois d'eux mesmes s'en sont ostez, comme aussy ont faict ceux de ma maison, ainsy que par ledict Toutenix (qui en a esté) pourriez entendre plus particulièrement, et de présent je ne cognois pas que ceux de la ville molestent nul. Je prens aide et conseil de monsieur l'admiral pour réprimer les vices et scandales, après celuy de Dieu, et se veoit qu'entre ses subjects la religion se accroist et augmente, combien qu'il y en a d'autant contraires comme en ce lieu, et la plus part sont soubz ce bailliage, et y a mis des presches et ministres; ce qui ne s'est faict aux autres mes subjects, fors qu'en un lieu seul nommé Bonny, où parlant l'un de ces jours avec ledit de Conlonges et un jeune ministre dudit admiral pour y en envoyer un, parce que quand je vins en ce lieu, et devant que ledit Conlonges y fust, il y en avoit un qui se retira pour les guerres, il m'a dict y en avoir envoyé à ceste heure un autre; je ne sçais qu'il est. Et quant à ceux de ma maison, les premiers et ceux de qui je me sers le plus sont de la religion et font la Cène; reste quelques serviteurs et offi ciers qui sont en moindre nombre, et j'espère que Dieu les retirera; et quant privilége de moy ny de ma maison, je vous asseure que je n'en ay requis ne recherché, et que je n'ay eu si peu entre les fidels que tout ce qui me touche et dépend de moy a tousjours esté déjecté et mis aux derniers endroits et aux derniers lieux, et mes gens et mes propres femmes ont esté déjectées et chassées aux banquets et feste par ceux mesme de la religion, là où estoient toutes les autres, jusques aux femmes chapperon de drap, qu'ils conduisoient en chassant les miennes, choses que j'ay voulu tolérer, et ne m'en a de rien chalu; et les mettois entre les mains de leurs marys, où je ne les estimoient moins bien que les autres, et demeurois sans nulle de mes femmes, ce qui ne se faict à celles de ma qualité, mais ne se faisoit à beaucoup moindre ny à celles qui ne les y debvoient pas avoir selon le monde. J'en estimois et les miennes honnorées; quant aux filles de ma maison ils ne leurs ont pas faict presse; je voudrois que votre œil et votre personne peust arriver jusques icy pour veoir et cognoistre toutes choses comme elles passent, mieux qu'elles ne se peuvent escrire et reférer.

Je veoy et cognoy que la remonstrance que vous me répliquez particulièrement par votre lettre est très requise et nécessaire pour maintenir l'église réformée, et qu'il y seroit bien nécessaire quantité d'anciens surveillans et de ministres en plus grand nombre, et que mon jugement et intelligence fust plus grand et plus parfaict; toutesfois, selon ce que Dieu m'en a départy avec l'expérience que dez long-temps je n'ay euë, et les remonstrances que autrefois vous m'en avez faictes par lettres et messagers, il me semble que la venuë souvent icy de beaucoup de gens de bien, de ministre, y serviroit grandement, et que chascun d'eux dict librement son advis. Dieu me face la grace de m'employer à ce qu'il soit servi purement et sincèrement ainsy que vous désirez. Je vous asseure que c'est aussy mon désir, et que j'espère qu'il y accomplira, et qu'il vous fera cognoistre aussi bien qu'il a faict par le passé ceux par qui la religion n'est pas augmentée. Et quant au présent et estraines (1) que vous m'avez envoyés, je vous asseure que je l'ay veu et receu volontiers, et n'en avois jamais veu de pareil, et ay loué Dieu que le feu Roy mon père eust prins telle devise; si Dieu ne luy en a accordé la grace de l'exécuter, peut-estre réserve-il quelqu'un de ses descendans tenant son lieu pour l'accomplir.

Monsieur Calvin, de respondre à tout vostre dernière lettre je ne le voudrois entreprendre pour ceste fois, afin de ne tant tarder à vous escrire; mais, le plus brèvement que je pourray, vous diray qu'il me semble que par ma prudente lettre je ne vous ay sçeu persuader mon intention, ou qu'elle vous ait esté persuadée par autre; car ce que vous escriroit de deux ministres, dont l'un me persuadoit par un moyen de mensonge qui me sembloit illicite, l'autre par un jugement de l'élection et réprobation causée des pieres des hommes qu'il me sembloit qu'il me déclaroit par cela une haine diabolique pour m'inciter à hayr ce que Dieu ne m'a pas commandé; car combien que je n'eusse point oublié l'article de vostre lettre que David a hay les ennemis de Dieu de haine mortelle, je n'entend point de contrevenir ne déroger en rien à cela; car quand je sçaurois que le Roy mon père, et la Royne ma mère, et feu monsieur mon mary, et tous mes enfans

---

(1) C'était un écu d'or de Louis XII, que ce roi fit faire contre le pape Jules II, avec la légende *Perdam Babilonis nomen*. Le coin qui servit à frapper cette médaille existe encore au musée monétaire.

seroient réprouvez de Dieu, je les voudrois hayr de haine mortelle et leur désirer l'enfer, et me conformer à la volonté de Dieu entièrement, s'il luy plaisoit m'en faire la grace; mais si voy-je gens si partiaux en leurs affections, et ouy propos si estranges dont ne vous en ay escrit les moindres; et quant à mon feu gendre, il me semble que l'on peut trop veoir et cognoistre sy j'ay ployé pour luy en endroit nul que ce soit, mais si ç'a esté luy qui a ployé à maintenir ceux de la religion que j'ay eu en ceste ville, jusques à en estre répondant luy et le cardinal de Lorraine à la Royne, et si Dieu a adopté leur moyen pour les maintenir, et non seulement pour ce lieu, mais s'estoit encores employé pour empescher qu'on ne confisquast Chastillon, qui est à monsieur l'admiral et du ressort de ce bailliage de Montargis, et qu'il ne fust saccagé ny travaillé. Encores que ce sont choses que je sçay bien que l'on ne veut pas qui soyent entendues ny congneues, je le dis devant Dieu qui en sçait la vérité, et pour cela ne veux pas excuser les défauts de mon gendre en ce qu'il n'avoit point la cognoissance de Dieu, mais en ce que l'on dit que ce a esté luy seul qui a allumé le feu. L'on sçait bien qu'il s'estoit retiré en sa maison d'où il ne vouloit bouger, et les lettres et messages qu'il eut pour s'en faire partir, et que encores maintenant qu'il est mort et qu'il n'y est plus, que tels venins de haines si pestilencieux ne se veulent jamais acquicter de se déclarer par tous les mensonges que l'on peut controuver et s'imaginer; il faut que je vous die que je ne tiens ny estime que telles parolles de mensonges procèdent de Dieu. Je sçais qu'il a persécuté, mais je ne sçay pas ny ne croy pas, pour le vous dire librement, qu'il soit réprouvé de Dieu; car il donne signe au contraire avant que de mourir; mais l'on ne veut pas qu'il se die, et l'on veut clorre et serrer la bouche à ceux qui le sçavent. Et quant à moy je sçay fort bien que je ay esté haye et abominée de plusieurs pource qu'il estoit mon gendre, à qui l'on a voulu charger les fautes de tous. Ne voyez-vous point encores que l'on ne s'en peut rassasier après son trespas ? Et quant il auroit esté le plus malheureux et plus réprouvé qui oncques eust esté, et l'on ne veut jamais parler d'autre chose. Comme un secrétaire de M. d'Acqs disoit un jour à la Royne de Navarre et à moy, en ce lieu, touts les maux qu'il est possible de luy et de quelqu'autres, et que je luy dist devant elle et l'a juré qu'il dist la vérité, si ce qu'il disoit estoit vray ou non, il nous confessa qu'il n'en estoit rien et nomma celuy qui luy avoit appris à dire telle nouvelle de luy pour luy mettre à sus chose qu'il n'avoit pas pensée, et que c'estoit pour maintenir la religion ; chose que ladicte dame approuva, et qu'il se falloit défendre en toutes les sortes que l'on pouvoit, et que le mensonge estoit bon et sainct en cest endroit, comme beaucoup disent et tiennent. A quoy je ne peus faire que je ne résistasse, disant que Dieu n'est point le père du mensonge, mais que c'est le diable, et que Dieu c'est le Dieu de vérité, et que sa parolle est assés puissante pour défendre les siens sans prendre les armes du diable et de ses enfans. Toutesfois ladite dame a si bon zèle et si bon jugement en beaucoup de choses que je désire m'y exempler ; et comme la feüe Royne de Navarre a esté la première princesse de ce royaume qui a favorisé l'évangile, il pourroit estre que la Royne de Navarre sa fille parachevera à l'y establir, et me semble qu'elle y est autant propre que princesse ny femme que je congnoisse ; je luy porte amour de mère, et admire et loue les graces que Dieu luy a départis. Et pour revenir au propos cy-dessus, monsieur Calvin, il faut que je vous die que j'ay ouy parolles telles que je serois trop longuement à les réciter, et d'une bonne et saincte querelle de défendre les enfans de Dieu et les maintenir, on en faict quelquesfois un diabolique ; et pour les envies qui ont esté entre le Roy de Navarre, monsieur le connestable et mon dict gendre, il faut vous desguiser la parolle de Dieu, et semble que après qu'il a esté tué que encores qu'il n'y a que luy qui puisse offenser ceux de la religion ne qui puisse favoriser les papistes. Les corps des hommes, quant les ames en sont dehors, ne font point ces miracles, ny encores quant ils sont vivans en ce monde un homme ne peut de faire tant de gens comme on luy met à sus, mais ceux qui ont voulu entrer en particularité et qui ont voulu persuader que le Roy de Navarre, et après le prince de Condé, estoyent le Roy David, et que David estoit leur similitude et non point celle de Jésus-Christ, et qui ont laissé persuader et croire aux simples gens telle chose pour exterminer un pupille. Et ceux qui ont quelques lettres, advocats ou docteurs, et autres qui ont voulu persuader les peuples à telle chose, où en sont-ils à ceste heure ? Dieu ne monstre-il point sa puissance ? Et s'il y a des gens au monde réprouvez, je pense que sont ceux là qui tortent la vérité de Dieu qu'il cognoissent et sçavent en leurs mensonges insolentes. Monsieur Calvin, je suis marrie que vous ne sçavés pas comme la moitié du monde se gouverne en ce royaume, et les adulations et envies qui y règnent, et jusques à exhorter les simples famelettes dire que de leurs mains elles voudroient tuer et estrangler ; ce n'est point la règle que Jésus-Christ et ses apostres nous ont baillé, et je le dis avec tout le grand regret de mon cœur, pour l'affection que je porte à la religion et à ceux qui en portent le nom, dont je ne parle pas de tous, mais d'une grande partie de ceux que je y cognois.

Et quant ils voudront dire que, ce que je dis, c'est de passion que j'aye après mon feu gendre, l'on sçait bien que je ne m'en suis tant passionnée ny de luy ny de mes propres enfans; et ceux qui m'en accusent n'ont pas par adventure la preuve que j'ay faictes de les avoir laissez poursuivre le sentier et chemin que Dieu m'a enseigné et les voyages où il m'a conduicte; mais je voy qu'il y a des gens qui sont subjects de prendre les querelles et passion des autres, sans avoir esgard s'ils procèdent de Dieu ou non, et tortre et tirer la Saincte-Escriture à la corde de leur arc, que eux-mesmes ont ourdie et où finalement ils trébucheront, et veulent tousjours demeurer à mentir et mesdire et en faire leur gaudisserie, et vous donnent à entendre que une chose soit une autre.

Je vous prie, monsieur Calvin, d'en faire prière à Dieu, afin qu'il vous déclare la vérité de toutes choses, comme il vous l'a déclarée si avant en tant d'endroict que j'ay espérance encores que par vous il manifestera des malices occultes que je voy qui règnent aujourd'huy en ce monde, qui me faict non seulement craindre et doubter des chastimens de Dieu envers ceux de son église. Au reste, je n'ay jamais requis ne recherché les ministres de qui j'ay ouï tels propos de prier ny pour moy ny pour autres, et laisse tousjours en la liberté et conscience d'un chascun de faire ses prières; et à ceux à qui je donne il sembleroit de me vouloir récompenser si je leur disois qu'ils priassent pour moy. Nous prions tous les uns pour les autres en la prière que nostre Seigneur nous a enseignée; toutesfois je ne laisse de prier Dieu particulièrement pour ceux qui me semblent que Dieu a agréable que je prie, et particulièrement pour les domestiques de la foy et ceux qui annoncent la parole de Dieu, et pour le Roy que Dieu nous a donné, et princes, sieurs et juges de la terre, pour ce que Dieu l'a commandé, et afin que chascun mène vie paisible et vive en paix, et non point celle seulement que le monde donne, mais en celle que nostre Seigneur nous a laissée, et ne suis point de celles qui prient ne facent prier pour ceux qui ne sont plus en ce monde. Je sçay bien qu'il y en a qui me disent que tous ceux qui sont contre la religion sont les pires; je l'accorde; mais jà si Dieu le voudra appeller, je n'ay que faire de m'en plaindre à ceux qui n'y peuvent pourveoir. Et en moy mesmes je congnoisse devant Dieu qu'il y a trop de mesfais et de pechez; mais devant les créatures Dieu nous commmande de rendre témoignage de nostre vivre et procéder, comme je suis preste à faire, s'il plaira à Dieu; et quant à ce que j'ay ouy dire que l'on met à sus aux ministres et enfans de Dieu, je ne m'en suis point tenuë, mais j'en ay pris la protection plus que je n'ay faict de moy mesme, et sçay qu'il y en a qui tachent à les esloigner de ce royaume. Par quoy il me semble qu'on ne doit pas bailler occasion d'accomplir les desseins de ceux qui les veulent chasser, qui m'a fait estre prolixe en ceste lettre et en quelques autres que je vous ay par cy-devant escrites, que je vous ay prié de brusler, comme encore je vous prie faire de la présente, et continuer de m'escrire et mander librement ce qu'il vous semblera, que je diray et recevray tousjours volontiers. Qui sera pour fin, priant à Dieu, monsieur Calvin, vous maintenir en sa saincte et digne garde.

De Montargis, ce 21 mars 1563.

La bien vostre RENÉE DE FRANCE.

EXTRAITS

DES

REGISTRES ET CRONIQUES

DU BUREAU

DE L'HOTEL-DE-VILLE DE PARIS.

1560 a 1564.

EXTRAITS

DES

REGISTRES ET CRONIQUES

DU BUREAU

DE L'HOTEL-DE-VILLE DE PARIS (1).

Le mercredy troisiesme jour de juillet ont esté apportées lettres missives du Roy dont la teneur ensuit :

De par le Roy. Très chers et bien amés, combien que depuis nostre advenement à la couronne nous ayons regardé et essayé par tous moyens à nous possibles de payer et acquitter les debtes dont nous nous sommes trouvés chargez puis le trépas du feu Roy nostre très honoré seigneur et père, que Dieu absoille, si esse que nous n'avons sceu si bien faire que nous ayons peu entièrement y satisfaire et avec ce supporter les frais et despens qu'il nous a convenu et convient encores faire pour les affaires de notre royaulme, entretennement et conservation de notre estat; tellement que sommes contraints, oultre les deniers dont nous avons esté aydez et secourus par les manans et

---

(1) Ces extraits inédits sont tirés des Archives du royaume et font suite aux fragments des mêmes registres imprimés dans le troisième volume de cette collection.

habitans de nostre bonne ville de Paris et autres, qui en ont fourny en notredite bonne ville et cité de Paris à constitution de rentes, les prier et requérir de nous secourir encore de la somme de 456 mil livres tournois, pour laquelle vous sera faict vente de nos greniers de Vendosme, Chasteaudun, Bloys, Amboise, La Ferté-Bernard, oultre ce que jà vous a esté vendu pour semblables causes...... A ceste cause, vous prions, et néantmoings mandons et enjoignons par la présente, que vous ayez à communiquer et assembler les officiers, bourgeois, manans et habitans de notredite ville qui ont accoustumé et doibvent à ceste fin estre assemblez, et les prier et requérir de nostre part de nous payer et fournir ladite somme de 456 mil livres..... Et à ce ne faictes faute; car tel est notre plaisir. Donné à Chasteaudun, le seiziesme jour de juin 1560.

Françoys.

Du mercredi 10 juillet. En assemblée le jourd'hui faite en l'hostel de la ville de Paris, de messieurs les prévost des marchans, eschevins de la ville de Paris et vingt-quatre conseillers d'icelle, pour oyr la lecture des lettres closes envoyées par le Roy à ladite ville;

Après lecture desdictes lettres, a esté conclud et délibéré qu'on doibt aller vers monseigneur le chancelier et escripre à monseigneur le cardinal de Lorraine;

Luy faisant remonstrance de la présente assemblée, qui a esté d'avis qu'on ne doibt point encores faire mention de la somme que le Roy demande par ses lettres du seiziesme jour de juing dernier, jusques à ce que la somme qui luy a esté cy devant accordée de gré à gré et sans contrainte luy soit fournye, parce que si lesdits habitans entendoient avoir charge sur charge, ils se pourroient reffroidir et retirer de bailler les deniers qui restent à parachever ladicte somme précédente, et y auroit danger que ladicte ville pour le service du Roy ne tumbast en diminution de son crédit.

Lettres du Roy.

Très chers bien amez, nous avons cy devant envoyé à nos amés et féaulx conseillers les président de Thou, Boullencourt et trésorier Grollier, nos lettres de procuration pour recevoir de vous la somme de 456 mil livres tournois, à constitution de rentes, moyennant l'engaigement de certains nos greniers à sel à plain déclairez en icelles; mais pour ce que nous nous doubtons que le contract de ladicte vendition ne puisse estre si tost passé et arresté avec vous qu'il soit de besoing, et que cependant cela soit occasion que ceux qui veulent constituer rentes ne le voulsissent faire jusques à ce que le contrat soit passé et icelle vendition receue, nous voulons, vous mandons et commandons que, en actendant la conclusion d'icelle vendition, vous ayez à faire recevoir par le receveur de l'hostel de ladite ville de Paris toutes et chacunes sommes de deniers que ung ou plusieurs particuliers vouldront mectre et constituer sur ledit hostel, affin que des deniers qui en proviendront nous nous en puissions ayder pour licentier partie des gens de guerre qui sont naguerres retournez d'Ecosse pour notre service, qui sont encores sur nos bras faulte de payement de leur soulde.

A ce ne veuillez faire faulte, car tel est notre plaisir. Donné à Fontainebleau, le vingtiesme jour d'aoust 1560.

Françoys.

Du mardi troisiesme jour de septembre 1560. En assemblée le jourd'huy faicte en l'hostel de la ville de

Paris, de messieurs les prévost des marchands, eschevins, conseillers quarteniers, estats et communaultés de la ville, pour oyr la responce des déléguez par la dernière assemblée à aller vers le Roy luy faire les humbles remonstrances touchant les 456 mil livres que ledit seigneur demande.

Monsieur le prévost a proposé à la compaignée le discours de son voyage, et comme il a faict les remonstrances au Roy et son conseil, lequel lui a dict que, veu les affaires qu'il a supportées, il luy est besoing recouvrer ladicte somme de 456 mil livres sur les greniers dont il a envoyé la liste, et qu'il demeurera encores deux mil livres de plus valleurs, et que pour plus grande asseurance il a offert bailler le grenier de Sainct-Florent, qui vault environ 2600 livres par an. Ce faict, a mys la matière en délibération et demandé aux assistans si la compaignée estoit suffisante pour passer oultre, et ont tous conclud chacun en particulier que, actendu l'assemblée générale précédente, la compaignie estoit suffisante et qu'on devoit oppiner quant au principal. Sur quoy monsieur le prévost a de rechef demandé l'avis des assistans; chacun en particulier ont conclud que de rechef monsieur le prévost doibt aller vers le Roy luy faire les très humbles remonstrances et le supplier que son bon plaisir soit se contenter de la somme de 400 mil livres sur tous lesdits greniers, lesquels il plaira à sa majesté laisser pour fournir aux diminutions que chacun scet qui adviendront; et où il n'adviendra, ce sera pour servir aux rachapts des rentes constituées sur lesdits greniers, qui sera toujours son profitt, et ce faisant sera gardé le crédit dudict seigneur et de ladicte ville, et en seront les deniers plus tost recouvrés, voyant ladicte asseurance; autrement y auroit danger que ledict crédit ne feust diminué et que on ne peust recouvrer lesdits deniers de long temps, aussi que le recouvrement se face de gré à gré et sans aucune contrainte, et avec le temps.

Lettres du Roy.

Très chers et bien amez, nous vous avons cy devant escript et mandé comme nous avons envoyé à nos amez et féaulx conseillers les président de Thou et Boullencourt nos lettres de procurations, pour, en vertu d'icelles, passer avec vous le contract de vendition et transport que nous voullons vous faire de certains nos greniers à sel, pour recouvrer de vous la somme de 456 mil livres, et aussi que, en actendant que icelluy contract fut passé et receu, vous eussiez à faire recevoir, par le recevour de l'hostel de ladicte ville, toutes et chacunes des sommes et deniers que les particuliers y vouldront mectre; et néantmoings nous avons entendu que, au lieu de faire faire diligence de recouvrer promptement ladicte somme et semondre pour cest effet lesdicts particuliers, vous les en dégoustez et reffroidissez, leur faisant entendre qu'il ne vous a esté encore envoyé pour ladicte cession nulle seureté; ce que nous trouvons bien fort estrange, actendu que nous vous avons assez amplement faict entendre le grand besoing que nous avons d'estre secouruz de ladicte somme, pour la nécessité urgente de nos affaires qui sont telles que chacun peut cognoistre. A ceste cause, nous voullons, vous mandons et expressément enjoignons que vous ayez, actendant que icelluy contract soit passé et receu entre vous, à faire cependant recevoir par ledit receveur toutes et chacunes des sommes et deniers que iceulx particuliers vouldront mectre, vous promectans et à eulx, en foy et parolle de Roy, vous faire incontinant passer contract et bailler toutes et chacunes les autres seuretés qui sont requises. Mais à ce ne faicte faulte, affin qu'il ne nous soit plus besoing vous en escripre ne mander autre chose; car tel est nostre bon plaisir.

Donné à Sainct-Germain-en-Laye, le 11 septembre.

FRANÇOYS.

En l'assemblée faicte le 12 septembre, monsieur le prévost des marchans a faict ostension à messieurs les conseillers, dattées du 11 de septembre, par lesquelles le Roy demandoit la somme de 456 mil livres à constitution de rente. Sur quoy a esté advisé que M. Sanguyn yroit faire les remonstrances au Roy que les habitans de ceste ville ne se oseroient ingérer de mectre aucun argent à rente s'ils n'ont plus grande asseurance desdicts greniers. A ces causes, qu'il plaise au Roy donner asseurance raisonnable et telle que lesdicts habitans s'en puissent contenter.

Convocation des Etats-Généraux (1).

Le 12 septembre 1560 a esté apporté par M. Martine, procureur du Roy au Chastelet de Paris, lettres du Roy imprimées, sur le faict de la convocation des Estats-Généraux.

En assemblée le jour d'huy faicte en l'hostel de la ville de Paris, de messieurs les prévost des marchans, eschevins et conseillers de la ville, pour adviser sur les estats de ladicte ville qu'on doit assembler suyvant le mandement du Roy;

Après lecture faicte du mandement du Roy et la matière mise en délibération, a esté conclud qu'il failloit faire la plus grande diligence que faire ce pourroit

---

(1) Les pages suivantes présentent le tableau des assemblées préparatoires aux états-généraux, dans lesquelles on convenait des remontrances à faire dans l'assemblée générale, et on nommait les députés. On verra que tout le peuple prenait part à ces premières délibérations, et ce fait important n'a été consigné nulle part.

de chercher les registres anciens ou croniques qui ont esté faictes du temps du Roy Charles huitiesme pour semblable faict, pour adviser de la manière de procéder en ceste assemblée du tiers-estat, le plus foullé et vexé qui soit, s'il est possible d'en trouver quelque chose, et néantmoings, si l'on n'en peut recouvrer, ne différer à faire mandemens aux quarteniers ad ce qu'ils signiffient à leurs dixainiers qu'ils aient à appeller huit ou dix des habitans de leur quartier de tous estats, les maistres de tous les mestiers, ensemble les gardes de la marchandise, pour eulx oyr faire les remonstrances au Roy telles qu'elles seront advisées pour le myeulx; et où lesdicts mandés ne pourroient venir, qu'ils en mandent d'autres du plus grand esperit et des myeulx advisez qu'ils sachent, pour faire les remonstrances ad ce requises.

Le vingt-troisiesme jour de septembre 1560, a esté apporté à messieurs les prévost des marchans et eschevins de la ville de Paris une signification dont la teneur ensuit : Messieurs les prévost des marchans et eschevins de la ville de Paris, nous vous signiffions que les estats de la prévosté et viconté de Paris sont assignez au quatriesme jour de novembre prochainement venant, sept heures du matin, en l'hostel épiscopal de monseigneur l'évesque de Paris, en la grande salle dudict hostel, tant pour l'estat ecclésiastique et la noblesse que commung estat, auquel lieu, jour et heure, vous ne fauldrez, vous ou vos commis et depputez, vous y trouver, pour estre délibéré sur les remonstrances qui sont à faire au Roy notredict seigneur, suyvant les lettres à nous adressans; et pour faire cesdictes remonstrances, advisez de faire en votre hostel de ville toutes assemblées que verrez bon estre à faire.

Faict au Chastellet de Paris, soubz nostre signet, le 20 septembre 1560.

Lettres du Roy adressantes au prévost de Paris.

Nostre amé et féal ayant entendu ce que nous a esté remonstré par les prévost des marchans et eschevins de nostre bonne ville de Paris, sur l'assemblée que vous devez faire pour commectre les depputez pour venir à l'assemblée génerale que nous voullons faire des estats, nous vous voullons bien advertir que nous ne voullons ne entendons que lesdicts prévost des marchans et eschevins se assemblent avec ceulx de la prevosté et vicomté de Paris, mais qu'ils commettent leurs députez pour le tiers-estat, lesquels ils envoiront auxdits estats avec ceulx des bonnes villes de nostre royaulme; ce que nous vous mandons et enjoignons faire suyvre et observer selon nostre intention; si n'y faictes faulte, car tel est nostre plaisir. Donné à Sainct-Germain-en-Laye, le 8 octobre.

François.

Du seiziesme jour d'octobre 1560. En assemblée le jourd'huy faicte de tous les estats de ladicte ville, assavoir messieurs les prévost des marchans, eschevins, conseillers des cours souveraines, quarteniers, dix bourgeois de chacun quartier, les gardes de la drapperye, espicerye, mercerye et orfaverie de ladicte ville, et les maistres jurez des mestiers de ceste ville, pour adviser, suyvant l'édict du Roy, imprimé et publié par les lieux acoustumez, à eslire des depputez, à faire remonstrances pour le tiers-estat de ladicte ville, des doléances et choses dignes à remonstrer pour le soullagement, repos et tranquillité de la chose publique de ce royaulme, à mesmes des habitans de ladicte ville;

Après lecture faicte desdictes lettres du Roy, monsieur

le prévost des marchans a mys la matière en délibération, et a esté conclud que messieurs des cours souveraines seront priés de mectre par escript à part les doléances et remonstrances qu'ils adviseront estre bonnes pour monstrer à l'assemblée des estats par les délesguez de ladicte ville, et les envoyer au bureau d'icelle, et pareillement que les maistres et gardes des marchandises et des confrairies de chacun mestier mecteront par escript, chacun en leur esgard, leurs remonstrances et doléances, en parlant en général de chacun estat qu'ils sauront y avoir besoing de réformation, et l'apporteront, dedans huitaine au plus tard, au greffe de la ville, pour après le tout estre veu en autre assemblée générale qui y pourra augmenter ou diminuer, si on voit que bon soit, et lors sera esleu ung ou plusieurs depputez pour porter la parole et aller faire lesdictes remonstrances.

Lettres du Roy aux prévost des marchans et eschevins.

Très chers et bien amés, ayant bien veu et considéré ce que vous nous escripvez touchant l'assemblée du tiers-estat de nostre ville de Paris, laquelle le prévost de Paris se voulloit attribuer, et désirant conserver l'auctorité de vous et du corps de ladicte ville et les maintenir aux anciennes prééminences dont vos prédécesseurs ont usé, nous trouvons bons et sommes contans que l'assemblée et convocation du tiers-estat se face par vous, et non par le prévost de Paris, auquel nous escripvons aucunement ne s'entremettre. Touteffois, pour ce que nous désirons que ce qui sera par vous résolu en votredicte compaignée soit communiqué en l'assemblée des autres estats qui se fera devant ledict prévost de Paris, nous voullons et vous mandons que vous ayez à faire la vostre avant le 4 du moys prochain, afin que auparavant vous puissiez estre résoluz, et que vostre résolution prinse avec le tiers-estat de notredicte ville vous ne failleź à envoyer et faire trouver en ladicte assemblée dudict prévost de Paris les depputez que avez choisiz, avec charge de déclairer et faire entendre en icelle assemblée leurs résolutions, estant certain qu'il y a telle connexité de toutes choses entre les estats de nostre royaulme qu'il sera aussi utile et nécessaire que ainsi se face, afin que sur le tout il se puisse prendre tant meilleure conclusion des choses qui seront à remonstrer aux Estats-Généraulx.

Donné à Orléans, le 30 octobre 1560.

FRANÇOIS.

Le quatriesme jour de novembre a esté faict ung cry par les carrefours de la ville de Paris, dont la teneur ensuit :

On faict assavoir à tous marchans, maistres, gardes du corps, communautés des marchandises, jurez et maistres des mestiers, et toutes autres personnes de quelque estat et condition qu'ils soient, qu'ils ayent à se trouver mercredy prochain, 6 de ce moys, à huit heures du matin, en l'assemblée générale qui se fera en la grande salle de l'hostel de ladicte ville, pour apporter par ceux qui n'ont encore satisfait leurs doléances, ou bien proposer de vive voix, en ladicte assemblée, toutes les doléances qu'ils entendent faire pour le regard de leursdicts mestiers ou austres, qu'ils vouldront desduire avec toute liberté.

Du vendredy huitiesme jour de novembre 1560. En l'assemblée génerallé de tous les estats de la ville de Paris pour oyr la lecture de l'arresté des commissaires délesgués;

A esté ordonné que lecture soit faicte du recueil tant des doléances de l'église, de la noblesse, que du tiers-estat, ce qui a esté faict ; et après ladicte lecture faicte, le populaire a dit à haulte voix qu'elles leur sembloient bonnes, de l'estat de la justice et des marchandises pareillement.

Monsieur le prévost des marchans leur a demandé à l'instant s'ils entendoient que lesdictes articles feussent et soient tenus pour arrestez et accordez, et comme telles signées du greffier de ladicte ville, et portées demain à la salle de l'évesché et communiquées auxdits autres estats ; ont tous dict et accordé que lesdicts articles estoient bonnes, et que néantmoings soient encore reveues et signées dudict greffier.

Le commung s'est plaint des proviseurs et sommeliers des provinces, qui preignent les uns grains, boys et autres biens des bourgeoys, et les emportent sans payer, et font aller lesdicts bourgeoys au bureau et suyvre la court, et n'en peuvent estre payés.

Item se sont plains des volleurs, brigands, et de la négligence du prévost des marchans.

Le commung se plaint, que si par collère, ils disent quelque injure l'ung à l'autre, et qui s'en ensuive aucune plaincte au juge, il en faict un procès ordinaire qui se faict à gros frais et ruyne des deux parties, et au prouffit des juges et des commissaires.

S'il plaist au Roy ordonner que tous procès d'injures soient jugez sommairement, sans aucune forme ou figure de procès.

Plaise aussi au Roy interdire et deffendre toute jurisdiction et congnoissance, au prévost de son hostel, des différents et querelle d'entre les bourgeoys, marchans, laboureurs et le courtizan ; mais aura seullement ledict prévost de l'hostel la congnoissance des différends entre deux courtizans, parce que, à cause que ledict prévost de l'hostel entreprend congnoissance sur les bourgeoys et marchans, ils ne peuvent avoir justice desdicts courtizans sans suyvre la court à grans fraiz et despens, et demeurent les délits commis par lesdicts courtizans sans aucune pugnition, au grant dommage et scandalle de la chose publique.

Item que tous estrangers, lesquels sont demourans ez faulxbourgs de ceste ville et n'ont maisons à eulx appartenans, ayent à eulx retirer en ceste ville de Paris pour y faire demeurance.

Du samedy 23 novembre.

En assemblée génerale le jourd'huy faicte en la grande salle de l'hostel de la ville de Paris, pour procéder à l'élection d'ung ou plusieurs personnes pour porter au Roy à Orléans, à l'assemblée des trois estats, les doléances des habitans de cette ville, a esté conclud par la plus grande et sayne partie des assistans que monsieur le prévost des marchans yra porter les doléances du tiers-estat de ladicte ville et faulxbourgs et les proposer au Roy; si besoing est, appeller avec luy ung des eschevins de ladicte ville, tel qu'il vouldra choisir, et eslire d'autres pour estre présens et leur tenir compaignée. Ont esté esleus M. l'advocat Du Gué pour conseiller de ville, M. Du Moulin, procureur du Roy et de ladicte ville, et sire Claude Marcel pour bourgeoys; et iront honnorablement avec compaignée et train honneste, comme il appartient à la ville cappitale, la plus excellente et renommée de ce royaulme, et laquelle est le mirouer et exemple de toutes les aultres.

Incontinent que monsieur le prévost des marchans feust arrivé auxdicts estats, il fut appellé comme le chef de la ville cappitale de ce royaulme, et devant toutes les autres, et fut esleu président pour oyr les doléances des autres villes en particulier.

Du mardi onziesme jour de mars 1561.

En l'assemblée génerale le jourd'hui tenue en l'hostel

de la ville de Paris pour oyr la responce des délégués à aller porter les doléances du tiers-estat à la court estant lors à Orléans, après ce que mondict seigneur le prévost des marchans a faict récit du discours de son voyage et faict récit de ce que monseigneur le chancellier luy a dit, que l'église pourra bien ayder au Roy de 16 millions, et avoir faict convoquer la présente assemblée, tant pour faire savoir son retour que pour adviser sur les lettres du Roy (1) addressées au prévost de Paris ;

A esté conclud, attendu qu'il n'y a aucunes lettres adressantes à la ville de Paris en particulier et qu'on ne scet ce que le Roy demande à la ville, qu'on ne doibt, quant a présent, délibérer si on fera ayde au Roy pour le payement de ses debtes et rédemption de son domaine, mais eslire quatre personnes de ladicte compaignée pour eulx trouver jeudi prochain en la salle de l'évesché de Paris, où seront les autres estats, et escouter l'église qui doibt parler la première, et la noblesse après, pour savoir leur intention et oppinion ; et si lesdits quatre délégués sont interpellez de parler, pourront remonstrer que le Roy est en bas aage et peult aujourd'huy de ses deniers et finances faire un grand ménage, en retranchant la despense de sa maison et multitude d'officiers ; qu'il ny auroit ordre de louer aucun ayde et impot nouvelle sur le sel et vin, ou autres

---

(1) Par ces lettres, datées du 14 février 1561, le roi demandait une augmentation d'impôts sur le sel et sur le vin, augmentation *dont personne ne fut exempt*. Ces lettres étaient adressées au prévôt de Paris, qui les transmit à l'assemblée ; mais il fut décidé que, parce qu'elles n'étaient pas directement adressées à la ville, elles seraient renvoyées sans réponse. On se contenta d'écrire à la reine, en la priant que *Doresnavant, quant il sera question des affaires qui concernent le faict des habitans de la ville et fauxbourgs, le Roy et elle addresse son mandat aux prévost des marchans et eschevins de la ville, et non au prévost de Paris.* Registres de l'Hôtel-de-Ville, Arch. du royaume, vol. coté H 1784, p. 89.

victuailles et marchandises quelconque, actendu les grandes taxes et impost qui sont et qui ont esté levées soubs prétexte d'en faire ayde au Roy, combien que la plus grande partie ne soit entrée en ses finances, mais en dons excessifs, au grand dommage et foulle du peuple universel; et avant que rien offrir soit nécessaire, de voir et entendre par les estats d'où procède une si grande debte que de 43 millions 500 mille livres dont on dict le Roy estre grevé, ce qui ne pourroit estre si les finances du Roy, depuis vingt ans en çà, avoient esté bien administrées; ce que veu et entendu, et après que ceulx auxquels a esté faict des libéralités indues et immences auroient rendu ce qu'ils ont eu à la foulle et détriment du peuple, un chacun se mectra en debvoir d'ayder et secourir au roy et trouver les moyens de l'acquitter et rachepter son domaine; ce qui est préalable et nécessaire de faire plustost que de chercher moyens de lever nouveaux subsides.

Du dernier may 1561. En la salle épiscopale, où les estats de la ville et prévosté estoient assemblez, où le président de Thou, assisté du président Seguier et de quelques conseilliers, a proposé qu'on estoit assemblé pour voir les moyens de secourir le Roy et le mettre hors de ses affaires par le rachat de son domaine et acquit de ses dettes, estant mesme du service du tiers-estat et des autres estats d'en faire au Roy en cette rencontre, et ayant demandé à un chacun, ils ont tous protesté qu'il y avoit tant de nouveaux impots mis qu'on ne pouvoit les accroistre, et n'y avoit autre moyen de secourir le Roy que par messieurs du clergé, à la réserve des pauvres curez et autres petits bénéfices, les autres ayant de gros bénifices et pouvant aider le Roy du tiers ou des deux parts de leur revenu; que d'ailleurs le Roy pouvoit faire retranchement de son estat, jusqu'à ce qu'il ait plus grande commodité de l'entretenir, et seroit bon d'ordonner que les dons grands et excessifs, faits durant la guerre et durant que le Roy a esté contraint de vendre son domaine, seroient cassez et révoquez, sans en ce comprendre ceux faits aux princes du sang.

Le samedi vingt-cinquiesme jour de janvier 1561, fut pendu et estranglé ung sergent à verge, nommé Poiret, pour avoir commis plusieurs faulcetés, volleryes, rançonnemens, larrecins et autres cas contenus en son procès criminel, lequel jour ledict Poiret fut despendu et porté en sa maison et illec ensevely, et feurent semons ses parens, amys et voisins à l'enterrement, au lendemain dimanche 26 janvier, et fut ledict jour porté aux Carmes, accompaigné des quatre mendians, et illec enterré. Et le jeudy ensuivant, par arrest de la cour de parlement, fut déterré et rependu en Grève.

Du mardi premier jour d'avril 1560, avant Pasques.

En assemblée ce jourd'huy faicte pour le faict du guet, a esté conclud que, actendu que la nouvelle augmentation des officiers du guet n'a apporté aucun advantage à la ville, mais plustost plusieurs volleryes et larrecins, qu'on doibt suyvre ce qui a esté par cy-devant faict par nos prédécesseurs, assavoir que les gens des mestiers subjects au guet par les ordonnances voisent au guet ou y envoyent, comme le temps passé, et que les bourgeois et habitans d'icelle ville se gardent eulx-mesmes; ce qu'ils pourront encore myeulx faire qu'ils n'ont faict par cy-devant, actendu que le nombre desdicts mestiers est augmenté, et qu'il est à pressuposer qu'ils garderont la ville plus fidellement que les estrangiers.

Lettres du Roy sur la prinse de frère Jehan de Han (1), *minime.*

Très chers et bien amés, ayant sceu qu'il s'est offert à Paris quelque apparance de trouble à l'occasion de la prinse que nous y avons faict faire du minime, avecques grande et juste occasion, nous avons bien voullu que nostre très cher et très aimé cousin le prince de la Roche-sur-Yon soict retourné en ladicte ville pour pourvoir et donner ordre à ce qu'il verra estre nécessaire pour y comprimer sur l'heure tous commencemens de troubles et séditions. Nous vous mandons et enjoignons que vous ayez à l'obéir, etc. Le xi décembre 1561.

CHARLES.

Du 13 décembre 1561. Ledict jour, sçachans aulcuns des principaulx et bourgeois de Paris la prinse du minime, suivant les lettres du Roy cy-devant escrites, sont partys de ceste ville pour aller à la court à Sainct-Germain-en-Laye, et auroyent présenté requeste au Roy et à son conseil, par laquelle ils ont donné à entendre la juste cause dudict minime et qu'il estoit faulcement accusé, requérant que ledict minime leur fust rendu. A ceste cause, par ar-

(1) *Frère Jehan de Han*, nommé aussi Jean Bonhomme, religieux minime du couvent des Bonshommes, près Paris. Pasquier parle de ce religieux dans deux de ses lettres à M. de Fonssomme (t. I. liv. 4), et dit qu'il était né à Saint-Quentin, en Picardie, et que pendant tout l'Avent de 1561 il montait en chaire deux fois par jour et y déclamait contre la faveur que la cour semblait accorder aux huguenots par l'édit de janvier. La cour, ayant reçu des plaintes de la part des réformés, fit enlever le frère de Han par le prévôt Rouge-Aureille, qui le mena lié et garrotté à Saint-Germain-en-Laye. Jean de Han mourut de la peste le 16 décembre 1562.

rest du conseil privé du Roy, auroyt esté ledict jour ramené honorablement en la maison où il avoit esté pris, et le lendemain mené par deux gentilshommes, du logis de M. le prince de la Roche-sur-Yon, à Sainct-Barthélemy, à la chaire, pour y prescher la parolle de Dieu.

Discours au vray de la fortune advenue du bruslement de la grange du moulin servant à faire la pouldre de la ville de Paris.

Le jeudy vingt-huitiesme jour de janvier 1562, environ deux ou trois heures de rellevée, feust oy grant bruict, dont aucuns pensoient estre un coup de pièce d'artillerye et autres qui pensoient estre un coup de tonnerre ou de tempeste. Incontinant ou peu après arrivèrent deux des gardes de la porte Sainct-Anthoine en l'hostel de la ville, qui rapportèrent que la grange de pouldres estoit bruslée, que aucuns de leurs compaignons estoient blessez, et eulx mesmes avoient le visage couvert de terre, de la violence de la pouldre qui avoit poussé la terre jusques près ladicte porte Sainct-Anthoine. Et à l'instant, monsieur le prévost des marchans et les eschevins se transportèrent au lieu où estoit advenu la fortune, dont aucun d'eulx allèrent par la rue Sainct-Anthoine, les aultres par le long de la rivière, pour empescher la sédition que l'on craignoit advenir et mesmement ung scandale que l'on voulloict faire à l'embassadeur d'Angleterre, parce qu'il estoit logé près de l'Arsenal; trouvèrent monseigneur le maréchal de Brissac qui y alloit, auquel lieu y estoit jà arrivé grand peuple qui estoit pour y aller veoir.

Ledict prévost des marchans et les eschevins, voyant ladicte grange abatue et le peuple qui s'assembloit, et que le feu estoit encores au souffre qui estoit en lieu bas, auxquels estoient encores trois hommes enfermés dedans en la grande fumée dudict souffre, ordonnèrent de faire apporter sceaulx pour estaindre le feu ou souffre, tant pour essayer à sauver des personnes qui estoient serrez, comblez dedans ; de façon qu'il fust mis une grande quantité d'hommes, tant pour tirer l'eau dedans les fossez, dont partÿe du parapel, de la longueur de cinq à six toises de long, fust gettée par terre dedans ledict fossé.

Et cependant se trouvèrent trois hommes qui furent saulvés, dont l'un fust présenté audict sieur, qui luy dist qu'il ne sçavoict comment la fortune pouvoit estre advenue, sinon que, ainsi qu'il portoit du salpestre en bas, il avoit veu du feu à des cerseaulx qui estoient en la court, et que lorsqu'il se print à crier au feu, veist que le feu print incontinant aux pouldres.

Quant aux trois aultres qui estoient enfermés dedans la chambre en laquelle y avoit du souffre, ne fust possible de les saulver.

Ledict sieur prévost des marchans, se doubtant du besoing qui estoit en la Bastille, y alla accompagné d'aucuns des eschevins, où il trouva la porte rompue, avec quelque brisement du pont et thuiles cassées des appentils qui sont entre deux portes. Fut lors commandé de murer la porte de ladicte Bastille, actendant que l'on feist une porte, ce qui fut fait tout promptement, pour obvier à la querelle qui estoit entre le peuple et les gardes de la Bastille.

Au-dedans des fossés de ladicte Bastille y fut transporté l'homme de M. l'advocat Boucherat, qui actendoit son maistre qui estoit dedans, lequel serviteur est mort peu après.

Et lorsque ledict seigneur prévost apperçust que ladicte Bastille n'avoyt autre dommaige, retourna à l'endroit dudict feu, où il trouva M. de Gonnor qui avoit visité ladicte place de la Bastille; commencèrent à faire dudict astelier, de peur que le feu n'y prinst aussi, pour sauver les matières que l'on pourroit, tant de salpestre que du souffre. Ne fut espargnée l'eau à getter pour parvenir à éviter plus grande fortune.

Estant audict lieu, vinst nouvelles au sieur de Gonnor et au prévost que le peuple menassoyt le repceveur général Boucaud, pour la suspection que l'on avoit de luy de la relligion; mais tout aussi tost y fut envoyé l'un des cappitaines de la ville nommé Tanchon, qui y alla avecq quelques hommes qui s'enfermèrent dedans la maison; mais pour cela le peuple ne laissoit de s'assembler, de façon qu'il fut besoing que l'ung des eschevins y alla, qui incontinant feist séparer le peuple, et ordonna le guet qui y fust avecq le cappitaine Tanchon et aucuns cappitaines du quartier, qui y ont faict tel debvoir que, grace à Dieu, ledict Boucaud, ny sa famille, ny biens, ny papiers, n'ont eu aulcun dommaige.

Il est vray que, à l'heure de la furie du peuple, et qu'il vit en la rue Sainct-Anthoine le dommaige des maisons abatues, s'adressèrent à deux ou troys que l'on disoit estre de la nouvelle relligion, qu'ils trouvèrent par les rues, dont l'un estoit à cheval, qu'ils tuèrent.

Et ainsi que monseigneur le mareschal de Brissac s'en retournoit en son logis, le peuple tenoyt ung homme que l'on dict estre l'un des mortepayes de la Bastille, que l'on voulloit aussi tuer; mais, pour la révérence qu'ils eurent dudict seigneur, luy laissèrent et l'emmena en son logis; lequel mortepaye a esté trouvé depuis chargé par une information faite par monsieur le lieutenant civil de ce qu'il avoit dict, se voyant prins par ung quidam, que pour Dieu l'on luy saulvast la vye, que ce n'avoit esté luy qui avoit mys le feu aux pouldres, mais qu'il avoit aydé à faire la traisnée. Lequel mortepaye est de mesme prisonnier en Chastelet, et lequel l'on doubte avoir dit ce mot pour se sauver de la furye du peuple.

Peu après ladicte fortune, arriva monseigneur le mareschal de Montmorency, gouverneur de ladicte ville, qui venoit d'accompagner madame la connestable; vint en diligence audit lieu, là où il ordonna ce qui lui sembla estre nécessaire, tant pour la conservation des munitions que pour éviter la furye du peuple et sédition qui eust peu advenir. Là on assista avecq ses gens, lequel seigneur mareschal pourra rendre bon tesmoignage du debvoir qui y a esté faict.

Le mesme jour, au soir, fut commencé à saulver les salpestres, dont en a esté saulvé environ quarante milliers. Il a esté perdu environ quinze ou vingt milliers de pouldre; quant au souffre, il a esté sauvé et s'en est peu gasté.

Il y est mort trente-deux personnes, dont vingt et un hommes qui besongnoient auxdictes pouldres, desquels il y en eust qui furent enlevés en l'air, bras et jambes par pièces; oultre cela, y a environ trente personnes blessées. Quant aux maisons, il y a environ trente-cinq maisons dont la pluspart du tout endommagées, les autres ruynées. Plus, y a seize chevaux qui ont esté tués, et autres menues pertes qui seroyent longues à escrire.

La pluspart des verreryes de l'esglise et maisons des Célestins, de Saint-Paul et de la rue Sainct-Anthoine, ont esté cassées.

Et depuis le temps s'est tué troys personnes, dont deux hommes et une femme qui estoient congneus pour estre factieux de la nouvelle relligion, qu'ils tenoient quelques propos scandaleux; et ne se trouvera autre dommage digne d'en estre parlé.

Le mardy 10 février, fut pandu et estranglé, puis après bruslé en la place de Grève, ung nommé le capitaine Jehan Bouquier, pour avoir porté les armes contre le Roy et soutenu la nouvelle opinion.

Du samedy 26 juing 1563. Messieurs les prévost des marchans et eschevins, après l'assemblée faicte au grand bureau de l'hostel de ladicte ville pour adviser sur le recouvrement de la somme de cent mil escus demandez par le Roy à ladicte ville pour le service de Sa Majesté, et estant retirez au petit bureau, auroient oy grand bruict de peuple en la place de Grève, au moyen de quoy auroient regardé par les fenestres dudict petit bureau que c'estoit; auroient veu grande multitude de personnes à eulx incogneuz, comme crocheteurs, gaigne-deniers, enfans et gens ramassez, belistres, ainsy que l'on pouvoit juger par leurs habits, venant du costé de la porte Bauldoyer; trainoient des cordes vers la rue de la Tannerye ung corps mort, frappant de bastons qu'ils tenoient en leurs mains; lequel corps mort avoit auparavant, comme d'une heure, esté pendu par auctorité de justice, pour larcin, au cymestière Sainct-Jehan. Pourquoy pour veoir empescher que ledict peuple ne menassent ledict corps en la rivière, ainsy qu'ils s'efforçoient faire, seroient soudainement, en la plus grande diligence qu'il leur fust possible, descendus dudict hostel de ville, et appellez avec eulx le plus de personnes qu'ils peurent, par force; allèrent et suivirent ledict corps mort, prenant leur chemin par ladicte rue de la Tannerye, en laquelle estans, à l'endroit à l'entrée des moulins qui sont sur la rivière, auroient recoulz et osté de force d'entre les mains dudict peuple ledict corps mort, prins et saisy six personnes, assavoir, six grands garçons, quatre petits, iceulx admenez prisonniers ès prisons de l'hostel-de-ville, où lesdicts sieurs auroient faict apporter ledict corps mort. Le surplus dudict peuple s'en seroient fuys et esvadez.

Convoy du sieur L'Escalopier, eschevin.

Le lundy quinziesme jour de novembre 1563, messieurs les prévost des marchands et eschevins de la ville de Paris furent advertis du trépas de feu M. Jehan Lescalopier, et ledict jour de relevée la semonce fut faicte à mesdicts sieurs et aux officiers du corps de ladicte ville au bureau d'icelle; parquoy envoyèrent à l'instant quérir l'appoticquaire de la ville, auquel il fut commandé faire seize torches de deux livres pièce, armoyées des escussons et armes de ladicte ville. Envoyèrent quérir les hannouars porteurs de sel, et leur commandèrent eux trouver le lendemain à neuf heures du matin en l'hostel de ladicte ville, où leur seroit délivré lesdictes seize torches, et aller devant au logis dudict Lescaloppier, rue Sainct-Denis, les attendre, pour porter lesdictes torches allumées à l'entour dudict deffunct quant on le porteroit en terre; mandèrent mesdicts sieurs les sergens d'icelle ville, et leur ordonnèrent de eulx trouver ledict jour à neuf heures du matin, vestus de leurs robbes de livrée et leur navire sur l'espaule, ce qu'ils promisrent faire.

Le lendemain mardy seizième jour dudict mois, sur les entre huict et neuf heures du matin, vindrent en l'hostel de ladicte ville seize crieurs vestus de deuil et ayans chascun deux escussons aux armes dudict deffunct, devant et derrière d'azur à une croix d'or et quatre croissans d'argent, et après avoir salué mesdicts sieurs en leur petit bureau, se sont retirez au grand bureau, et ont sonné de leurs sonnettes et crié à haulte voix : *Dictes vos patenostres pour noble homme, M. Jean Lescalopier, receveur et payeur de messieurs de la cour de parlement, et l'un des quatres eschevins de ladicte ville.* Ce fait, sont sortis en la place de Grève et ont réitéré ledict cry.

Et environ dix heures du matin, messieurs les prévost des marchands et eschevins de ladicte ville, accompagnez des officiers du corps d'icelle, sont partis de l'hostel de ladicte ville, vestus de leurs robbes my-parties, en l'ordre qui ensuit.

Premièrement, envoyèrent devant lesdicts seize hannouars avec lesdites seize torches aux armoiries de ladicte ville.

Après marchoyent lesdicts sergens de ladicte ville, vestus de leur robbe my-parties et navires.

Suivoient messieurs les prévost des marchands, eschevins et greffier à cheval, vestus de leurs dictes robbes my-parties.

Après eux suivoit monsieur le procureur du Roy et de ladicte ville, vestu de sa robbe toute d'escarlatte, et avec luy monsieur le receveur de la ville, vestus de ses bons habits noirs, aussi à cheval.

En tel ordre allèrent descendre au logis dudict deffunct, rue Sainct-Denis, et trouvèrent son corps à l'huis de sa maison, et luy donnèrent de l'eau béniste, puis montèrent en la chambre tendue de deuil, où trouvèrent monsieur le président, M. Gayant, le grand maistre de Navarre et aultres personnages semons audict enterrement. Et après que les quatre ordres mandiens, les Minimes avec les gens d'église de la paroisse Sainct-Jacques-de-la-Boucherie, eurent dict vigilles des morts sur ledict corps, partirent dudict logis et allèrent en l'église Sainct-Jacques, en l'ordre qui ensuit.

Marchoient devant les mandiens.

Les Minimes portoient le corps dudict deffunct et le

poisle; devant eulx le curé et chappelains de Sainct-Jacques-de-la-Boucherie. A l'entour du corps estoient les seize hannouars portans seize torches allumées aux armes de ladicte ville.

Après ledict corps suivoient à pied les sergens de ladicte ville, messieurs de la ville, greffier, procureur et receveur, comme dessus.

Après eulx, marchoit le deuil mené par messieurs les premier président, M. Gayant et aultres conseilliers de la cour.

Après eulx suivoient un grand nombre de parens, bourgeois et marchands de ladicte ville.

Allèrent jusques en ladicte église Sainct-Jacques, où messieurs se misrent aux haultes chaises du chœur du costé dextre, et devant la messe allèrent à l'offrande, portèrent chacun un liard et un cierge allumé à la main, donnèrent le liard et rapportèrent le cierge ardent; puis à la fin de la messe allèrent en ladicte ordre en la chappelle dudict deffunct, où il fut inhumé.

Ce faict, les serviteurs dudict deffunct s'en retournèrent devant messieurs de la ville, et mesdicts sieurs marchoient en leur premier ordre, et le deuil et convoy après eulx, jusques au logis dudict deffunct, où ils disnèrent avec ladicte compagnie. Le disner achevé et graces dictes, s'en retournèrent en l'hostel de ladicte ville, ayans changé de robbes.

FIN DU CINQUIÈME VOLUME.

TABLE DES MATIÈRES

CONTENUES EN CE VOLUME.

	Pages
Brief discours de la bataille de Sainct-Gilles, advenue le 27 septembre 1562...	1
Histoire mémorable et très véritable contenant le vain effort des huguenots au prieuré de Sainct-Philbert, en Normandie, et comme ils en furent miraculeusement repoulsez (1562)...............	35
Le Mémoire envoyé au Roy par le sieur de Matignon............	57
Lettre de M. de Rabodanges à M. de Matignon, sur l'état des affaires au pays d'Alençon....................................	59
Relation de la mort du Roy de Navarre (17 novembre 1562)......	65
Brief discours de ce qui est advenu en la bataille donnée près la ville de Dreux, le 19 décembre 1562 (extrait d'une lettre de l'amiral de Coligny)..	75
Lettres du Roy par lesquelles il charge le maréchal de Dampville de la garde du prince de Condé.................................	80
La forme qui a été observée pour le traitement du prince de Condé.	82
Lettres de deux Espagnols contenant des relations de la bataille de Dreux...	84
Lettre de M. de Chaulnes sur la bataille de Dreux..............	94
Discours de la bataille de Dreux, dicté par François de Lorraine, duc de Guyse...	97
Advertissement sur la réformation de l'Université, par P. Ramus...	115
Relation de la blessure et de la mort du duc de Guise...........	165
Lettre de l'évêque de Riez, contenant les actions et propos de M. de Guyse depuis sa blessure jusques à son trespas...............	171
Le sainct et pitoyable discours comme ce bon prince François de Lorraine, duc de Guyse, se disposa à recevoir le sainct sacrement de l'autel et de l'extreme-onction, et des regrets et complainctes que feirent les capitaines et soudars après qu'il fut décédé......	199

TABLE DES MATIÈRES.

	Pages.
Arrêt du parlement de Paris portant condamnation de mort contre Jean Poltrot..	205
L'ordre des cérémonies et pompes funèbres tenues aux obsèques du duc de Guyse...	207
Avis...	223
Discours au vray de la réduction du Havre-de-Grace (juillet 1563).	229
Avis donnez par Catherine de Médicis à Charles IX pour la police de sa cour et pour le gouvernement de son estat................	245
L'histoire en brief de la vie et mort de Calvin, par Th. de Bèze....	255
Testament de J. Calvin..	290
Histoire de la vie, mœurs, actes, doctrine, constance et mort de J. Calvin, par Hiérosme Bolsec...................................	301
Remarques sur la vie de J. Calvin, par Desmay...................	387
Lettre de Renée de France à Calvin..................................	399
Extraits des registres et croniques du bureau de la ville de Paris (1560 à 1564)..	409